ज्ञान गरिमा के

68 वर्ष

भारतीय
ज्ञानपीठ

णाणं
पयासयं

वीर नि.सं.
2470

ई.सन्
1944

भारतीय ज्ञानपीठ

कविवर बच्चन के साथ
(अंकन)

कविवर बच्चन के साथ
(अंकन)

अजितकुमार

भारतीय ज्ञानपीठ

लोकोदय ग्रन्थमाला : ग्रन्थांक 968

ग्रन्थमाला सम्पादक

रवीन्द्र कालिया

सह-सम्पादक

गुलाबचन्द्र जैन

ISBN 978-81-263-1629-8

प्रकाशक :
भारतीय ज्ञानपीठ
18, इन्स्टीट्यूशनल एरिया, लोदी रोड
नयी दिल्ली-110 003

मुद्रक : विकास कम्प्यूटर ऐंड प्रिंटर्स, दिल्ली-110 032

आवरण-सज्जा : ज्ञानपीठ कला प्रभाग

दूसरा संस्करण : 2011
मूल्य : 250 रुपये

KAVIVAR BACHCHAN KE SATH (ANKAN)
(Memoirs)
by Ajit Kumar

Published by
Bharatiya Jnanpith
18, Institutional Area, Lodi Road
New Delhi-110 003
e-mail : jnanpith@satyam.net.in, sales@jnanpith.net
website : www.jnanpith.net

Second Edition : 2011
Price : Rs. 250

पृष्ठभूमि

'कविवर बच्चन के साथ' मेरी उन टीपों का संग्रह है जो मैंने विदेश मन्त्रालय में उनके साथ काम करने (1956-1962) के दौरान जनवरी 1960 से अक्टूबर 1962 के बीच दर्ज की थीं और सरकारी नौकरी छोड़ अध्यापन में लौटते समय उन्हें सौंप गया था।

ये टीपें मुख्यत: तब शुरू हुई थीं जब मातृस्थानीया श्रीमती बच्चन (जिन्हें बच्चनजी के मुझ जैसे सभी छात्र 'भाभी' कहते थे) ने मुझे यह दायित्व सौंपा कि गुरुवर को चपरासी के भरोसे छोड़ने की जगह उनके लंच की देखभाल दफ्तर में, मैं किया करूँ और तब मैंने जाना कि वे आत्मकथा लिखने की इच्छा होते हुए भी कुछ बाधाएँ अनुभव कर रहे हैं। अत: मैं सच्चे अर्थों में उनका सहायक होने के विचार से उनकी बातचीत के नोट्स लेने लगा और अक्टूबर 1962 में तब तक की फाइल उन्हें सौंपने के बाद...जब किरोड़ीमल कॉलेज से उसी वर्ष पढ़कर निकले श्री अमिताभ बच्चन ने एक रोज़ मुझे बताया कि, "आप जानकर खुश होंगे— डैड ने आत्मकथा लिखनी शुरू कर दी है।" तो मुझे सचमुच बड़ी खुशी हुई। कालान्तर में किस तरह उनकी आत्मकथा के चारों खंड छपकर सम्मानित हुए, यह समकालीन साहित्य के इतिहास की महत्त्वपूर्ण घटना है। तो भी यह पछतावा मेरे मन में बना हुआ है कि बहुत चाहने-उकसाने के बावजूद उसका पाँचवाँ खंड पूरा करने की प्रेरणा मैं उन्हें नहीं दे पाया।

जहाँ तक इस विधा—डायरी या रोज़नामचे—का सम्बन्ध है उसमें मेरी रुचि शुरू से थी और 'कल्पना', 'निकष', 'संकेत' आदि में उसे छपाने के अलावा भारतीय ज्ञानपीठ से प्रकाशित अपनी पुस्तक 'अंकित होने दो' में मैंने इसके लिए पहले से ही 'अंकन' नाम चुन रखा था।

इन अंकनों को आद्यन्त पढ़कर बच्चनजी ने समूची पांडुलिपि को पेंसिल से चिह्नित किया था और पढ़ने के दौरान तो नहीं, लेकिन पढ़ चुकने के बाद उनकी प्रतिक्रिया यही हुई थी कि ये प्रकाश्य नहीं हैं पर बाद में आत्मकथा के सभी

खंड छप जाने पर उन्होंने अपनी प्रसन्न अनुमति दे दी थी।[1] फिर भी मेरे मन में उनकी आरम्भिक आपत्ति के कारण दुविधा बनी रही और शायद अन्ततः ये अप्रकाशित ही रह जाते यदि हाल में ही एक लेखक के जन्मोत्सव पर एक अन्य लेखक ने सार्वजनिक रूप से अमिताभजी के लिए ही नहीं वरन् पूरे बच्चन परिवार के लिए वह सज़ा तजवीज़ न की होती जो संसद पर हमला करनेवाले आतंकवादी को दी गयी है। उनका क्रोध मुख्यतः इस कारण था कि इतने बड़े कवि का बेटा देश को बहुराष्ट्रीय कम्पनियों के हाथ बेचने में लगा है। मैंने उनसे निवेदन किया कि सबकी तरह वे भी अपने साधन बढ़ा रहे हैं और जिन कविवर के नाते आप इतनी चिन्ता जता रहे हैं, उन पर भी तो लम्बे समय तक कविता को व्यवसाय बना देने का आरोप लगाया ही जाता रहा था। ...इस पर भी उनकी राय नहीं बदली तो मैंने सोचा कि बच्चनजी के जन्म शताब्दी वर्ष में इन अंकनों को प्रकाशन के लिए देना अनुचित न होगा। इसलिए भी कि इसका एक-एक शब्द उनकी निगाह से गुज़र चुका था और मनगढ़न्त इसमें कुछ भी नहीं है।

हिन्दी जगत मुझे, 'बच्चन निकट से', 'बच्चन रचनावली', 'बच्चन के चुने हुए पत्र' आदि के सम्पादक तथा अन्य रूपों में उनका प्रशंसक मानता आया है जब कि गुरुवर मेरे लिए पितु-मातु-सहायक-स्वामि-सखा सब कुछ रहे हैं और मेरी प्रेरणा के प्रमुख स्रोत भी। मैं तो उन्हें समर्पित हूँ ही, उनकी यह वस्तु भी उन्हें ही समर्पित है। इसमें जो भी पूर्णता होगी, उनकी है, अपूर्णता सब-की-सब मेरी।

बस, यह निवेदन शेष है कि इस पुस्तक से हमारे युग के एक प्रमुख लेखक और कृतित्व में पाठकों की रुचि बढ़ने का आभास मिला तो मैं उनसे सम्बद्ध वह उत्तरार्ध भी प्रकाशित करना चाहूँगा, जो मैंने विदेश मन्त्रालय छोड़ अध्यापन में लौटने पर आँका-टीपा और जो मेरे काग़ज़-पत्तर में यत्र-तत्र बिखरा पड़ा है।

—अजितकुमार

166, वैशाली पीतमपुरा,
दिल्ली-110088
फोन-011-27314369

---

1. और श्रद्धेया माँ श्रीमती तेजी बच्चन ने भी इसपर अपनी मुहर लगायी थी। —अ. कु.

कविवर बच्चन के साथ

(अंकन)

8 जनवरी 1960

भोजन के बाद, बच्चनजी से काफी देर बातचीत होती है। हाल में ही एक कविता लिखी थी उन्होंने, जिसमें एक जगह आता है, "एक क्या, दो-तीन हूँ मैं।" इसकी चर्चा करते हुए वे एक दिन बता रहे थे कि उनमें दो-तीन आदमियों का काम अकेले करने की सामर्थ्य है। पहले भी कई बार वे इस बात को कह चुके हैं, आज फिर कहा कि, "आदमी नहीं, दैत्य हूँ मैं।" मुझमें राक्षस का भी कुछ अंश है, इसीलिए जिस काम में जुट जाता हूँ, उसे पूरा करके ही दम लेता हूँ।

उनका विचार है कि राम और रावण एक ही हैं। रावण भी राम का ही एक अंश है। इसीलिए तो जब राम ने उसका वध किया तो उसके शरीर की ज्योति उनमें आकर समा गयी।

इन्हीं बातों के सिलसिले में बच्चनजी अपने बचपन का हाल बताने लगे। कहने लगे कि उनके पिता ने 'हरिवंश पुराण' का पाठ सुना था, और अपनी हैसियत के मुताबिक दान-पुण्य किया था, तब जाकर बच्चनजी का जन्म हुआ था। बात यह थी कि बच्चनजी से पहले उनके माता-पिता को सब लड़कियाँ-ही-लड़कियाँ हुई थीं, और वे भी साल-छः महीने के भीतर ही गुज़र जाती थीं। इससे बच्चनजी के पिता बहुत दुखी रहते थे। तब पंडितों ने उन्हें 'हरिवंश पुराण' सुनने का परामर्श दिया और बताया कि तुम्हारे घर में अब अत्यन्त प्रतिभाशाली, देवयोनि वाले, कृष्ण-वंशी बालक का जन्म होगा। इस पाठ के सिलसिले में पंडितों ने 800 या 1000 रुपये का दान आवश्यक बताया। पिताजी के पास इतना पैसा उस समय तो था नहीं (वे शुरू में 15 रुपये महीना पाते थे, इस समय तक तनख्वाह कुछ और बढ़ गयी थी), अतः उन्होंने कहा कि, "मैं कागज़ पर लिखकर अभी चढ़ाए देता हूँ, बाद में अदा करता रहूँगा।" और इसके बाद, वे हर महीने थोड़ा-थोड़ा करके दान की रक़म अदा करते रहे, यहाँ तक कि बच्चनजी की उम्र जब सात-आठ साल की हो गयी थी, तब शायद वह दान पूरा हुआ था।

पिताजी धार्मिक आदमी थे, विशेषकर रामायणधर्मी। पंडितों पर बड़ा विश्वास करते थे, अतः उन्हें पूरा भरोसा था कि यह लड़का देव-पुरुष है और यह संसार में कुछ करके रहेगा। साथ ही वे यह भी जानते थे कि तप द्वारा ही संसार में

कुछ सम्भव होता है और देवता भी तप द्वारा ही सिद्धि प्राप्त करते हैं, अतः वे बच्चनजी को तप का प्रारम्भिक पाठ भली प्रकार पढ़ा देना चाहते थे।

बच्चनजी के जीवन की उस प्रारम्भिक दीक्षा का ही यह परिणाम है कि आज भी वे कठिन-से-कठिन परिश्रम करने में हिचकते या थकते नहीं हैं।

होता यह था कि पिताजी सुबह उठकर गंगा-स्नान करने चले जाते थे और उसी समय लड़कों-बच्चों को जगा देते थे कि वे उठकर पढ़ाई शुरू करें। अक्सर यह भी होता था कि उधर पिताजी घर से गंगा-स्नान के लिए निकले, इधर लड़के फिर से सो जाते थे। इसका उपाय उन्होंने यह किया कि एक मास्टर लगाया गया जो चार बजे ही आकर इन्हें पढ़ाया करता था। उस मास्टर के साथ शर्त यही थी कि पिताजी गंगा-स्नान के लिए निकलें, इससे पहले ही वह पहुँच जाए और पढ़ाना शुरू कर दे।

इस उपाय से लड़कों को दुबारा सोने की सुविधा नहीं रही। लेकिन, बच्चनजी, ने बताया कि, ''वह मास्टर भी 'डिप्लोमैट' था। आ तो जाता था सुबह ही, लेकिन अपनी रजाई ओढ़कर आता था। इधर पिताजी गंगा नहाने गये, उधर उसने सब लड़कों को नक़ल करने का काम दे दिया और खुद रज़ाई लपेटकर औंघाने लगा। हम भाई-बहिन नक़ल करने में लगे रहते थे और वह सोया करता था।''

पिताजी बड़े ज़ालिम थे। एक बार बहिन पर किसी काम को न सुनने के लिए गुस्सा हो गये तो पास रखा पीढ़ा उठाकर उसकी खोपड़ी पर पटक दिया। आज भी बच्चनजी को याद है कि उन्होंने आँगन भर में ख़ून-ही ख़ून फैला देखा था।

फिर भी, पिताजी बच्चनजी की बातों को बहुत सहते थे, क्योंकि उन्हें देवता-स्वरूप मानते थे और समझते थे कि यह बालक आगे चलकर बहुत-कुछ करेगा। बच्चनजी से उनको बड़ी आशाएँ थीं।

बच्चनजी ने कहा कि, ''मैं तो बड़ा 'वैगाबांड' (लफंगा) था, फिर भी मेरी सारी 'वैगेरीज़' (लफंगपन) वे सहते थे। सोचते थे कि यह लड़का कृष्ण के कुल का है, यह सब तो करेगा ही। पहली पत्नी की मृत्यु के कई साल बाद तक बच्चनजी ने शादी नहीं की, इस कारण पिताजी चिन्तित भी रहते थे। एक बार (शायद रामापुर के) कोई पंडित आये थे, जिन्होंने बच्चनजी के बारे में बताया था कि उनके क्षेत्रज सन्तानें तो होंगी, पर औरस सन्तान न होगी। इस बात से पिताजी बहुत दुखी रहते थे, क्योंकि इसे ज्योतिषी का वचन मानकर, इस पर पूरा विश्वास करते थे।

उक्त ज्योतिषी के बारे में बच्चनजी ने बताया कि जो भी बातें उसने बतायी

थीं, वे सब अक्षरशः सत्य निकलीं। इस पर मैंने जब कहा कि औरस सन्तानवाली बात तो ठीक नहीं निकली, तो बोले कि यह भी अक्षरशः सत्य है। मेरा विवाह कुल, रीति परम्परा के अनुसार हुआ ही कहाँ! उस परिभाषा के अनुसार देखा जाए तो मैं विवाहित ही कहाँ हूँ! कोर्ट में जाकर, 'रजिस्ट्री कराने को' वहाँ शादी थोड़े माना जाता है! यह सुनकर मैं हँसने लगा और बड़ी मुश्किल से, अपनेआप को यह कहने से रोक पाया कि सम्भव है, शेष बात उस ज्योतिषी की ठीक ही हो और आपकी क्षेत्रज सन्तानें भी इस संसार में मौजूद हों, किन्तु अपनी औरस सन्तानों को आप क्यों उस कोटि में रख रहे हैं?...

बच्चनजी ने, बीच में छूट गये सूत्र को जोड़कर बताया कि वे शुरू से ही विद्रोही थे। पूजा-पाठ, मूर्ति वग़ैरा का उन्होंने विरोध किया था। जवानी के दिनों में वे आर्य समाजी थे।

फलतः प्रारम्भ से ही उन्हें कठिन परिश्रम करने की आदत पड़ गयी थी। बी.ए. का इम्तिहान देने के समय वे केवल दो घंटे—बारह से दो तक—सोते थे और शेष समय में से कम-से-कम अठारह घंटे पढ़ने में बिताते थे। उस समय उनकी 'थियरी' थी कि आदमी सिर्फ़ आलस्यवश या आराम करने की इच्छा से सोता है और यदि वह सचमुच ही काम करना चाहे तो दो घंटे सोकर ही उसकी नींद पूरी हो जाएगी।

उन्होंने बताया कि सुबह जल्दी उठने की आदत उन्हें शुरू से ही थी। वे हमेशा चार बजे उठ जाते रहे हैं। और यही कारण है कि उनकी नींद बहुत ज़्यादा 'ड्यू' (बाक़ी) है। अपने शरीर के साथ उन्होंने बड़ा अत्याचार किया है। कहने लगे कि, "जीवन में एक भी दिन ऐसा याद नहीं आता, जब उठते समय मुझे ऐसा लगा हो कि पूरी नींद सो चुका हूँ। हमेशा कुछ-न-कुछ नींद को दबाकर मैं उठा हूँ। आँखों में नींद भरी हुई है, फिर भी मैं उठ पड़ा हूँ।"

वे जब इंटरमीडिएट में थे, तब ज़रूर ऐसा होता था कि घड़ी का अलार्म बजा और वे बन्द करके सो गये। इसके बाद दिन चढ़े उठने पर इस बात की याद ही न रही कि अलार्म खुद बन्द किया था, बल्कि यह समझे कि अलार्म बजा ही न होगा।

सुबह उठने के लिए उन्होंने बहुत से नियम बनाये हैं, जिनका उपयोग कैम्ब्रिज में खूब करते थे। एक तो यह कि अलार्म को पूरा बजने देना चाहिए और अपनी चारपाई से घड़ी को दूर रखना चाहिए, जिससे हाथ बढ़ाकर आप बन्द न कर सकें। इससे नींद को लाचार होकर भागना पड़ता है। दूसरे, अलार्म के बजते ही कमरे की सबसे तेज़ रोशनी को, या सामने रक्खे टेबिल लैम्प को जला देना चाहिए—और इसके लिए बेहतर है कि उस रोशनी का एक बेड स्विच आपके

सिरहाने रक्खा हो। कमरे में तेज़ रोशनी जलते रहने पर और उधर अलार्म के चीख़ते जाने पर आपके लिए ज़्यादा देर सो सकना सम्भव न होगा।

कैम्ब्रिज में वे बराबर चार बजे सुबह उठकर पढ़ाई शुरू कर देते थे और 'ब्रेकफ़ास्ट' से पहले तीन घंटे काम कर लेते थे, जबकि आमतौर से इंग्लैंड में लोग आठ बजे के क़रीब उठते हैं। वे जब चार बजे उठते थे तो सब तरफ़ अँधेरा छाया रहता था, खिड़की के बाहर सब तरफ़ बर्फ़-ही-बर्फ़ पड़ी दिखती थी और वे ख़ुद अपनेआप को भूत की भाँति दिखाई देते थे। लेकिन उन्होंने नियम बना लिया था कि दिन शुरू होने से पहले-पहले उन्हें कम-से-कम तीन घंटे काम ज़रूर कर लेना है।

कैम्ब्रिज के दिनों की अपनी डायरी उन्होंने मोटी-मोटी पाँच कापियों में, महीन-महीन अक्षरों में लिखी है। वह लगभग पाँच सौ पृष्ठ होगी छपने पर। बड़ी ही 'फ्रैंक' (खुली) और 'इंटीमेंट' (अन्तरंग) डायरी है वह। उस पर उन्होंने लिख दिया है—'सीक्रेट : नॉट टु बी पब्लिश्ड' (गोपनीय : प्रकाशित न की जाए)।

अलार्म लगाकर उठने का प्रसंग आने पर उन्होंने बताया कि इस पर उन्होंने अपनी कैम्ब्रिज की डायरी में एक बड़ा ही स्पष्ट और रोचक विवरण लिखा है। इंग्लैंड में 'हरमाफ्रोडाइट' की एक अत्यन्त सुन्दर मूर्ति देखने गये थे। (इस पर जब मैंने पूछा कि यह मूर्ति कैसी है तो उसकी यह कथा उन्होंने बतायी कि देवताओं के सन्देशवाहक 'हरमीस' का पुत्र 'हरमा' 'अफ्रोडाइट' से प्रेम करता था और उसने देवताओं से वर माँगा था कि वह कभी अपनी प्रेमिका से अलग न हो। इस पर देवताओं ने उन दोनों को जोड़ दिया और यह उभयलिंगी स्वरूप ही 'हरमाफ्रोडाइट' कहलाया। अस्तु)। एक रात सपने में बच्चनजी ने देखा कि वे स्वयं एक 'हरमाफ्रोडाइट' हैं और एक अन्य 'हरमाफ्रोडाइट' के साथ कामक्रीड़ारत हैं। यह एक अभूतपूर्व और अत्यन्त विचित्र अनुभव था क्योंकि रति के दोनों पक्षों का सुखानुभव इस स्थिति में दोनों ही पक्षों को समान रूप से हो पाया था। पर उसी समय अलार्म बज उठा और उनकी नींद टूट गयी। बस, ऐसी तबीयत हुई कि घड़ी को उठाकर फ़र्श पर पटक दें।

इस स्वप्न का विस्तृत वर्णन उन्होंने अपनी कैम्ब्रिज की डायरी में किया है।

इसी सिलसिले में बच्चनजी ने यह भी कहा कि उनका ख़याल है कि कभी-न-कभी मनुष्य उभयलिंगी हो जाएग।[1]

कैम्ब्रिज की बात शुरू होने पर चर्चा उनके लिखने-पढ़ने के ढंग की ओर

1. बच्चनजी की टिप्पणी : हमारी अर्धनारीश्वर की कल्पना का भी शायद यह संकेत है।

मुड़ चली। उन्होंने बताया कि आम तौर से वे कविता रात में लिखना शुरू करते हैं और उसका पूर्वांश रात में लिख डालते हैं। यदि उसी समय कविता का उत्तरांश भी सूझ गया तब तो ठीक है, वरना वे उस भाव को अपने मन में लिये-लिये सो जाते हैं और अवचेतन में वह 'आइडिया' अपने-आप 'वर्क आउट' (क्रियान्वित) होता रहता है। सुबह उठने पर उन्हें कविता का 'क्लाईमैक्स' बिलकुल स्पष्ट हो जाता है और वह उत्तरांश पूरा कर देते हैं। उनके अधिकांश गीत इसी प्रकार लिखे गये हैं और उन्होंने हमेशा यह देखा है कि जब भी किसी गीत के भाव और विचार को लेकर वे सोने गये हैं, प्रातःकाल उसका हल उन्हें मिल गया है। कारण यही है कि अवचेतन अपनेआप उस समस्या को सुलझा देता है।

मेरा अपना ख़याल है कि बच्चनजी के गीतों के 'पर्कोलेट' (परिष्कृत) होकर सामने आने का कुछ-न-कुछ रहस्य भी उनकी इस रचना-प्रक्रिया में छिपा है। उनके अवचेतन मन में पड़ा हुआ अस्पष्ट विचार रात भर में छनकर सुबह स्वच्छ और स्पष्ट हो उठता होगा। इसीलिए कविता को बच्चनजी केवल कवि की उड़ान भर नहीं मानते, वे कविता से यह आशा करते हैं कि वह पाठक को भी पंख प्रदान करेगी। ऐसा तभी सम्भव हो सकता है, जब कवि ने भाव की गहराई तक डूबकर उसके तत्त्व को पहचाना हो और उसे अपना बनाकर शब्दों में बाँधा हो।

बहरहाल, कल कैम्ब्रिज के बारे में और बातचीत अभी चल ही रही थी कि कैम्ब्रिज बुक डिपो का आदमी स्टेशनरी-पेंसिलें, छपे पैड और पोस्टकार्ड आदि लेकर आ पहुँचा और बच्चनजी को उसके साथ छोड़कर मैं अपने कमरे में आ गया था। यहाँ अपने कागज़ों को उलटते-पलटते मुझे किसी पिछली तारीख़ को दर्ज की गयी यह टिप्पणी मिली—

18 सितम्बर 1957

शायद उनके किसी आत्मीय का पत्र आया था या किसी पुराने मित्र ने फ़ोन किया था। जो भी हो, अचानक वे कुछ गम्भीर हो गये और थोड़ी देर चुप रहने के बाद बातचीत का सिलसिला जिस ओर मुड़ गया, उससे मैंने अनुमान लगाया कि वे बीती हुई ज़िन्दगी के ख़यालों में डूब गये थे। उन्होंने बताया कि उनका जीवन ऐसे-ऐसे संघर्षों से होकर गुज़रा है कि आज उन्हें बड़ी से बड़ी चीज़ भी मिल जाय तो कोई ख़ास अन्तर नहीं पड़ेगा— "जीवन बीत गया सब मेरा, जीने की तैयारी में!" सैंतीस में उन्होंने इलाहाबाद स्कूल में पच्चीस रुपये की नौकरी

की थी, उसके बाद 'चाँद' कार्यालय में, प्रयाग महिला विद्यापीठ में, अग्रवाल विद्यालय में और न जाने कहाँ-कहाँ, कैसी-कैसी नौकरियाँ कीं। पिता रिटायर्ड थे, घर की आर्थिक स्थिति ख़राब थी, कोई-न-कोई हमेशा बीमार बना ही रहता था। उन्होंने बी.ए. फ़र्स्ट डिवीज़न में पास किया था, लेकिन पिता ने काम्पीटीशन में बैठने नहीं दिया। सरकारी नौकरी के वे बेहद ख़िलाफ़ थे। घोर असहयोग का ज़माना था। वे कैसे सहन कर सकते थे कि उनका लड़का सरकारी अफ़सर बनकर ख़ुद अपने ही देशवासियों पर अत्याचार करे। इलाहाबाद स्कूल में मास्टर होकर, पैंतालीस रुपये की रसीद पर दस्तख़त करके बच्चनजी पच्चीस रुपये पाते थे। चाँद कार्यालय में डेढ़-दो महीने नौकरी की तो उसकी तनख़्वाह वसूलने को महीनों दौड़ना पड़ा। प्रयाग महिला विद्यापीठ में साल भर पढ़ाया। गर्मियों की छुट्टी की तनख़्वाह मिलनी चाहिए थी, पर मैनेजर (श्री संगमलाल) ने देने से इनकार कर दिया। जीवन में कितना अपमान सहा है उन्होंने, कैसी तकलीफ़ों से होकर गुज़रे हैं! इलाहाबाद स्कूल में पढ़ाते थे तो एक ट्यूशन कटरे में करते थे। सुबह तड़के उठकर जेब में भीगे चने डालकर निकल पड़ते थे और वही चने चबाते हुए मुट्ठीगंज से कटरे आते थे।[1] पूरा एक घंटा लगता था पैदल जाने में!

पत्नी आयी ही बीमार थीं। बीमार ही रहीं। और आख़िरी बार तो 216 दिन तक खाट से नहीं उतरीं। पत्नी की मृत्यु के बाद उन्होंने फिर से यूनिवर्सिटी ज्वाइन की। बनारस से बी.टी. किया! 'निशा निमन्त्रण' और 'एकान्त संगीत' तभी लिखे। दो साल रिसर्च की! बीच-बीच में जूनियर लेक्चररशिप का मौका मिल जाता था, वरना पचास रुपये का स्कॉलरशिप मिलता था। अगस्त '41 में यूनिवर्सिटी में नियमित काम मिला।

लेकिन कठिन परिस्थितियों में भी बच्चनजी ने हार कभी नहीं मानी। घोर अपमान और उपेक्षा सहने के बावजूद उन्हें विश्वास था कि उनमें कुछ है ज़रूर जो एक दिन पहचाना ही जाएगा। अपनी सीमाओं को जानते-पहचानते हुए भी काम करते ही गये। कठिनाइयाँ रहीं, लेकिन उन्होंने झुकना नहीं जाना। उन्हें मालूम था कि कुछ भी हो, काम तो करना ही है। इसके कारण, दुनिया से हार जाने के बाद भी, वे अपने-आप से कभी नहीं हारे।

यूनिवर्सिटी में कई वर्ष पढ़ा चुकने के बाद उनकी तनख्वाह 460 रुपये और 35 रुपये भत्ता मिलाकर 495 रुपये हो चुकी थी। 500 रुपये पर ग्रेड ख़त्म हो जाता था। उन्होंने सोचा कि रिसर्च पूरी करने पर यूनिवर्सिटी में रीडर होने का अवसर मिल सकता है, इसलिए थीसिस लिखने के लिए वे कैम्ब्रिज चले गये। दो साल वहाँ रहने में लगभग 25 हज़ार रुपये ख़र्च हुए। सरकार से कुल मिलाकर साढ़े आठ हज़ार रुपये मिले थे। शेष के लिए उन्हें अपनेआप प्रबन्ध करना पड़ा।

---

1. बच्चनजी की यहाँ एक अस्पष्ट टिप्पणी है : सम्भवतः "यह बात मालूम नहीं कभी कही है।"

और जब डिग्री लेकर वापस आये तो दो सालों के दो इन्क्रीमेंट बढ़ाकर उनकी तनख़्वाह 460 रुपये से 500 रुपये कर दी गयी और जैसा कि नियम था, 500 रुपये हो जाने पर भत्ता मिलना बन्द हो गया। इस तरह कुल मिलाकर पाँच रुपये की तरक़्क़ी मिली उनको। दुनिया भर की जलन और विद्वेष का पात्र बनना पड़ा ऊपर से।

बच्चनजी ने बताया कि कवि-सम्मेलनों और पुस्तकों से, कुल मिलाकर एक लाख रुपये लगभग उन्होंने ज़रूर कमाये होंगे। लेकिन आज, सिवाय यूनिवर्सिटी के प्राविडेंट फ़ंड के उनके पास कोई बैंक बैलेन्स नहीं है। एक महीने के लिए भी उनकी तनख़्वाह रुक जाए तो काम चलना मुश्किल हो जाय।

कभी-कभी वे सोचते हैं कि नौकरी छोड़-छाड़ कर बिलकुल स्वतन्त्र-रूप में रहा जाए। लेकिन पत्नी और बच्चों की व्यवस्था क्या करें, यह सोच नहीं पाते। वे खुद तो किसी भी स्थिति में रह सकते हैं लेकिन 'पत्नी मेरी ख़र्चीली है।'

अपनी आत्मकथा में बच्चनजी सब कुछ लिखेंगे। हर आदमी का नाम लेकर सब-कुछ बताते हुए। उन्हें अपने जीवन में हर चीज़ देर से मिली। जीवन का सबसे अच्छा हिस्सा तो उन्होंने संघर्ष करने में बिता दिया। वह संघर्ष आज भी वैसा ही बना हुआ है, क्योंकि काम तो करना ही है, 'काम से मुक्ति कहाँ है।' उनकी आत्मकथा उनकी इसी कर्मशीलता का इतिहास होगी।

9 जनवरी 1960

आज, लंच खाने के बाद बच्चनजी ने अपना नया गीत सुनाया-'डोंगा डोले, नित गंग-जमुन के तीर, डोंगा डोले' : गाकर, उसी लोकधुन में, जिसमें कि वह गीत लिखा गया है। तब जाकर गीत का अर्थ कुछ खुला। एक माँझी है, एक रोज़ एक सुन्दरी डोले में आयी और संगम-स्नान के लिए जाने को उसकी नाव में चढ़ी। स्नान करते-करते वह डूब गयी और बहुत खोजने पर भी उसके शरीर का पता नहीं लगा। इस प्रसंग को माँझी के मन ने यों समझा, जैसे वह डोला नहीं, बल्कि उड़न खटोला था, जिसमें बैठकर एक परी आयी थी, जिसके नाव पर बैठने का असर यह हुआ कि डाँड़ छुए नहीं कि नाव संगम पर पहुँच गयी। वहाँ नहाते-नहाते वह परी लहरों में विलीन हो गयी और माँझी ने जल की बहुत थाह ली, पर वह 'जादू की तस्वीर' फिर हाथ न लगी। इसी घटना को सोच-सोचकर वह माँझी पागल हो गया।

सुनते-सुनते मुझे लगा कि इस गीत के पीछे 'रेणु' की कहानी 'मारे गये गुलफ़ाम' की भी कुछ-न-कुछ प्रेरणा ज़रूर है। जब मैंने यह बात कही तो

बच्चनजी ने कहा, "हो सकता है कि ऐसा हो। वह कहानी मुझे बहुत प्रिय है और सम्भव है, मेरे अवचेतन में रही हो।"[1]

धीरे-धीरे बात उनकी रचना-प्रक्रिया की ओर घूम गयी। मैंने पूछा कि आप जब गीत लिखना शुरू करते हैं तो क्या ऐसा भी होता है कि वह कभी अधूरा रह जाए और बाद में कुछ महीनों बाद पूरा हो। या एक गीत एक ही 'स्ट्रेच' (बार)में लिख डालते हैं?

इस प्रश्न का उत्तर बच्चनजी ने दूसरे ढंग से दिया। बोले, "अक्सर कविताएँ मेरे मन में बरसों तक पड़ी रही हैं और उसके बाद पूरी हुई हैं। बीस-बीस साल के बाद मैंने अपनी कविताएँ लिखी हैं। जैसे, यह आज की ही कविता लो। इसे मैंने बीस साल बाद लिखा है : मेरे ट्रेनिंग कॉलेज के दोस्त बता सकेंगे कि मैं अक्सर यह 'ट्यून' गुनगुनाया करता था। यह धुन तभी से मेरे दिमाग़ में पड़ी हुई थी; आज इस पर कविता लिख गयी। अक्सर यह हुआ कि किसी समय कोई विचार मेरे मन में आया और तब मैंने उसे कविता के लिए उपयोगी नहीं समझा, पर आगे कभी उस पर कविता लिखी। मेरे दिमाग़ में 'आइडिया' पड़ा रहता है और अक्सर उसे कविता की शक़्ल में आने में बरसों लग गये हैं।"

एक तरह से मेरी ही बात का जवाब था यह; पर मैंने वह सवाल कविताओं के विचारपक्ष को लेकर नहीं पूछा था, मैं तो जानना चाहता था कि वस्तुत: वे कविता का वास्तविक लेखन-कार्य किस रूप में करते हैं। इसलिए मैंने पूछा कि, "सो तो ठीक है, पर आप लिखते किस भाँति हैं? कविता की एक पंक्ति आपको सूझती है और उसपर आप पूरा गीत-विधान रचते हैं, या अन्तिम पद पहले दिमाग़ में आता है, या कुछ शब्द?"

इसके जवाब में बच्चनजी ने बताया कि कविता का समूचा 'आइडिया' उनको 'फ़्लैश' करता (कौंध जाता) है—उसका कोई अधूरा या आधा अंश नहीं "इट कम्स टु मी एज़ ऐन ऑरगेनिक होल" जैसे यह हाल की कविता है : 'अब तुमको अर्पित करने को मेरे पास बचा ही क्या है!' इसकी पृष्ठभूमि में यह भावना, समग्र रूप में, उनके मन में थी कि इतनी उम्र हो गयी, बहुत-से काम ऐसे हैं जो उन्होंने नहीं किये, बहुत-सी महत्त्वाकांक्षाएँ पूरी नहीं हो सकीं, युवावस्था भी नहीं रही—"मकान नहीं बनवाया, "मिनिस्टर" नहीं बन सका[2]...बहुत-सी बातें हैं।" लेकिन क्या सचमुच ही उनके पास कुछ नहीं रहा? और यह सोचने पर एक सन्तोष उन्हें होता है कि और कुछ न सही, गीत तो हैं उनके पास—"स्वर कुछ साथ दिये जाता है"—और यही अपनेआप में क्या कम है!

1. इस पर बच्चनजी की टिप्पणी है : पर इस गीत की कल्पना मेरे मन में बीस बरस पहले उठी थी जब मैं ट्रेनिंग कॉलेज में था। इसकी प्रथम पंक्ति गुनगुनाता भी था—कभी ज़ोर से भी।"

2. इस पर बच्चनजी ने टिप्पणी की : "atleast I am not sorry for it."

बच्चनजी ने कहा कि एक बार मूल भावना मन में स्पष्ट हो जाय, उसके बाद—जहाँ तक उसे लिखने का प्रश्न है, वह एक 'क्राफ्ट' (कला-विधान) की बात है, गो 'भाव और शब्द कोई अलग-अलग चीज़ तो हैं नहीं।' सोचना पड़ता है कि विचार को किस प्रकार अभिव्यक्त किया जाए कि यह अपने पूरे 'फ़ोर्स' और 'क्लेरिटी' (आवेग और स्पष्टता) के साथ आ सके।

ऐसा लगा कि बच्चनजी गीत की उद्भावना और उसकी रचना में कोई अन्तर्सूत्र जोड़ते हैं। इसीलिए उन्होंने कहा कि "मैं तुक जोड़ने के लिए कविता नहीं लिखता, तुक तो जुड़ जाते हैं। यही अन्तर है मेरे गीतों में और दूसरे लोगों के हज़ारों गीतों में। मेरी कविता का एक पद जिस जगह पर है, वहाँ से हटाकर उसे आप दूसरी जगह नहीं रख सकते। फ़ौरन मालूम हो जाएगा कि इसमें कोई तब्दीली की गयी है। लेकिन अन्य लोगों की गीतों में पदों में हेर-फेर कर देने से कोई अन्तर नहीं पड़ता। कारण यह है कि मैं कोई पंक्ति सोचकर गीत नहीं लिखता। जो लोग पंक्ति सोचकर गीत लिखते हैं और एक पंक्ति का तुक मिलाने के लिए दूसरी पंक्ति जोड़ते हैं, उनकी कविता निर्जीव हो जाती है। शान्ति एम.ए. के गीतों को देख लो। 'निशा निमन्त्रण' के गीतों के 'पैटर्न' पर ही हैं, लेकिन क्या तनिक भी जान है उनमें? वजह यह कि वे, और उन जैसे पचीसों कवि पंक्ति सोचकर कविता लिखते हैं। 'मास्टर राइटर' (कुशल लेखक) और मामूली लेखकों में यही अन्तर है कि वह 'राइम' (तुक) से बँधकर नहीं चलता, बल्कि 'राइम' उसकी कविता का अनुसरण करती है।"

बच्चनजी ने कहा कि "शुरू-शुरू में ऐसा होता था कि कभी कोई पंक्ति मुझे बहुत अच्छी लगती थी, लेकिन कविता की योजना में उसका छन्द या तुक ठीक नहीं बैठता था। ऐसी स्थिति में हमेशा मैंने यह देखा कि जब तुक और छन्द की दृष्टि से वह पंक्ति शेष कविता के अनुरूप बन जाती थी तो हमेशा पहलेवाली पंक्ति से बेहतर होती थी। पहलेवाली पंक्ति अब बेतुकी मालूम होने लगती थी।"

उन्होंने यह भी कहा कि "पहले मैं तुकों के साथ 'लिबर्टीज़' (छूट) नहीं लेता था, लेकिन अब लेने लगा हूँ। जैसे इस नये गीत में '...मेरे पास बचा ही क्या है' के वज़न पर 'पहुँचा ही क्या है' कोई ठीक तुक नहीं है। तुक की दृष्टि से यह निकृष्ट तुक है, पर मैं इसमें हर्ज नहीं देखता। यही बात मैंने येट्स में भी देखी। 'लेटर इयर्स' (अन्तिम वर्षों) में वह उत्तम तुक की परवाह नहीं करता था। 'ही वुड राइम एनी वर्ड विद अ सिमिलर वर्ड' (वह एक शब्द का तुक किसी भी मिलते-जुलते शब्द से मिला देता था)[1] जब मैं कैम्ब्रिज में था तो येट्स

1 यहाँ बच्चनजी ने इसे समझाने के लिए टिप्पणी की : eg. 'eye' with 'life', 'horse' with 'pass'.

की एक पंक्ति (सम्भवतः येट्स का मृत्यु लेख) मेरे 'गाइड' (निर्देशक) ने मुझे पढ़ने को दी : 'कास्ट ए कोल्ड आई ऑन लाइफ़, ऑन डेथ, हार्समेन पास बाई', और पूछा, 'डू यू फ़ाइंड एनी राइम इन इट?' (तुम्हें इसमें कोई तुक दिखता है) ? जब मैंने इनकार किया तो उसने मुझे पढ़कर सुनाया : 'कास ए कोल आई ऑन लाई ऑन डेथ हासमेन पास बाई।' इसे दो-तीन बार पढ़ो तो बिलकुल मन्त्र जैसा मालूम होता है। येट्स की 'इनर ऐंड इनहेरेंट राइमिंग' (आन्तरिक और अन्तर्निहित तुक) का यही रहस्य था।''

बच्चनजी ने कहा कि ''मैं अपने ऊपर कभी बन्धन नहीं लगाता। दुनिया की चीज़ों में दिलचस्पी लेता हूँ।'' 'ऐंड आई गिव माईसेल्फ़ होल्ली टु देम' (और अपने पूरे व्यक्तित्व से उनमें रम जाता हूँ।) यदि किसी चीज़ में मेरी दिलचस्पी है तो मैं अपने मन को पूरी तरह से उस ओर जाने देता हूँ, नियन्त्रित नहीं करता। 'फ़ॉर एग्ज़ाम्पिल, इफ़ देअर इज़ ए गर्ल आई लाइक, आई विल गिव ऑल माई माइंड टु हर' (उदाहरणार्थ, यदि मैं किसी लड़की को पसन्द करूँ तो दिलोजान से उस पर निछावर हो जाऊँगा)। इसमें मेरी सीमाएँ भी हो सकती हैं। बहुत-सी चीज़ें ऐसी भी होंगी, जिनके प्रति मैं अपने को मुक्त नहीं कर पाता होऊँगा, लेकिन बाकी सारी चीज़ों के लिए मैं अपने-आप को पूरी तरह खुला रखता हूँ और इस प्रकार जो 'इम्प्रेशंस' (छाया-प्रभाव) मेरे मन पर पड़ते हैं, वे 'रजिस्टर' होते जाते हैं। 'नाट दैट दे नेसैसरली फ़ार्म एनी पार्ट आफ़ माई पोएम्स, बट दे आर देयर। दे मे गिव मी पोएम्स, दे मे नॉट। बट दे आर देयर' (यह नहीं कि वे अनिवार्यतः मेरी कविताओं का अंग बनते हैं, पर उनका अस्तित्व रहता है। हो सकता है, उनसे मुझे कविताएँ मिलें, हो सकता है कि न मिलें, पर उनका अस्तित्व ज़रूर रहता है)।

''इससे एक लाभ और भी होता है कि अनावश्यक 'स्ट्रेन' (बोझ) मेरे मन पर नहीं पड़ता और अपने को बरबस रोकने की तकलीफ़ नहीं सहनी पड़ती।''

उन्होंने कहा कि जीवन में ऐसे लोग भी मिलते हैं, जो बिलकुल 'अनअफ़ेक्टेड' (सहज) ढंग से, बिना किसी बनावट और रुकावट के बातचीत करते हैं, और हम 'फ़ील' (अनुभव) करते हैं कि यह व्यक्ति तो कविता बोल रहा है। वह कविता इसलिए भी होती है कि सीधे दिल से निकलती है।

अपनी बात पर लौटते हुए, बच्चनजी ने कहा कि ''मन जिधर जाना चाहे, उधर उसे मुक्त छोड़ देने से मुझे यह लाभ भी होता है कि उस पर जो-जो 'इम्प्रेशंस' (छाया-प्रभाव) पड़ते जाते हैं, वे यों तो कहीं किसी कोने में पड़ते रहते होंगे, लेकिन जब मेरा कविता लिखने का मूड होता है तो वे मेरे सम्मुख अपने सम्पूर्ण वैभव के साथ प्रकट होते जाते हैं।

''जब मैं 'स्टर अप' (आन्दोलित) होता हूँ तो फिर मुझमें वह सब-जो सोया हुआ था—जाग उठता है। जैसे कि इन दिनों हाल है। 'नाउ आई ऐम स्टर्ड अप' (इन दिनों मैं आन्दोलित हूँ)। अब मैं लिखता ही जाऊँगा, उस समय तक-जब तक कि यह 'स्टरिंग' (अन्तर्मन्थन) रहे।''

हँसकर बोले, ''यह कोई अच्छी बात थोड़े ही है! दिमाग़ में और कोई बात आती ही नहीं (सिवाय कविता के)। पन्तजी की किताब पूरी करने को पड़ी है। 'हैमलेट' का अनुवाद शुरू किया था, वह भी रह गया।''

फिर गम्भीरता के साथ उन्होंने कहा, ''कभी-कभी दिमाग़ का सो जाना एक अच्छी बात है। इससे वहाँ का 'स्टोर' (भंडार) बढ़ता रहता है और जब मन्थन शुरू होता है तो वह सारी सामग्री अपने पूरे वैभव के साथ सामने आती है।''

मैंने उनसे कहा, ''यह तो आपने बड़ी अच्छी बात बतलायी। यदि यह ठीक हो तब तो मेरे जैसे लोग जीवन की जिस अवधि को निरर्थक मानकर कुढ़ते रहते हैं, उसकी भी क़ीमत शायद कभी मालूम हो।''

10 जनवरी 1960

कल की बातचीत के सिलसिले में बच्चनजी ने यह भी बताया था कि जब वे 'निशा-निमन्त्रण' लिख रहे थे तो उनकी भावना में इतना अधिक तनाव रहता था और वे अपने आप को इतना अधिक 'नॉन-ऐंटिटी' (अस्तित्व-रहित) समझने लगे थे कि उन्हें महसूस होता था कि हवा उनकी पसलियों के आर-पार होकर बह रही है और पसलियों के बीच से गुज़रती हुई हवा का स्वर मानो उन्हें सुनाई देता था। तब वे कभी-कभी तकिये को उठाकर अपने सीने से चिपका लेते थे, जिससे कि हवा के उन्मुक्त प्रवाह को रोक सकें।

2 फरवरी 1960

आज 'पी' ब्लाक के हिन्दी कर्मचारियों ने बच्चनजी के सभापतित्व में बसन्तोत्सव मनाया। उत्सव तो ख़ैर यों ही था, पर बच्चनजी के व्यक्तित्व का अत्यन्त सबल रूप वहाँ प्रकट हुआ। संयोजक महोदय ने जो बातें कहीं, उनमें बच्चनजी के यश का गुणगान उचित ही था। पर बच्चनजी ने सभा के कुशल-संचालन तथा अपने वक्तव्य के ज़रिये सभी उपस्थित लोगों के मन पर अद्भुत

प्रभाव डाला। जब भी मैं बच्चनजी को ऐसे उत्सवों में देखता हूँ, हमेशा उत्सव की सफलता का सेहरा उन्हीं के माथे पर पाता हूँ। कारण यह जान पड़ता है कि अक्सर बच्चनजी ही ऐसी सभाओं में 'सब कुछ' होते हैं या बन जाते हैं। आज भी ऐसा ही हुआ। उन्होंने बात एक बड़े ही सामान्य विषय को लेकर शुरू की। कहने लगे कि, ''बसन्त हम मना ज़रूर रहे हैं, लेकिन मुझे तो कहीं बसन्त दिखाई नहीं देता। न आप के चेहरों पर, न आपके दिलों में। हमारा बसन्त तो सूख गया है, क्योंकि हम हज़ारों साल से तन, मन, धन सभी दृष्टियों से ग़रीब रहे हैं। उस बसन्त को लौटाने के लिए हमें बड़ा यत्न करना पड़ेगा।

''हम अपनी संस्कृति से नाता तोड़ बैठे हैं। हमारी धरती के भीतर जो जड़ें मुरझाई जा रही हैं, उन्हें सींचने के बजाय हम आकाश-बेल को दुहने की कोशिश करते हैं। पर उससे हमें कुछ भी प्राप्त नहीं होने को है। हमें अपनी मिट्टी खाकर पौष्टिक तत्त्व मिलेगा, दूसरे का बिस्कुट खाकर नहीं। अपनी भाषा, अपनी संस्कृति और अपनेआप को जानकर ही हम अपने बसन्त को लौटा सकेंगे। विदेशियों ने हमें जो दिया है, वह आकाश-बेल की तरह ऊपर-ऊपर कितना ही बढ़ गया हो, भीतर से वह न हमें रस दे सकता है और न पनप ही सकता है।

''हमारे सामने सवाल है, अपने जीवन से लुप्त बसन्त को लौटाने का। वह क्यों खोया, इसके सम्बन्ध में अलग-अलग रायें हो सकती हैं। वह हमें कैसे वापस मिले, इसके भी अलग-अलग उपाय बतलाए जाते हैं। मैं दावा नहीं करता कि मुझे उसका कारण मालूम है, या मैं उसका कोई निश्चित हल आपको दे सकता हूँ। पर यह ज़रूर देखता हूँ कि बसन्त हमारे जीवन में नहीं रह गया है। साथ ही, यह देखकर आश्वस्त भी होता हूँ कि इस तरह के छोटे-बड़े प्रयत्नों द्वारा हम उसे फिर से लाने का यत्न करते रहते हैं।

''अभी संयोजक महोदय ने कहा और अक्सर कहा जाता है कि हम हिन्दी को कुछ दे रहे हैं या हमने हिन्दी को दिया है। असल में, हिन्दी से हमको लेना चाहिए। आप देने की बात अभी बिलकुल न कीजिए, अभी तो आप हिन्दी से लीजिए। हिन्दी बहुत दरिद्र है, उसके पास तीन बूँद दूध है, लेकिन उसमें उतने से ही चालीस करोड़ लोगों का पोषण करने की सामर्थ्य भी है। इसलिए, आप हिन्दी से लीजिए। उसके बाद कहीं देने की बात सोचिए। मेरे पास बहुत-से नवयुवक आते हैं कविता-कहानी लेकर। मैं पूछता हूँ—तुलसीदास की रामायण पढ़ी है? सूरदास के पद पढ़े हैं? पन्तजी की कोई कविता याद है? उत्तर मिलता है—नहीं। और हौसला वे लोग रखते हैं हिन्दी को देने का।

''संयोजक महोदय ने मेरे लिए भी कहा कि मैंने हिन्दी को बहुत दिया है। पर मैं तो समझता हूँ कि जितना मैंने हिन्दी से पाया है, उसका एक-करोड़वाँ

हिस्सा भी नहीं दे सका हूँ।

"जब आप हिन्दी से भलीभाँति ले सकेंगे तो अपने बसन्त की सूखी हुई जड़ों में फिर से जीवन का संचार कर सकेंगे। इस प्रकार के आयोजन उस बसन्त को लौटाने में बहुत-कुछ सहायक हो सकते हैं।"

बच्चनजी ने, इन अपेक्षाकृत सर्वविदित बातों को बड़े पैनेपन और ज़ोर के साथ कहा और अन्त में यह भी जोड़ा कि "मैंने प्रतीक-रूप में ये बातें कही हैं और कुछ बढ़ा-चढ़ाकर कही हैं। बसन्त के आपके उल्लास को कम करने का आशय नहीं है मेरा। मैंने तो बातों को ज़रा पैना करके, तनिक उनपर धार देकर, आपके सामने प्रस्तुत किया है। कवि लोग करते भी यही हैं कि अपनी बात को तनिक तेज़ बनाकर रखते हैं।"

बच्चनजी के इस प्रारम्भिक वक्तव्य के बाद पूरी सभा का 'टोन' ही बदल गया। सब-के-सब मानो अभिभूत हो गये। ज़ाहिर था कि बच्चनजी की बातों ने सबको छुआ, प्रभावित किया और आन्दोलित किया। यहाँ तक कि इसके बाद कविता पढ़ने या सामने आनेवाले तीन-चार व्यक्तियों ने बच्चनजी की ही बातें दूसरे शब्दों में दुहरायीं। अन्त तक यही बातें लोगों के दिमाग़ में गूँजती रहीं और उन्हीं को किसी-न-किसी रूप में अभिव्यक्ति मिलती रही।

इसे मैं बच्चनजी की वाक्-कुशलता की ही नहीं, चीज़ों को प्रस्तुत करने के उनके ढंग की भी सफलता मानता हूँ। सभा समाप्त होने के बाद मैंने श्री भारतभूषण अग्रवाल (जो बच्चनजी से मिलने आये थे और प्रसंगवश सभा में भी शामिल हो गये थे) से कहा कि बच्चनजी की विशेषता यह है कि वे 'कामनप्लेस' (सर्वसाधारण) बातों को भी ऐसे ढंग से कहते हैं कि वे नयी और प्रभावोत्पादक मालूम होने लगती हैं और सुनने (या पढ़ने) वालों के मन में अटक जाती हैं। यह गुण मैंने बच्चनजी की पुस्तकों की हाल में लिखी भूमिकाओं अथवा छोटे-मोटे निबन्धों में भी देखा है। जब पहली बार मैंने उनको पढ़ा तो अक्सर मुझे उनमें कोई ख़ास बात नहीं दिखी। सीधी-सादी भाषा में सीधी-सादी बातें। न बहुत गम्भीर, न बहुत सुचिन्तित, न बहुत नयी। पर उन्हीं का असर आम लोगों पर बहुत पड़ा। बच्चनजी के पास अक्सर उनकी प्रशंसा में पत्र आते रहे और एक-दो बार ऐसा भी हुआ (जैसे 'मैकबेथ' की भूमिका में) कि खुद मुझे, दुबारा पढ़ने पर, उनमें काफी तत्त्व दिखाई दिये।

अभिप्राय यह कि बच्चनजी में कोई ऐसा भाव-बोध विद्यमान है, जिसके द्वारा वे औसत आदमी की नब्ज़ पकड़ लेते हैं और उसपर पूरा प्रभाव डालते हैं। यह गुण जितना उनकी कविता में है, उतना ही उनकी वाणी में और वैसा ही उनके व्यवहार में भी। औसत दर्जे के लोगों को उनकी कविता में अपूर्व रस मिलता

है, औसत लोगों की उपस्थिति में उनकी सभा-कुशलता अपना सानी नहीं रखती, और औसत लोगों की निगाह में बच्चनजी का व्यवहार, ढंग और व्यक्तित्व महापुरुषों के ही समान है। 'साप्ताहिक हिन्दुस्तान' में प्रकाशित ओंकार के लेख की सबसे बड़ी विशेषता यही थी कि उसमें बच्चनजी के इस पक्ष को पूरी तरह से पहचान लिया गया था। सचमुच, वे एक 'महान साधारण' या 'अ-साधारण साधारण' हैं।

कल ही की बात है। श्यामसिंह नामक नौकर, जो उनके यहाँ कुछ समय काम कर चुकने के बाद, मेरे यहाँ काम कर रहा था, बोला, "साहेब के जैसा 'वेरी गुड' आदमी तो 'वर्ल्ड' में दूसरा कोई नहीं मिल सकता।"

ज़ाहिर है कि 'मॉस अपील' (समूह-रंजन) में भली प्रकार समर्थ बच्चनजी का प्रभाव औसत अथवा सामान्य से कुछ उन्नत लोगों पर उतना नहीं पड़ता। कदाचित इसीलिए बच्चनजी उस वर्ग में बहुत आश्वस्त नहीं अनुभव करते। उदाहरण के लिए अंग्रेज़ी के प्रोफ़ेसर रह चुकने के बावजूद, मैं समझता हूँ कि सच्चे अंग्रेज़ीदाँ लोगों के बीच वे किसी हद तक कुंठित रहते हैं। साथ ही, विशुद्ध बौद्धिक स्तर पर होनेवाले विवाद के समय भी बच्चनजी 'फ़ेल' कर जाते हैं, जैसा कि वे कांस्टीट्यूशन क्लब में राष्ट्रभाषा की समस्या पर परिसंवाद होने के समय, डॉ. ताराचन्द के भाषण के बाद, निष्प्रभ हो गये थे। गम्भीर, सैद्धान्तिक चिन्तन उनकी परिधि में नहीं आता।

कारण शायद यह हो कि बच्चनजी की प्रतिभा मूलतः कवि की है, आवेग प्रधान है और हिन्दी के स्तर के अनुरूप है। अपने इस 'रोल' को निभाते हुए, यदि वे औसत हिन्दीवाले के ऊपर छा जाते हैं और औसत हिन्दी लेखक से हर दृष्टि से श्रेष्ठ पड़ते हैं तो इसके मूल में है उनका आत्मविश्वास, जो उन्हें पिछले पच्चीस-तीस सालों की अपनी अभूतपूर्व सफलता से मिला है; उनका दबंग स्वभाव, जो कदाचित् उन्होंने इस ज़िम्मेदारी का बोध होने के कारण विकसित किया है कि वे हिन्दी के वयोवृद्ध और प्रतिष्ठित कवि हैं, और शायद इसलिए भी कि अपनेआप को 'एसर्ट' करने (जमाने) से सामाजिक सफलता मिलने की सम्भावना अधिक रहती है; उनका गुरु गम्भीर स्वर; उनकी सुन्दर आकृति; उनकी विशिष्ट चाल; उनका मधुर कंठ; उनके सुरुचिपूर्ण वस्त्र; उनकी सम्पन्नता, मोटर; लोकप्रियता, पद-मर्यादा; पंडितजी के प्रियपात्र होने का उनका यश; और उनकी 'मधुशाला'।

लेकिन मुख्य बात है—उनका अपना व्यक्तित्व और उनकी समर्थ कविता। इन्हीं के कारण वे दूसरों से ऊँचे हैं और इसको स्वतः सिद्ध भी करते हैं। दूसरे शब्दों में, मैं इसे उनकी 'प्रतिभा' कहूँगा, जिसके बल पर उन्होंने अपनी विशिष्टता

प्रकट की, स्थापित की, कायम रक्खी और निरन्तर बढ़ायी है। हिन्दी के वातावरण में—जहाँ विशिष्टता पाने के लिए कितने ही जोड़-तोड़ होते रहते हैं और क्या-कुछ नहीं किया जाता, निश्चय ही यह एक महत्त्वपूर्ण उपलब्धि है। इस पहलू को देखने पर, मुझे वर्षों पहले का उनका एक भाषण बार-बार स्मरण हो आता है। इलाहाबाद में 'परिमल' के एक उत्सव में बोलते हुए उन्होंने कहा था, "लेखक के पास प्रतिभा होगी तो वह हर जगह और हर परिस्थिति में अपनी बात कहने का रास्ता निकाल लेगा। प्रतिभा है तो सब कुछ है, और नहीं है तो ठेंगा।"

4 फरवरी 1960

दोपहर के खाने के बाद गपशप शुरू हुई। पन्तजी का पत्र आया था; उसके कुछ अंश बच्चनजी नहीं पढ़ सके थे, मैंने वे यत्न करके पढ़े। उसके बाद पन्तजी की ही बात शुरू हो गयी।

बच्चनजी कहने लगे कि पन्तजी वाणी के धनी और तपस्वी हैं, लेकिन जीवन का सम्पर्क न होने के कारण उनकी भाषा किताबी रही है। मैंने पूछा कि पन्तजी को प्रसिद्धि कब से मिली तो बच्चनजी ने बताया कि वे तो प्रसिद्ध होकर ही आये थे। उनके बाल, पहनावा, चाल-ढाल, कोट सभी उन्हें प्रसिद्ध करते थे। यूनिवर्सिटी टाउन में वे आकर रहे थे, इसलिए विद्यार्थियों के माध्यम से उनकी ख्याति दूर-दूर तक फैलने की सुविधा थी और इलाहाबाद के लोग भी उन्हें बहुत जल्दी जान गये थे। फिर भी, पंत जी को विशेष ख्याति मिली—'सरस्वती' में बख़्शी जी के आने के बाद। बख़्शीजी मुखपृष्ठ पर पन्तजी की कविता छापते थे अवश्य पसन्द करते होंगे।

बच्चनजी ने बताया कि जब एक बार वे शुक्लजी से, जो बख़्शीजी के बाद सरस्वती के सम्पादक हुए थे—सरस्वती के कार्यालय में मिले तो और बातों के साथ उन्होंने कहा, "देखिए, पन्तजी के तो बालों में भी कवित्व है।"

पहले भी कई बार बच्चनजी ने मुझे बताया है कि पन्तजी को सामने लाने में बख़्शीजी का बड़ा हाथ रहा है। साथ ही, बच्चनजी ने यह भी कहा है कि पन्तजी (इसके बावजूद) कभी बख़्शीजी का उल्लेख नहीं करते।

इसके बाद बात का रुख़ निरालाजी की ओर मुड़ गया। हाल में ही अख़बारों में यह ख़बर निकली थी कि निरालाजी प्रयाग से ग़ायब हो गये हैं और उनकी जन्म-तिथि के दिन उनके घर पहुँचनेवालों को उन्हें वहाँ न पाकर निराश होना

पड़ा था। फिर 'आज' से मालूम हुआ कि वे काशी पहुँच गये थे और वहाँ के साहित्यकारों ने निराला-जयन्ती मनायी थी।

इसी सिलसिले में बच्चनजी ने वह प्रसंग सुनाया, जो उन्हें अभी —पन्तजी के दिल्ली-आगमन के समय —मालूम हुआ था। कुछ दिनों पहले निरालाजी इलाहाबाद रेडियो में गिरिजा कुमार माथुर के पास गये और बोले, "मेरी पोती का विवाह है। रुपया चाहिए। मैं अपनी सब रचनाओं के प्रसारण का अधिकार रेडियो को देने के लिए तैयार हूँ। आप मुझे दस हज़ार रुपये दे दीजिए।" इस पर माथुर ने कहा, "निरालाजी, आप बहुत बड़ी रक़म के लिए कह रहे हैं। अभी आकाशवाणी ने रवीन्द्रनाथ की रचनाओं का प्रसारण-अधिकार केवल चार हज़ार रुपये में लिया है।" यह सुनकर निरालाजी बहुत नाराज़ हो गये और यह कहते हुए चले गये कि अब पचास हज़ार रुपये में भी नहीं दूँगा।

बच्चनजी ने यह भी बताया कि एक ज़माने में निरालाजी और पन्तजी के बीच कुछ साहित्यिक विवाद हुआ था और पन्तजी के प्रति निरालाजी में कुछ-न-कुछ द्वेष-भाव भी मालूम होता है। जिस ज़माने में पन्तजी का 'पल्लव' बड़ी सज-धज के साथ इंडियन प्रेस से ढाई रुपये में प्रकाशित हुआ था, उस समय निरालाजी की 'अनामिका' कलकत्ते से चार आने में छपी थी। कोई ताज्जुब नहीं कि निरालाजी के मन में किसी तरह की हीनता की भावना उठी हो। 'मतवाला' में उन्होंने पन्तजी के ख़िलाफ़ लिखा था। कुछ वर्षों बाद 'भारत' में निराला-पन्त विवाद फिर चला था।[1]

अभी कुछ महीने पहले की भी एक घटना बच्चनजी ने सुनायी, जो उन्हें स्वयं पन्तजी से मालूम हुई थी। रूसी हिन्दी प्रेमी श्री चैलिशेव जब प्रयाग आये तो पन्तजी को साथ लेकर निरालाजी से मिलने गये। चाहते थे कि दोनों कवियों के कुछ चित्र साथ-साथ लें। 'मूवी' कैमरा भी लाये थे। लेकिन निरालाजी ने पन्तजी के साथ फोटो खिंचाने से इनकार कर दिया। पन्तजी बेचारे अलग खड़े हो गये। और करते भी क्या!

इन बातों का सिलसिला न जाने क्यों खुद बच्चनजी की ओर मुड़ गया। उन्होंने बताया— शायद पन्तजी की एकान्त साधना का प्रसंग पहले आ चुकने के कारण कि— कविता लिखने में मुझे 'डिलाइट' (आनन्द) और 'हारमनी (तादात्म्य) का अनुभव ज़रूर होता है, पर एकमात्र कविता लिखने से मुझे सन्तोष नहीं होता। दो-चार काम और भी होने चाहिए मेरे लिए। सम्भव है कि अगले जन्म में मैं सिर्फ़ कविता ही लिखूँ—इतना परिष्कार हो जाए मेरा—लेकिन इस जीवन में मुझे और भी काम करते रहने की ज़रूरत महसूस होती है।' इन अन्य

1. यहाँ बच्चनजी ने टिप्पणी की : "विचित्र है कि निरालाजी को जो उत्तर पन्तजी ने दिया था, उसे उन्होंने अपने गद्य में कभी सम्मिलित नहीं किया।"

कार्यों की कोई स्पष्ट व्याख्या नहीं की उन्होंने, लेकिन मैं समझ गया कि उनका इशारा है—यूनिवर्सिटी में अध्यापन करने, थीसिस लिखने, फ़ौजी ड्यूटी बजाने, दफ्तर में काम करने, परिवार को पूरा समय देने, सामाजिकता की ज़िम्मेदारियाँ निभाने, और इन दिनों शिला-चित्रण करने के समान— कविता-लेखन से इतर अन्य कार्यों की ओर।

वे बोले, ''सम्भव था कि मैं राजनीति की ओर चला जाता। सन् तीस में यूनिवर्सिटी छोड़कर मैं आन्दोलन में शामिल हो गया था। पिकेटिंग बहुत की है मैंने। जुलूस के लिए गाने लिखता था। उन्हीं दिनों, सन् तीस में, मैंने पहले-पहल जवाहरलालजी का ध्यान आकर्षित किया था। हम दो-चार युवकों ने एक 'खादी प्रचार संगठन' बनाया था और खादी का गट्ठर पीठ पर लादकर घर-घर बेचते थे। एक आमसभा में जवाहरलालजी ने हमारे 'बैनर' (झंडे)की ओर ध्यान दिलाते हुए कहा, ''इन लड़कों को मैं कई रोज़ से देखता हूँ। ये एक अच्छा काम कर रहे हैं। आप लोग मीटिंग में तो आते हैं, लेकिन कुछ ठोस काम भी कीजिए।''

कुछ समय के लिए बच्चनजी आर्यसमाजी भी थे। आर्य कुमार सभा के सेक्रेटरी रहे। घूम-घूमकर घरों में 'सत्यार्थ प्रकाश' बेचा करते थे।

कहने लगे कि ''जुलूसों में शामिल होता ज़रूर था, पर मेरी आत्मा को उनसे तृप्ति नहीं मिलती थी। भावना-प्रधान मैं था ही। तीव्र आवेग मन में उठते थे। सन् उनतीस-तीस में ही मैंने गम्भीरतापूर्वक कविता लिखनी शुरू की थी। इससे पहले केवल यदा-कदा लिखता था।''

जब उन्होंने कहा कि ''मैं जनता का आदमी हूँ। उनके बीच में जाकर उन्हें हँसाता-रुलाता हूँ और कवि-सम्मेलनों में शामिल होकर मुझे एक तरह का सन्तोष मिलता है''; तो मैंने कहा कि ''इसके बावजूद आप राजनीति में नहीं जा सकते थे, क्योंकि उसके लिए आदमी को कुछ-न-कुछ गुंडा भी होना चाहिए।''

वे बोले, ''गुंडा तो मैं भी हूँ।'' तब मैंने कहा कि ''आप प्रसादजी के 'गुंडा' की बात कर रहे हैं। राजनीति में आने के लिए तो आदमी को नीच भी होना पड़ता है।''

वे बोले, ''तुम ठीक कहते हो। मैं 'मीननेस' (नीचता) किसी भी हालत में नहीं कर सकता। खुलेआम सब कुछ कर सकता हूँ, पर किसी को धोखा देना मेरे संस्कारों के विपरीत है।''

और इस तरह, आज की बात जिस जगह से शुरू हुई थी, उसका सिरा फिर सामने आया। शुरू-शुरू में बच्चनजी ने पन्तजी की एकान्त काव्य-साधना के प्रसंग में कहा था कि 'प्रतिभा अपनेआप को पहचान लेने का नाम है। यदि शेक्सपियर सेना में गया होता तो शायद पहले ही दिन गोली खाकर गुज़र गया

होता और यदि नेपोलियन ने कविता लिखी होती तो आज कौन उसका नाम जानता।'

"दुनिया में अधिकांश लोग इसी उधेड़बुन में रह जाते हैं कि क्या करें, क्या न करें।" 'स्क्वायर पैग इन ए राउंड होल' (गोल छेद में चौकोर खूँटी) की भाँति वे अटके ही रह जाते हैं और अपनी प्रतिभा के वास्तविक क्षेत्र को नहीं पहचान पाते।"

आज की बैठक समाप्त होते-होते मुझे दोनों ही तरह के लोग निकट मिल गये। एक ओर मैं हूँ कि इधर-उधर भागता हुआ भटक रहा हूँ। दूसरी ओर बच्चनजी जैसे सिद्ध पुरुष हैं जिन्होंने धर्म, राजनीति, चाकरी, जीवन की जटिलता आदि तूफ़ानों से गुज़रकर भी अपने सच्चे लक्ष्य को कभी निगाह से ओझल नहीं होने दिया है; उलटे इन सबका उपयोग किया है अपनी रचना को अधिकाधिक सम्पन्न बनाने के लिए। हमारे जैसे लोग महज़ साधारण प्राणी हैं, और उनके जैसे : प्रतिभा के धनी।

5 अप्रैल 1960

जहाँ मैं बच्चनजी के स्वभाव की बहुत-सी विशेषताओं की सराहना करता हूँ, वहीं कुछ बातें मुझे बेहद नागवार भी मालूम होती हैं। और इनमें सबसे पहली है—उनकी 'एसर्ट' करने (अपनी बात को दूसरे पर लादने) की प्रवृत्ति। सम्भव है कि इसके कारण उन्हें अपने जीवन में लाभ हुआ हो और ऐसी कुछ सुविधाएँ आदि मिल गयी हों—जो अन्यथा न मिलतीं—पर उनके 'एसर्शन' का बोझ जिन लोगों को सहना पड़ा होगा, उन्हें वह कितना नागवार गुज़रा होगा, इसकी कल्पना मैं खूब कर सकता हूँ।

हो सकता है मेरा ख़याल ख़याल ही हो, लेकिन विनम्रता, सहिष्णुता, सहृदयता, उदारता आदि वे तमाम गुण, जिन्हें हम इस देश में श्रेयस्कर मानते आये हैं, मुझे 'अपनी बात को ज़ोर देकर कहनेवाले' पूर्वोक्त गुण से मूलतः भिन्न मालूम होते हैं। 'एसर्ट' करने को मैं एक तरह की असभ्यता और अशिष्टता समझता हूँ—गोकि व्यावहारिक दृष्टि से जीवन में सफल होने के लिए कदाचित् वह अधिक सहायक होता हो।

बहरहाल, जब भी मैं बच्चनजी को 'एसर्ट' करते देखता हूँ, मुझे अनुभव होता है कि वे ज़्यादती कर रहे हैं और उस ऊँचे दर्जे से नीचे गिर रहे हैं—जिसे...मैं कवि का दर्जा कहना पसन्द करूँगा। उस दर्जे पर पहुँचे व्यक्ति में 'अक्खड़पन' तो शायद सहन किया जा सके, यह नहीं।

दुर्भाग्यवश 'एसर्ट' करना न सिर्फ़ उनकी आदत है, बल्कि जीवन का एक सिद्धान्त भी है। शायद वे उसे आत्म-विश्वास का पर्याय अथवा सहज प्रस्फुटन समझते हों, पर मुझे तो अपनी बात को ज़बर्दस्ती दूसरे के ऊपर लादना—एक तरह से—आत्म-विश्वास की कमी का ही सूचक जाना पड़ता है। ज्ञानी और सुसंस्कृत व्यक्ति का आचरण कदापि ऐसा नहीं हो सकता।

दूसरी बात जो मुझे उनके कवि-धर्म के प्रतिकूल मालूम होती है, वह है : उनकी मीठी बोली और व्यवहार-कुशलता के भीतर छिपी हुई 'कैलस इनडिफ़रेंस' (निर्मम तटस्थता)। जब भी मैं उसका परिचय पाता हूँ, घबराहट होती है। जिस कवि ने लिखा हो कि—'मुझे मिले दुर्बलताओं से लाभ उठानेवाले' उसके अन्तरतम में कोई दुर्बलता दिखाई ही न दे, इससे अधिक आश्चर्य की बात क्या हो सकती है! और मेरे लिए— उनके साथ 10 बजे सुबह से 5 बजे शाम तक रहनेवाले सहकर्मी, सहधर्मी और सहायक के लिए—यह एक दुःख की भी बात है। सम्भव है कि पहले की वे 'दुर्बलताएँ' अब बावन वर्ष की अवस्था में 'शक्ति' में बदल गयी हों, पर क्या किसी भावप्रवण, बल्कि भावनाजीवी कवि के लिए ऐसा हो जाना किसी भी रूप में हितकर कहा जा सकता है? आज वे पहले की अपेक्षा कहीं अधिक लोगों को पत्रों द्वारा, मिल-भेंटकर, व्यवहार द्वारा आनन्द प्रदान करते हैं, पर किसी के भी लिए उनका हृदय कातर होता होगा, इसका विश्वास मुझे नहीं होता। उनकी सारी संवेदना, सहृदयता, 'सिन्स्यिरटी' (आत्मीयता) मुझे केवल ऊपरी दिखावा मालूम होती है, और यह मेरे लिए कष्टकर भी है। ऐसा नहीं कि मैं उनके किन्हीं कमज़ोर क्षणों को खुद देखना चाहता हूँ या उन्हें 'मिज़रेबिल' (पीड़ित) पाना चाहता हूँ। नहीं, वह मैं क्यों चाहूँगा, पर बारम्बार जब मुझे इसके प्रमाण मिलते हैं कि वे बिलकुल ठोस लोहे के बने हुए हैं—तो मन को कुछ अच्छा नहीं मालूम होता। यही लगता है कि परिस्थितियाँ, वस्तुएँ, व्यक्ति, घटनाएँ—सभी कुछ उनकी दृष्टि में महज़ सामग्रियाँ हैं, जिनसे वे अपने निजी काम चला लें। दूसरे शब्दों में, वे केवल 'स्वार्थ' की सिद्धि करते हैं, 'परमार्थ' तो बस उनका एक 'पोज़' (भंगिमा) है।

21 अप्रैल 1960

बच्चनजी की बातें भी अजीब होती हैं। आज सुबह उनके कमरे में गया तो 'मधुकलश' की प्रेस-कापी, नये संस्करण के लिए, तैयार कर रहे थे।

मुझे दायें हाथ की अनामिका में पहनी हुई नीलम की अँगूठी दिखाकर बोले, "मेरी नयी अँगूठी बनकर आ गयी है।"

चमक रही थी नयी-नयी अँगूठी। पर मैं जानता था कि यह नीलम तो उनके पास पहले से था। उन्होंने कहा, "अभी मैं इलाहाबाद गया था, वहाँ पन्तजी के जौहरी से यह अँगूठी आठ आने भर सोना और डलवाकर बनवायी है।" फिर दमकते हुए नीलम को देखकर बोले, "हज़ार रुपये है अब इसकी क़ीमत।"

मैंने पूछा, "नीलम तो माफ़िक पड़ने पर ही पहना जाता है। आपको भी ख़ूब फला होगा यह।"

"वे बोले, बस सफलता-ही-सफलता मिलती रही है—जबसे इसको पहना है।"

"कब से है यह आपके पास?" मैंने पूछा।

"सन् बयालीस से।" उन्होंने बताया, "यह कैसे मिला इसकी कहानी मैंने ज़रूर ही तुमको सुनायी होगी।"

मुझे याद नहीं आया। तो उन्होंने बताया कि एक बार जब वे झा साहब (डॉ. अमरनाथ) के यहाँ बैठे हुए थे, तब एक जौहरी हीरे-जवाहरात दिखाने के लिए झा साहब के पास आया। बच्चनजी भी देखने लगे। यह नीलम उन्हीं जवाहरातों में था। जिस समय बच्चनजी इसे देख रहे थे, झा साहब ने उनसे कहा, "तुम भी कुछ ख़रीद लो।" बच्चनजी बोले, "मैं ग़रीब आदमी हूँ, मैं क्या ख़रीद सकता हूँ।"

इस पर झा साहब ने कहा, "तुम पसन्द कर लो। दाम मैं दूँगा।"

उस समय रसालजी भी वहाँ मौज़ूद थे। उन्होंने बच्चनजी से कहा, "यह नीलम आप अपने हाथ में ले लीजिए। यह ऐसा प्रतापी है कि इसने आपके हाथ में आते ही अपनी क़ीमत दिलवा दी।"

जौहरी नीलम के पाँच सौ माँग रहा था। झा साहब ने बच्चनजी से कहा, "तुम लो इसे। दाम मैं तय कर लूँगा।" बाद में बच्चनजी को मालूम हुआ कि उन्होंने चार सौ रुपये जौहरी को दिये।

"नीलम ख़रीद लिये जाने के बाद रसालजी ने झा साहब से कहा, "अब तो बच्चन को यूनिवर्सिटी में नौकरी भी मिल जाएगी।"

झा साहब बोले, "अब नीलम ही दिलाएगा।"

और, बच्चनजी ने मुझसे बताया कि नीलम ने ही उन्हें यूनिवर्सिटी में नौकरी दिलायी। यों झा साहब उनसे वादा कर चुके थे कि अंग्रेज़ी विभाग में उनको ले लेंगे, लेकिन मिस्टर शुक्ला (एम.पी.) भी बड़े ज़ोरदार उम्मीदवार थे और उन्होंने बहुत-से वोट अपने पक्ष में कर लिये थे। एग्ज़ीक्यूटिव कौंसिल की मीटिंग में बहुत-से लोगों ने शुक्लाजी का अनुमोदन किया और झा साहब को कई लोगों से इशारा करके कहना पड़ा कि हाथ नीचे करो। डॉ. ताराचंद ने बाद में बच्चनजी

को बताया कि, 'यू वेयर सेलेक्टेड बाई द टीथ आफ़ स्किन' (तुम्हारी नियुक्ति बस हो ही गयी)।''

नीलम की चर्चा करते हुए बच्चनजी ने कहा, ''मैं जिस काम को चाहता हूँ कि हो ही जाए, इससे कह देता हूँ और यह कर देता है। इसने बड़े-बड़े काम बनाये हैं। इसी के कारण मुझे किसी बात में असफलता नहीं मिली। लेकिन यह मलिग्नेंट (विद्वेषी) भी बहुत है। कभी-कभी जब मैं इससे गुस्सा हो जाता हूँ और उतार कर रख देता हूँ, कई महीने नहीं पहनता, तब ये क्रोधित होकर मेरा नुक़सान करने लगता है। मैं इसे फिर पहन लेता हूँ और सब काम बन जाते हैं। बिलकुल जीवन्त पुरुष है यह! इसका अपना व्यक्तित्व है और यह मेरी बात मानता है। मैं इंग्लैंड जाने लगा तो मैंने इससे कह दिया, ''देखो नीलम महाराज, थीसिस पूरी होनी है।'' और इसने मुझे डॉक्टरेट दिला दी।''

फिर हँसकर बोले, ''हज़ार रुपये हाथ में लिये घूमता हूँ। जब लिया था, तब यह चार सौ का था। अब, पन्तजी का जौहरी कहता था कि इसकी कीमत हज़ार होगी और जिसे 'सूट' कर जाये, वह तो इसके लिए दो हजार या कोई भी रक़म दे सकता है।''

'नीलम' के बारे में इतनी बातें सुनकर मैं विचार में डूब गया। बातचीत की शुरुआत में, उसके प्रति मेरे मन में जितना अविश्वास था, उतना अन्त तक नहीं रहा। हम भारतीयों के स्वभाव की यह विशेषता है कि हम संस्कारतः आस्थावान, श्रद्धालु और विश्वासी होते हैं। आधुनिक युग की तमाम अनास्था, अश्रद्धा और अविश्वासपरकता के बावजूद, हमारे आदिम संस्कार हमारे अन्तर्मन में गहरे बैठे हुए हैं। इसी कारण हम, आधुनिक ज्ञान के प्रकाश में, जिसे अन्धविश्वास, और पोंगापन्थी समझते हैं, उसके प्रति भीतर-ही-भीतर हममें दुर्बलता बनी रहती है।

जिन बच्चनजी ने मन्दिर-मस्जिद-पुजारी-पूजा—सबका मूलोच्छेद कर देने का उद्घोष किया था, वे ही अब व्रत, पाठ, साधु-सन्त, भाग्य आदि का गुण-गान करते हुए नहीं थकते; और वही अजितकुमार-जो बच्चनजी के इस नये पहलू को ढोंग समझकर हँसते होंगे— यह कामना कर रहे हैं कि ख़ुद भी नीलम पहनकर देखें; शायद फल जाए और जीवन की तमाम कठिनाइयों से उबार दे।

कारण यह है कि प्रारम्भिक युवकोचित विद्रोह तथा उफान के शान्त होने पर उनके आदिम अथवा मूलभूत संस्कार, जो उन्हें पिछली अनगिनत पीढ़ियों के दाय के रूप में मिले हैं, अब उनका ज्वार शान्त होने पर, प्रकट होने लगे हैं और उनकी मनोभूमि ज्वार के लौट जाने पर, फिर उभरकर सामने आ गयी है, गोकि यह भी सच है कि लौटे हुए ज्वार ने उसे भिगोया है, और कुछ मुक्ता, कुछ

सीप, कुछ फेन, कुछ शंख, आदि उसपर छूट गये हैं। उस ज्वार की अपनी महिमा है और यह श्रेयस्कर ही है कि उसने उनकी मनोभूमि को समृद्ध और स्निग्ध बनाया है, सन्तुलन दिया है और बदले में वह स्वयं भी सार्थक हुआ है। ये दोनों परस्पर-पूरक हैं और वैसे विद्रोह तथा ऐसी स्वीकृति के घात-प्रतिघात के कारण ही हमारी भारतीय दृष्टि सम्यक् और सर्वांगीण बन सकी है।

27 अप्रैल 1960

आज सुबह, बच्चनजी को मोटर से उतरकर दफ़्तर की ओर जाते देखकर मुझे साल-दो साल पहले की एक घटना याद हो आयी।

उन दिनों हम लोगों का दफ़्तर साउथ ब्लॉक में था और बच्चनजी निकट ही, साउथ एवेन्यू में रहते थे। मेरा कमरा भी उनके घर के पास साउथ एवेन्यू में ही था। एक रोज़, पाँच बजे के बाद हम दोनों साथ-साथ घर के लिए रवाना हुए। रघुवीर सहाय संयोगवश रास्ते में मिल गये। बातचीत के दौरान वे बोले, ''बच्चनजी, आपकी चाल बिलकुल नवाबों जैसी है।''

याद नहीं आता कि बच्चनजी ने इसका क्या उत्तर दिया था। आम तौर से वे इस तरह की बातों के जवाब में ऐसा भाव प्रकट करते हैं, मानो आश्चर्यचकित हुए हों, और कहते हैं, अच्छा! मैं तो ऐसा नहीं समझता।

बहरहाल, इसमें सन्देह नहीं कि एक तरह का आभिजात्य उनके चलने में है और आत्मविश्वास भी। वे दायें-बायें झूमते हुए, अपेक्षाकृत धीमी रफ़्तार से, मज़बूत कदम रखते हुए चलते हैं। उनकी चाल को निश्चय ही गज-गति कहा जा सकता है। आसपास की दुनिया से बेख़बर, अनायास ही अपने महत्त्व का आभास देते हुए, अपने बड़प्पन को अपनी चाल में ढालते हुए, वे सहज ही इस धरती पर गज के समान निर्भीक और स्वच्छन्द गति से चरण धरनेवाले तेजस्वी पुरुष हैं।

27 अप्रैल 1960

आज लंच के बाद मैंने डॉ. अमरनाथ झा की चर्चा चलायी। बच्चनजी उनके काफ़ी सम्पर्क में रहे थे। उन्होंने कहा कि झा साहब में जीनियस तो थी नहीं, कोई मौलिकता भी नहीं थी, लेकिन आडम्बर वे पूरा रखते थे। उनका हर काम बहुत सुनिश्चित और नियोजित होता था। वे जानते थे कि किस तरह अपनी स्थिति

बनायी जाए और बनाये रक्खी जाए।

बी.ए. में सर्वप्रथम आते ही उन्हें यूनिवर्सिटी में काम मिल गया था। वे यूनिवर्सिटी में पढ़ते भी थे और पढ़ाते भी थे। उसके बाद वे हमेशा उन्नति ही करते गये। वे श्री शिवाधार पाण्डेय से पहले रीडर हुए और प्रो. डन के बाद अंग्रेज़ी विभाग के अध्यक्ष भी बन गये। इसके बाद लगातार तीन 'टर्म्स' तक वाइस चांसलर रहे। घर में अकेले आदमी को पैसे की कोई कमी न थी। एग्ज़ामिनर-शिपें बहुत थीं उनके पास, हमेशा तनख़ाहें भी बहुत अच्छी मिलीं। बस उनके जीवन का उद्देश्य यही था कि अपने रहन-सहन, कपड़ों-लत्तों, खान-पान, बात-व्यवहार आदि से दूसरों को प्रभावित करें और आतंकित रखें। इसके लिए जितना भी पैराफ़र्नेलिया (तामझाम) ज़रूरी था, वह सब उन्होंने जुटा रक्खा था। ख़ास तरह से बोलते थे और अपने हर काम में कुछ न कुछ ख़ासियत ज़रूर पैदा करते थे।

उनकी लाइब्रेरी बहुत बड़ी थी। बहुत-सी किताबें तो उनके पिताजी की होंगी, फिर प्रोफ़ेसर डन रिटायर होने पर इंग्लैंड जाते समय अपनी सारी लाइब्रेरी उन्हें दे गये थे। इसके अलावा यूनिवर्सिटी मैग़जीन आदि के लिए जितनी भी किताबें समीक्षार्थ आती थीं, उनमें से अच्छी वाली झा साहब के पास पहुँच जाती थीं। साथ ही वे किताबें ख़रीदते भी रहते थे। नयी-से-नयी किताबें उनकी मेज़ पर सजी रहती थीं। जिस किताब की दूसरे लोग चर्चा ही सुन पाते थे, ख़रीदें न ख़रीदें के सोच-विचार में पड़े रहते थे, वह झा साहब की मेज़ पर शुरू में ही आ जाती थी।

परिवार तो था नहीं झा साहब का। बस अकेले रहते थे। लाइब्रेरी ही उनका ड्राइंगरूम थी। वहीं वे लोगों से मिलते-जुलते थे। बड़ी-सी मेज़ लगाकर ऊँची कुर्सी पर वे बैठते थे। कमरे की अन्य कुर्सियों से उनकी कुर्सी कहीं ऊँची थी और पीछे-से काफ़ी मेहराबनुमा बनी हुई थी। उस कुर्सी पर बैठे, मुँह में सिगार दबाये, गोल आवाज़ में बोलते हुए झा साहब के इर्द-गिर्द एक तरह का प्रभामंडल स्वतः बन जाता था। कमरे की सारी कुर्सियाँ उनकी कुर्सी से छोटी होने के कारण उनसे मिलने आनेवाले मानो अपनेआप ही उनसे कुछ छोटे हो जाते थे। सभापति की कुर्सी तो उनकी थी, बाकी सब उनके मुसाहिब मालूम होते थे। झा साहब से बात करने के लिए सभी को उनकी ओर निगाह उठाकर देखना ही पड़ता था।

इतना ही नहीं, उस लाइब्रेरी की दीवारों पर टँगे चित्र, तरह-तरह की कलाकृतियाँ, घड़ियाँ, मेज़ पर रखे हुए भाँति-भाँति के फ़ाउंटेन पेन—सभी कुछ झा साहब की विशिष्टता का निरन्तर स्मरण कराता रहता था। पार्कर पेन का जब लोगों ने नाम भी शायद ही सुना था, उस समय झा साहब के पास कई गोल्ड

कैप पार्कर थे। वे सभी कुछ बहुत सोच-विचार के किया करते थे। हर आदमी को उसके उचित स्थान का ध्यान दिलाये रखते थे। कभी कोई ठसकेवाला उनसे मिलने आता तो वे उसे बाहर बरामदे में पन्द्रह मिनट इन्तज़ार करवाते थे। वहाँ मेज़ पर पचीसों पत्रिकाएँ पड़ी रहती थीं। उन्हें उलटते-पलटते, उस आदमी के सूट-बूट की शान आधी तो यों ही रह जाती थी। इसके बाद झा साहब अपना कृपापूर्ण दर्शन देते थे। कोई आदमी उनसे किसी तरह की छूट नहीं ले सकता था। जब वे किसी पर बहुत कृपालु होते, निकटता का आभास देना चाहते और 'फ़ेवर' करते तो उससे हिन्दी में बात करते थे। वरना अंग्रेज़ी बोलते थे और यदि कोई उनकी अंग्रेज़ी की बात का उत्तर हिन्दी में देता तो समझते थे कि वह छूट ले रहा है। उस समय वे डाँट भी देते थे—'आई ऐम टाकिंग टु यू इन इंगलिश ऐंड यू आर स्पीकिंग इन हिन्दी' (मैं तो आपसे अंग्रेज़ी में बात कर रहा हूँ, आप हिन्दी क्यों बोल रहे हैं?)। रूखे स्वर में कहे गये इस वाक्य के बाद उस व्यक्ति के लिए, खिसियाकर उनके पास से खिसकने के अलावा और कोई सूरत न रहती थी।

जमाये रखने की सारी कलाओं में वे पारंगत थे। चित्र प्रदर्शनी में जाते ही वे सबसे अच्छे चित्र के पास जाकर उसका दाम पूछते और अपनी गुरु गम्भीर औपचारिक आवाज़ में कहते थे—'इसे मैंने ख़रीद लिया।' बस, उस चित्र के नीचे लिख दिया जाता था—'सोल्ड टु श्री ए. झा' (क्रेता—श्री अमरनाथ झा।) इतना उनका विज्ञापन करने के लिए काफ़ी होता था। जो भी प्रदर्शनी देखने आता सबसे अच्छी तस्वीर के नीचे लिखा देखता—सोल्ड टु श्री ए. झा। सबमें ख़बर फैल जाती—झा साहब ने खरीदी है, झा साहब ने ख़रीदी है। लोग अपनी तस्वीरें वग़ैरा उनको सस्ती दे भी देते थे क्योंकि वे कला के संरक्षक माने जाते थे और उनके द्वारा ख़रीदे जाने पर चित्र और चित्रकार की इज़्ज़त बढ़ी हुई समझी जाने लगती थी।

जूतों का भी उन्हें बड़ा शौक़ था। चालीस-पचास जोड़ी जूते तो उनके पास रहते ही थे। एक रोज़ बच्चनजी ने देखा कि झा साहब अपने जूते पर खुद पालिश कर रहे हैं। पूछने पर मालूम हुआ कि वे जूते पर खुद ही पालिश करते थे।

घड़ियों , कलमों, किताबों, कपड़ों—सभी का उन्हें शौक़ था और उनकी संख्या उनके पास बढ़ती ही जाती थी। रहते शान-शौक़त के साथ थे, सफ़र हमेशा फ़र्स्ट क्लास में करते थे—साथ में वर्दीधारी चपरासी भी रहता था, ठहरते सबसे अच्छी जगह थे। और रसगुल्ला खाने के बहुत शौक़ीन थे। पढ़ते-पढ़ते बग़ल में रक्खे रसगुल्ले खाते जाते थे।

एक बार उन्हें बहुत बुख़ार चढ़ा। बच्चनजी देखने गये तो पाया कि मुँह मलिन है, आँखें चुँधियाई हुई, फुचकुर निकल रहा है। निरीह होकर पड़े थे। तभी किसी ऐसे आदमी के आने की ख़बर मिली, जिसे झा साहब अपना वह

दीन रूप नहीं दिखाना चाहते थे। उन्होंने मुँह धोया, पोंछा, तकिये के सहारे उठकर बैठ गये और चाँदी की मूठ का पाइप मुँह में लगाकर सुलगाते हुए बोले—"बुलाओ।"

एक बार बच्चनजी उनसे मिलने गये तो उन्होंने देखा कि अपने बड़े भारी लाइब्रेरी-कक्ष में मेज़ पर बैठे हुए झा साहब कुछ लिख या पढ़ रहे हैं। कमरे में बिलकुल सन्नाटा था और केवल दीवार पर टँगी घड़ियाँ टिक-टिक कर रही थीं। कभी इधर से आवाज़ आती- टिक, कभी उधर से- टिक। उस क्षण बच्चनजी को लगा कि अब यह सामने बैठा लिखता—या—पढ़ता व्यक्ति अपने अकेलेपन से घबड़ाकर आत्महत्या करने ही वाला है।

अकेलापन कितनी खलनेवाली चीज़ होती है, इसे वही पूरी तरह से जान सकता है, जो ख़ुद अकेला हो। झा साहब भी अकेले थे और यही वजह थी कि अकेलेपन को तरह-तरह से भरने की कोशिश करते थे। लेकिन मानव-जीवन की भीतरी आवश्यकताओं को सभा-सोसाइटियाँ, आश्रितों, शिष्यों और चाटुकारों की मंडलियाँ तथा मोटरें, पोशाकें, पुस्तकें, कलाकृतियाँ आदि भला क्योंकर पूरी कर सकती हैं!

झा साहब की आदत थी कि जब भी कहीं जाते थे, रास्ते के सभी स्थानों में रहनेवाले अपने परिचितों-शिष्यों को पत्र लिख देते थे। उनके असंख्य विद्यार्थी भारतवर्ष भर में फैले थे—कोई वकील, कोई डॉक्टर, कोई अफ़सर। वे सब मिलने पहुँच जाते थे। अक्सर तो तोहफ़े लेकर । एक बार जब बच्चनजी, रघुवंश किशोर कपूर और ज्ञान प्रकाश जौहरी बरेली में थे, तो उन्हें झा साहब का पत्र मिला, जिसमें लिखा था कि अमुक तारीख को अमुक ट्रेन से बरेली होकर गुज़रेंगे। वह ट्रेन रात में दो बजे बरेली पहुँचती थी; ये लोग बड़े पसोपेश में पड़े, फिर यह सोचकर स्टेशन पहुँचे कि अगर झा साहब जागते होंगे तो मिल लेंगे अन्यथा उन्हें जगाएँगे नहीं। जौहरी साहब अपने साथ खरबूज़े की टोकरी लेकर गये थे। ट्रेन आने पर झा साहब जागते हुए मिले। अलार्म लगाकर ठीक दो बजे उठ बैठे थे और हाथ-मुँह धोकर इन लोगों से मिलने को तैयार हो गये थे। अगर ये लोग किसी कारणवश स्टेशन न पहुँचे होते तो उनकी नाराज़गी का ठिकाना न रहता। गोकि अपने पत्र में झा साहब ने इन लोगों को स्टेशन पर बुलाया न था, केवल सूचना भर दी थी। पर यही उनका बुलाने का ढंग था। यदि वे लिख देते कि स्टेशन पर मिलो तो फिर उनकी शान ही क्या रहती!

अपने रुतबे को बनाये रखने और बढ़ाते रहने के लिए वे हर समय जागरूक रहते थे। इसीलिए अपनी प्रभुता में किसी तरह की कमी न आने देते थे। यहाँ तक कि जब उनके परम मित्र भवानीशंकर की मृत्यु हुई और कुछ दिन बाद उनकी पत्नी के (बम्बई से इलाहाबाद) पहुँचने की ख़बर किसीने झा साहब को दी तो

अपनी इंगेजमेंट बुक खोलकर उन्होंने देखा कि कब उनको फुरसत है और इसके बाद अपनी उसी गोल, भारी और निर्विकार आवाज़ में बोले—"कल शाम वे मुझसे मिल सकती हैं।"

जब यह बातचीत हुई तो बच्चनजी वहीं मौजूद थे। उन्होंने अपने कानों इसे सुना। मतलब यह था कि झा साहब अपने परममित्र और सहयोगी की मृत्यु होने पर मातमपुरसी करने के लिए नहीं जा सकते थे। यदि भवानीशंकर की पत्नी को झा साहब की संवेदना और सहानुभूति की ज़रूरत हो तो उन्हें स्वयं ही झा साहब के घर आना होगा।

लेकिन इस तरह की हरकतों के बावजूद झा साहब में उदारता की कमी न थी। वे किसी का जान-बूझकर बुरा नहीं करते थे, कोई षड्‌यन्त्र अथवा किसी प्रकार की नीचता उन्होंने नहीं की, क्योंकि वे शालीन व्यक्ति थे और घटिया स्तर पर कभी अपने आपको नहीं गिरने दे सकते थे। यूनिवर्सिटी में उनके ख़िलाफ़ लोग तरह-तरह के काम किया करते थे और यदि वे चाहते तो उनमें से बहुतों को नुक़सान पहुँचा सकते थे। पर ऐसा करना वे अपनी शान के ख़िलाफ़ समझते थे और अक्सर लोगों को क्षमा कर देते थे। फ़िराक साहब उनके बड़े विरोधी थे और बड़ी बुराई किया करते थे। झा साहब चाहते तो फ़िराक साहब को यूनिवर्सिटी से निकलवा ही देते, पर उन्होंने अपनी पुरानी दोस्ती का ख़याल करके इस प्रसंग को आगे नहीं बढ़ाया। उदार इतने थे कि विद्यार्थियों को स्कॉलरशिप दिलवाने के अलावा रुपये-पैसे और किताबों की मदद भी करते थे।

कुल मिलाकर झा साहब में किसी तरह की प्रतिभा या मौलिकता न थी। उन्होंने शेक्सपियर पर कुछ थोड़ा-सा साधारण काम किया और स्फुट निबन्ध लिखे। इस संक्षिप्त लेखन में भी कोई नयी या बड़ी बात नहीं मिलती। केवल दूसरों के उद्धरणों को आधार बनाकर कुछ लिखा गया है। इसी कारण लेखन अथवा साहित्य के क्षेत्र में आज अमरनाथ झा का कोई भी स्थान नहीं रहा। हाँ, वे अधीत आदमी थे, पढ़ते रहते थे, विद्वानों के मत उद्धृत कर सकते थे और इस नाते सफल अध्यापक थे। पर उन्होंने ही नहीं, अंग्रेज़ी के अन्य प्रमुख अध्यापकों—जैसे शेषाद्रि, सिद्धान्त, देब आदि ने भी अंग्रेज़ी के अध्ययन की जो परम्पराएँ बनायीं, वे बहुत स्वस्थ अथवा हितकारी नहीं थीं। इस परम्परा के अनुसार लेखक की रचनाओं के बजाय उसके बारे में सुलभ आलोचनात्मक सामग्री पर अधिक बल दिया जाता था। कीट्स की छः कविताएँ यदि कोर्स में होती थीं, तो कीट्स पर दस आलोचनात्मक पुस्तकों के नाम कक्षाओं में सुझाए जाते थे। नतीजा यह होता था कि कीट्स की अन्य मौलिक रचनाएँ पढ़कर उनके सौन्दर्य का स्वयं उद्‌घाटन करने का यत्न करने

के बजाय, विद्यार्थीगण आलोचकों के उद्धरण देने लगते थे। अंग्रेज़ी के आलोचनात्मक साहित्य की विशेषता यह है कि वहाँ जड़ और स्थिर मत काम नहीं देते; किताबें प्रकाशित होती ही जाती हैं। इस स्थिति में किन्हीं आलोचनात्मक पुस्तकों का पल्ला पकड़कर, किन्हीं पुरानी और पिछड़ी हुई रायों को आत्मसात करने की अपेक्षा कहीं अच्छा हो कि हमारे देश के अध्यापक तथा विद्यार्थी साहित्यकारों की मूल कृतियों की ओर जाएँ और उनके रहस्य का थोड़ा-बहुत उद्‌घाटन ख़ुद भी करने में तत्पर हों। इस बात का अनुभव कुछ हद तक बच्चनजी ने उस समय किया जब वे स्वयं अंग्रेज़ी साहित्य के अध्यापक बने और काफ़ी हद तक उस समय-जब वे थीसिस के लिए इंग्लैंड गये।

इंग्लैंड में भी एक बार उनकी भेंट झा साहब से हुई, जब वे किसी कान्फ्रेंस के सिलसिले में वहाँ गये थे। महारानी एलिज़ाबेथ के राज्यारोहण का समय था। यों तो झा साहब जब भी इंग्लैंड आते थे, लन्दन के सबसे अच्छे होटलों में—प्राय: सेवॉय में—ठहरते थे। पर इस मौक़े पर सारे होटल भरे हुए थे और उन्हें किसी भी अच्छे होटल में जगह नहीं मिली। इसलिए उन्हें एक बिल्कुल मामूली होटल में ठहरना पड़ा। उन्होंने बच्चनजी को (कैम्ब्रिज) लिखा कि कुछ सामान उनके लिए श्रीमती बच्चन ने भेजा है, उसे आकर ले लें। जब बच्चनजी उनसे मिलने गये तो जो पहली बात झा साहब ने कही, वह थी—सेवॉय में मुझे जगह नहीं मिली, यहाँ ठहरना पड़ा। बच्चनजी ने देखा कि एक साधारण-से कमरे में झा साहब ठहरे हुए थे, वहाँ न उनकी लाइब्रेरी थी, न कलाकृतियाँ, न उनकी ऊँची कुर्सी और न वे लोग, जिनके बीच में रहकर वे प्रभामय और गौरवयुक्त दिखते थे। वहाँ झा साहब बच्चनजी को बिलकुल श्रीहीन और साधारण मालूम हुए।[1]

कदाचित् यही उनका असली स्वरूप भी था, बाकी सब कुछ तो ऊपरी तड़क-भड़क, तामझाम अथवा थोपा हुआ था। अस्तु! झा साहब की बातचीत ख़त्म होने को हुई तो इलाहाबाद की और भी प्रमुख मूर्तियों की चर्चा मैंने छेड़ी। डॉ. ताराचन्द, डॉ. ईश्वरी प्रसाद, डॉ. बेनीप्रसाद, सपरू आदि का ज़िक्र हुआ। और इसके बाद आज की बैठक समाप्त हुई।

तबसे मैं सोचता रहा हूँ कि झा साहब अपने ढंग के कोई अलग अथवा अकेले उदाहरण नहीं, बल्कि एक पूरे वर्ग का प्रतिनिधित्व करते थे। और वह वर्ग है उन लोगों का, जो सामाजिक सफलता तथा प्रतिष्ठा पाने के लिए एक विशेष प्रकार से आचरण करते हैं और एक विशेष प्रकार का जीवन बिताते हैं। दूसरा वर्ग है उन लोगों का जो होते तो महत्त्वपूर्ण हैं, पर उनके महत्त्व का बोध उनके

---

1. बच्चनजी की टिप्पणी : "सुरुचि और मर्यादा को न भूलना चाहिए।"

रचनात्मक कार्य से होता है, न कि अन्यान्य आनुषंगिक बातों से। ये दूसरे वर्ग के लोग अपरिग्रही, जीवन की सुख-सुविधा से उदासीन तथा 'डेडीकेटेड' लोग होते हैं। इनका रास्ता गाँधी, विनोबा, निराला आदि महापुरुषों, सन्तों और कलाकारों का रास्ता होता है।

जहाँ तक बच्चनजी का सम्बन्ध है, वे बाह्यतः पहले तथा आन्तरिक रूप से दूसरे वर्ग में आते हैं। अपने समकालीन कवियों की बनिस्बत वे अधिक सफल और प्रतिष्ठित माने जाते हैं। इसके कारण यों तो बहुत-से होंगे, पर एक यह भी है कि झा साहब की ही भाँति उन्होंने भी अपने जीवन को बहुत प्रकार से सुव्यवस्थित, सुनियोजित किया है। वे भी झा साहब की ही भाँति अच्छे ढंग से रहते हैं, अच्छा खाते-पहनते हैं, शहर में मोटर पर और बाहर फ़र्स्ट क्लास, एयरकंडीशंड क्लास या हवाई जहाज़ से सफर करते हैं, ख़ास-ख़ास लोगों से सम्पर्क रखते हैं—यों वे मिलते सबसे हैं, पर अपनी प्रतिष्ठा बनाने और बनाये रखने में दत्तचित्त रहते हैं और फ़ालतू लोगों को मुँह नहीं लगने देते। इन सब कामों में उन्हें अपनी पत्नी का सहयोग प्राप्त है या शायद इस बात को यों कहना चाहिए कि जो भी काम झा साहब अपने लिए करते थे, वे श्रीमती बच्चन बच्चनजी के लिए करती हैं और फलस्वरूप जो भी लाभ उन्हें होता है, उसका उपयोग करती हैं।

इसमें सन्देह नहीं कि जिन बातों को बच्चनजी झा साहब का आडम्बर कहते हैं, वह सामाजिक दृष्टि से सफल होने के लिए किसी-न-किसी मात्रा में सभी लोग करते हैं। यहाँ तक कि स्वयं बच्चनजी भी उनसे अछूते नहीं हैं। लेकिन उनमें और झा साहब में यह अन्तर ज़रूर है कि झा साहब पद-मर्यादा में उनसे कहीं बड़े होने के बावजूद प्रतिभा और कला के क्षेत्र में उनके पासंग भर भी न थे।[1] यही कारण है कि झा साहब और बच्चनजी को एक कोटि में नहीं रखा जा सकता, गो शायद श्रीमती बच्चन को, एक अच्छे अर्थ में, झा साहब की कोटि में रख सकते हैं। जीवन को सुविधाजनक, सुरुचिपूर्ण, सरस और सम्पन्न बनाने का यत्न भी अपनेआप में एक तरह की कला-साधना ही है।

1 मई 1960

28 अप्रैल की बात है। इंजीनियर साहब (श्री गुप्ताजी, एक स्थानीय कवि) बच्चनजी से मिलने आये थे। इन दिनों उनका आना-जाना कुछ बढ़ गया था और

1. बच्चनजी की टिप्पणी : 'सुरुचि और मर्यादा उसे प्रयत्न कहेंगे।'

जब भी आते थे, बच्चनजी से यह सवाल ज़रूर पूछते थे, "आपने मेरा नाटक पढ़ा या नहीं अभी?" बच्चनजी जवाब में हमेशा कहते थे, "अभी तो नहीं पढ़ सका, पर पढ़ूँगा जरूर।" आज वे अपना सवाल शायद पहले ही पूछ चुके थे क्योंकि जब मैं लंच के लिए बच्चनजी के पास पहुँचा तो देखा कि गुप्ताजी तन्मय होकर 'प्रणय पत्रिका' पढ़ रहे हैं।

वे किसी ज़माने में इलाहाबाद में थे। कवि और रसिक हैं। ऊपर जिस नाटक का हवाला है, उसे उन्होंने पुस्तक-रूप में प्रकाशित भी कराया है। कदाचित अन्य पांडुलिपियाँ भी हैं उनके पास। जिस उत्सुकता से वे अपने नाटक के बारे में बच्चनजी से प्रश्न करते हैं, उससे तो यही प्रकट होता है कि अपनी साधना से वे पूर्णतः सन्तुष्ट हैं और आश्वस्त भी कि कभी-न-कभी अवश्य उनकी प्रतिभा का सम्मान होगा। कदाचित् यही कारण होगा कि इंजीनियर होने और चालीस साल के ऊपर पहुँच जाने के बावजूद वे प्रायः बच्चनजी से और सम्भवतः किन्हीं अन्य मूर्धन्य साहित्यकारों से भी सम्पर्क बनाये रखते हैं।

जितनी देर हम लोग भोजन करते रहे, वे 'प्रणय पत्रिका' पढ़ते गये। भोजन समाप्त करते ही बच्चनजी उनसे पूछ बैठे, "अच्छा गुप्ताजी, यह बताइए कि मेरी कविता में क्या चीज़ आपको सबसे अच्छी लगती है?" गुप्ताजी ने कुछ सोचकर उत्तर दिया, "आपकी कविता का सबसे बड़ा गुण मैं 'स्पांटेनिटी' (सहजता) समझता हूँ।"

सुनकर बच्चनजी ने प्रसन्नता व्यक्त की। फिर कहा, "आपने ठीक बताया। लेकिन जिसे आपने 'स्पांटेनिटी' कहा, उसे कविता में लाने के लिए मुझे कितना परिश्रम करना पड़ा है, इसकी ख़बर कितनों को है? 'स्पांटेनिटी' वास्तव में कविता का एक ऐसा गुण है, जिसे उत्पन्न करने के लिए बड़ी साधना की ज़रूरत होती है। येट्स ने लिखा है कि—'A line will take us hours may be; yet if it does not seem a moment's thought, Our stitching and unstitching has been naught.' अभिप्राय यही है कि कवि रात भर बैठकर जो उधेड़-बुन करता है, वह सुबह यदि एक साफ़-सुथरी प्रकाश-रेखा न मालूम हो तो उसका सारा काम बेकार गया। सद्यःस्फुरित ज्ञात होनेवाली कविता के पीछे कवि की एक पूरी साधना होती है।"

इसके बाद बच्चनजी ने गुप्ताजी से पूछा, "अच्छा, अब यह बताइए कि मेरी कविता में आपको कौन-सी चीज़ नापसन्द है? यानी मेरी कविता का सबसे बड़ा दोष आप क्या समझते हैं?"

गुप्ताजी बेचारे संकोच में पड़ गये। लेकिन उन्होंने यह नहीं कहा कि बच्चनजी की कविता उन्हें सर्वांग सुन्दर तथा निर्दोष प्रतीत होती है। बोले, "एकदम

से इस प्रश्न का उत्तर दे सकना कठिन है। पर एक बात जो आपकी कविता में मुझे विशेष रूप से मिलती है, आपके जीवन के व्यक्तिगत प्रसंगों का उल्लेख। मैं कह नहीं सकता कि यह कविता का गुण है या दोष, पर सम्भवतः आपकी कविता को पढ़कर ही आपके समस्त जीवन के घटना-क्रम को जाना जा सकता है।''

गुप्ताजी के ये वचन सुनकर मेरी उत्सुकता इस बातचीत में बढ़ गयी। मैंने आशा नहीं की थी कि बच्चनजी के प्रश्न के उत्तर में गुप्ता जी यह कहेंगे। कदाचित् बच्चनजी के लिए भी यह उत्तर अप्रत्याशित था। लेकिन इतना ज़ाहिर था कि गुप्ताजी ने किसी हद तक पते की बात कही थी। बच्चनजी कुछ देर सोचते रहे—शायद यह कि जिसे वह अपनी कविता का गुण समझते हैं, उसका उल्लेख गुप्ताजी ने एक अन्य प्रसंग में किया। आख़िरकार बोले, ''आपके दोनों ही कथन ठीक हैं, गुप्ताजी। मेरी कविता में व्यक्तिगत उल्लेख होने का कारण यह है कि जब तक कोई वस्तु मेरी अनुभूति का अंग नहीं बन जाती, मैं उसे कविता का विषय नहीं मानता। अपने निजी दुख-सुख, राग-अनुराग को ही मैं सबका दुख-सुख तथा राग-अनुराग बनाकर प्रस्तुत करता हूँ। कवि के लिए मैं सबसे अधिक आवश्यक समझता हूँ—अनुभूति को, 'सेन्सिबिलिटी' को। जबतक यह कवि में दूसरों की बनिस्बत सौ गुनी ज़्यादा न हो, कविता नहीं लिखी जा सकती। या लिखी जाएगी तो नयी कविता हो जाएगी।'' और फिर मुझसे पूछने लगे, ''कहिए चौधरी साहब, आपकी क्या राय है?''

मैंने कहा, ''ठीक है, अनुभूति का महत्त्व ज़रूर है, लेकिन जैसा आप ख़ुद ही कुछ देर पहले कह रहे थे—कवि की प्रतिभा या साधना ही उसकी रचना को विशिष्ट बनाने में समर्थ होती है अन्यथा बड़ी से बड़ी अनुभूति काग़ज़ पर उतरते ही रद्दी साबित हो सकती है। कवि की सबसे बड़ी शक्ति उसकी कला है जिसके बल पर वह सौन्दर्य की सृष्टि करता है। अनुभूति या भावना यों तो सब में होती है, प्रेम सभी करते हैं, दुखी सब होते हैं—बल्कि कोई-कोई सामान्यजन तो अनेक कवियों की अपेक्षा अधिक भावप्रवण होते हैं, लेकिन समर्थ अभिव्यक्ति के अभाव में उनकी भावना मुखरित नहीं हो पाती, साहित्य नहीं बन पाती। इसलिए मैं सबसे बड़ा प्रमाण रचना को मानता हूँ। यदि रचना से अनुभूति प्रकट होती है तो ठीक है, अन्यथा लम्बी-चौड़ी क़समें खाने से तो कोई मानेगा नहीं।''

बच्चनजी ने कहा, ''इसका मतलब यह हुआ कि आप 'फ़ार्म' अथवा कला को ही सबकुछ मानते हैं, भावना को कोई महत्त्व नहीं देते?''

मैंने उत्तर दिया, ''जी नहीं! यह मैं कैसे कह सकता हूँ! पर इतना ज़रूर सोचता हूँ कि कला के मानदंड पर ही भावना के मूल्य अथवा स्तर की परीक्षा

की जा सकती है, क्योंकि भावना तो अधिकांश लोगों में एक-सी तीव्र हो सकती है, पर उसकी अभिव्यक्ति सब लोग एक-सी नहीं कर पाते। ऐसी दशा में, यह कार्य कलाकार का ही है कि अपनी समर्थ और सक्षम रचना के द्वारा सामान्य जन के अन्तर में स्थित भावना को जगाये और इसकी सुविधाएँ प्रदान करे कि ये तमाम तत्त्वतः गूँगे लोग भी उसकी रचना के माध्यम से अपने को 'रियेलाइज़' कर सकें, जान सकें।''

बच्चनजी ने शायद ऐसा अनुभव किया कि उनकी बात को कुछ काट-सा रहा हूँ। ज़रा तेज़ी से बोले, ''भई, यह तो तुम बड़ी ज़ाहिर बात कह रहे हो कि हर आदमी के भीतर एक कवि होता है। इसमें कुछ नया नहीं है। रहा यह सवाल कि 'कलात्मकता' कविता के लिए ज़रूरी है या नहीं तो मैं समझता हूँ कि यदि किसी हद तक वह ज़रूरी हो, तो भी कवि को इसे कहने पर ज़ोर न देना चाहिए। कवि के लिए तो अनुभूति ही सर्वप्रमुख होनी चाहिए। और यदि नहीं है तो मैं उस कविता को कोई महत्त्व नहीं देता जिसका सम्बन्ध विशुद्ध बौद्धिकता से हो।''

मैं अब भी बच्चनजी से सहमत न हो सका। मैंने कहा, ''जिसे आप बौद्धिकता कहते हैं, वह वास्तव में बौद्धिकता नहीं भी हो सकती है। सम्भव है कि वह कविता का एक लक्षण अथवा गुण मात्र हो। उदाहरण के लिए बिहारी के दोहों और मीरा के पदों को लीजिए। सम्भव है कि बिहारी के अनके दोहों में बहुतों को केवल काव्य-चातुरी ही दिखाई दे, पर क्या इतने से ही साबित हो जाता है कि बिहारी ने उनकी रचना अनुभूति के बग़ैर की? या उनकी कविता घटिया स्तर की हो जाती है? इसी तरह, कौन जाने अपने व्यक्तिगत जीवन में मीरा बड़ी व्यवहार-कुशल और संयत रही हों, जबकि उनकी कविता विह्वलता और भावाकुलता का अपूर्व उदाहरण है। मीरा के सम्बन्ध में हम भले ही अधिक न जानें, महादेवी के विषय में कदाचित् अधिक आश्वस्त होकर कह सकते हैं कि उनकी कविता और उनके व्यक्तित्व में कोई गहरी आन्तरिक एकसूत्रता नहीं है।''

इस पर बच्चनजी बहुत उत्तेजित हो गये। बोले, ''आपका यह ख़याल है, तो मेरी भी एक बात सुन लीजिए कि जिस तरह कुत्ता मांस को सूँघकर जान जाता है कि यह ताज़ा है या सड़ा, उसी तरह मैं भी कविता को सूँघकर बता सकता हूँ कि उसे लिखने में भावना का प्रयोग किया गया है या बुद्धि का। आप कितना ही कहें, ये चीज़ें छिपी नहीं रह सकतीं, उनका प्रभाव रचना पर पड़ कर ही रहता है।''

2 मई 1960

पिछले दो दिन छुट्टी थी—महीने के अन्तिम शनिवार और इतवार की। एक फ़िल्म देखने के अलावा हम लोग घर पर ही रहे। उधर बच्चनजी ऋषिकेश हो आये। अपनी मोटर से गये थे, अंकिल[1], तेजी भाभी और अमित जी के साथ। मेरठ से कोई और सज्जन भी उनके साथ हो लिये थे, पंडित शिवानन्द।

ऋषिकेश में गीता प्रेस वालों ने स्वर्गाश्रम बनवाया है, जो धारा के दूसरी ओर है। वहाँ तक लोगों को ले जाने के लिए उन्होंने निःशुल्क नौका-सेवा का प्रबन्ध किया है। गर्मियों में श्री हनुमान प्रसाद पोद्दार ऋषिकेश में ही रहते हैं। स्वामी जी महाराज[2] भी इन दिनों स्वर्गाश्रम में ही हैं। तेजी भाभी को प्रेरणा हुई कि चलकर उनके दर्शन करें, बस ये लोग चल दिये।

ऋषिकेश में स्वामी शिवानन्द का भी 'डिवाइन लाइफ़ सोसाइटी' का आश्रम है। स्वामी जी की 73वीं वर्षगाँठ भी कल या परसों थी। श्री अनन्तशयनम् आयंगार और श्री गोपाल रेड्डी इस अवसर पर वहाँ पहुँचे थे। रेड्डी जी ने स्वामी जी से बच्चन जी का परिचय कराया : 'ही इज़ वन आफ़ द ग्रेटेस्ट पोएट्स आफ़ इंडिया' (बच्चनजी हमारे देश के सबसे बड़े कवियों में से हैं)। स्वामी जी ने बच्चनजी से कुछ कविताएँ सुनीं और अपनी योग-सम्बन्धी पुस्तकों का एक सेट इन्हें भेंट किया। बोले, "सम्भव है, आपको इनमें अपने उपयोग की कोई वस्तु मिले।"

बच्चनजी ने बताया कि शिवानन्द जी अत्यन्त विशालकाय हैं और मूलतः योगी हैं, जबकि मौनी बाबा सन्त हैं। शिवानंद जी ने योगादि पर पुस्तकें लिखी हैं। उनकी सोसाइटी की शाखाएँ संसार के अनेक भागों में फैली हुई हैं। शिष्य-परम्परा है, वे लोगों को योगासनों की शिक्षा देते हैं और रोगों के उपचार के साधन बताते हैं। किन्तु दूसरी ओर मौनी बाबा हैं, जो किसी से बोलते तक नहीं और विशुद्ध आनन्द-स्वरूप हैं।

ऋषिकेश में देश से ही नहीं, विदेशों से भी साधु-सन्त आते रहते हैं। स्वामी शिवानन्द के समारोह में एक कनाडियन योगी भी बैठा हुआ था। इन दिनों ऋषिकेश में एक फ्रेंच युवती और एक स्विस युवक आए हुए हैं। वे गेरुआ वस्त्र धारण करते हैं, केश कटवाए हुए हैं, पच्चीस-छब्बीस के लगभग आयु होगी उन दोनों की। गुफा में रहते हैं। प्रातःकाल उठकर नगर में भिक्षा माँगने चले जाते हैं और जो भी प्राप्त होता है, उससे अपना पेट भरते हैं। एक रोज़ श्री पोद्दार ने उनके पास कुछ फल भिजवाये। उन्होंने फल तो रख लिये, लेकिन यह कहलाया कि

1. श्री कुँवर चौधरी, कविवर के एक सम्बन्धी, जो उन दिनों कवि के साथ रहते थे।
2. कविवर के आध्यात्मिक गुरु, जनगीता के प्रेरणास्रोत, 'भगवत्स्वरूप' मौनी बाबा।

आज तो हम भिक्षा में प्राप्त भोजन कर चुके हैं। इन फलों को किन्हीं अन्य लोगों में वितरित कर देंगे, क्योंकि हमें बताया गया है कि साधु को संग्रह नहीं करना चाहिए।

ये दोनों विदेशी युवक-युवती अमरीका में अध्ययन करने गये थे। वहाँ उनकी भेंट स्वामी प्रणवानन्द से हुई और ये स्वामी जी के शिष्य हो गये। स्वामी जी ने कहा कि यदि सचमुच ही आध्यात्मिक ज्ञान प्राप्त करना चाहते हो तो भारत जाओ और वहाँ ऋषिकेश में वास करो। इसी कारण ये दोनों पिछले कुछ महीनों से ऋषिकेश में हैं। एक रोज़ किसी ने युवती से पूछा, "क्या आप दोनों पति-पत्नी हैं?" उसने उत्तर दिया, "यह मेरा गुरु-भाई है।"

ब्रह्मचर्य के तेज से उनका शरीर दीप्त है। पार्वती की भाँति तेजस्विनी है वह फ्रेंच लड़की और देवता स्वरूप है वह स्विस युवक। दोनों निष्ठापूर्वक कीर्तन-भजन में शामिल होते हैं और ध्यानस्थ होकर मूर्तिवत् बैठे रहते हैं। स्वामी जी के यहाँ दो-ढाई घंटे तक कीर्तन आदि चलता रहा और वे दोनों उतनी देर तक फर्श पर एक ही आसन में, एक ही मुद्रा में, बैठे रहे। सारे लोग उन्हें ही देखते रहे, प्रवचन किसने सुना होगा। बहुत से लोग तो उन्हें दंडवत भी करते हैं। बाबाजी (मौनी) तो ख़ैर सभी के चरण छूते हैं, बच्चनजी ने भी इन दोनों के चरण-स्पर्श किये, क्योंकि भाई जी (पोद्दार जी) ने बताया था कि ये लोग बहुत पहुँचे हुए हैं।

ये सारी बातें बच्चनजी से सुनने के बाद मैंने एक बार फिर यह महसूस किया कि साधु-सन्तों के प्रति उनकी निष्ठा निरन्तर बढ़ती ही जाती है। इसका कारण अवश्य ही उनके बाल्य एवं पारिवारिक संस्कारों में ढूँढ़ा जा सकता है। उनके बाबा-दादी-बुआ-पिता-माता-सभी अत्यन्त धार्मिक और निष्ठावान थे। कौन जाने, बच्चनजी के प्रारम्भिक विद्रोह की प्रेरणा यह पारिवारिक धर्मपरायणता ही रही हो, क्योंकि युवक-मन प्रायः सबसे पहले उन्हीं बन्धनों को तोड़ने के लिए तत्पर होता है, जो उसको सबसे निकट और घनिष्ठ रूप में बाँधे हुए हों। मेरा यह भी अनुमान है कि धर्म-कर्म आदि में बच्चनजी की बढ़ती हुई प्रवृत्ति का कारण उनकी बढ़ती हुई उम्र और पिछले वर्षों में अंग्रेज़ी कवि येट्स की कविता का विशेष अध्ययन तो है ही, कदाचित् किसी साधु-सन्त-ज्योतिषी या सिद्ध पुरुष की बताई हुई एकाधिक बातें उनके अपने जीवन में सच्ची साबित हुई हैं। तभी से, जान पड़ता है कि उनका विश्वास इन विषयों पर और भी दृढ़ हो गया है।

25 मई 1960

आपसी बातचीत के सिलसिले में बच्चनजी कई बार मुझसे कह चुके थे कि विशुद्ध प्रकृति-वर्णन में उन्हें रस नहीं मिलता और वे प्रकृति की कविता को कोई बहुत बड़ी कविता नहीं मानते हैं। वे तो मानवीय भावनाओं के कवि हैं और उन्हीं के घात-प्रतिघात में रम सकते हैं। जब वे कश्मीर गये तो वहाँ के प्राकृतिक सौन्दर्य से कहीं ज़्यादा मोहित हुए, वहाँ के लोगों के सौन्दर्य से।

पन्त-जयन्ती के अवसर पर सप्रू हाउस में भी उन्होंने यही बात कही। बोले—"पन्तजी के बारे में कहा जाता है कि उन्होंने अत्यन्त श्रेष्ठ प्रकृति-काव्य लिखा है। पर मैं इस गुण के कारण उनकी कविता को महान नहीं मानता। प्रकृति की ओर मैं बहुत आकृष्ट नहीं होता। मैं तो गली का रहनेवाला हूँ। मुझे तो सिर्फ़ इतना ही मालूम था कि सुबह सूरज भोला के घर से निकलता है और शाम को माधो के घर में डूब जाता है। इसलिए मेरी दृष्टि में पन्तजी की कविता का सबसे बड़ा गुण उसका जीवन-दर्शन है। अपनी कविता के द्वारा जो सन्देश उन्होंने दिया है, वह न केवल भारत, बल्कि समूचे संसार के लिए कल्याणकारी है और कभी-न-कभी उसका महत्त्व अवश्य पहचाना जाएगा। हमारे संकटग्रस्त युग के लिए वह एक अपूर्व वरदान के समान है।"

काव्य के लिए बाह्य प्रकृति की उपयोगिता को इस प्रकार अस्वीकार करते हुए जब मैंने पहले-पहल बच्चनजी को सुना था तो विचित्र अवश्य लगा था। धीरे-धीरे मैंने अनुभव किया कि यह उनका एक अन्दाज़ है, जिसके द्वारा वे मानव-प्रकृति के प्रति अपनी अनुरक्ति प्रकट करते हैं। अकेले प्राकृतिक दृश्य उन्हें नहीं रुचते, उनके लिए तो वे तभी सार्थक होंगे, जब किन्हीं मानवीय भावनाओं को भी जगाने में समर्थ हों। जहाँ तक मेरा सम्बन्ध है, यह दृष्टिकोण मुझे कवि जनोचित नहीं प्रतीत होता। सौन्दर्य का द्रष्टा होने के नाते कवि को तात्त्विक दृष्टि से प्रिया का मुख और मुकुलित पुष्प समान रूप से आनन्ददायक होना चाहिए। अन्यथा उसके सौन्दर्य-बोध में कहीं कोई कमी ज़रूर है। यही कमी केशवदास में भी थी, जो प्रकृति के उपादानों में केवल प्रसंगवश ही सौन्दर्य के दर्शन कर पाते थे। उनको हृदयहीन यों ही नहीं कह दिया गया है। और यदि वही विशेषण बच्चनजी पर भी लगाया जाए तो मूलतः मुझे कोई भी आपत्ति न होगी। फिर भी इन दोनों कवियों में मौलिक अन्तर है। केशव यदि प्रकृति के कवि नहीं थे तो भावनाओं के कवि भी न थे, जबकि बच्चनजी की कविता इन दोनों तत्त्वों का एक अपूर्व समन्वय है। वे कितना ही कहें कि प्रकृति में उनकी अनुरक्ति नहीं, सच तो यह है कि उनकी तमाम भावनाएँ प्राकृतिक पृष्ठभूमि का आधार लेकर व्यक्त हुई हैं। शायद अपनी कविता की इस विशेषता की ओर पाठकों का ध्यान आकर्षित करने

के लिए ही वे बार-बार प्रकृति के प्रति अपनी अनिच्छा प्रकट करते हैं। अन्यथा मुट्ठीगंज के निकट के गऊघाट, जमुना ब्रिज, गंगा, केम्ब्रिज की केम नदी आदि से लेकर इंग्लैंड के टेम्स, वसन्त और शरद आदि तक के कितने ही मनोरम चित्र उनकी कविता में मिलते हैं।

फिर भी, ख़तरा इस बात का ज़रूर है कि उनका उद्‌घोषित प्रकृति-द्रोह कहीं आगे चलकर उनके ही प्रतिकूल न साबित हो।

31 मई 1960

'कवियों में सौम्य सन्त' प्रकाशित हो जाने पर मैंने छपाई की अशुद्धियाँ देखने के लिए उसकी मुद्रित प्रति जाँचकर आज बच्चनजी को वापस की। वे बोले, "किताब के बारे में क्या ख़याल है तुम्हारा?"

इस प्रश्न का उत्तर और हो भी क्या सकता था! मैंने कहा, "अच्छी होने में क्या कोई शक है! हिन्दी में पन्तजी पर ऐसी दूसरी पुस्तक तो निकली नहीं। लेकिन यह ज़रूर है कि समय-समय पर लिखे गये स्फुट निबन्धों का संग्रह होने के कारण अनेक बातों की पुनरावृत्ति हो गयी है। स्वतन्त्र रूप से विविध अवसरों पर लिखे गये उन निबन्धों में ऐसा होना स्वाभाविक ही था, लेकिन पुस्तक में संग्रहीत होने पर वे कुछ अटपटे लगते हैं और पाठक के मन में पन्तजी के काव्य के प्रति किसी समन्वित दृष्टिकोण की छाप नहीं छोड़ते। इस अर्थ में यह पुस्तक एकांगी और अधूरी भी कही जा सकती है, क्योंकि पन्तजी की कविता के किन्हीं विशेष पक्षों का उद्‌घाटन तो करती है, पर उनकी कविता का एक सम्यक और सर्वांगीण अध्ययन नहीं कही जा सकती।"

बच्चनजी ने इस बात को स्वीकार किया और कहा कि 'उन पर कुछ निबन्ध और उनके कुछ पत्र' ही इस पुस्तक में हैं। इसलिए ये बातें तो होनी ही थीं। पर मेरे सुझाव पर वे चुप रहे कि अगले संस्करण में वे बातें निकाल दी जाएँ जो एकाधिक निबन्धों में बार-बार आती हैं। मैंने भी बाद में विचार किया तो यही लगा कि ऐसा करना ठीक न रहेगा, क्योंकि इससे उन निबन्धों की अवसरपरकता का महत्त्व बहुत-कुछ कम हो जाएगा और जिस उद्देश्य-विशेष के लिए वे समय-समय पर लिखे गये होंगे, वह गौण रह जाएगा। साथ ही ऐसा करना केवल यह आभास देने के लिए होगा कि पुस्तक पन्तजी का सम्यक अध्ययन प्रस्तुत करती है, जोकि ठीक नहीं है।

संगृहीत निबन्धों के बारे में बात चली तो बच्चनजी ने कहा कि 'पन्तजी का साहित्यिक संघर्ष' पढ़कर निरालाजी अवश्य नाराज़ होंगे और यदि वे न भी

हों तो उनके भक्तगण अवश्य नाराज़ होंगे।

मैंने कहा कि निरालाजी की तो नहीं जानता, पर 'परिमल' वाले अवश्य अप्रसन्न होंगे, क्योंकि उनके बारे में आपने कुछ ज़्यादा तेज़ लिखा है। इस पर बच्चनजी बोले, "होते हैं तो होएँ। मुझसे क्या लेंगे।"

फिर कुछ देर बाद, उन्होंने अपनेआप ही कहा, "साहित्य क्षेत्र में आपके कुछ विरोधी भी होने चाहिए। वे आपकी चीज़ को अधिक लोकप्रिय बनाने में सहायक होते हैं। सब आपको अच्छा ही कहें, यह हमेशा ज़रूरी नहीं होता। साहित्यिक विरोध का अपना महत्त्व है। 'मधुशाला' के विरोधियों ने उसका जितना प्रचार किया है, उतना उसके प्रेमियों ने नहीं।"

और हँसकर उन्होंने मज़ाकिया तौर पर कहा, "मैंने सूक्ष्म रूप से नाराज़गी का सारा सामान इस किताब में जुटा दिया है। अगर कोई सचमुच ही उसे पढ़कर बौखला उठे और वह बौखलाहट व्यक्त होकर सबके सामने आ जाए तो समझो कि काम बन गया। पुस्तक का एक संस्करण तो देखते-ही-देखते बिक जाएगा।" मुझे लगा कि साहित्यिक कूटनीतिज्ञता के इस सिद्धान्त का ऐसा परिचय मुझे अपने साहित्यिक जीवन में पहली बार मिला है। अभी तक मैंने साहित्यिक विरोध के इस पहलू पर कदाचित् विचार ही न किया था।

बच्चनजी बोले, "साहित्यिक 'कैरियर' बनाने के लिए जो कई बातें ज़रूरी होती हैं, उनमें से एक यह भी है। जैसे नियमित रूप से लिखते रहना, एक के बाद दूसरी पुस्तक प्रकाशित करना, अपना विकास करते जाना आदि आवश्यक हैं, उसी तरह यह भी कि आपकी रचना में ऐसी कुछ बात हो जो बहुतों को आनन्दित करने के साथ ही कुछ लोगों को कोंचती-कुरेदती भी रहे।"

बात सुनने में बड़ी दिलचस्प और अच्छी लगती थी, लेकिन लेखक-कलाकार के स्वरूप अथवा कार्य के सम्बन्ध में जो धारणा मेरे मन में अब तक रही है, उससे यह तनिक विपरीत थी। मुझे मन-ही-मन शंकित देखकर बच्चनजी ने उसे और स्पष्ट किया। कहने लगे, "ख़ाली-खूली विरोध से थोड़े ही कुछ होगा। लेखक में रचना की प्रतिभा तो होनी चाहिए। और यदि इसी का अभाव है तो उसके पक्ष अथवा विपक्ष में उठे तमाम शोर का कोई मतलब न होगा।[1]

और तब जाकर मैं समझ सका कि वे जो कह रहे थे, उसका एक लाक्षणिक अर्थ भी था। सच तो यह है कि बच्चनजी की कविता का भी यह एक गुण है। वह ऊपर से देखने पर सरल, सादी और कभी-कभी शायद सतही भी मालूम होती है, पर भीतर-ही-भीतर उसमें एक तरह का गूढ़ार्थ विद्यमान रहता है। दूसरी

---

1. यहाँ बच्चनजी ने टिप्पणी की : "A good work has always displeased a section of people. Even Ramayana did. There are ample proofs."

ओर, वे जब भी कोई गूढ़ बात कहते हैं या लिखते हैं तो वह यथेष्ट गूढ़ नहीं हो पाती, बल्कि हल्की-फुल्की रह जाती है। यह उनकी रचना की शक्ति भी है और कमज़ोरी भी। कमज़ोरी इसलिए कि सरलीकरण के आग्रह ने उनके कवि को भले ही एक मनोहारी छवि प्रदान की हो, उनके विचारक की बौद्धिक चेतना को कुंठित कर दिया है। इसलिए, विशुद्ध चिन्तन के धरातल पर बच्चनजी—सरलीकरण अथवा अति सरलीकरण के मोह में पड़कर बहुत ऊँचे नहीं उठ पाते। इस प्रसंग में मुझे कई वर्ष पहले की एक घटना याद आती है। मैं और ओंकार दोनों उस समय यूनिवर्सिटी में ही थे। पन्तजी से मिलने गये थे और अन्य बातों के सिलसिले में उन्होंने सहज भाव से कहा था कि ' 'थियरी' (चिन्तन, सिद्धान्त) पर बच्चन की पकड़ बहुत मज़बूत नहीं है।' पन्तजी थियरी के आचार्य हैं और उनके जैसे गूढ़ दार्शनिक विचारक के लिए न केवल बच्चनजी के, बल्कि हिन्दी के किसी भी कवि के सम्बन्ध में—ऊपर लिखी धारणा व्यक्त करना स्वाभाविक ही कहा जाएगा। लेकिन पिछले वर्षों में मैं स्वयं भी यह अनुभव करता रहा हूँ कि सिद्धान्त के क्षेत्र में बच्चनजी की अन्तर्दृष्टि अधिक विकसित नहीं हुई है, बावजूद इसके कि उन्होंने देशी-विदेशी साहित्य का गम्भीर अध्ययन किया है, विश्वविद्यालय में अर्से तक अंग्रेज़ी साहित्य के अध्यापक रहे हैं, विदेश के प्रतिष्ठित विश्वविद्यालय से कठिन विषय पर कार्य करके डॉक्टरेट ले चुके हैं और अपनी वय तथा प्रसिद्धि के इस स्थल पर पहुँचने के बाद भी हिन्दी के अन्यान्य लेखकों की अपेक्षा अधिक अध्ययन करते हैं। उनके सम्बन्ध में उक्त धारणा व्यक्त करने के जितने अधिकारी पन्तजी हैं, उतना ही अनधिकारी मैं हूँ, तथापि धारणा मेरी भी यही रही है।

इसके बावजूद मैं समझता हूँ कि सिद्धान्तों और विचारों के निरन्तर सम्पर्क में रहते हुए भी बच्चनजी यदि उनसे आक्रान्त नहीं हुए तो इसका कारण यही था कि उन्होंने अपनी रचनात्मकता को ज़्यादा महत्त्व दिया है और चिन्तन को भावना के बाने में ढाला है। फलस्वरूप चिन्तन भले ही प्रबल न हो सका हो, कवित्व को निश्चित रूप से लाभ पहुँचा है—कवि को इससे अधिक अपेक्षित और हो भी क्या सकता है?

7 जून 1960

दफ़्तर में आने के बाद वे निरन्तर काम में लगे रहते हैं। मैंने किसी भी समय उन्हें बेकार बैठे नहीं देखा। कभी अख़बार पढ़ रहे हैं, कभी पत्रों का उत्तर दे रहे हैं, कभी लेख लिख रहे हैं, कभी दफ़्तर का काम देख रहे हैं, दस से पाँच तक, सिवाय बीच में खाना खाने और बीस-तीस मिनट आराम करने के।

न वे औंघाते हैं, न किसी ख़याल में डूबे रहते हैं, न किसी से ज़्यादा बात ही करते हैं टेलीफ़ोन पर, न समय गुज़ारने के लिए चाय पीते-पिलाते हैं, न अपने कमरे से बाहर निकलते हैं, न किसी से मिलने जाते हैं। दफ़्तर उनके लिए सच्चे अर्थों में दफ़्तर है—यानी, काम करने की जगह। और इससे यह निष्कर्ष भी निकालना स्वाभाविक है कि जिस व्यक्ति ने अपने दिन के सात घंटों को इस प्रकार सुव्यवस्थित किया हो, वह शेष समय को भी उतनी ही क्रमबद्धता के साथ अवश्य बिताता होगा। यह सुअवसर तो मुझे कभी मिला नहीं कि बच्चनजी के साथ दो-चार दिन रहकर उनके चौबीसों घंटे के कार्यक्रम का निरीक्षण कर सकूँ, लेकिन जो थोड़ा-बहुत उनके मुँह से सुनने या कभी-कभार उनके यहाँ जाने पर मालूम हुआ है, उसके अनुसार वे अलार्म लगाकर ब्रह्मवेला में उठते हैं, निवृत्त होकर कसरत करते हैं और घूमने जाते हैं। लौटकर लिखते-पढ़ते हैं। बेड-टी उनकी टेबिल पर आ जाती है। नौ बजे के लगभग वे नहाने-धोने जाते हैं और दफ़्तर के लिए तैयार होकर साढ़े नौ बजे दूध, टोस्ट, अंडे और पॉरिज का नाश्ता करते हैं। पौने दस, दस बजे चलकर वे ठीक समय से दफ़्तर पहुँच जाते हैं और तत्काल काम में लग जाते हैं।

लंच उनका दफ़्तर में आता है। भोजन वे सूक्ष्म ही करते हैं—एक रोटी, दाल, चावल, दो सब्ज़ियाँ और दही या घर की बनी हुई कोई मीठी चीज़। भोजन के बाद पन्द्रह-बीस मिनट से लेकर आधे घंटे तक 'गप' करते हैं (इन दिनों मुझसे) और कुछ देर आराम करने के बाद फिर काम में लग जाते हैं।

दफ़्तर से लौटने के बाद के उनके कार्यक्रम से मैं विशेष परिचित नहीं, लेकिन शायद शाम को वे दूध या चाय पीते हैं, साथ में हल्का नाश्ता करते हैं और नहाते-धोते, निवृत्त होते हैं। शाम को ही—चाय या भोजन के समय—वे घरवालों से बातचीत करते हैं और अपने यहाँ आये लोगों से मिलते या कहीं बाहर जाना हुआ तो जाते हैं। यदि वे किसी पुस्तक पर काम कर रहे होते हैं तो शाम की चाय के बाद ही 'स्टडी' (अध्ययन कक्ष) में चले जाते हैं और केवल खाने के समय निकलते हैं। तब खाने के बाद वे अधिक समय मेज़ पर या ड्राइंगरूम में नहीं बैठते, जल्दी ही फिर 'स्टडी' में लौट जाते हैं। अन्यथा, रात के खाने के बाद

वे घरवालों से गपशप करते हैं।

सोते वे अपेक्षाकृत जल्दी ही हैं, शायद इसलिए और भी कि सुबह जल्दी उठना होता है। दिन भर जमकर काम करने के कारण नींद उन्हें हमेशा अच्छी आती है और छः घंटे से अधिक सोने की ज़रूरत उन्हें नहीं पड़ती।

इस कार्यक्रम से जब मैं अपने दैनिक कार्यक्रम की तुलना करता हूँ तो दोनों में बड़ा अन्तर पाता हूँ। सुबह देर से उठना, आलस्य का अनुभव करते रहना, सबके साथ बैठकर चाय पीना, डेढ़ घंटे तक अख़बार पढ़ना, हड़बड़ाकर साढ़े नौ बजे के लगभग उठना, बदहवासी में हजामत बनाना, नहाना, और खाने को उलटे-सीधे ढंग से गले के नीचे उतारकर बस पकड़ने के लिए भागना, दफ़्तर प्रायः साढ़े दस-पौने ग्यारह तक पहुँच पाना, सहयोगियों से गपशप करना, चाय पीना, औंघाना, निष्क्रिय बैठे रहना, दफ़्तर का काम टालना और अपना भी कोई काम न करना, दफ़्तर में अख़बार के 'वांटेड' कालम देखते-देखते उसे पूरा उलट-पलट डालना, और तब तक 'लंच' का समय हो जाना। बच्चनजी के साथ भोजन करने चले जाना, वहाँ उनकी बातें सुनते रहना और अधिकतर हाँ-में-हाँ मिलाना, अपनी ओर से कोई भी नयी, मनोरंजक या विशेष बात न कह पाना, तीन बजे के लगभग फिर चाय पीना, किसी दोस्त को टेलीफ़ोन करना या मिलने के लिए आये किसी मित्र के साथ चले जाना। इसी तरह पाँच बज जाना : खतों का बंडल, दफ़्तर का काम, अपने निजी काम —सभी को दूसरे दिन के लिए सहेजकर रख देना। घर लौटने के लिए बस का इन्तज़ार करते रहना या कनाट प्लेस की ओर निरुद्देश्य चले जाना। लौटने पर थकान का अनुभव करना, चाय पीना, कुछ देर पड़े रहना, घर के छोटे-मोटे कामों में मन को उलझाये रखना, भोजन का समय हो जाना और डटकर भोजन करने के बाद भावों-विचारों का चित्त से बिलकुल ही लुप्त हो जाना। निष्प्रयोजन ही किसी किताब को उठाकर पढ़ने का उपक्रम करना और नींद के झोंकों से पराजित होकर पढ़ाई अगले दिन के लिए स्थगित करके सोने चले जाना।

इन दोनों उपर्युक्त कार्यक्रमों में कहीं भी कोई साम्य नहीं है। और परिणाम यह हुआ है कि एक ओर जहाँ बच्चनजी ने पिछले चार वर्षों में इसी दफ़्तर में काम करके, इसी नगर में रहकर इतना अधिक लेखन-कार्य किया है, वहीं, दूसरी ओर, मैंने उस पूँजी को भी गँवा दिया है जो मैं साथ लेकर आया था। तभी तो, वे आगे बढ़े हैं, मैं पीछे हटा हूँ। उनके सम्मान में वृद्धि हुई है, मेरे में कमी। उनका आत्मविश्वास अपनी चरम सीमा पर पहुँचा है और मेरी कुंठा प्रतिदिन मेरे गिर्द अपना जाल और भी कसती जाती है।

शिकायत किससे की जाए? इस प्रसंग में...शायद बच्चनजी से ही—क्योंकि

कविता के नाते मेरे पूज्य, शिक्षा के नाते मेरे आचार्य, वय के नाते मेरे पितृतुल्य, व्यवहार के नाते मेरे अग्रज, नौकरी के नाते मेरे अधिकारी, और व्यक्तित्व के नाते मेरे आदर्श होने के बावजूद वे मुझे तनिक भी अपने अनुरूप नहीं बना सके।

8 जून 1960

हिन्दी-प्रेमियों में कितने ही लोग ऐसे हैं, जिन्हें बच्चनजी की निकटता प्राप्त है। उनसे पत्र-व्यवहार-और प्रायः नियमित रूप से पत्र-व्यवहार करनेवालों की संख्या कम न होगी। यही नहीं, उनके प्रियपात्र भी देश के विभिन्न भागों में फैले हुए हैं। उनका एक मानस-पुत्र बम्बई में अपना भाग्य फ़िल्मों में आज़मा रहा है, एक और मानस-पुत्र इटावा ज़िले के एक गाँव में 'बच्चन पुस्तकालय' खोलकर अपने धर्मपिता के रंग में पूरी तरह से रँग गया है। उनके कई धर्मपुत्र घर के लोगों से भी अधिक सगा उनको मानते हैं। न जाने कितने लोगों के वे आदरणीय भाई और पूज्य गुरु हैं। उनकी कविता के प्रेमी उनके पत्र पाकर मानो अपने जीवन की चरम अभिलाषा की सिद्धि समझते हैं। ये बच्चनजी के पत्रों को सँजोये रखते हैं और अपने मित्रों-परिचितों-सम्बन्धियों को पढ़ाते रहते हैं। शायद उन लोगों से डींग भी हाँकते हों कि 'समझते क्या हो मुझे। मेरे पास बच्चनजी के पत्र आते हैं।'

एक बार दूर किसी कोयले की खान में काम करनेवाले किसी मज़दूर ने उनकी कविता पढ़कर एक पत्र लिखा, एक बार किसी गाँव में रहकर, फ़ार्म चलानेवाले एक परिवार से उनके पास पत्र आया—लिखा था—"आपकी एक पुस्तक हमें किसी तरह मिल गयी। हमारे बड़े भाई नेत्रहीन हैं, बहिन विधवा है। हम सबको आपकी कविताएँ पढ़कर कितनी सान्त्वना मिली है, यह शब्दों में नहीं कहा जा सकता। एक दुःखी परिवार को अत्यन्त सुख-सन्तोष प्रदान करनेवाले, कविवर! आप धन्य हैं।"

स्कूलों-कॉलेजों के विद्यार्थियों, दफ्तरों में छोटा-मोटा काम करनेवाले लोगों और भावुक तथा नवोदित कवियों के इसी तरह के पत्र आते ही रहते हैं बच्चनजी के पास। वे प्रत्येक का उत्तर देते हैं और उन्हें अपने साहित्य की किसी भी चर्चा या समालोचना से कहीं अधिक खुशी और तृप्ति होती है, इस तरह के पत्र पढ़कर। अपनी कविता की शक्ति का स्रोत और प्रमाण उनको यहीं मिलता है। और यह देखकर आश्चर्य होता है कि उनकी कविता का जादू कितनी-कितनी दूर और जनता के किन-किन स्तरों तक पहुँचा है।

बच्चनजी की पत्रोत्तर-दक्षता, उनकी व्यवहार-कुशलता, उनके व्यक्तित्व की

आकर्षकता, उनकी सभाचातुरी और उनके कवित्व की रसमयता से प्रेरित होकर जितने भी लोग उनकी ओर खिंचते हैं, वे प्राय: उनके प्रति और भी अनुरक्त हो जाते हैं।

यही कारण है कि बच्चनजी से घनिष्ठता अनुभव करनेवालों की संख्या बहुत अधिक है। बल्कि कभी-कभी तो वे 'घनिष्ठ' लोग बच्चनजी के पत्रों को प्रकाशित करने की अनुमति माँगने में नहीं हिचकते। कुछ लोग विशेषकर इन पत्रों के आधार पर ही बच्चनजी पर लेख या पुस्तक लिखना चाहते हैं। लेकिन बच्चनजी उन्हें ऐसा करने की अनुमति नहीं देते। शायद वे मन-ही-मन इसे अच्छी तरह अनुभव करते हैं कि उनके 'घनिष्ठ' वर्ग के ये प्रेमीजन भावना के आवेग में बहकर ऐसी चीज़ें लिख बैठेंगे, जो साहित्यिक मूल्यांकन की दृष्टि से हल्की साबित होंगी। यह बच्चनजी की सफलता का एक रहस्य भी है कि वे हलकेपन का तिरस्कार नहीं करते, उसे छूत समझकर उससे भागते नहीं, फिर भी भीतर-ही-भीतर उसकी असलियत को भली प्रकार पहचानते हैं।

जब मैं बच्चनजी के इस व्यापक अन्तरंग वर्ग को और उनपर अधिकार समझने या रखनेवाले लोगों की लम्बी सूची को देखता हूँ तो उसमें अपना नाम कहीं भी नहीं पाता। यही नहीं, जब मैं अनुभव करता हूँ कि आत्मीयता तथा घनिष्ठता का पूरा आभास देने के बावजूद बच्चनजी उस तथाकथित अन्तरंग-वर्ग से अपने आप को आत्मिक रूप से सम्बद्ध नहीं करते, तब मैं स्वयं को उनसे और भी दूर पाता हूँ।

भौतिक दृष्टि से वे मेरे बहुत अपने हैं। उनसे मेरे कितने ही नाते हैं। वे मेरे परम प्रिय कवि रहे हैं। उन्होंने मुझे विश्वविद्यालय में शिक्षा दी है, मुझे कविता में दीक्षित किया है, पिछले चार सालों से मैं कार्यालय में उनके निरन्तर सम्पर्क में रहा हूँ, वे मेरे पितृवत् अग्रज हैं और मुझे अपने बच्चों की ही तरह मानते हैं। मेरे कई परिचित मुझसे कहते हैं कि मुझे देखकर कभी-कभी बच्चनजी का भ्रम होता है। मैं उनके व्यक्तित्व से बुरी तरह प्रभावित हूँ। जो भी राय वे प्रकट करते हैं, वह मुझे प्राय: ठीक मालूम होती है। अपनी निजी बातचीत के समय मैं अक्सर बच्चनजी का नाम लेता हूँ और उनसे सम्बद्ध प्रसंगों की चर्चा करता रहता हूँ।

इस सबके बावजूद मैं अपने और उनके बीच सदा एक बड़ी खाई पाता हूँ। मेरा तादात्म्य उनके साथ नहीं हो पाता। उनके सामने मैं स्वाभाविक रूप से आचरण नहीं कर पाता, उनके घर में जितनी देर रहता हूँ, बेचैनी महसूस करता हूँ। उनका सब लोगों पर हावी हो जाना मुझे बिलकुल ही अच्छा नहीं लगता और यही कारण है कि मेरा-उनका सम्पर्क कभी भी बढ़ नहीं सका। भले ही आज मैं उनसे और वे मुझसे पहले की अपेक्षा कुछ और खुल गये हों, लेकिन

तमाम अनौपचारिकता के बावजूद मैं अपने को सदा ही उनसे भिन्न एक दूसरे ही धरातल पर पाता रहा हूँ।

शायद दो लेखकों के बीच इस तरह की दूरी सदा ही रहती है। क्योंकि दोनों दो भिन्न भाव-जगत के प्राणी होते हैं। अन्यथा ऐसा क्योंकर होता कि उनके प्रति अपार ममता होते हुए भी मैं उन्हें अपने अन्तरतम में नहीं पाता। पिछले वर्षों में मेरा एक प्रिय मुहावरा यह रहा है और अक्सर दफ़्तर से लौटने पर मैं इसे घर के लोगों के बीच कौतुकवश दुहराता रहा हूँ—"अब तो बच्चनजी मुझे बहुत सताने लगे हैं।" और इस वाक्य को कहने के बाद सदा ही मैंने बच्चनजी के प्रति एक विशेष प्रकार के अपनेपन का भाव महसूस किया है। उस अपनेपन के आगे वह शिकायत हमेशा ही बड़ी क्षुद्र और तुच्छ ज्ञात हुई है, जो मेरे मन में उनके प्रति कभी-कभी क्षणिक रूप से उत्पन्न होती है जबकि वे मुझे छुट्टी देने से इनकार कर देते हैं, मुझसे औरों की अपेक्षा ज़्यादा काम लेते हैं या मुझे किसी बात पर डाँट देते हैं। दूसरी ओर उनके प्रति मेरी ममता का आधार कितना आध्यात्मिक, सात्त्विक और गम्भीर है, इसे बता पाना कठिन है। इस विरोधाभास अथवा भावना के इन दो प्रतिकूल छोरों का कदाचित् एक लाभ भी है कि मैं उन्हें अपने से दूर रखकर और उनसे अपने को असम्बद्ध करके उनके तथा उनकी रचना के गुण-अवगुण समझने का तटस्थ यत्न कर पाता हूँ। मेरी दृष्टि में, यह बहुत महत्त्वपूर्ण है कि राग-विराग से परे तथा उनमें सन्तुलन बिठलाकर मैं एक व्यक्ति को उचित परिप्रेक्ष्य में देख सकने की स्थिति में हूँ।

19 जून 1960

अमरेन्द्र[1] ने आज किसी प्रसंग में कहा कि बच्चनजी फार्मूला बनाकर कविता लिखते हैं और यह बात मुझे ठीक मालूम हुई। यह उनकी काव्य-रचना की एक विशिष्टता रही है कि कोई भी एक विचार मन में आने पर उन्होंने सदा ही उसे पूरी तौर पर धुनकर रख दिया है। इस प्रवृत्ति के कुछ अच्छे पहलू भी हो सकते हैं, और शायद कलात्मक अनिवार्यता भी किसी-न-किसी अंश में इसका कारण होगी ही। पर दूसरे पहलू को भी पूर्णतया झुठलाया नहीं जा सकता कि वे 'फार्मूला' अथवा 'पैटर्न' बनाकर कविता लिखते प्रतीत होते हैं।

उनके बिलकुल नवीन लोकधुनों पर आधारित-गीतों के ऊपर भी यह बात हर तरह से लागू होती है। अब उन्हें यह धुन लगी है (या यों कहें कि उन्होंने योजना बनायी है) कि सवा सौ-डेढ़ सौ गीत इस ढंग पर लिखें और एक पुस्तक

1. अमरेन्द्र शंकर सिनहा, लेखक का सबसे छोटा भाई।

में उन्हें संगृहीत करें।

यह, किसी अच्छे विचार की छीछालेदर करना नहीं, तो और क्या है! किसी चीज़ को खराद पर चढ़ाकर उसका स्वरूप भलीभाँति निखारना तो समझ में आता है, लेकिन उसे पीट-पीटकर पटरा कर देने का क्या मतलब?

20 सितम्बर 1960

बच्चनजी बेढब प्रचारक भी हैं। मौका मिलने पर वे अपनी बात अवश्य जमाते हैं। आजकल जो भी उनसे मिलने आता है, उससे, प्रसंगवश, लोकधुनों पर आधारित अपने गीतों के सम्बन्ध में वे ज़रूर चर्चा करते हैं और कहते हैं कि हिन्दी कविता में रागतत्त्व की पुनर्स्थापना का यह एक प्रयत्न है। हमारी कविता से पिछले दिनों रागतत्त्व धीरे-धीरे ग़ायब होता गया है। उसे पुनः प्रतिष्ठित करने की बड़ी ज़रूरत है और (वे कहते हैं कि) कौन जाने हिन्दी ने इस महत् कार्य के लिए बच्चन को ही चुना हो।

प्रचारक होने के साथ-साथ वे बहुत व्यवहार-कुशल भी हैं। कहते हैं कि बीज डाल देना चाहिए। फिर वह फलेगा, फूलेगा और बढ़ेगा। यही नहीं, बीज डालने के लिए उन्हें कोई भी ज़मीन अनुचित अथवा अयोग्य नहीं जान पड़ती। मैंने देखा कि तुच्छ-से-तुच्छ व्यक्ति को भी वे प्रकटतः बड़ी गम्भीरता के साथ ग्रहण करते हैं और उसे स्नेह, आदर तथा ज्ञान देते हैं। उनसे मिलने के बाद लोग कोई-न-कोई प्रभाव लेकर ही लौटते हैं; यह दूसरी बात है कि अल्पश्रद्धालु, अथवा अश्रद्धालु जनों के मन में सम्भवतः उक्त प्रभाव बच्चनजी के प्रतिकूल रहता है, पर यदि ऐसा होता भी है तो वह केवल प्रतिवाद अथवा 'रिज़ेंटमेंट' (आक्रोश) के रूप में, क्योंकि भेंट-मुलाक़ात के दौरान बच्चनजी मिलनेवाले पर छाये रहते हैं और उससे ज्ञान पाने के बजाय उसे ही ज्ञान देते हैं। मेरे जैसे आत्मनिष्ठ अथवा अपने को 'कुछ' समझने वाले लोग यदि बच्चनजी की इस 'ज़बर्दस्ती' के प्रति मन-ही-मन क्षुब्ध रहें तो आश्चर्य की कोई बात नहीं। कई महीने हुए, श्री ब्रह्मानन्द (श्री विष्णु प्रभाकर के बड़े भाई) ने कहा कि दिल्ली में बच्चनजी के ढंग को लेकर लोग असन्तुष्ट हैं। तब मैं भलीभाँति समझ गया था कि यह असन्तोष किसी दबंग व्यक्ति के प्रति दब्बू व्यक्तियों का असन्तोष है और यही कारण है कि सभा-समाज में आज तक मैंने यह असन्तोष कभी प्रकट रूप में व्यक्त होते नहीं देखा। बच्चनजी के दबंगपन का यह एक प्रमाण ही हैं। अपने तईं मैं इसे सिद्धान्ततः अच्छी बात नहीं मानता कि कोई व्यक्ति मेरे ऊपर या किसी के भी ऊपर छा जाए,

लेकिन व्यवहार-जगत में तो यह होता ही है। फलतः मेरे जैसे लोग बच्चनजी या दिनकरजी जैसे लोगों द्वारा 'सताए' जाते हैं और कर कुछ भी नहीं पाते। परोक्ष रूप में हम भले ही कुछ कानाफूसी करें, लेकिन सामने फिर पूर्ववत् चुप लगा बैठते हैं। ऐसी स्थिति में दोष किसे दिया जाए! विनम्र और विनयी को यदि दबंग से त्रास मिलता है तो उसकी विनम्रता और विनय में अवश्य ही कहीं बड़ी भारी कमी है। तब उसकी विनम्रता उसकी भीतरी कमज़ोरी और आत्मविश्वास की कमी का ही परिचय देती है। और यदि पूर्वोक्त असन्तोष दबंगपन की होड़ में हार जानेवालों का असन्तोष है तो शिकायत क्या! शिकायत की गुंजाइश तो तब है जब कोई भी दबंग व्यक्ति दूसरों से दुर्व्यवहार करे, दूसरों की अवज्ञा करे या दूसरों को हीन दिखाए। जहाँ तक बच्चनजी का सम्बन्ध है, उनकी विशेषता यही है कि वे अपने सद्व्यवहार, तथा अन्य लोगों के प्रति अपने अति उदार भाव के द्वारा ऊपर उठते हैं। इसमें उनका आत्मविश्वास, अपनी रचना तथा अपने व्यक्तित्व के प्रति उनकी उच्च धारणा तथा क्षुद्रता से ऊपर उठने की उनकी वृत्ति का भी सम्यक् योगदान रहता है। फलतः, मैंने अभी तक किसी से यह नहीं सुना कि बच्चनजी ने अमुक घटिया काम किया, अमुक को गिराने का यत्न किया, अमुक से दुर्व्यवहार किया, अमुक की चापलूसी की। और चूँकि हम हिन्दीवाले प्रकृतिवश इन्हीं सब चीज़ों के अभ्यासी हैं, इसलिए हिन्दी में यदि थोड़े-से व्यक्ति सुरुचिपूर्ण हैं तो उनके प्रति हमारे मन में विद्वेष अथवा विमर्ष होना स्वाभाविक ही है।

बहरहाल, यह विषयान्तर था। मूल प्रसंग बच्चनजी के नये, लोकधुनों पर आधारित गीत थे। उनकी तमाम अन्य रचनाओं की ही भाँति इन गीतों का भी पूर्ण अर्थ इनके गाये जाने पर ही खुलता है। तिरेपन वर्ष की वय में, अब बच्चनजी के गले में वह मिठास नहीं रही, और न पहले-जैसी ताकत ही उनके फेफड़ों में है। गला अब उतना काम नहीं देता, आवाज़ कभी-कभी फँसती और बेसुरी हो जाती है। राग को वे अब पहले की भाँति पूरा गौरव नहीं दे पाते, क्योंकि साँस खिंच नहीं पाती, बीच में ही टूट जाती है। शायद यही कारण है कि अब वे पहले की तरह गाकर कविताएँ कम सुनाते हैं। पढ़कर सुनाते हैं, क्योंकि गाने से अब उन पर 'स्ट्रेन' (ज़ोर) पड़ता है। इसके बावजूद इन नये गीतों को वे मन से गाते हैं और उनका पूरा रस उनके कंठ से सुने जाने पर ही मिलता है। अब तक कदाचित् बीस-पचीस गीत वे लिख चुके हैं। पचास-साठ गीतों का एक संग्रह 27 नवम्बर तक प्रकाशित कर देने की इच्छा उनके मन में थी, पर अब कहते हैं कि यह पुस्तक प्रकाशक को अगले वर्ष देंगे। तब तक सभी गीत पत्रिकाओं में प्रकाशित हो चुकेंगे (उनका पारिश्रमिक मिल चुकेगा), दो-चार कवि-सम्मेलनों में गाकर वे उन्हें लोकप्रिय बना देंगे और पाठक पुस्तक की प्रतीक्षा आतुरता के साथ कर रहे होंगे।

आज ये सारी बातें बताने के बाद बच्चनजी ने कहा कि 'ऑथरशिप' (लेखन-कार्य) का भी एक 'क्राफ़्ट' (कौशल) होता है, जिसे सीखे बग़ैर लेखक पूरी तरह से सफल नहीं हो पाता। नियमित रूप से लेखक की चीज़ें पाठकों के सामने आती रहें, पुस्तकें समय-समय पर प्रकाशित होती रहें, उसकी रचना में नवोन्मेष होता रहे, उसका अपना एक पाठकवर्ग विकसित हो—यह तथा अनेक अन्य छोटी-मोटी बातें लेखन-कार्य के लिए आवश्यक होती हैं।

और अन्त में, बच्चनजी ने अपना प्रिय वाक्य कहा, "मैं भी 'डिप्लोमेट' (कूटनीतिज्ञ) हूँ। इन गीतों को पहले पत्रिकाओं में प्रकाशित करा लूँगा, फिर संग्रह में दूँगा। जितनी रायल्टी प्रकाशक मुझे पूरे संस्करण के बाद देगा, उससे कहीं अधिक पत्रिकाओं से मिल जाएगी। इससे ये गीत लोकप्रिय भी हो जाएँगे और फुटकर गीत पढ़नेवालों को किताब भी मिल जाएगी। पुस्तक की बिक्री पर कविताओं के पूर्व-प्रकाशित होने का कोई असर नहीं पड़ता, क्योंकि फुटकर पत्र-पत्रिकाओं में प्रकाशित रचनाओं की 'कटिंग' (कतरन) काटकर कोई पूरी पुस्तक संकलित नहीं कर लेता।"

आज की बातचीत का मूल सूत्र तो फिर छूट गया। उसे जोड़ने के लिए बच्चनजी के नये गीतों की चर्चा की ओर मुड़ना होगा। अभी तक के गीतों में उन्हें 'महुआ के नीचे मोती झरे' सर्वाधिक प्रिय है। वे इसे लाख रुपये का गीत बताते हैं। अभी 18 तारीख़ की पन्त-अभिनन्दन गोष्ठी में इसे सुनाते हुए, उन्होंने विष्णु जी को सम्बोधित कर कहा था—"विष्णु प्रभाकरजी, इसमें एक कथा है।"

इस तरह का एक-न-एक कथासूत्र उनके सभी गीतों में मिलता है। कुछ में तो सचमुच ही एक पूरी कथा है, जैसे 'सोनमछरी' के गीत या 'डोंगा डोले' में। शेष में विषय का विकास है और चूँकि अभी तक लिखे गये प्राय: सभी गीत विषयपरक हैं, इसलिए उनमें कुछ-न-कुछ कथात्मक सूत्र मिल जाता है। बच्चनजी सम्भवत: इस सम्बन्ध में अब कुछ जागरूक भी हो गये हैं। डेढ़-दो साल हुए, एक दिन सत्येन्द्र ने कदाचित् स्वयं कहानीकार होने के नाते, उनसे कहा था कि आपकी सभी कविताओं में एक तरह की कहानी मिलती है। उस समय भी बच्चनजी ने वह राय पसन्द की थी और बाद में भी अक्सर बातचीत के सिलसिले में वे इस कथन का उल्लेख करते रहे हैं। कदाचित् इन नये गीतों में कथा-सूत्र का समावेश करते हुए उनके मन में यह बात भी काम कर रही है। साथ ही गीत के सम्बन्ध में, उनकी 'आदि-मध्य-अन्त' वाली धारणा भी चलती रहती है। ऐसा जान पड़ता है कि कविता के सम्बन्ध में बच्चनजी की सबसे बड़ी कसौटी यही है कि वह हमें कहीं ले जाती है या नहीं। वे कहते हैं कि बाईस वर्ष की अवस्था में भी, जब उन्होंने कविता लिखना शुरू ही किया था—वे मात्र सुन्दर वर्णन, तथ्य-कथन या शब्द-छटा से प्रभावित नहीं होते थे, बल्कि कविता

से आशा करते थे कि वह उन्हें छूने के बाद कहीं पहुँचाएगी भी। वे चाहते थे कि कविता शुरू करने पर यदि उनके मन में प्रश्न उठे—'व्हाट देन?' (फिर क्या?) तो समाप्त होते-होते कविता उत्तर भी दे सके—'सो दिस।' (फिर यह।)

जब उन्होंने अरस्तू की यह उक्ति पढ़ी थी कि महाकाव्य का एक प्रारम्भ, एक-मध्य और एक अन्त होना चाहिए तो उन्हें वह एक साधारण-सी बात मालूम हुई थी। पर इस उक्ति का अर्थ उन्होंने तीस वर्षों में समझा है। प्रारम्भ, मध्य और अन्त की कसौटी पर ही न जाने कितना लेखन खोटा सिद्ध हो जाएगा। अधिकांश रचनाओं में कभी अन्त पहले होता है, कभी होता ही नहीं। कभी अन्त बीच में रख दिया जाता है और मध्य अन्त में। कभी प्रारम्भ ही गायब होता है। और कभी-कभी रचना में प्रारम्भ ही प्रारम्भ होता है। अरस्तू ने जो बात महाकाव्य के विषय में कही थी, वह गीत पर भी उतनी ही लागू होती है, जितनी कि किसी अन्य साहित्यिक विधा पर। लेकिन कठिनाई यह है कि बहुत-से लेखक यह जानते ही नहीं कि 'काम्पोज़ीशन' (रचना) कहते किसे हैं।

संयोग की बात कि हाल में ही, स्वयं उनकी कविताओं की भूमिका-स्वरूप लिखे गये दो निबन्ध उनके पास आ गये। एक था—श्री चन्द्रगुप्त विद्यालंकार का, जो उन्होंने राजपाल एंड सन्स के लिए सम्पादित बच्चनजी की कविताओं के संकलन की भूमिका-स्वरूप लिखा था। और दूसरा-प्रिंसिपल मनोरंजन का जो उस कवि-सम्मेलन के अध्यक्ष थे, जिसमें बच्चनजी ने 'मधुशाला' का प्रथम पाठ किया था। दोनों ही निबन्ध ऊलजलूल और ऊबड़खाबड़ थे। दोनों को पढ़कर वे क्षुब्ध हुए। चन्द्रगुप्त जी के निबन्ध के बारे में बोले कि उसमें पाँच जगह शुरुआत की गयी है। उसे 'हॉच-पॉच' (बेतरतीब) बताया। प्रिंसिपल मनोरंजन का निबन्ध तो और भी बेढब था। वह 'मधुशाला' के नये संस्करण की भूमिका रूप में प्रकाशित होना था। उसमें प्रिंसिपल साहब ने अपनी भी वे आठ रुबाइयाँ घुसेड़ दी थीं, जो उन्होंने किसी ज़माने में 'मधुशाला' की पैरोडी के तौर पर लिखी थीं। साथ ही, प्रारम्भ से ही अनर्गल और अप्रासंगिक बातों का समावेश करते गये थे। वह 'भूमिका' इतनी ख़राब थी कि बच्चनजी ने कहा, "पर मैं भी डिप्लोमेट हूँ। लिख दूँगा कि आपकी भूमिका तो मुझे मिली ही नहीं।"

मैंने कहा, "आपको इतने से ही मुक्ति न मिलेगी। आप यदि लिख भी दें कि 'भूमिका' नहीं मिली, तो निश्चित समझिए कि तीसरे दिन उसकी दूसरी प्रति आपके पास आ जाएगी, और वह भी रजिस्ट्री के ज़रिये। क्योंकि यह मनोरंजन बाबू का फ़र्स्ट ड्राफ़्ट (पहला मसौदा) नहीं, फ़ेयर ड्राफ़्ट (अन्तिम मसौदा) है।"

यह सुनकर बच्चनजी कुछ सोच में ज़रूर पड़ गये, पर कहा उन्होंने यही कि, "जो होगा, देखा जाएगा। फ़िलहाल तो मैं छुट्टी पर जा रहा हूँ। दस-बारह

दिन बाद लौटकर आऊँगा। इसके बाद, यदि वे अधीर होकर मुझे पत्र लिखेंगे तो जवाब दे दूँगा कि आपकी भूमिका यहाँ पहुँची ही नहीं। और यदि वे भेज ही देंगे तो फिर कोई दूसरा उपाय सोचा जाएगा।''

27 सितम्बर 1960

आज से बच्चनजी एक पखवाड़े की छुट्टी पर जानेवाले थे। कुछ दिन नैनीताल में बंटीजी[1] के साथ बिताने के बाद, 4 अक्टूबर को लखनऊ रेडियो के कवि-सम्मेलन में शामिल होकर, ('जनगीता' वाले) स्वामी जी महाराज से मिलने के लिए गोरखपुर और जगदीश राजन[2] से मिलने बाँदा जाने का उनका कार्यक्रम था। पहले से ही उन्होंने अपने प्रत्येक दिन का कार्यक्रम निश्चित कर दिया था और मुझे पूरा यक़ीन है कि यत्र-तत्र अपने मिलने-जुलनेवाले बन्धु-बान्धवों को भी अपने कार्यक्रम की पूरी सूचना दे दी होगी। आज शाम तक वे दफ्तर में काम करते रहे। दफ़्तर में फ़ुर्सत का अधिकतर समय वे चिट्ठियों का उत्तर लिखने में बिताते हैं। सुबह आकर आधे-पौने घंटे तीनों अखबार (आज, हिदुस्तान, हिन्दुस्तान टाइम्स) पढ़ते, यथावश्यकता दफ़्तरी कागज़-पत्रों पर दस्तख़त करते, आयी हुई पुस्तकें और पत्र-पत्रिकाएँ पढ़ते, दर्शनार्थियों से मिलते, और कभी-कभी कुछ लेखन-कार्य भी करते हैं। यों अधिकतर कविताएँ वे घर पर लिखते हैं; रेडियो की वार्ताएँ, अपनी अथवा अन्य लेखकों की पुस्तकों की भूमिकाएँ या स्फुट निबन्ध अवश्य दफ़्तर में लिखते हैं। उन्हें फुलस्केप साइज़ के सफ़ेद, रूलदार कागज़ पर पेंसिल से लिखने का अभ्यास है और अपना प्रायः समस्त लेखन-कार्य वे इसी प्रकार करते हैं। लिखते समय काट-पीट करते जाते हैं, अक्सर बहुत गिच-पिच कर देते हैं (और टाइपिस्टों की मुसीबत का कारण बनते हैं) एक शब्द को काटकर उसी पर दूसरा लिख देते हैं। कविताओं का वे दूसरा या कभी-कभी ज़रूरत पड़ने पर तीसरा साफ़ ड्राफ़्ट तैयार करते हैं और सभी ड्राफ्टों पर फर्स्ट ड्राफ़्ट (पहला मसौदा), सेकेंड ड्राफ़्ट (दूसरा मसौदा) आदि ब्योरे लिखकर व्यवस्थित रीति से अपनी फ़ाइल में रखते हैं। पहले ड्राफ़्ट में, मार्जिन पर वे किन्हीं विशेष प्रयोगों अथवा शब्दों पर अपनी टिप्पणियाँ लिखते हैं और क्रमशः यह प्रवृत्ति बढ़ती ही गयी है। इससे जो बातें सर्वाधिक प्रमाणित होती हैं, वे यह कि बच्चनजी अपनी कविता में शब्दों के प्रयोग के सम्बन्ध में अत्यन्त सतर्क होते जाते हैं और रचना

1. अजिताभ बच्चन, कविवर के छोटे पुत्र।
2. कविवर के एक निकटस्थ तरुण सम्बन्धी। लेखक के मित्र एवं सहपाठी।

के एकाधिक अर्थों का ध्यान रखते हैं। दूसरे, उनके मन में यह भाव है कि कालान्तर में उन पाण्डुलिपियों द्वारा भावी शोधकर्ता उनकी रचना के अनेकानेक गूढ़ार्थ समझने में सहायता पा सकेंगे। तीसरे, कि उनकी रचना-प्रक्रिया अब प्रौढ़तर, जटिलतर और साभिप्राय होती जाती है। इसे दूसरे शब्दों में कह सकते हैं कि उसमें से सहजता, भावावेश और मार्मिकता के तत्त्व कम होते जाते हैं। किन्तु किन्हीं तत्त्वों की अधिकता और किन्हीं की कमी के कारण उनकी रचना में कुछ अन्यान्य विशेषताएँ उभरती गयी हैं। अपितु, उनकी चर्चा यहाँ सम्भवत: विषयान्तर ही होगी।

मैं उनके हाथ लखनऊ कुछ सामान भेजना चाहता था। उसे लेकर जब मैं आठ बजे रात के लगभग उनके घर पहुँचा तो बाहर से ही दिखा कि बनियाइन-पाजामा पहने हुए अपनी 'स्टडी' में कुछ काम कर रहे हैं। ड्राइंगरूम में जाकर में बैठ गया तो उनका नौकर आया और स्पष्ट ही घर के सभी लोगों को पता चल गया कि मैं आया हूँ। पर बच्चनजी पूर्ववत् अपना काम करते रहे, तेजी भाभी बेडरूम में थीं, और अमित जी अपने कमरे में। सारे पर्दे पड़े हुए थे और सब अपने-अपने काम में व्यस्त थे। मैं धीमी रोशनी से प्रकाशित ड्राइंगरूम में बैठकर सोचने लगा कि इस घर में कितनी अधिक व्यवस्था है। हर चीज़ अपनी जगह पर रहती है, हर काम विधिवत् और समय से होता है। मैं आया हूँ, इसका यह मतलब तो नहीं कि अपना काम बीच में ही छोड़कर बच्चनजी बाहर आ जाएँ, या मुझे भीतर बुला लें, या तेजी भाभी मेरी अभ्यर्थना के लिए आ जाएँ। यों, घर में मेरी विशेष स्थिति का अनुमान करके उन्होंने कमरे के भीतर से ही पुकारकर कह ज़रूर दिया था, "बैठो, बच्चन बाथरूम गये हैं।" और मैं बैठकर सोच रहा था कि यहाँ हर आदमी अपने काम को समझता है। लड़का भी पढ़ रहा है; घर में कोई आए या जाए—उसके कार्यक्रम में व्याघात नहीं पड़ता। दूसरी ओर हम लोगों के घर हैं कि हर समय सब लोग एक-दूसरे से जुड़े हुए बैठे रहते हैं। कोई आता है तो सब उससे बात करने के लिए आ जुटते हैं और यदि कोई उस समय अनुपस्थित रहे तो इसे अतिथि का अपमान समझा जाता है। हम लोगों के यहाँ हर आदमी हर काम में अपनी टाँग भिड़ाता है और लढ़े पर सब एक साथ लदे रहते हैं। यदि कोई एक व्यक्ति भी कम हो जाए तो लढ़ा रुक जाता है। नतीजा यह होता है कि हम अपनी अलग-अलग ज़िन्दगी नहीं जीते, सामूहिक ज़िन्दगी जीते हैं।

पर यह घर हमारे घरों से भिन्न है। इसमें पाँच कमरे हैं। एक अतिथियों से मिलने का, एक भोजन करने का, एक बड़े लड़के का, एक पत्नी का और एक स्वयं कवि का। घर की व्यवस्था अत्यन्त सुचारु है। हर वस्तु यथास्थान रहती

है, और घर में केवल सुरुचिपूर्ण वस्तुएँ हैं या आती हैं। मुझे याद आता है कि इस बार जब मैं नेमि जी और भारतजी के साथ बच्चनजी के घर होली मिलने गया था तो प्रतीक्षा के पाँच-दस मिनटों के दौरान भारतजी ने ड्राइंगरूम में सजी पुस्तकों को देखते हुए कहा था कि, ''यहाँ हर चीज़ इतने करीने से रक्खी है कि किताब छूने में भी संकोच होता है।'' और उनका यह कथन ठीक ही था।

बैठा-बैठा मैं यही सब सोच रहा था कि बच्चनजी ने ड्राइंगरूम से झाँका और मुझे अपनी 'स्टडी' में बुला लिया। मैंने देखा कि वे अपनी चमड़ेवाले बैग में कुछ पुस्तकें और लिखने-पढ़ने की अन्य सामग्री रख रहे हैं। मनोयोग और तत्परता के साथ, उनमें एक तरह का इत्मीनान भी था। हड़बड़ी या जल्दबाज़ी का कोई भाव उनके मुख अथवा अंग-संचालन से नहीं प्रकट होता था। मुझे उनसे 'सप्तपर्णा', 'गोदान' आदि कुछ पुस्तकें लेनी थीं। अपने काम के बीच में ही उन्होंने ये पुस्तकें खोजकर मुझे दीं और एक पत्र भी लिख डाला। मुझे ख़याल आया कि बॉसवेल की 'लाइफ़ ऑफ़ जान्सन' ले लूँ तो उन्होंने 'ए शार्टर बॉसवेल' खोजकर दिया और कहा कि, ''थे तो दोनों भाग लेकिन एक भाग कोई सज्जन ले गये—फिर उन्होंने लौटाया ही नहीं। और अब तो जान पड़ता है कि वे मौका देखकर दूसरा भी ले गये। उन्होंने सोचा होगा कि एक ले ही आये हैं, चलो दूसरा भी हो जाय।''

''बहरहाल,'' उन्होंने कहा, ''अभी यह 'शार्टर बॉसवेल' ले जाओ। बहुत अच्छे ढंग से इसका सम्पादन हुआ है, सारा तत्त्व निचोड़कर रख दिया गया है पुस्तक में।''

जब उन्होंने यह पुस्तक मुझे दी, मेरे मन में यह विचार उठा कि शायद मैं भी कभी उनकी जीवनी लिखूँ और शायद वह भी बॉसवेल की महान रचना जैसी बन सके। और मैंने बच्चनजी को बड़ी तत्परता के साथ मूल पुस्तक ढूँढ़ते हुए देखा तो क्षण भर के लिए मुझमें यह विचार भी आया कि शायद मन-ही-मन बच्चनजी भी यह सोचते हों कि अजित को 'आधिकारिक जीवनीकार' बनाया जा सकता है और शायद इसीलिए वे मेरे मुँह से बॉसवेल का नाम निकलते ही मनोयोग के साथ पुस्तक खोजने में लग गये हैं, और उन्हें यकीन है कि यह पुस्तक मुझे सफल जीवनी के तत्त्व समझाने में सहायक होगी।

किन्तु, मूल बॉसवेल मिल नहीं सकी। तो बच्चनजी ने कहा, कि लौटने पर ढूँढूँगा। उसे पढ़ना, तुम्हारे लिए बहुत उपयोगी होगा।

संक्षिप्त बॉसवेल के कुछ पृष्ठ पढ़ते ही मेरा प्रारम्भिक उत्साह भंग हो गया, क्योंकि जिस दक्षता और प्रामाणिकता के साथ बॉसवेल ने अपनी पुस्तक लिखी है और अपने प्रतिपाद्य विषय के प्रति जैसी निष्ठा उसमें है, उसके शतांश की भी कल्पना मैं अपने में नहीं कर सका। इसके अतिरिक्त डेढ़-दो सौ वर्ष पूर्व

की अंग्रेज़ी भाषा की जिस सामर्थ्य का परिचय बॉसवेल की पुस्तक से मिलता है, वह हमारी हिन्दी में तो आज भी नहीं आ सकी है।

इसलिए बॉसवेल जैसी पुस्तक लिखने का मेरा हौसला संक्षिप्त बॉसवेल के कुछ पृष्ठ पढ़ने पर ही समाप्त हो गया; बचा-खुचा शायद उस समय ख़त्म हो जाय, जब मैं मूल बॉसवेल पढ़ूँगा।

इसके बावजूद जैसे-जैसे मैं यह पुस्तक पढ़ता गया, मेरे मन में यह इच्छा प्रबलतर होती गयी कि 'व्यक्तित्व और कृतित्व' क्रम में निराला, पन्त और बच्चन पर तीन छोटी-छोटी पुस्तकें लिखूँ। और ये पुस्तकें उनके जीवन और काव्य की ऐसी रचनात्मक समीक्षाओं की भाँति हों, जिनसे इन कवियों का परिचय तो मिले ही, मेरी अपनी रचनाशीलता भी झलकती रहे। फलतः, ये पुस्तकें ऐसे पाठकों के लिए उपयोगी हो सकेंगी, जिनकी रुचि आलोच्य कवि में और मुझमें समान रूप से होगी।

1 अक्टूबर 1960

आठ-दस दिन हुए बच्चनजी के पास किन्हीं श्री अभयकुमार यौधेय का एक उपन्यास आया, जिसमें बच्चनजी ही नायक-रूप में चित्रित थे और साथ ही तेजी भाभी और अमित को भी उपन्यास का पात्र बनाया गया था। उलट-पलटकर मैंने देखा तो मालूम हुआ कि उपन्यास में एक काल्पनिक कथा के ढाँचे में इन लोगों को फ़िट कर दिया गया था, वास्तविकता से उसका कोई सम्बन्ध न था। मुझे यह बात कुछ समझ न आयी।

तभी श्री जीवनप्रकाश जोशी (दिल्लीवासी हिन्दी लेखक) पधारे। सामने उपन्यास रखा देखकर बोले, "अजित जी, इसका परिचय मैंने लिखा है।" और परिचय का पृष्ठ खोलकर उन्होंने मेरे हाथ में पुस्तक पकड़ा दी। बोले, "मूड में आकर लिखा था।"

वह अतिशयोक्तिपूर्ण शैली और ग़लत भाषा में लिखा हुआ एक घटिया परिचय था। मेरी चिढ़ और भी बढ़ गयी। मैंने कहा, "इन सज्जन ने बच्चनजी को प्रमुख पात्र बनाकर एक कपोलकल्पित कथा लिख दी है और आपने इनकी प्रशंसा के पुल बाँध दिये हैं।"

जोशी जी मेरा मतलब ठीक से समझ न सके। बोले, "मेरे स्नेही मित्र हैं। मुझे भी उन्होंने इस उपन्यास में एक पात्र बनाया है।"

मैंने कहा, "इसका तुक मुझे कुछ समझ नहीं आया।"

इसपर बच्चनजी बोले, "मूर्ख हैं!"

जोशी जी ने कहा, ''उन्होंने एक अत्यन्त मानवतापूर्ण व्यक्ति के रूप में बच्चनजी की कल्पना की है। यह उन्होंने अपनी भूमिका में स्पष्ट भी कर दिया है और मुझसे कहते थे कि उन्होंने बच्चनजी से अनुमति ले ली है।''

बच्चनजी ने कहा, ''कोई आदमी आकर यदि कहे कि आपके नाम का उपयोग मैंने अपने उपन्यास में किया है तो मैं उसे कैसे मना कर सकता हूँ। मेरे नाम के कितने ही लोग हो सकते हैं, इसलिए किसी नाम का उपयोग करने पर रोक किस तरह लगायी जा सकती है।''

मैंने कहा, ''यह ठीक है कि एक ही नाम के बहुत-से लोग हो सकते हैं, पर हरिवंशराय बच्चन तो एक व्यक्ति हैं और उनको तथा उनकी पत्नी और उनके बच्चे को लेकर कोई कपोलकल्पित कथा लिखी जाए, इसे मैं सुरुचिपूर्ण नहीं समझता। अगर यह ठीक है तो कल कोई बा और बापू को केन्द्र बनाकर भी ऐसा उपन्यास लिख देगा, जिसका वास्तविकता से कोई मेल न हो। सामाजिक जीवन में ख्याति प्राप्त व्यक्तियों के ऊपर कुछ भी लिखने के दो ही ढंग हो सकते हैं कि लेखक या तो किसी आदर्श पात्र की रचना करे और उस विख्यात व्यक्ति की कल्पना अपने पात्र में करे तथा समर्पण या भूमिका में इस तथ्य को स्पष्ट कर दे। उदाहरण के तौर पर मान लीजिए कि उपन्यास का चरित्रनायक महेश है और वह देश के कर्णधार श्री नेहरू की प्रतिमूर्ति है तो लेखक को इसकी पूरी छूट रहेगी कि वह महेश को ऐसा राष्ट्रनायक बनाए जिसके हाथों मानव-जाति का उद्धार होगा और जो संसार को उन्नत बनाने के लिए महानतम कार्य करेगा। इस प्रकार लेखक तथ्य और कथा को अलग-अलग रख सकेगा और भूमिका में लिख सकेगा कि महेश के रूप में उसने जवाहरलाल नेहरू की कल्पना की है।''

''और यदि कोई लेखक स्वयं नेहरूजी का नाम लेकर उन्हें चित्रित करना चाहता है, तो उसे उनकी जीवनी लिखनी चाहिए। यदि वह लेखक यौधेयजी की भाँति उपन्यासकार है तो उसे चाहिए कि कथात्मक जीवनी लिखे।''

जोशी जी बोले, ''इस उपन्यास के बाद यौधेयजी का विचार बच्चनजी के जीवन पर भी लिखने का है।''

मैंने कहा, ''यह तो बहुत अच्छा है। आप उन्हें सलाह दीजिए कि एमिल लुडविग की कथात्मक जीवनियाँ पढ़ें और उसके बाद बच्चनजी का जीवन-चरित्र लिखें।''

यह बातचीत भोजन के दौरान चल रही थी। जब मैंने यह अन्तिम वाक्य कहा तो बच्चनजी ने मेरी दायीं बाँह पर एक प्रेम भरा मुक्का मारा और इस तरह मेरी धृष्टता के लिए मुझे रोकते हुए हाथ धोने के लिए उठ पड़े।

मैं जान गया कि वे घबरा उठे थे कि कहीं सचमुच ही यौधेय जी लुडविग

की पुस्तकें पढ़कर या बिना पढ़े बच्चनजी की जीवनी लिखने न लग जाएँ।

ख़ैर, यह बात तो खत्म हुई लेकिन मेरा ध्यान इस ओर गया कि बच्चनजी पर पुस्तक लिखने का मोह बहुत-से-लोगों को व्यापता रहा है। एक ज़माने में गोपेश जी उन पर पुस्तक लिखना चाहते थे, ओंकार का भी मन था और स्वयं मेरे हृदय में भी पिछले वर्षों से यह कामना रही है। बच्चनजी के पास यदा-कदा ऐसे पत्र आते ही रहते हैं, जिनमें लोग उनपर पुस्तक लिखने की सूचना या अनुमति माँगते हैं। यह बात दूसरी है कि बच्चनजी उन्हें उत्साहित नहीं करते, और यह भी कि सूचना देने और अनुमति माँगनेवाले लेखक प्रायः इतने तक ही सीमित रह जाते हैं। विचारणीय बात यह है कि हिन्दी का एक पाठक वर्ग और बच्चनजी का एक सुहृदवर्ग उनकी रचनाओं में रमा हुआ है और उनपर लिखने की इच्छा रखता है। इसके बावजूद यदि बच्चनजी के सम्बन्ध में कोई विशेष समीक्षात्मक साहित्य सुलभ नहीं है तो इसका कारण यह है कि उनकी रचनाओं के प्रेमियों में भावुक और सहृदयजनों की संख्या तो बहुत है, पर विचारवान और बुद्धिमानजनों की कम। या इसे यों कह सकते हैं कि बच्चनजी की कविता पसन्द करनेवालों में विचार की अपेक्षा भावना का अनुपात ज़्यादा रहता है, उनकी बुद्धि विश्लेषण प्रधान नहीं होती, वे तो सरल सहृदय और भोले-भाले लोग होते हैं। इसलिए, आलोचनात्मक लेखन में उनकी गति नहीं चलती। अधिक-से-अधिक वे बच्चन-शैली के गीत लिख सकते हैं और वे भी बच्चनजी के-से नहीं, क्योंकि ये अनुकरणकर्ता न तो गीत का रहस्य जानते हैं और न उसकी प्रकृति ही समझते हैं। अंग्रेज़ी साहित्य के गूढ़ अध्ययन और स्वयं अपने चिन्तन-मनन द्वारा बच्चनजी ने गीत का जो 'पैटर्न' विकसित किया है, उसे हिन्दी के तमाम आकुल-आतुर तरुण छोकरे, सिर्फ़ तीन पदों की रचना समझकर धुने दे रहे हैं। इसलिए मैं कभी-कभी सोचता हूँ कि यद्यपि बच्चनजी ने हिन्दी पाठकों के एक बड़े वर्ग के हाथों में लेखनी और कंठ में स्वर दिया है, तथापि उसके मन में यह धारणा भी जगायी है कि कविता का पथ अत्यन्त सरल है और उसपर कोई भी चल सकता है।...

जिस दिन वे दफ्तर से कुछ दिनों की छुट्टी पर जा रहे थे (27 सितम्बर), मुझे उन्होंने चन्द्रदेव सिंह कलकत्तावासी हिन्दी लेखक का एक पत्र दिखाया। पत्र में चन्द्रदेवजी ने उस पुस्तक की रूपरेखा बतायी थी, जो वे बच्चनजी पर लिख रहे हैं। नाम रक्खा है—बच्चन : व्यक्ति और साहित्यकार। पुस्तक तीन खंडों में बँटी है। व्यक्ति खंड में तीन लेख होंगे। बच्चन : एक इन्टरव्यू (जिसे लेने के लिए चन्द्रदेवजी अक्तूबर में किसी समय दिल्ली आएँगे), बच्चन परिवार में; बच्चन पत्रों में। दूसरा खंड-काव्य के सम्बन्ध में होगा, जिसे पाँच भागों में बाँटा गया है। बनी रहे यह मधुशाला, नीड़ का निर्माण फिर-फिर, निर्बल के बल राम

नहीं हैं, आदि पाँच पंक्तियों के द्वारा बच्चनजी के विकास के पाँच चरण बताये गये हैं। तीसरा खंड है बच्चन—समीक्षक के रूप में, बच्चन—अनुवादक के रूप में, आदि।

कुल मिलाकर मुझे यह रूपरेखा असामान्य नहीं जान पड़ी। प्रकटतः मैंने उसे अच्छा ही बताया। बच्चनजी की राय भी पूछी। वे बोले, ''सब कुछ इसपर निर्भर करता है कि उन्होंने कितना अध्ययन किया है और वे कितना समझते हैं। मैं तो उनसे केवल दो-तीन बार मिला हूँ कलकत्ते में। कह नहीं सकता कैसा लिखेंगे।''

चन्द्रदेवजी का एक लेख, जिसमें उन्होंने बच्चनजी के पत्रों का हवाला दिया था, मैं पढ़ चुका था और उसमें मुझे कोई विशेष बात न मिली थी। अपने इस ताज़े पत्र में उन्होंने जिस सामग्री का उल्लेख किया था (रामस्वरूप चतुर्वेदी, रामविलास शर्मा, नगेन्द्र आदि के लेख तथा कुछ अन्य स्फुट पुस्तकें) उनसे भी उनके अध्ययन के विस्तार अथवा गाम्भीर्य के प्रति कोई विश्वास मेरे मन में न जम सका।

लेकिन मैंने महसूस किया कि बच्चनजी उन्हें पुस्तक लिखने की अनुमति या तो दे चुके हैं या दे देंगे, इसलिए मैंने चन्द्रदेवजी की क्षमता पर सन्देह करना अनुचित समझा और केवल यह कहकर चुप ही रहा कि उनका पहलेवाला लेख तो अच्छा न था, पर आशा है कि पुस्तक वे परिश्रम से लिखेंगे, क्योंकि उनकी निष्ठा है आपमें।

बच्चनजी बोले, ''लोग यह नहीं समझते कि मेरे पत्र पा जाने मात्र से वे लेखक नहीं बन जाएँगे। जहाँ मेरे दस पत्र उनके पास पहुँचे, वे उन्हें छपाने के लिए उतावले हो उठते हैं। इससे, सिवाय एक तरह की अहंतुष्टि के उनका क्या लाभ होगा, मैं नहीं जानता। लेखक बनने के लिए बड़ा परिश्रम करना पड़ता है।''

मैंने कहा—''और समीक्षक बनने के लिए भी।''

उन्होंने कहा, ''बिलकुल! इसीलिए मैं इंटरव्यू लेनेवालों से बहुत तंग होता हूँ। वे चाहते हैं कि मैं ही अपने बारे में सब कुछ बता दूँ, उन्हें कोई मेहनत न करनी पड़े। पका-पकाया माल वे पा जाएँ और इसका उपयोग अपने नाम से कर लें। अभी कुछ दिन हुए मेरे पास एक प्रश्नावली आयी। उसमें एक प्रश्न भी था कि आपके ऊपर किन-किन कवियों का प्रभाव पड़ा है? मैंने उन्हें लिख दिया कि यह पता लगाना तो आपका काम है कि मेरे ऊपर किन कवियों का प्रभाव पड़ा है। मैं इस सम्बन्ध में क्या कह सकता हूँ।''

जब वे यह बता रहे थे, तभी मुझे याद आया कि कुछ दिन पहले उन्होंने दिल्ली विश्वविद्यालय के किसी शोध विद्यार्थी की मुद्रित थीसिस देखी थी, जो

हिन्दी कवियों के काव्य-सम्बन्धी सिद्धान्तों पर थी। उसमें स्वयं बच्चनजी के काव्य-सम्बन्धी सिद्धान्तों पर पच्चीस-तीस पृष्ठ की सामग्री थी, जो उक्त विद्यार्थी ने स्फुट वार्ताओं, समीक्षाओं अथवा यत्किंचित् भूमिकाओं में से खोज निकाली थी। बच्चनजी कह रहे थे कि, "मैंने तो बस इधर अपनी पुस्तकों की थोड़ी-सी भूमिकाएँ लिखी हैं। इससे पहले कुछ विशेष नहीं लिखा था, लेकिन शोधकर्ता ने न जाने कहाँ से ढूँढ-ढाँढ़कर इतने पृष्ठ लिख दिये हैं।"

मैंने पूछा था, "कुछ तत्त्व की बात मिली आपको ग्रन्थ में।" तो बोले, "ठीक से तो नहीं देख सका। कुछ-न-कुछ लिखा ही होगा, लेकिन उसमें सामग्री एकत्र करने और उसका प्रदर्शन करने की प्रवृत्ति अधिक दिखाई दी।"

मैं विचार करता रहा कि एक ओर तो, 'लेखक से ही (उसकी पुस्तकों समेत) सारी सामग्री पा जाने के आकांक्षी' समीक्षक हैं, और दूसरी ओर 'लेखक से नितान्त अपरिचित रहकर भी उसके सम्बन्ध में प्राप्त अधकचरे ज्ञान के आधार पर पोथा रँग देनेवाले' समीक्षक!

फिर भी, यदि इन्हीं दोनों वर्गों में से किसी एक का चुनाव करने के लिए मुझे कहा जाए तो मैं दूसरे को अधिक पसन्द करूँगा।

3 अक्टूबर 1960

बच्चन और दिनकर! ये दोनों कवि इस समय आधुनिक हिन्दी कवियों की प्रथम पंक्ति में जा बैठने के लिए आतुर हैं, अर्थात् उस पंक्ति में, जिसमें इस समय मैथिलीशरण , पन्त, निराला और महादेवी हैं। तमाम हिन्दी कवियों में से यदि कोई दो नाम इन चारों के साथ रखे जाने योग्य सोचे जा सकते हैं, तो वे 'बच्चन' और 'दिनकर' ही हैं।

यह ऐतिहासिक सत्य भी है कि छायावाद-युग के बाद जिस पीढ़ी का उत्थान हिन्दी-काव्य में हुआ, उसके अस्तित्व की सार्थकता आज दिनकर और बच्चन से ही सिद्ध होती है। शेष कवियों ने, जिनमें सुमन, नरेन्द्र, अंचल आदि प्रमुख हैं, या तो अपने दावे को पूरा करके नहीं दिखाया, या वे सीमाओं और परिस्थितियों के जाल में फँसकर पिछड़ गये।

स्वाभाविक है कि इन दो कवियों में परस्पर प्रतियोगिता की भावना हो। सचमुच है या नहीं, इसे तो मैं नहीं जानता, पर इतना अवश्य जानता हूँ कि दोनों ही लेखन के प्रति अपनी ज़िम्मेदारी अब पूरी तरह से अनुभव करते हैं और महानता के लिए उनके यत्न सात्त्विक और सदाशय हैं। यों मेरी धारणा यह भी है कि

पिछले कुछ वर्षों में हिन्दी के प्रायः सभी प्रौढ़ एवं वयस्क लेखक सृजनात्मक साहित्य की रचना में नये सिरे से सक्रिय हो उठे हैं। शायद इसका कारण यह हो कि उन्हें अपने लेखक-दायित्व का नया बोध हुआ है, या यह कि उनके लिए अब लेखन-कार्य आर्थिक दृष्टि से भी अधिक लाभप्रद हो गया है। बहरहाल, यह बात तो है ही कि हिन्दी के प्रतिष्ठित लेखक आज महसूस करने लगे हैं कि राष्ट्रभाषा के लेखक होने के नाते उनसे कुछ प्रत्याशा की जाती है और उसकी पूर्ति करना उनका दायित्व है। बहुत-कुछ इसी कारण हिन्दी के पुराने (और बीच के वर्षों में गतिरुद्ध) लेखकों ने इधर पाँच-छः वर्षों में सक्रिय लेखन-कार्य किया है और यह कहना उचित होगा कि उक्त लेखन किसी भी प्रकार हीन नहीं है। अस्तु!

पिछले कुछ वर्षों में दिनकर और बच्चन दोनों ही विशेष प्रकाश में आये हैं। दिनकर राज्यसभा के सदस्य हैं और मन्त्रिपद के दावेदार। बच्चन विदेश मन्त्रालय में अधिकारी हैं, भारत सरकार के पैमाने से एक छोटे अधिकारी, पर प्रधानमन्त्री के प्रियपात्र के रूप में प्रसिद्ध होने के कारण सर्वत्र सम्मानित।[1] दिनकर का नेतागिरी ठाठ है—लम्बा-चौड़ा शरीर, खादी के शुभ्र वस्त्र, रंगीन पट्टीवाला दुपट्टा, तेजस्वी वाणी, भारी-बुलन्द रोबीली आवाज़। बच्चन कद में छोटे हैं, आवाज़ में भी वह ओज और बुलन्दी नहीं है, किन्तु सामान्यतः वे दिनकर की अपेक्षा अधिक लोकप्रिय हैं। कह सकते हैं कि दिनकर का 'आतंक' अधिक है, और बच्चन का 'प्रभाव' अधिक। आत्मविश्वास दोनों में ही समान रूप से है। लेकिन मेरा ख़याल है कि जिस सभा में वे दोनों उपस्थित रहते हैं, उसमें अपनी आकृति और बुलन्द आवाज़ के कारण दिनकर बच्चन की बनिस्बत कुछ ज़ोरदार पड़ते हैं। कवि के रूप में यदि बच्चन कुछ आगे हैं तो विद्वान के रूप में दिनकर को अधिक प्रतिष्ठा प्राप्त है। सामाजिक दृष्टि से बच्चन जीवन में अधिक सफल हैं: बंगला, मोटर, शान-शौकत, सुसंस्कृत पत्नी, सुन्दर बेटे, लोकप्रियता, पुस्तकों की बिक्री। पर राजनीतिक दृष्टि से दिनकर की उपलब्धियाँ अधिक हैं। प्रान्तीयताग्रस्त बिहार के वे सबसे बड़े कवि हैं और बिहार के साहित्यकारों के हितों की देखभाल करने के लिए दिल्ली में, राज्य सभा में, मौजूद हैं; 'पद्मभूषण' उन्हें प्रदान किया जा चुका है; मन्त्रिमंडल में स्थान पाने के लिए वे सतत आशावान हैं, और कब उनकी बारी आ जाए, नहीं कहा जा सकता।

पर सामाजिक और राजनीतिक दृष्टियाँ, प्रस्तुत प्रसंग में, गौण ठहरती हैं। साहित्यिक दृष्टि से देखा जाए तो ये दोनों सक्षम कलाकार इस समय अपने पूरे वैभव के साथ रचना-कार्य में संलग्न हैं। दिनकर का प्रबन्धकाव्य 'उर्वशी' समाप्तप्राय

1. इस कथन के सम्मुख बच्चनजी ने बड़ा-सा प्रश्नचिह्न लगाया।

है और बच्चनजी के लोकधुनों पर आधारित गीत नये वर्ष के प्रारम्भ तक पुस्तकाकार प्रकाशित हो जाएँगे। ये दोनों समकालीन, समवयस्क, समर्थ साहित्यकार हिन्दी की प्रतिष्ठा के अनुरूप गौरव उसे दे रहे हैं, इसमें कोई सन्देह नहीं। यह संयोग ही है कि हमारी भाषा के नवनिर्माण में ओजस्विता और लालित्य—दो भिन्न-भिन्न गुणों का समावेश दिनकर और बच्चन जैसे दो प्रतिभावान कवियों द्वारा किया गया है। यह तो समय ही बताएगा कि इन दो कवियों में से किसकी काव्य-प्रतिभा अधिक प्रखर थी। जहाँ तक मेरा सम्बन्ध है, अपनी सीमित दृष्टि और निजी रुचि के आधार पर मैं कहूँगा कि चिन्तन के क्षेत्र में भले दिनकर को भविष्य में अधिक मान मिले, काव्य की दृष्टि से बच्चन का दर्जा उनसे ऊपर रहेगा।

3 अक्टूबर 1960

कभी-कभी वे इतने हल्के-फुल्के ढंग से बात करते हैं, और बहुत गम्भीर चीज़ों को भी ऐसा साधारण बनाकर रखते हैं कि यदि कोई उनके शब्दार्थ पर ही जाए तो गहरा धोखा खा सकता है।

उदाहरण के लिए, अभी कुछ दिन हुए, लोकधुनों पर आधारित अपने गीतों के सम्भावित संकलन की चर्चा करते हुए कहने लगे, "झटपट गीत लिखे डालता हूँ। दो-चार उनमें अच्छे होंगे, बीच में कुछ भरती के डाल दूँगा। किताब तो बन जाएगी।"

मैंने उनका यह कथन सुन तो लिया, लेकिन मैं जानता था कि वे बात बना रहे हैं और यह भी कि अपने लेखन-कार्य के प्रति वे अत्यन्त जागरूक तथा गम्भीर हैं।

इसी तरह पिछली 17 सितम्बर की रात को, जब वे पन्तजी को साथ लेकर स्टेशन से अपने घर आ रहे थे, तो बातचीत के दौरान पन्तजी ने उनसे पूछा, "तुम आजकल कितने बजे उठते हो?" उन्होंने जवाब दिया, "चार बजे। लेकिन कल तो तीन ही बजे उठ गया था। एक कविता लिखनी थी।"

उनकी मोटर में उस समय मैं और कपिलाजी (श्रीमती वात्स्यायन), तथा सर्वेश्वर (दयाल सक्सेना) भी थे। साउथ एवेन्यू में बच्चनजी की मोटर से उतरकर हम लोगों ने एक टैक्सी की। मेरे लिए सर्वेश्वर जी लखनऊ से कुछ सामान लाये थे, जिसे लेने के लिए मुझे कपिलाजी के घर जाना था। टैक्सी में बैठते ही कपिलाजी ने मुझसे पूछा, "बच्चनजी क्या रोज़ नियम बनाकर कविता लिखते हैं?" उनके प्रश्न में कुछ ऐसी ध्वनि थी कि नियम बनाकर कविता लिखना तो

कोई बात न हुई। मैंने उत्तर दिया, ''कहते तो वे ऐसा ही हैं।'' मेरे उत्तर में ध्वनि यह थी कि बच्चनजी कहते ज़रूर ऐसा है, लेकिन लिखते किसी-न-किसी कलात्मक अनिवार्यता के कारण ही हैं।

एक और घटना की याद आती है। अभी 27 सितम्बर को, जब वे छुट्टी पर नैनीताल जा रहे थे, खाने की मेज़ पर उन्होंने तेजी भाभी को बताया कि छोटीवाली टाइमपीस उन्होंने अपने साथ रख ली है। भाभीजी हैरान होकर बोलीं, ''वाह, घड़ी क्यों लिये जा रहे हो?'' बच्चनजी ने कहा, ''चार बजे सुबह का अलार्म लगाकर उठा करूँगा।'' वे हँसकर कहने लगीं, ''हुश! छुट्टी पर जा रहे हो। चार बजे क्यों उठोगे?'' उन्होंने उत्तर दिया, ''काम भी तो करना है।''

ख़ैर, तेजी भाभी ने तो उनकी बात पर विश्वास नहीं किया, लेकिन मुझे वे पहले से बता चुके थे कि नैनीताल-यात्रा से आठ-दस गीत लिखकर लाएँगे। बड़ी गम्भीरता के साथ उन्होंने कहा था, ''सफ़र ख़र्च भी तो पूरा करना है।''

ख़ैर कभी-कभी मैं भी उनसे उन्हीं की इस शैली में बात करता हूँ। एक रोज़ यह चर्चा चल पड़ी कि उनके नये गीतों के संग्रह का नाम क्या रहे? मैंने सोचा कि विचार-विमर्श को तनिक दूसरी धारा में मोड़कर देखा जाए कि क्या नतीजा निकलता है। इस ख़याल से मैंने कहा, ''आपने 'आरती और अंगारे' में घोषित तो यह किया था कि आगे के गीत 'मेरे और तुम्हारे बीच' के अन्तर्गत लिखे जाएँगे।''

बच्चनजी बोले, ''ठीक है। लेकिन कोई क़सम तो खायी नहीं थी। इस संग्रह की भूमिका में लिख दूँगा कि वे गीत अभी नहीं लिखे गये। बीच में यह पुस्तक तैयार हो गयी, जिसे अपने पाठकों के सम्मुख प्रस्तुत कर रहा हूँ।''

मैंने कहा, ''वैसे तो कोई बात नहीं; सिर्फ़ यह ख़याल था कि आपने एक घोषणा कर दी थी, वह ग़लत साबित होगी। ऐसी दशा में आप यह भी कर सकते हैं कि अब इसी संग्रह का नाम रख दीजिए—'मेरे और तुम्हारे बीच'। इसमें अन्तर सिर्फ़ यह पड़ेगा कि ये गीत 'आपके और भगवान के बीच' न होकर, 'आपके और जनता के बीच' हो जाएँगे।''

मेरी बात सुनकर उन्होंने क्षण भर मेरी ओर देखा। फिर बोले, ''तुम कभी-कभी मज़ाक भी करते हो। यही तुम सबसे कहते भी होगे कि बच्चनजी भगवान् के प्रति गीत लिखते हैं।''

मैं ज़रा डिग ज़रूर गया, पर गम्भीरता के साथ मैंने कहा, ''जी नहीं, मज़ाक की क्या बात है इसमें? 'भगवान' से मेरा अभिप्राय उस सत्ता से था, जिसे आपने 'प्रणय पत्रिका' सीरीज़ के अपने गीतों में 'तुम' कहकर सम्बोधित किया है—

'आज मल्हार कहीं तुम छेड़े' आदि में। मेरा विचार था कि 'मेरे और तुम्हारे बीच' में आप उसी अलौकिक सत्ता का आवाहन करना चाहते थे। पर यदि आप उचित समझें तो उसकी जगह जनता को रख सकते हैं।''

बहरहाल, वे मेरी बात से प्रसन्न नहीं हुए और वातावरण में एक अप्रिय-सी चुप्पी फैल गयी।

फिर भी, यह प्रसंग उठने के बाद, मुझे ख़याल आया कि उनकी कविता के विकास की दिशा के सम्बन्ध में मेरी अपनी धारणा यही रही है कि उनकी रचना पार्थिव प्रेम का अतिक्रमण कर, अपार्थिव प्रेम की ओर अग्रसर हो रही है और उनकी पिछले अनेक वर्षों की कविता का मूल स्वर आध्यात्मिकता, अलौकिक के प्रति आत्म-निवेदन और परमार्थ से समन्वित है। 'प्रणय पत्रिका' सीरीज़ के गीतों में यह स्वर मुखरित होने लगा था और मुझे विश्वास रहा है कि उस सीरीज़ के जो शेष गीत वे लिखेंगे, उनसे मेरी यह 'थीसिस' पूरी तरह प्रमाणित हो सकेगी। अपनी इस धारणा की चर्चा मैं कई बार बच्चनजी से कर भी चुका था और वे, प्रकटत:, मुझसे सहमत होते थे। उनकी विचारधारा के विकास की इस दिशा के अनुरूप ही मुझे उनका 'गीता' का अनुवाद, पूजा-पाठ, धर्म-निष्ठा, और भक्ति-भाव आदि मालूम होता था। इस सबका विश्लेषण मैं इसी रूप में करता रहा हूँ कि यह उनके बचपन के संस्कारों की प्रौढ़ावस्था में परिसमाप्ति है। और अपनी इसी धारणा को आज मैंने, किंचित हल्के-फुल्के ढंग से सही, व्यक्त किया था। पर आज उन्होंने इस बात को सिर्फ मज़ाक समझा।

ख़ैर, कुछ देर की चुप्पी के बाद, मैंने कहा, ''मुझे एक नाम और सूझा है—'जनगीत'। यह नाम बहुत सार्थक है और उचित ही है कि 'जनगीता' के लेखक से पाठकों को 'जनगीत' भी प्राप्त हो। लोकगीतों की धुन पर जो गीत जनता द्वारा गाये जाने के लिए आपने लिखे हैं, उन्हें 'जनगीत' कहना बहुत उपयुक्त होगा।''

इस नाम पर बच्चनजी ने मन-ही-मन कुछ देर विचार किया और उनकी मुख-मुद्रा से लगा कि इसे बिलकुल ही नामंजूर उन्होंने नहीं किया। इसे दो-एक बार उन्होंने दुहराया भी। फिर अन्त में बोले, ''इस संग्रह का नाम मैंने पहले ही सोच रखा है।'

4 अक्टूबर 1960

लखनऊ रेडियो का कवि-सम्मेलन मेरी और खुद अपनी आशा के अनुरूप बच्चनजी ने ही सर किया। यह नहीं कि अन्य कविताएँ अच्छी न थीं या पसन्द नहीं आयीं, बल्कि यह कि सभा के लाड़ले बच्चनजी ने अपनी प्रसिद्धि की पूरी तरह़ लाज रखी। जब वे दो गीत सुनाकर उठे तो रेडियो-आयोजनों की परम्परा को बिलकुल तोड़कर, स्टूडियो में उपस्थित श्रोता तीसरे गीत की फ़रमाइश उस समय तक करते रहे, जब तक कि पूर्णतः निराश ही न हो गये।

और इस तरह बच्चनजी की वह बात पूरी हुई जो वे मुझसे कहकर गये थे कि इस कवि-सम्मेलन में वे जनता के कानों में इन गीतों का मन्त्र फूँक आएँगे; फिर इन्हें फैलते देर न लगेगी।

साथ ही, मेरी यह धारणा भी सच साबित हुई कि 'महुआ के नीचे मोती झरे' गीत को बच्चनजी अभी तक इस क्रम का सबसे अच्छा गीत भले ही मानते हों, प्रायः जनता पर उसकी अपेक्षा अन्य गीतों का प्रभाव कुछ अधिक पड़ेगा और कदाचित् उनके कुछ अन्य गीत 'महुआ' के गीत से अच्छे हैं भी। इस गीत में 'मोती झरे' का सार्थक प्रयोग अवश्य हुआ है, पर वह असामान्य नहीं रहा, बल्कि अतिप्रचलित हो चुका है। दूसरे, उसमें अन्तर्निहित कहानी यदि कोई है भी, तो वह अस्पष्ट और असम्बद्ध है तथा उसका आशीर्वचन वाला अंश काफ़ी बचकाना और अति-सरलीकृत हो गया है। उससे कविता ऊपर नहीं उठती बल्कि बाल-कथाओं के स्तर पर आकर साधारण बन जाती है। साथ ही 'महुआ के' टेक की ध्वनि कोई सुरुचिपूर्ण प्रभाव उत्पन्न नहीं करती। उत्तरप्रदेश के उच्छृंखल तरुणों में 'झम्पू के', 'टिल के' आदि मुहावरे सर्वप्रचलित हैं; इसलिए जब 'महुआ के' पर गायन की टेक टूटती है तो कोई आश्चर्य नहीं कि श्रोताओं के मुख पर (मेरी ही भाँति) मुस्कान की एक रेखा खिंच जाती हो और गीत का रस-ग्रहण करने की जगह, वे हँसी की गुदगुदाहट महसूस करते हों।

जो भी हो, इस कवि-सम्मेलन में 'महुआ' वाले गीत से कहीं अधिक पसन्द किया गया 'सोनमछरी' का गीत। उसीने बच्चनजी का रंग जमाया। अब मैं सोचता हूँ कि मुझे उनसे पहले ही कहना चाहिए था कि 'महुआ' वाले गीत की जगह 'आँगन के बिरवा' या कोई और गीत सुनाएँ; पर सम्भावना इसकी ही अधिक थी कि यदि मैं कहता भी तो वे मेरी बात न मानते और 'महुआ' वाले गीत पर अपना अतिशय मोह और विश्वास होने के कारण सुनाते उसी को।

5 अक्टूबर 1960

बच्चनजी के व्यक्तित्व का एक पक्ष रहस्यमय भी है। उनके खुले, बेझिझक, निर्भीक और स्पष्टवादी स्वभाव के बावजूद, उनके व्यक्तित्व का एक पहलू ढका-मुँदा और अस्पष्ट रह जाता है। इस कारण मुझे प्रायः यह समझने में कठिनाई होती है कि जो वह कह रहे या कर रहे हैं: उसका वास्तविक अर्थ क्या है? उनकी निष्ठा का आधार कहाँ है, यह जानना दुष्कर होता है। क्या परिवार, क्या मित्र-परिचित, क्या काव्य-प्रेमी— सबसे वे जितना अनुरक्त, उतना ही विरक्त प्रतीत होते हैं। अनुराग और विराग का एक अद्भुत संगम उनके चरित्र में मिलता है और यह उचित ही है कि उन्होंने अपने घर के प्रवेश-द्वार पर, एक शिला पर, पन्तजी की यह पंक्ति अंकित कर रखी है—"मत हो विरक्त जीवन से, अनुरक्त न हो जीवन पर।"

मुझे कभी-कभी आश्चर्य होता है यह देखकर कि बच्चनजी का स्नेह-भाव, पत्र-व्यवहार और मेल-जोल ऐसे-ऐसे प्रबल मूर्खों के साथ रहता है, जिनके साथ सम्पर्क रख पाना बड़े ही धैर्य का काम होता होगा। फिर भी, वे उनके पत्रों का बड़ी तत्परता के साथ उत्तर देते हैं, और उनको अपनी पूरी सहानुभूति तथा सद्भावना प्रदान करते हैं। कभी-कभी मुझे इसपर हँसी आती है और कभी खीझ! मैं सोचता हूँ कि वे व्यर्थ ही इतने मूर्खों को प्रश्रय देते हैं पर जब कभी मैं शान्तचित्त होता हूँ तो यह भी अनुभव करता हूँ कि सबके उत्तर देने और पत्र पाते ही उत्तर देने का सिद्धान्त वास्तव में एक भलमनसाहत का सिद्धान्त है और सम्भव हो तो हर व्यक्ति को इसका पालन करना चाहिए।

दूसरी ओर, जब मैं देखता हूँ कि इन पत्र लिखनेवालों में से कितनों को ही स्वयं नितान्त मूर्ख और मतिमन्द समझते हुए भी बच्चनजी धैर्य नहीं खोते और आवश्यकता पड़ने पर उन्हें पुस्तकें भेजते, रुपयों की मदद देते और नौकरी आदि के लिए उनकी सिफ़ारिश करते हैं तो मेरा ध्यान उनके व्यक्तित्व के उस पक्ष की ओर जाता है, जिसे कदाचित् 'इल्यूज़िव' और 'अनएक्सप्लेनेबल' (भ्रमोत्पादक और व्याख्यातीत) कहा जा सकता है।

तेजी भाभी की फ़िजूलख़र्ची पर बातचीत करना उन्हें विशेष प्रिय है। कहते हैं कि "दूसरी कोई औरत होती तो सोने की ईंटों का घर खड़ा कर लेती, लेकिन तेजी का यह हाल है कि पैसा आता बाद में है, उसकी उम्मीद में ख़र्च करना पहले से शुरू कर देती हैं। बैंक में मुश्किल से इतना पैसा बचता है कि अगर तनख़्वाह न मिले तो महीने भर काम चल सके। इससे अधिक पैसा वे बैंक में रहने ही नहीं देतीं। किताबों की रॉयल्टी का हिसाब आया नहीं कि उन्होंने ख़रीदारी

शुरू की। कभी क़ालीन ख़रीद ली, कभी किसी के लिए प्रेज़ेंट, कभी अपने लिए साड़ी। उन्हें मालूम भर हो जाए कि बैंक में पैसा है—जब तक वह निकल न जाएगा, उन्हें चैन न पड़ेगा।''

एक बार चेकबुक दिखाते हुए कहने लगे, ''हज़ार रुपये मेरी तनख़्वाह है, दो हज़ार रुपये बीस-बाईस दिन में तेजी ने निकाल लिये हैं। मैं कितना कहता हूँ कि महीने में नौ सौ निन्यानबे रुपये निन्यानबे पैसे तुम खर्च कर लो, बस एक नया पैसा मेरे पास बचा रहने दो, लेकिन वे मानतीं ही नहीं। दो सौ रुपये के तो फल और सब्ज़ी आते हैं हमारे यहाँ। हर चीज़ टेलीफ़ोन से ऑर्डर देकर मँगाई जाती है। सब्ज़ीवाला भी होशियार है। एक तो वह ख़राब से ख़राब सामान भेजता है...दूसरे ज़्यादा-से-ज़्यादा दाम वसूल करता है।''

तेजी भाभी के फल खाने के शौक पर वे बड़ी रोचक टिप्पणियाँ करते हैं। कहते हैं, ''मेरी बीबी फल ही खाती है। एक गिलास सन्तरे का रस सुबह पीती है, एक गिलास शाम को। बे-मौसम का फल ही उसे अच्छा लगता है, क्योंकि वह महँगा मिलता है। अंगूर वह दिन भर खाती है। घर से मोटर पर कहीं जाना हुआ, प्लेट भर अंगूर रख लिये मोटर में; ड्राइव करती गयी—दो-दो, चार-चार दाने टूँगती गयी। जब शाम को मुझे दफ्तर से लेने आती है तो मुझे भी अंगूर खाने को मिलते हैं।''

इसके बाद वे कहते हैं, ''मेरे घर में तो फल तभी आते थे, जब कोई बीमार पड़ता था। यही हाल अड़ोस-पड़ोस का था। मेरी बुआ जब किसी के घर जातीं और वहाँ सेब-सन्तरा रखा देखतीं तो पूछतीं, ''का कौनो की तबियत-उबियत खराब है?'' और वापस आने पर बतातीं 'फलनवाँ के हियाँ सेब आवा रहै। भगवान न करे कौनों के हियाँ अस होय।''

जब कभी घर से खाना अच्छा आता है, वे कहते हैं; ''पंजाबी औरत खाना बहुत बढ़िया खिलाती है।'' और अपने इस कथन से ध्वनि इस बात की देते हैं कि पंजाबी औरत में और कोई गुण नहीं होता।

यदा-कदा बच्चनजी की ये बातें सुनकर मैं उनके मुँह पर तो केवल सरल भाव से हँसता रहता हूँ, क्योंकि गुरुदेव जब गुरुपत्नी के सम्बन्ध में इस तरह की बातचीत कर रहे हों तो समर्थन या खंडन—कुछ भी मुझे शोभा नहीं देता। लेकिन मन-ही-मन मैं अवश्य अनुभव करता हूँ कि इन तमाम बातों में कटुता नाममात्र को भी नहीं है, बल्कि पत्नी के प्रति एक प्रच्छन्न अनुराग और उसकी शाहख़र्ची के प्रति एक सराहना का ही भाव रहता है, और शायद यह सन्तोष भी कि पत्नी जो खर्च करती है, उसे पूरा करने की सामर्थ्य उनमें रही है, और उनके ही बल-बूते पर उनकी पत्नी अपने खर्चीले स्वभाव को सम्मानपूर्वक बनाये

रख सकी है।

केवल एक बार मुझे यह अनुभव हुआ था कि इस सम्बन्ध में उनके मन में कहीं कुछ कष्ट भी है। उन्होंने कहा था, ''मैं इतना काम करता हूँ, इतनी मेहनत से पैसे कमाता हूँ, लेकिन तेजी कुछ भी बचाकर नहीं रखतीं। जो मेरे श्रम का आदर नहीं करता, वह मेरे प्रेम का आदर क्या करेगा!''

अपने लड़कों के विषय में भी वे इसी तरह की बातें करते हैं गोकि दोनों ही बच्चे उन्हें बहुत प्रिय हैं। बंटी अभी छोटा है, पर अमितजी की पढ़ाई, उनके नतीजे, उनके रहन-सहन से वे बहुत सन्तुष्ट नहीं जान पड़ते। अमितजी का दाख़िला पिछले साल करोड़ीमल कॉलेज में हुआ था। इस साल उन्होंने चाहा कि उनका तबादला सेंट स्टीफ़ेंस में हो जाए, क्योंकि यह कॉलेज बेहतर माना जाता है, अमीर और 'स्मार्ट' लड़के यहीं पढ़ते हैं और यह हर दृष्टि से 'मॉडर्न' और यूनिवर्सिटी का अगुवा कॉलेज है। बच्चनजी ने कोशिश भी की, लेकिन सफलता नहीं मिली। तब उन्होंने मुझसे कहा, ''अमितजी पढ़ने-लिखने में तो मन लगाते नहीं, दोष कॉलेज को देते हैं।'' पिछले साल उनके प्रिंसिपल ने कहा था कि 'फ़र्स्ट इयर' में अच्छा 'सेकेंड क्लास' आ जाने पर वे अमित को 'आनर्स' कोर्स दे देंगे, लेकिन वे इतने नम्बर भी नहीं ला सके। अब कहते हैं कि सेंट स्टीफ़ेंस में पढ़ेंगे। बात यह है कि उनके कई दोस्त सेंट स्टीफ़ेंस में पढ़ते हैं और वे महसूस करते हैं कि मैं नीचे कॉलेज में हूँ। इन बातों में क्या रखा है! वे यह नहीं समझते कि बड़े लोगों के लड़कों की दोस्ती से वे बड़े नहीं होंगे, बल्कि खुद बड़े बनने से होंगे। इन्दिरा जी और अफ़सरों के लड़कों से दोस्ती होने की वजह से ये भी अपने-आप को उन्हीं जैसा समझते हैं। मैं कहता हूँ कि बेटा, तुम तो वही रहोगे जो तुम हो। उनके साथ पिकनिक पर जा रहे हैं, क्रिकेट खेल रहे हैं, तैर रहे हैं, तो क्या आप भी उनके जैसे हो जाएँगे! इन 'सुपरफ्लुइटीज़' (सतही बातों) में मेरा यकीन नहीं है। जैसा एक कॉलेज, वैसा ही दूसरा कॉलेज।''

इन बातों को सुनकर मुझे खुशी ज़रूर हुई, क्योंकि अमितजी की स्मार्टनेस, जीन्स, रंगीन कमीज़ों, अंग्रेज़ी से लगाव और अवधी से अपरिचय, फ़िल्मों और अंग्रेज़ी धुनों से अनुराग, टेडी ब्यायेज़ जैसी आदतों तथा अन्यान्य ऐसी ही बातों से मुझे यही लगता रहा है कि उनमें अपने पिता की-सी गम्भीरता, विचारशीलता और प्रतिभा के बीज नहीं हैं, बल्कि उन्होंने जीवन के प्रति अपनी माँ के आनन्द तथा सुविधावादी दृष्टिकोण को ही अधिक अपनाया है।

पर इसके साथ ही, मुझे बच्चनजी की कथनी और करनी में भी कुछ अन्तर मालूम हुआ। यदि वे सचमुच ही इन सतही बातों में यकीन न करते होते तो अपने लड़कों को पब्लिक स्कूलों की शिक्षा न देते; खुद डॉक्टरेट के लिए इंग्लैंड न जाते और अपने रहन-सहन में इतना ठाट-बाट न दिखाते। यदि यह मान भी लिया

जाए कि इन तथा ऐसी ही अन्य बातों में तेजी भाभी का हाथ अधिक रहता है, तो भी बच्चनजी अपने दायित्व से मुक्त नहीं होते।

अधिक-से-अधिक उनके पक्ष में मुझे उनकी ही कही हुई एक बात याद आती है कि वे परिस्थितियों से लड़ते नहीं, बल्कि उनको अपने अनुरूप बना लेते हैं या स्वयं उनके अनुरूप बन जाते हैं। इसलिए कोई भी परिस्थिति उन्हें उनके काम से विचलित नहीं करती है। पहले तो छोटे-मोटे बुख़ार की वे परवाह ही न करते थे। काम करते जाते थे और कोई पूछता तो उससे कहते, ''बुख़ार भी है और मैं भी हूँ।'' यानी दोनों अपने-अपने काम में लगे हैं।

इसीलिए लोग, जगह, दफ़्तर, घर, किसी के भी कारण उनके काम में व्याघात नहीं आता। इलाहाबाद से दिल्ली आ गये, यूनिवर्सिटी छोड़कर दफ़्तर में काम करने लगे—पुराने मित्र-परिचित छूटकर नये बन गये। लेकिन इनमें से किसी के कारण उन्हें मानसिक कष्ट नहीं हुआ। काम करनेवाले के लिए सब जगहें, सब परिस्थितियाँ, सब लोग एक समान हैं। वे प्राय: कहते हैं कि ''शुभ-कार्य के मार्ग में बाधाएँ आती ही हैं, लेकिन मैं उन्हें अपने काम में व्याघात नहीं डालने देता। जब मैं 'मैकबेथ' का अनुवाद कर रहा था, तेजी बहुत बीमार थीं, लेकिन मैंने अपना काम जारी रक्खा। यदि मैं यह सोचता कि पहले तेजी की तबीयत ठीक हो जाय तो काम कभी नहीं हो पाता, क्योंकि उनकी तबीयत अच्छी हो जाने के बाद कोई और काम लग जाता। अगर हम सोचें कि पहले सारी परिस्थितियाँ हमारे अनुकूल हो जाएँ, फिर काम करेंगे तो यह निश्चित है कि काम कभी न होगा!''

बहरहाल, वास्तविक प्रसंग तो था—बच्चनजी के व्यक्तित्व की दुर्बोधता। मुझे यह देखकर हैरानी होती है कि कुछ विषयों में वे अपना असली मन्तव्य प्राय: प्रकट नहीं करते। उनकी एक प्रिय आदत है कि वे जिस विषय को खूब अच्छी तरह जानते हों, उसकी चर्चा यदि कोई दूसरा करे तो बहुत आश्चर्य के साथ कहते हैं, 'अच्छा! ऐसी बात है!' और यह जताते हैं, मानो अभी तक वे इस सम्बन्ध में रत्ती भर भी न जानते थे। एक बार किसी सिलसिले में मैं बिहार के कवियों पर राय ज़ाहिर करते हुए प्रिंसिपल मनोरंजन के बारे में अपना उपेक्षा-भाव व्यक्त कर रहा था, तब उन्होंने ऐसा प्रदर्शित किया, मानो इस कवि का नाम उन्होंने आज ही पहली बार सुना हो। लेकिन अभी दस दिन हुए, पता चला कि बच्चनजी ने अपना पहला कविता-पाठ उन्हीं प्रिंसिपल मनोरंजन की अध्यक्षता में किया था और अब 'मधुशाला' के नये संस्करण में उनकी लिखी भूमिका देना चाहते हैं, इस सम्बन्ध में उनसे पत्र-व्यवहार भी करते रहे हैं, और जिस व्यक्ति का ज़िक्र आने पर वे उसके प्रति एक प्रकार के अपरिचय का प्रदर्शन करते थे, उससे वास्तव में पिछले पच्चीस-तीस वर्षों से

भलीभाँति परिचित रहे हैं।

छोटा-मोटा झूठ बोलने में भी वे कोई हर्ज नहीं देखते। लगभग दो-ढाई वर्ष की बात है। उन दिनों तेजी भाभी की तबीयत ठीक न थी। कहीं से पता लगा कि बरेली में कोई प्रसिद्ध वैद्य हैं, जिनके इलाज से लाभ हो सकता है। उन दिनों श्री कुँवर चौधरी बच्चनजी के साथ ही रहते थे। अतः वे तीनों दो दिन की छुट्टी के दौरान मोटर से बरेली के लिए रवाना हो गये।''

छुट्टी के बाद जब दफ़्तर खुला तो मैंने पूछा, ''आप बरेली हो आये?'' उन्होंने जवाब दिया, 'हाँ!' मैंने पूछा कि कहाँ ठहरे थे तो उन्होंने अपने किसी मित्र का नाम बताया और उसके बाद यह भी बताया कि रास्ते में कहाँ-कहाँ ठहरे थे और यह कि वैद्य तो अच्छे मालूम होते हैं।

शायद इसके दूसरे ही दिन मैं और ओंकार[1] उनके घर गये। वहाँ ओंकार की कुछ अलग बातचीत तेजी भाभी से हुई और उसके बाद जब ओंकार ने बच्चनजी से कहा, ''आपने बताया नहीं कि बरेली के रास्ते में इतना सीरियस ऐक्सीडेंट हो गया।''[2] तब मैं भी मौजूद था।

पहले तो बच्चनजी अपना झूठ खुल जाने के कारण कुछ सकपकाये फिर, उन्होंने विस्तार के साथ पूरा क़िस्सा सुनाया कि 'अंकिल' (कुँवर चौधरी) 'ड्राइव' कर रहे थे। रास्ते में एक भैंस से टक्कर हो गयी। भैंस तो मरी ही, गाड़ी को भी बड़ा नुकसान पहुँचा। इधर गाँववाले अलग धमकाने लगे। बड़ी मुश्किल से किसी तरह समस्या सुलझी और ये लोग बरेली गये ही नहीं, रास्ते से वापस लौट आये।

फिर बच्चनजी ने बताया कि तीनों लोगों ने निश्चय किया था कि इस दुर्घटना की बात किसी से बताएँगे नहीं।[3] इसी कारण उन्होंने मुझे सच्चा हाल नहीं सुनाया था।

किन्तु यह कहने के बाद भी उनका झूठ मिटा तो नहीं।[4]

इसी प्रकार, एक घटना हाल में हुई। अगस्त में ओंकार बिन्नो[5] को ले जाने के लिए दिल्ली आये थे। अपने साथ वे 'बच्चन के साथ क्षण भर' की पांडुलिपि बनाकर भी लाये थे। यह संकलन तैयार करने का प्रस्ताव ओंकार से स्वयं बच्चनजी

1. ओंकारनाथ श्रीवास्तव—लेखक के मित्र और बहनोई।

2. यहाँ बच्चनजी ने टिप्पणी की : ''सोच लो कि तुम्हारी स्मृति ही तो तुम्हें धोखा नहीं दे रही है क्योंकि ऐसी बातें जिनसे कोई विशेष प्रयोजन न हो मैं छिपाता नहीं।''

3. बच्चनजी की टिप्पणी : ''शायद छिपाने का यह कारण रहा हो।''

4. बच्चनजी की टिप्पणी : ''सत्य हरिशचन्द होने का दावा मैंने कब किया है। पर मुझे लगता है कि इस घटना को तुमने जितना गम्भीर बना दिया है वह (अस्पष्ट) ...दृष्टि से भी प्रभावरहित है।''

5. कीर्ति चौधरी का घर का नाम। लेखक की बहन और ओंकारनाथ श्रीवास्तव की पत्नी।

ने ही किया था और ओंकार को अक्सर स्मरण भी कराया करते थे कि जल्दी संकलन तैयार कर दें।[1]

अब जब पांडुलिपि तैयार हो गयी और उसे 'राजपाल' के पास भेजने की बात सामने आयी तो बच्चनजी ने बड़ा विचित्र रूप दिखाया। ओंकार से कहा कि तुम एक पत्र विश्वनाथ जी को लिखो और उसमें यह बताओ कि अपने पिछले बम्बई-प्रवास में बच्चनजी ने इस पांडुलिपि को देखा और पसन्द किया था। उस पत्र की एक प्रति मेरे पास भेजो, जिसे मैं अपने पत्र के साथ विश्वनाथ जी को भेज दूँगा।

इस घुमाव-फिराव का अभिप्राय न तो ओंकार की समझ में आया, न मेरी। फिर भी, जैसा बच्चनजी ने कहा, किया वैसा ही गया। हो सकता है कि वे प्रकाशक पर यह प्रभाव डालना चाहते हों कि संकलन के बनने में उनका ख़ुद का कोई हाथ नहीं था, शायद प्रकाशक पर ऐसा प्रभाव पड़ा भी हो, लेकिन मुझपर जो बहुत-सा प्रभाव बच्चनजी का पड़ा था, वह किसी हद तक कम हो गया, यह नहीं कि उन्होंने कोई ओछा काम या किसी प्रकार का अनाचार किया, शायद मैं इससे कहीं अधिक अवांछित काम करता होऊँ; लेकिन इसमें सन्देह नहीं कि जो लोग समाज के किसी भी क्षेत्र में अगुवा हों, उन्हें अपने आचरण की शुद्धता का पूरा-पूरा ख़याल रखना ही चाहिए। यदि वे ऐसा नहीं करते तो अपने प्रति हमारे-जैसे श्रद्धालुओं की निष्ठा खंडित करने के अपराधी सिद्ध होते हैं।[2]

लेकिन इसके साथ ही मुझे पूरा यकीन है कि जहाँ तक क्षुद्रता का सम्बन्ध है, अन्य बहुत-से व्यक्तियों की अपेक्षा बच्चनजी में इसकी मात्रा कहीं कम है। ओछापन उनके स्वभाव के नितान्त प्रतिकूल है और वे कोई घटिया काम सम्भवतः कर ही नहीं सकते। आत्मसम्मान की मात्रा उनमें बहुत प्रबल है और इसीलिए एक सीमा से नीचे गिरने का कोई प्रश्न ही उनके लिए नहीं उठता।

जो भी हो, ऊपर बताये गये दो-एक छोटे-मोटे प्रसंग वस्तुतः यह प्रकट करते हैं कि किसी मनुष्य का व्यक्तित्व चाहे कितना ही सुगठित हो, उसमें कहीं-न-कहीं, कुछ-न-कुछ अनगढ़ रह ही जाता है।

10 अक्टूबर 1960

आज ही बच्चनजी छुट्टी से लौटे। इस छुट्टी में वे नैनीताल, लखनऊ, गोरखपुर

---

1. बच्चनजी की टिप्पणी—"Perhaps the proposal came from Omkar and I liked it."
2. बच्चनजी की टिप्पणी : ''समझ में आने की बात यह थी कि मैं अपने अधिकार के बल पर किसी की क्या अपनी भी चीज अपने प्रकाशक से छपाना नहीं चाहता—प्रकाशक यदि पसन्द करे तो छापे—Such serious conclusions are not warranted..."

और बाँदा हो आये। चार तारीख़ को लखनऊ रेडियो के कवि-सम्मेलन में भी शामिल हुए। मैंने कहा कि सबसे ज़्यादा आपकी ही कविता जमी, तो बोले, ''वह तो होना ही था।''

लखनऊ में वे भगवती बाबू के साथ ठहरे थे। वहीं पन्तजी और रामकुमारजी भी थे। यशपालजी का नया घर देखने भी गये थे। 75,000/- रुपये लगाकर बनवाया है यशपालजी ने। दुमंज़िला घर है, महानगर में। बहुत सुन्दर, ड्राइंगरूम, डाइनिंगरूम, बेडरूम सब अलग। हर एक में बाथरूम संलग्न। बहुत प्रशंसा करते रहे घर की, बताया, ''बड़ा 'इंपोज़िंग' (प्रभावशाली) है।'' फिर कहा, ''यशपाल 'सेल्फ़-मेड' आदमी हैं। मैंने वह दिन भी देखा है, जब उनके पास खाने को नहीं रहता था। और यह कोई बहुत सालों की बात नहीं है। तब यशपाल जी लखनऊ आये-आये ही थे, 'विप्लव' निकालना चाह रहे थे। एक रोज़ मैं शाम को उनके घर गया; देखा—अँधेरा था, मियाँ-बीवी बैठे एक-दूसरे का मुँह देख रहे थे। मालूम हुआ कि घर में साग-सब्ज़ी-राशन कुछ नहीं है। यशपालजी ने मुझसे कुछ रुपये (शायद दस) माँगे, उससे सामान मँगाया गया, भोजन बना और मैंने भी खाया। फिर कुछ दिनों बाद उन्होंने मनीऑर्डर से मेरे रुपये वापस कर दिये। लेकिन इसमें शक नहीं कि वे दिन उनकी ग़रीबी के थे।

''और आज उन्हीं यशपालजी ने आलीशान घर बनवाया है। लाख रुपये से ऊपर का किताबों का स्टॉक होगा उनके पास; प्रेस है। और ये सब उन्होंने अपने बूते पर किया है। ऐसे आदमी के लिए, मेरे मन में इज़्ज़त है।''

यशपाल जी के काम करने के ढंग पर कुछ देर बातचीत हुई, फिर भगवती बाबू का ज़िक्र आया। वे भी महानगर में घर बनवा रहे हैं। छतें पड़ गयी हैं। दरवाज़े आदि लगना शेष है। छः महीने में ही भगवती बाबू ने अपना घर बनवा लिया। बच्चनजी ने उनसे कहा, ''आपने उम्दा घर खड़ा कर लिया और मैं एक झोंपड़ी भी न बना सका।'' भगवती बाबू ने कहा, ''भाई, सरकार से 20,000 रुपया कर्ज़ लेकर बनवाया है। धीरे-धीरे अदा करेंगे। तुम्हें भी कर्ज़ा मिल सकता है। ले लो। प्लॉट तुम ख़रीद लो, बनवाने का भार मुझ पर छोड़ देना।''

भगवती बाबू ने यह भी कहा कि, ''यशपाल ने अपने घर का नाम 'दिव्या' रखा है, मैं अपने घर का नाम 'चित्रलेखा' रखूँगा; तुम 'मधुशाला' रखना।''

गोकि, बच्चनजी ने बताया कि यशपाल जी ने मकान पर सिर्फ़ अपना नाम लिखवाया है, 'दिव्या' वगैरा नाम नहीं रहा। पर भगवती बाबू मज़ेदार आदमी हैं; इस तरह के चुटकुले सुनाना उन्हें अच्छा लगता है।

बच्चनजी ने आज सत्येन्द्र[1] द्वारा ओंकार को दी गयी नोटिस के प्रसंग में

---

1. सत्येन्द्र शरत—दिल्लीवासी हिन्दी लेखक, कविवर के प्रिय छात्र।

बताया कि उन्होंने खुद भी 'हलाहल' के प्रकाशन पर 'भारती भंडार' को नोटिस दी थी, क्योंकि 'भारती भंडार' ने पुस्तक की जो प्रतियाँ बच्चनजी के पास भेजी थीं, वे तो सजिल्द थीं, और बिक्रीवाली प्रतियाँ अजिल्द थीं। इसे बच्चनजी ने पसन्द नहीं किया। (शायद जिल्द के लिहाज़ से पुस्तक का दाम भी कुछ ज्यादा था)। यह उन्हें पाठकों के प्रति अन्याय मालूम हुआ। इसलिए उन्होंने 'भारती भंडार' को नोटिस दी, लेकिन साथ ही व्यास जी को अपनी ओर से एक व्यक्तिगत पत्र लिखा कि नोटिस तो प्रकाशन पर है और इसलिए दी गयी है कि व्यवस्थापकों को लेखक के असन्तोष का परिचय मिले; उससे हमारे-आपके सम्बन्धों पर कोई असर नहीं पड़ता; वह इस प्रसंग से अलग बात है।

बच्चनजी ने बताया कि इस चीज़ को व्यासजी ने बहुत 'एप्रीशिएट' (पसन्द) किया। बच्चनजी ने कहा कि सत्येन्द्र को भी, नोटिस के साथ ही ओंकार को पत्र लिख देना चाहिए था कि यह नोटिस प्रकाशक के लिए है, तुम्हारे प्रति मेरी मित्रता में इससे अन्तर नहीं पड़ता।"

मैंने कहा, "यही तो अफ़सोस है कि उस नोटिस का लक्ष्य वास्तव में ओंकार थे, प्रकाशक नहीं।"

11 अक्टूबर 1960

आज मंगलवार था, बच्चनजी के व्रत का दिन। वे हनुमान जी के भक्त हैं। कहते हैं कि वे इच्छा-शक्ति के देवता हैं, जो संकल्प कर लेते हैं, उसे पूरा करके ही छोड़ते हैं। तुलसीदास ने उनके लिए 'विनय पत्रिका' में 'हठीले' शब्द का प्रयोग किया है—"ऐसी न कीजिए हनुमान हठीले।"

ऐसे हनुमानजी की भक्ति बच्चनजी को स्वभावतः प्रिय है, क्योंकि स्वयं अपने ही कथानानुसार वे भी हठी हैं; जो ठान लेते हैं, उसे पूरा करके ही रहते हैं। काम करने की उनमें भी अपूर्व शक्ति है। इसे वे कभी-कभी 'आसुरी शक्ति' कहते हैं।

फलतः वे मंगलवार को दिन में भोजन नहीं करते (कदाचित् सुबह कुछ सात्त्विक-सा 'ब्रेकफ़ास्ट' लेते हों[1]), शाम को मन्दिर जाकर, हनुमानजी का प्रसाद ग्रहण कर, रात में भोजन करते हैं। दोपहर में कभी-कभी एक कप चाय पीते हैं।

---

1. बच्चनजी की टिप्पणी : "No"।

आज चाय पर उन पुस्तकों की चर्चा चल पड़ी, जो वे मुझे दे गये थे। उनका नाम गिनाते हुए मैंने संक्षिप्त बॉसवेल का ज़िक्र किया। उन्होंने पूछा, "पढ़ी कुछ?" मैंने हामी भरी तो उन्होंने कहा, "है न अच्छी पुस्तक; अच्छा, उसमें से बताओ कुछ।" मैंने कहा, "एक बात आप कभी-कभी कहते हैं, वही जॉन्सन ने भी कही है कि जो व्यक्ति अपने भोजन पर ध्यान नहीं देता, वह किसी भी चीज़ पर ध्यान नहीं देता।" वे हँसे, बोले, "हाँ, खाने के मामले में वह बहुत जागरूक रहता था। और यह बात औरों के द्वारा भी बार-बार दुहरायी जाती रही है। इलियट ने लिखा है कि जिस राष्ट्र के लोग इसका विचार नहीं करते कि वे क्या भोजन करते हैं, वे शायद ही इस पर विचार करेंगे कि उनका साहित्य कैसा है।"

मैंने कहा, "जान्सन अपने को भोजन का बड़ा पारखी भी बताता था। उसका तर्क था कि चूँकि वह अक्सर अन्य लोगों के साथ भोजन करता है, इसलिए उसे अच्छे और बुरे खाने की ज़्यादा तमीज़ है—बनिस्बत उस आदमी के, जिसके पास भले ही अच्छा बावर्ची हो, पर जो अधिकतर अपने घर में ही भोजन करता हो। कारण यह है कि वह एक ही व्यक्ति के हाथ का बनाया खाना खाते-खाते अभ्यस्त हो जाएगा और अच्छे-बुरे का फ़र्क न कर सकेगा।"

बॉसवेल से होती हुई बातचीत अचानक ही जीवन पर पहुँच गयी। बच्चनजी कहने लगे, "जीवन सबसे बड़ी पुस्तक है। जो आदमी जीवन में धँसा हुआ है, उसे और कहीं जाने की ज़रूरत नहीं है। जो वह जीवन से सीखेगा, वह कितनी ही किताबें क्यों न पढ़े, उनमें नहीं पा सकेगा। इसलिए यदि किसी एक व्यक्ति के जीवन का भी कई तरह से अध्ययन कर ले तो समझो कि उसने बहुत किया।"

शायद बच्चनजी बॉसवेल और जान्सन को लेकर यह कह रहे थे, लेकिन पता नहीं क्यों, मुझे लगा मानो वे मुझे प्रेरित और निमन्त्रित कर रहे हैं कि मैं उनके जीवन का अध्ययन करूँ। निश्चय ही यह मेरा भ्रम था। ऐसी कोई भी बात उनके चित्त में न थी। वे तो केवल सहज भाव से अपने विचार व्यक्त कर रहे थे; फिर भी मुझे बहुत अच्छा लगा कि वह प्रसंग आया और अप्रत्यक्ष रूप में, अनजाने में ही, उन्होंने मेरी इस कामना को बल दिया कि मैं उनके सम्बन्ध में कुछ लिख सकूँ।

जब मैं यह सोच रहा था, वे कह रहे थे, "यशपाल को देखा। पाँच-सात वर्ष के फ़रार जीवन में ही उसने जीवन को थाह लिया, हर समय चौकन्ने रहना, लोगों पर निगाह रखना, अपने इर्द-गिर्द की दुनिया को निरन्तर देखते रहना—इस सबके कारण ही यशपाल की पकड़ ज़िन्दगी पर मज़बूत हो गयी। वरना, उन्होंने बहुत कम पढ़ा है; हिन्दी साहित्य भी ठीक से न पढ़ा होगा। शुरू-शुरू

में तो शायद उनकी भाषा की अशुद्धियों को उनकी पत्नी ठीक करती होंगी।''

मैं बोला, ''यह बात तो खैर सभी अन्य भाषा-भाषी हिन्दी लेखकों के बारे में ठीक होगी, और सच कहा जाए तो आज भी, जहाँ तक भाषा का सम्बन्ध है, यशपाल भोंडी भाषा लिखते हैं। उनके गद्य को किसी भी दृष्टि से अच्छा नहीं कहा जा सकता, लेकिन मुख्य बात यह है कि कथा पर, चरित्रों पर और सबसे अधिक तो जीवन पर उनकी पकड़ मजबूत रहती है।''

बच्चनजी इससे सहमत हुए।

12 अक्टूबर 1960

भोजन के समय अमृता प्रीतम की चर्चा चल पड़ी। मैंने कहा कि पंजाबी के लेखक ज़बर्दस्ती अमृता को उछालते हैं; मुझे तो उनकी कविता बहुत सतही और हल्की मालूम होती है। बच्चनजी इससे सहमत हुए। उन्होंने कहा कि उर्दू की रोमांटिक भावना में फिर भी कुछ गहराई है; पंजाबी ने रूमान उर्दू से ज़रूर लिया है पर उसे बहुत खुला और स्पष्ट कर दिया है। अमृता प्रीतम में भी यही है; पंजाब की कुछ मस्ती मिलाकर उन्होंने भौतिक रूमान की कविता लिखी है।

बच्चनजी ने कहा कि अमृता प्रीतम चाहती थीं कि वे उनकी कविताओं का हिन्दी में अनुवाद करते; अपनी कविताओं का सेट भी उन्होंने बच्चनजी को दिया था और एक समय इनसे काफ़ी मिलती-जुलती रहती थीं; किसी राजदूतावास की पार्टी में उन्होंने बच्चनजी के पास आकर फ़ोटो भी खिंचायी थी। बच्चनजी का कुछ मन भी था अनुवाद करने का; लेकिन तेजी भाभी ने उन्हें सलाह नहीं दी।

और तब बातचीत हटकर तेजी भाभी पर केन्द्रित हो गयी। बच्चनजी ने कहा, ''तेजी में बड़ी प्रबल इच्छा-शक्ति है। इसका परिचय मुझे दो बार मिला। एक तो उस समय जब मैं डॉक्टरेट के लिए कैम्ब्रिज गया था। दो साल तक, छोटे-छोटे बच्चों को लेकर, इलाहाबाद जैसे शहर में रहना काफ़ी हिम्मत का काम है। और दूसरे, 'मैकबैथ' को स्टेज करते समय।''

बातचीत के प्रसंग में मैंने पूछा कि मान लीजिए, किसी बात में आपकी और उनकी राय में कुछ मतभेद हो जाए तो फिर आप क्या करते हैं?

बग़ैर कुछ सोचे, तुरन्त बच्चनजी ने उत्तर दिया, ''ऐसी दशा में तो हमेशा ही तेजी की बात चलती है। नहीं तो घर में अशान्ति न हो जाए?''

फिर कुछ सोचकर बोले, ''स्त्री से आप झगड़ा नहीं कर सकते।''

इसके बाद कुछ कहने को बाक़ी न रहा। उन्होंने सचमुच ही बड़े अनुभव और पते की बात कही थी। कुछ देर तक हम दोनों चुप रहकर मानो इस सत्य की गहराई की थाह लेते रहे। फिर उन्होंने हाल में ही आया एक पत्र पढ़ने को दिया। इसमें उज्जैन की किन्हीं मुँहबोली बहन ने बच्चनजी को अपनी दुखभरी गाथा सुनायी थी; लिखा था—"दशहरे पर भी बच्चे ज़िद करते रह गये, मैं उन्हें चार पैसे भी न दे सकी। लड़का कहता है कि बच्चन मामा को लिखो, वे बड़े दयालु हैं। सो आप कृपा कर कुछ भेज दीजिए ताकि बच्चों के कपड़े ही बन जाएँ।"

बच्चनजी ने 20 रुपये का मनीऑर्डर भेज दिया, गोकि मैं समझता हूँ कि शायद उन्होंने अपनी इस मुँहबोली बहन को कभी भी देखा न होगा।

13 अक्टूबर 1960

आज घर से खाने के लिए मटर की तहरी, दही का रायता, अरहर की दाल और आलू की सूखी सब्ज़ी आयी थी। देखकर वे बोले, "खाना बहुत अच्छा आया है।" और मुझसे पूछा, 'खाने के बारे में क्या कहा है डॉ. जॉन्सन ने?' मैंने बताया कि जो लोग इसका ख़याल नहीं करते कि वे क्या खा रहे हैं, वे किसी भी बात का ख़याल नहीं कर सकते[1] और इसके बाद मुझे बॉसवेल द्वारा उद्धृत कुछ और प्रसंग याद आ गये, ख़ासकर लार्ड चेस्टरफ़ील्ड को लिखा गया डॉ. जॉन्सन का ख़त। बच्चनजी बोले, "वह तो क्लासिक है। लार्ड चेस्टरफ़ील्ड ने जॉन्सन की डिक्शनरी की प्रशंसा में नोट लिखा था इस उम्मीद से कि जॉन्सन उन्हें अपनी डिक्शनरी समर्पित करेंगे, लेकिन जॉन्सन ने उन्हें ऐसा मख़मली जूता लगाया कि उनकी तबीयत खुश हो गयी होगी।"

मैंने कहा, "और वह ख़त भी मज़ेदार है, जो जॉन्सन ने एक स्कॉटिश कवि को लिखा था।"

बच्चनजी बोले, "हाँ, मैक़फ़र्सन...उसे तो पीटने तक की धमकी दी थी जॉन्सन ने!"

इसी तरह कुछ देर जॉन्सन की बातें होती रहीं और मैंने यह महसूस किया कि बच्चनजी की स्मरण-शक्ति इस उम्र में भी बहुत अच्छी है। बॉसवेल को पढ़े अभी मुझे मुश्किल से छः दिन हुए होंगे और मैं स्कॉटिश कवि का नाम भूल

1. बच्चनजी की टिप्पणी : "खाने पर जॉन्सन की कोई उक्ति है पर मुझे लगता है, शायद यह कथन T.S. Eliot का है—"जो लोग खाने में रुचि नहीं लेते, वे किसी चीज़ में रुचि नहीं लेते।" खाने से बात खाने के परम प्रेमी जॉन्सन पर चली गयी—कुछ इस तरह जोड़ना होगा।"

रहा था, लेकिन बच्चनजी को वह भली प्रकार याद था, जबकि उन्हें यह पुस्तक पढ़े हुए कम-से-कम पच्चीस साल-या शायद उससे भी ज्यादा हुए होंगे।

साथ ही इस ओर भी मेरा ध्यान गया कि बच्चनजी के पास जितनी भी किताबें हैं—और उनकी संख्या काफ़ी है—उनमें से अधिकांश को उन्होंने मनोयोगपूर्वक पढ़ा है और पढ़ी हुई अधिकांश पुस्तकों के हाशियों पर लिखी उनकी टिप्पणियाँ मौजूद हैं। इससे यह स्पष्ट है कि उन्होंने पुस्तकें केवल अपने सन्तोष अथवा दूसरों को दिखाने के लिए नहीं ख़रीदीं, बल्कि उनका सदुपयोग भी किया है। उनकी अनेक कविताओं पर उनके अध्ययन का प्रभाव झलकता है। एक दिन उन्होंने येट्स का एक 'टैवर्न' गीत सुनाया था, जिसमें यह बतलाते हुए कि वह 'पार्नल' के बारे में गीत क्यों गाता है, कवि ने लिखा था, ''फ़ॉर पार्नल लव्ड हिज़ कंट्री ऐंड पार्नल लव्ड हिज़ लैस'' (क्योंकि पार्नल अपने देश से प्रेम करता था और अपनी प्रेमिका को भी प्यार करता था)। इसके कुछ दिन बाद ही मैंने एक पत्रिका में बच्चनजी का नया गीत पढ़ा—'पंडित-राजा जगन्नाथ की तुमको याद दिलाता हूँ,' जो अत्यन्त ललित और मौलिक होते हुए भी 'पार्नल' के गीत की याद दिलाता था।[1] लड़की को प्रेम करने के कारण पार्नल और पंडितराज जगन्नाथ-दोनों ही समाज द्वारा बहिष्कृत माने गये थे, लेकिन येट्स और बच्चन दोनों ने ही इसे उनके अधिकाधिक सम्मान का कारण माना और बच्चनजी ने लिखा—

''काशी के पंडों ने उनको जिस कारण ठुकराया था,
ठीक उसी कारण मैं उनको बीच सभा अपनाता हूँ।''

इसमें सन्देह नहीं कि बच्चनजी के इस गीत को पढ़कर कोई भी यही कहेगा कि वह शत-प्रतिशत मौलिक है, और यदि स्वयं बच्चनजी ने अपने गीत की रचना अथवा प्रकाशन के कुछ ही दिन पूर्व मुझे 'पार्नल' वाली कविता न सुनाई होती तो मैं भी उनकी प्रेरणा का वास्तविक स्रोत न जान पाता। अभिप्राय यह है कि यदि वे कहीं से भाव ग्रहण करते भी हैं तो सूक्ष्म रूप में, और उसे बिलकुल अपना बनाकर। यही बात 'डोंगा डोले' गीत पर भी सच उतरती है, जिसपर मुझे रेणु की कहानी 'मारे गये गुलफ़ाम' की छाप दिखाई देती है।[2]

कवियों-लेखकों की बात चल रही थी। बच्चनजी ने कहा, ''एक दिन एक सज्जन (रघुवीरशरण मित्र) अपना महाकाव्य (युगपुरुष) लेकर मेरे पास आये और बोले, ''आप इसका अनुवाद अंग्रेज़ी में कर दीजिए तो उसे नोबुल प्राइज़ के लिए भेज दूँ।''

---

1. बच्चनजी की टिप्पणी : ''और अब इसी गीत के पैटर्न पर ओंकार ने निराला पर गीत लिखा है—धर्मयुग में देखा होगा।''

2. बच्चनजी की टिप्पणी : ''डोंगा डोले नित गंगजमुन के तीर।'' 1939 में मैं ट्रेंनिग कॉलेज में गा रहा था।''

बच्चनजी ने उनसे कहा, "मेरे अनुवाद करने से नोबुल प्राइज़ मिलता होता तो मैं अपनी ही कविताएँ न कर लेता।" इसपर वे सज्जन बोले, "मेरे इस ग्रन्थ में उदात्तभाव भी है।" और यह कि, "मैं आपको अनुवाद करने के लिए पारिश्रमिक भी दूँगा।"

बच्चनजी ने उन्हें सलाह दी कि वे इस कार्य के लिए उपयुक्त व्यक्ति नहीं हैं और बेहतर हो कि उक्त सज्जन अपने महाकाव्य का अनुवाद किसी अंग्रेज़ से कराएँ।

एक और सज्जन बच्चनजी से मिलने आये। अपनी फ़ाइल में तमाम लोगों के पत्र रखे हुए थे। एक पत्र ड्यूक ऑफ़ एडिनबरा की ओर से भी था। इन सज्जन ने शायद अपनी कोई कविता उनकी अभ्यर्थना में, उनके भारत-आगमन के समय भेजी होगी। उसकी प्राप्ति स्वीकार करते हुए ड्यूक के सेक्रेटरी का पत्र आया कि, "ड्यूक को आपकी कविता पाकर प्रसन्नता हुई और वे चाहते हैं कि मैं, उनकी ओर से, आपको धन्यवाद दूँ।" उस पत्र को महाशय जी ने अपनी फ़ाइल में लगा लिया, जिसमें इसी प्रकार के कुछ अन्य पत्र भी थे। बच्चनजी से कहने लगे कि ड्यूक ऑफ़ एडिनबरा ने मुझे यह पत्र लिखा था। इसे आप अंग्रेज़ी की किसी विदेशी पत्रिका में छपवा दीजिए।

बच्चनजी ने कहा, "एक तो इस ख़त में है क्या कि इसे किसी पत्रिका में भेजा जाए और मान लीजिए कि यह छप भी गया तो इससे आपका क्या लाभ होगा?"

होते-होते, दिल्ली के एक प्रमुख साहित्य-आयोजनकर्ता (श्री गोपाल प्रसाद व्यास) का ज़िक्र आया। बच्चनजी ने बताया कि उन्होंने अपनी आँखों से भरी सभा में उन्हें एक केन्द्रीय मन्त्री (जगजीवनराम) के पैर दबाते देखा। "यह नहीं कि पैर दबाना कोई बुरी चीज़ है, लेकिन जो वे कर रहे थे, वह खुशामद का सबसे घृणित रूप था।"

मैंने कहा कि हमारे समाज में ओछेपन और मूल्यहीनता का प्रवेश इतना अधिक और इतने स्तरों पर हो गया है कि अब क्षुद्रताओं का ही बोलबाला है। जो थोड़े-से लोग आदर्श, स्तर, आत्म-सम्मान, ईमानदारी आदि में विश्वास करनेवाले बचे भी हैं, वे इतने कम हैं कि उनकी आस्था अपने आप में बनी रह सके, यही बहुत है। अन्यथा घटिया लोग हैं, सस्ती, सतही और ओछी बातों में रमे रहते हैं, क्योंकि वे यह भी देखते हैं कि इन बातों से उनको लाभ पहुँचता है। मन्त्रियों को माला पहनाते समय वे अपनी फ़ोटो खिंचवाते हैं और उसे 'एनलार्ज' कराके अपनी बैठक में टाँगते हैं, क्योंकि वे जानते हैं कि बहुत-से लोग इसी से प्रभावित होते हैं और उधर मन्त्रिगण भी इसी प्रकार की छोटी-मोटी बातों से प्रसन्न-अप्रसन्न होते हैं। वे जनता के आदमी हैं, उनके लिए तो सबसे काम का आदमी वही

है, जो उन्हें माला पहनाए, उनसे उद्घाटन कराए, उनसे लसा रहे, उनकी प्रतिष्ठा (!) बढ़ाने में सहायक हो।

ऊपर से लेकर नीचे तक इसी प्रकार के लोगों की एक कड़ी जुड़ती चली जाती है। इसी कारण संस्थाएँ तक निष्प्रभावकारी हो जाती हैं, क्योंकि उनके भी संरक्षक, प्रधान, कार्यकर्ता, सदस्य, सब एक तरफ़ से एक ही साँचे में ढले होते हैं और इस तरह आँवे-का-आँवा कच्चा रह जाता है। जहाँ सभी खाऊवीर हों, वहाँ भकुआ वही कहलाता है, जो ग्रास उठाने में संकोच करता हो।

मैं ये तथा अन्य बातें कहता रहा और बच्चनजी सहमति सूचक भाव से सुनते गये। यह प्रसंग समाप्त होने के बाद मैंने आज की तथा इस विषय में अक्सर होनेवाली बातचीत पर विचार किया तो मेरी यह धारणा पुष्ट हुई कि बच्चनजी में आत्मसम्मान, आत्माभिमान और आत्मविश्वास की मात्रा अत्यन्त प्रचुर है। वे दम्भी नहीं हैं, क्योंकि चीज़ों का वास्तविक मूल्य आँकने का प्रयत्न करते हैं, वे प्रमादी नहीं हैं क्योंकि सतही बातों को आवश्यकता से अधिक महत्त्व देने की भूल नहीं करते। और यही कारण है कि अपने विषय में उनको कोई मुग़ालता या भ्रम नहीं है, साथ ही वे अपने लेखन को समुचित परिप्रेक्ष्य में देख सकने के कारण अपने को किसी से हीन भी नहीं समझते।

इसीलिए ऊपर के जिन तीन व्यक्तियों का उल्लेख उन्होंने आज किया, वे सभी उनकी बनिस्बत कहीं हल्के दर्जे के लोग हैं और रहेंगे।

5 नवम्बर 1960

कल पन्तजी का पत्र आया था बच्चनजी के पास। मालूम हुआ कि एक लेखक (धर्मवीर भारती) ने अपनी पत्नी को छोड़ ही दिया है एक तरह से। ख़र्च भी नहीं देते हैं। अब वे बेचारी दिल्ली आकर अपने माता-पिता के पास रहेंगी और नौकरी की तलाश करेंगी।

बड़ी देर तक बच्चनजी के साथ इस प्रसंग पर बातचीत होती रही। उनका ख़याल था कि इसमें ग़लती उस लेखक की ही है। उनको निभाना चाहिए था। यदि उन्होंने सबका विरोध करके, दूसरी जाति में शादी की थी, तो उसको सफल बनाने का भी यत्न करना चाहिए था। यह तो एक बड़ी बदनामी और का-पुरुषता की बात हुई कि उस बेचारी लड़की को छोड़ दिया। यदि पत्नी में कभी कोई ख़राबी रही भी हो तो उन लेखक को उसे सहना चाहिए था, क्योंकि स्त्री के सात अपराध क्षम्य हैं और यदि वे किसी दूसरी लड़की से प्रेम करते थे तो भी

उन्हें अपने विवाहित जीवन को प्रमुखता देनी चाहिए थी। यह एक प्रकार से उनकी असफलता है कि वे अपने विवाहित जीवन को सुव्यवस्थित आधार पर न चला सके। बहरहाल, उन्होंने कहा कि प्रस्तुत परिस्थिति के मूल में सचमुच ही कौन-कौन कारण हैं, यह जब तक मालूम न हो, तब तक निश्चित रूप से कहा भी क्या जाए?

इसके बाद यह प्रसंग समाप्त हो गया लेकिन आज की थोड़ी-सी ही बात से विवाहित जीवन और पत्नीव्रत के सम्बन्ध में उनके मूलभूत विचारों का हल्का-सा आभास मुझे मिल सका।...

भोजन के उपरान्त पंडित नेहरू की चर्चा चल पड़ी। मैंने कहा कि वे योगी हैं तो बच्चनजी ने कहा, "नहीं, वे तान्त्रिक हैं। निश्चय ही वे हठयोग की कुछ क्रियाएँ जानते हैं और उनका अभ्यास करते हैं। अन्यथा इस उम्र में चेहरे पर इतनी लाली और ऐसा तेज सम्भव नहीं। शीर्षासन तो करते ही हैं, मेरा ख़याल है कि वे हठयोग की वह शंख-प्रक्षालन क्रिया भी कर लेते हैं, जिसके द्वारा मुँह से पिया हुआ जल शरीर के समस्त विकार के साथ मल के मार्ग से बाहर निकल जाता है। महीने-दो महीने में एक बार यह क्रिया कर लेते होंगे, बस, सारा 'सिस्टम' धुलकर शुद्ध हो जाता होगा। जब शरीर में कोई विकार बचेगा ही नहीं, तो बुढ़ापे का क्या काम!"

बच्चनजी ने कहा, "इतना तो ख़ैर मैं ख़ुद जानता हूँ कि यौगिक क्रियाओं के लिए प्रसिद्ध एक व्यक्ति (धीरेन्द्र ब्रह्मचारी) ने उनके मस्तिष्क में घी का नास दिया है। उसने ऐसी कोई क्रिया की, जिसके द्वारा नाक में डाला हुआ घी मुँह के रास्ते से शरीर में जाने के बजाय दिमाग़ में पहुँचा और ज़ाहिर है कि इससे सारी खुश्की दूर होकर एक तरह की स्निग्धता और तरलता से मस्तिष्क पूर्ण हो गया होगा।"

मैंने कहा कि पंडितजी सिद्ध पुरुष हैं, नहीं तो इतनी चिन्ताओं और परेशानियों के कारण आदमी का दिमाग़ खराब ही हो जाए। और तभी मुझे याद आया कि बच्चनजी ने बताया था कि "जिस दिन पंडितजी के दामाद, फ़ीरोज़ गाँधी की मृत्यु हुई थी, उस दिन भी, व्यथा, करुणा और उदासी से घिरे हुए उनके मुख पर एक विचित्र, रहस्यपूर्ण मुस्कान बीच-बीच में खेल जाती थी, मानो वे जीवन और मृत्यु से परे किसी दूसरे ही लोक में रमे हुए हों।"

उस दिन मैंने सोचा था कि अब पंडितजी के लिए निज का सुख-दुख अर्थ भी क्या रखता होगा! अपने सम्पूर्ण व्यक्तित्व से वे समर्पित हैं! उनकी दृष्टि में तो असम के उपद्रवग्रस्त जन और फ़ीरोज़ गाँधी तात्त्विक रूप से एक ही समान होंगे।

आज मैंने यह भी समझा कि वे सुख-दुख से ऊपर उठ चुके हैं और उस स्थिति में जा पहुँचे हैं, जहाँ प्राणिजगत के विविध प्रसंग उस विराट् पुरुष की कौतुकपूर्ण लीला मात्र ज्ञात होते हैं। और यही कारण है कि जवाहरलाल को हम कितना ही नास्तिक और कैसा ही आधुनिकतावादी क्यों न कहें, वास्तव में उन्होंने साधना वही की है और सिद्धि भी वही उपलब्ध की है, जो सदा से हमारे देशवासियों को काम्य रही है। तारा बाबू के उपन्यास 'आरोग्य निकेतन' के जीवन महाशय की साधना; 'फूल से भी अधिक कोमल और वज्र से भी अधिक कठोर' होने की साधना!

5 नवम्बर 1960

कागज़-पत्र उलटते में उन्हें एक विज़िटिंग कार्ड मिला (चन्द्रभान गुप्त 'विनय' एम.ए. का)! इतना सुन्दर था वह, बढ़िया विलायती कागज़ पर अंग्रेज़ी और हिन्दी में 'एम्बॉस्ड' (उभरा हुआ छपा) कि मुझे वह दिखाया उन्होंने। बोले, "इन महाशय की चिट्ठी कभी कश्मीर से आती है, कभी अजन्ता से, कभी रामेश्वरम् से! मुझे चाचा बनाया है उन्होंने। मैंने भी सोचा कि चलो एक भतीजा और सही। यही क्या कम है कि यह मेरा चचा नहीं बनता। बहरहाल, अभी ये महाशय दिल्ली आये और मुझसे मिलने के लिए यह कार्ड भेजा। मुलाक़ात के समय मैंने पूछा, "भई, तुम्हारी चिट्ठी तो देश के कोने-कोने से आती रही है, पर यह नहीं मालूम हो सका कि तुम करते क्या हो?"

"भतीजे साहब बोले, "चाचाजी, इस दुनिया में पैसा कमाना बहुत आसान है। सिर्फ थोड़ी-सी अक्ल होनी चाहिए।"

"मैंने कहा, "तनिक मुझे भी बताओ। मेरा तो सारा जीवन ही इस पैसे कमाने की चिन्ता में बीत गया और तुम इसे आसान बता रहे हो!"

"भतीजे महाशय बोले, "आसान तो है ही। मुझे देखिए! मैंने कुछ कागज़ात अपने बारे में छपवाये कि मैं सारा हिन्दुस्तान घूम चुका हूँ और सभी ऐतिहासिक स्थानों तथा महत्त्वपूर्ण केन्द्रों के बारे में विशेष जानकारी रखता हूँ। मैं विदेशी यात्रियों को भारत-पर्यटन में सहायता दे सकता हूँ। यह सामग्री मैंने सारे राजदूतावासों में भेज दी और उनसे सम्पर्क स्थापित किया। फलतः हर महीने-दूसरे महीने मुझे कोई-न-कोई काम मिल जाता है और मैं यात्रियों को न केवल भारत घुमाता हूँ, बल्कि मुफ्त घूमने, रहने, खाने के अलावा दस-बारह हज़ार रुपया साल में कमाता भी हूँ। अब अमरीका जा रहा हूँ।"

मुझसे बच्चनजी ने कहा, ''भाई साहब, ज़माना बिलकुल बदल गया है। यह युग उन लोगों का है, जिनमें 'इनीशिएटिव' (पहलकदमी) है, जो आगे बढ़कर चीज़ों पर कब्ज़ा कर लेते हैं। मेरी ज़िन्दगी तो लड़कियों की खुशामद करते तबाह हो गयी, और अब मेरे बेटे के पास अनजान लड़कियों के फ़ोन आते हैं। कोई उसे 'डांस' पर बुलाती है, कोई कहती है कि तुम बहुत 'हैंड्सम' हो, कोई उसके आने-जाने, घूमने-फिरने का पूरा हिसाब रखती है। मैं अमितजी से कहता हूँ कि मुझे तो आपसे ईर्ष्या होती है। आज तक मुझे किसी लड़की ने इस तरह फ़ोन नहीं किया।''

और इसके बाद, ज़माने की इस तब्दीली पर हम लोग इधर-उधर की बातचीत करते रहे।

8 नवम्बर 1960

कल उन लेखक की परित्यक्ता पत्नी (कान्ता भारती) बच्चनजी से मिलने आयी थीं।

स्वाभाविक था कि जब बच्चनजी ने मुझे यह बताया तो बड़ी देर तक इसी प्रसंग पर बातचीत होती रही। बच्चनजी का ख़याल था कि इस मामले में पतिदेव की ही गलती है। बोले, ''नारी का इस तरह अपमान करना पुरुष को शोभा नहीं देता, इससे पुरुष की कायरता और नपुंसकता ही प्रकट होती है।''

बहरहाल इस समस्या के तमाम पहलू खुले और बात-बात में बच्चनजी ने बताया कि एक बार जब तेजी भाभी से किसी मामले पर उनकी बहुत कहा-सुनी हुई तो उन्होंने भाभीजी से कहा कि, ''भले ही तुम मेरी बोटी-बोटी काट डालो, फिर भी मैं तुमसे यह नहीं कहूँगा कि मेरा घर छोड़कर चली जाओ।''

फिर बच्चनजी ने मुझसे कहा, ''पुरुष का पुरुषत्व तो इसमें है कि जिस स्त्री को एक बार आदर के साथ ब्याहकर घर लाया, उसे रखे, न कि निकल जाने को कहे। हाँ, स्त्री ख़ुद ही साथ न रहना चाहे, चली जाए, तो बात दूसरी है।''

और इस मामले में, चूँकि लेखक महाशय ने एक प्रकार से पत्नी को, घर छोड़कर, अपना अन्य प्रबन्ध कर लेने के लिए कहा था, अतः बच्चनजी को स्वभावतः यह अशोभनीय प्रतीत हुआ।

जो भी हो, ग़लती चाहे जिसकी हो, प्रस्तुत प्रसंग के सन्दर्भ में, विवाह, प्रेम, पति-पत्नी के सम्बन्धों तथा पुरुषोचित कर्त्तव्यों के प्रति बच्चनजी के दृष्टिकोण

पर कुछ और प्रकाश पड़ा। विवाह की मर्यादा में उनका अटूट विश्वास है और यौन-सम्बन्धी एकनिष्ठता को वे विवाहित जीवन का एक गौण पक्ष ही मानते हैं। उनका विचार है कि आधुनिक दृष्टि से देखा जाए तो पति-पत्नी के विवाहेतर प्रेम-सम्बन्धों के कारण उनके अपने विवाहित जीवन पर कोई प्रतिकूल प्रभाव न पड़ना चाहिए। विजातीय विवाह हुआ हो तो वे उसका सफल होना और भी अधिक आवश्यक समझते हैं, क्योंकि यदि वह असफल रहा तो रूढ़िवादियों को अपने आक्षेप सिद्ध करने का एक प्रबल अस्त्र मिल जाता है और वे विद्रूप करते हुए सदा ही कह सकते हैं कि 'हम तो पहले ही जानते थे कि यही होना है।' साथ ही, बच्चनजी पुरुष से इसकी आशा करते हैं कि वह सहनशील हो और स्त्री के अपराधों को क्षमा करता रह सके।...

11 नवम्बर 1960

कल शाम आइसलैंड का एक कवि और उपन्यासकार बच्चनजी से मिलने उनके घर गया था, आज दफ़्तर में एक इतालवी हिन्दी प्रेमी कुमारी उनसे मिलने को आनेवाली थीं। उससे पहले श्री बाँके बिहारी भटनागर 'हिन्दुस्तान' के लिए उनका चित्र लेने के वास्ते पधारने को थे। बच्चनजी का 'रचना-प्रक्रिया' वाला निबन्ध वे छाप रहे हैं। साथ में जो चित्र जाएगा, वह बच्चनजी का, काम करते समय का चित्र है। पिछली बार जब वे बम्बई गये थे, उनकी एक प्रशंसिका (मंगलाबाई) ने ख़ासतौर से अपना फ़ोटोग्राफ़र बुलवाकर इस तरह का चित्र खिंचवाया था कि राइटिंग टेबिल पर हाथ में क़लम लिये, वे ध्यान-मग्न बैठे हैं। सामने काग़ज़ पर कुछ लिखा हुआ है, पास ही 'रामचरित मानस' तथा एकाध पुस्तकें हैं। उनके बायीं ओर कुछ समाचारपत्र रखे हैं और दायीं ओर चमड़े का थैला खुला हुआ। अत्यन्त भावपूर्ण चित्र है। उन्होंने फ़ोन पर भटनागरजी से कहा कि ऐसा चित्र आपको दे रहा हूँ, जैसा आपने अपने पत्र में कभी भी न छापा होगा। और यह बात इतने ज़ोर के साथ कही कि भटनागर जी इसका विरोध करना भी चाहते तो न कर सकते।

तभी 'कृति' से रचना के लिए पत्र आया। बच्चनजी बोले, "अगर मुंशी प्रतापनारायण वालिद मरहूम भी पत्र निकालते तो बच्चनजी उन्हें मुफ़्त कविता देने को तैयार नहीं।" ऐसा कहकर उन्होंने पत्र फाड़कर रद्दी की टोकरी में डालते हुए मुझे आदेश दिया, "तुम फ़ोन करके कह देना कि इतनी रियायत कर सकता हूँ कि पचास रुपये न माँगूँ, लेकिन पारिश्रमिक लूँगा ज़रूर।"

मैंने चुप रहकर उनकी बात सुन ली। 'कृति' को रचना देने की सिफ़ारिश

करने की ज़रूरत नहीं समझी, क्योंकि मैं जानता था कि अक्सर वे रंग जमाने के मूड में रहते हैं, और तरंग में आएँगे तो ख़ुद ही, बग़ैर माँगे, अपनी रचना 'कृति' या किसी भी अन्य पत्रिका को दे देंगे।

19 नवम्बर 1960

मुझे यह देखकर आश्चर्य होता है कि जिन बच्चनजी को मैं दूसरों के सुख-दुख से नितान्त तटस्थ पाता और समझता रहा हूँ, उनके अन्तरंगों का क्षेत्र बहुत ही व्यापक है। कितने ही लोग हैं, जो अपने जीवन की गूढ़ और रहस्यपूर्ण बातें उन्हें बताते हैं, उनसे अपने जीवन की जटिलताओं के बारे में सलाह लेते हैं और अपना सुख-दुख लेकर उनके निकट आते हैं। यदि बच्चनजी की सच्ची और सतत सहानुभूति उन्हें मिलती न रहती तो अवश्य ही ये तमाम लोग उनसे विरत हो जाते। हुआ इसके विपरीत है और जो एक बार भी उनके सम्पर्क में आया है, वह सदा के लिए उनके निकट हो गया है। युवावस्था के सहपाठी और सहयोगी, यूनिवर्सिटी के छात्र, काव्य-प्रेमी बन्धु, और जीवन के क्रम में मिलने-भेंटनेवाले अनेक जन ही नहीं, मात्र पत्र-व्यवहार के द्वारा ही उनको अपने निकट समझनेवालों की संख्या बहुत अधिक है। इन लोगों में से कितनों को वे भी अपने निकट अनुभव करते हैं, यह इस समय विचारणीय नहीं है। (शायद वे इन सबके बावजूद अपने को अकेला महसूस करते हैं : 'नर-नारी से भरे जगत में कवि का हृदय अकेला')। तत्त्व की बात यह है कि अनेकानेक लोग उन पर हृदय से विश्वास करते हैं।

जीवन के घनिष्ठतम प्रसंग, जिन्हें सामान्यतः कोई भी अपने तक ही सीमित रखना चाहेगा, बच्चनजी को बताने में लोग सुख-सन्तोष का अनुभव करते हैं। उनके एक पुराने विद्यार्थी (कैलाशचन्द्र सक्सेना) का पत्र एक दिन आया, जिसमें उसने एक बंगाली युवती से अपने प्रेम-प्रसंग तथा विवाह का ज़िक्र करते हुए उससे सम्बन्ध-विच्छेद हो जाने आदि का विवरण लिखा था। और अन्त में कहा था कि आप ही संसार में एक ऐसे व्यक्ति हैं, जिनसे मैं अपने हृदय का दुख-दर्द कह सकता हूँ। पश्चिम बंगाल में, कोयले की खान में काम करनेवाले एक व्यक्ति (हरीप्रसाद?) ने उन्हें अपना पूज्य गुरुदेव मानकर उनका एक चित्र माँगा और उसे अच्छी-से-अच्छी तरह मढ़ाकर वह उस पर रोज़ फूलमाला चढ़ाता है। क्षयग्रस्त एक व्यक्ति (चन्द्रभानु गुप्त) से उनका नियमित पत्र-व्यवहार है और जब एक रोज़ उसने लिखा कि अस्पताल के डॉक्टर ऑपरेशन के लिए 250 रुपये माँगते हैं और चूँकि उसके पास इतनी रक़म नहीं है, इसलिए उसने अब अपने

आप को भगवान् के भरोसे छोड़ दिया है, तो बच्चनजी ने अपने पास से उसे ढाई सौ रुपये भेज दिये। लेकिन ये रुपये देने के बाद भी जब उसका काम नहीं बना तो उन्होंने अपने किन्हीं प्रभावशाली मित्रों-परिचितों और अधिकारियों को इस सम्बन्ध में पत्र लिखे। दो-चार दिन पहले उस क्षयग्रस्त व्यक्ति का पत्र आया था कि निराश होकर वह आत्महत्या करने जा रहा है, तब बच्चनजी ने मुझे यह सारी कहानी सुनायी।

इसी प्रकार, सागर-निवासी उनके एक मित्र (राजनाथ पांडेय) का पत्र चार-छह दिन पहले आया था, जिसमें उन्होंने अपनी एक ऐसी निजी और गोपनीय समस्या को लेकर बच्चनजी से सलाह-सहायता माँगी थी, जिसे सामान्यतः कोई व्यक्ति दूसरे से कह भी नहीं सकता।

ऊपर से भले ही बच्चनजी इन तथा अन्य तमाम लोगों और पत्रों के बारे में मुझसे हल्के-फुल्के ढंग से बातचीत कर लें, भीतर-भीतर वे उन पर गम्भीरता के साथ विचार करते हैं और भरसक सहायता भी देते हैं। जब मैं इन दोनों परस्पर विरोधी स्थितियों पर विचार करता हूँ तो मुझे उनके स्वभाव में ममता-निर्ममता अथवा आसक्ति और अनासक्ति का एक विचित्र संगम दिखाई देता है। जीवन और जगत के प्रति उनमें एक तरह की ऐसी निष्ठा है, जिसके प्रति वे आस्थावान तो रहते हैं पर उससे बँधते नहीं।

बातों-बातों में उन्होंने आज कहा कि 'मानस' का अर्थ उसे वर्षों तक निरन्तर पढ़ते रहने के बाद खुलता है और शेक्सपियर के साथ भी ऐसा ही है। तुलसीदास और शेक्सपियर अपना रहस्य धीरे-धीरे खोलते हैं, उनका वैभव एकाएक नहीं प्रकट होता।

उन्होंने कहा, ''बीस साल तक लगातार रामायण पढ़ते रहने के बाद आज मैं उसका कुछ-कुछ अर्थ समझ पाता हूँ। अब मैं उसे पढ़ता हूँ तो प्रत्येक पृष्ठ पर कम-से-कम एक नया अर्थ अवश्य खोज लेता हूँ, ऐसा अर्थ, जो मुझे पहले नहीं सूझा था।''

''तुलसीदास कितने अधीत थे, इसका पूरा अनुमान लगाना कठिन है। 'सोर्सेज़ ऑफ़ तुलसीदास' (तुलसीदास के स्रोत) पर एक बड़ी अच्छी थीसिस तैयार हो सकती है, बल्कि 'तुलसी-अध्ययन' जैसी एक पत्रिका निकलनी चाहिए, जिसमें तुलसीदास के सम्बन्ध में जो भी नयी जानकारी हो, उसे प्रकाशित किया जा सके।'' 'शेक्सपियर' के सम्बन्ध में ऐसी पत्रिका इंग्लैंड से नियमित रूप से प्रकाशित होती है।

''तुलसीदास ने 'मानस' तथा अन्य ग्रन्थों में संस्कृत साहित्य के अनेक भाव तथा बिम्ब उठाकर रखे हैं। उनके मन में प्राचीन साहित्य की ऐसी छवियाँ अंकित थीं कि वे यत्र-तत्र उनके अपने साहित्य में मनोहर रूप धरकर अवतरित हो गयी

हैं। सीता-हरण के प्रसंग में उन्होंने लिखा है कि सीता 'कुररी की नाईं' रो रही थीं। इस उपमा का इसी सन्दर्भ में प्रयोग, महाभारत में मिलता है। कितने ही अन्य उदाहरण इस तरह देखे जा सकते हैं।''

बच्चनजी ने कहा, ''कवियों में सौम्य सन्त' में मैंने 'कविता की प्रजा' तीन तरह की बतलायी है, एक विद्वान, दूसरे आलोचक और तीसरे प्रबुद्ध पाठक। इनमें जो विद्वज्जन हैं, उनका सक्रिय प्रभाव भी साहित्य पर पड़ सकता है, ज़रूरी नहीं कि वे केवल अपने अध्ययन-कक्ष में बैठकर पढ़ते रहने के कारण साहित्यिक रुचि को निश्चित रूप से प्रभावित न कर सकें। विद्वानों के उस प्रभावकारी पक्ष पर मैं इस पुस्तक के अगले संस्करण में विस्तार से लिखूँगा।

''प्रबुद्ध पाठकों का वर्ग, वह वर्ग है जो किसी अच्छी पुस्तक को उसी प्रकार ढूँढ़ निकालता है, जैसे चींटियाँ किसी कोने-अँतरे में पड़ी शक्कर को। वह सत्साहित्य का रस-ग्रहण उसी प्रकार कर लेता है, जैसे शहद की मक्खियाँ जानी-अनजानी सभी जगह से मधु संचित कर लेती हैं।''

इस पर मैंने कहा कि निस्सन्देह हिन्दी में इस पाठक वर्ग की वृद्धि होने के संकेत मिल रहे हैं; किन्तु जो एक अपेक्षाकृत बड़ा पाठक वर्ग, सुरुचिहीन लोगों का है, और जो व्हीलर के बुक-स्टालों, साजन-सजनी-चिनगारी जैसी पत्रिकाओं, 'कान्त'—'गुरुदत्त' के उपन्यासों तथा धर्मयुग-हिन्दुस्तान आदि अर्ध-साहित्यिक पत्रों तक सीमित रहता है और उसीको सम्पूर्ण साहित्यिक संसार मान कर शेष जीवन्त और महत्त्वपूर्ण साहित्य से अनभिज्ञ बने रहना चाहता है, उसे तो आपने अपने वर्गीकरण में स्थान दिया ही नहीं। वह हमारा सर्वाधिक सम्भावनापूर्ण पाठकवर्ग है और उसको यदि हम किसी प्रकार सुरुचिपूर्ण बना सकें तो हिन्दी को एक नया पाठकवर्ग बनाने की चिन्ता से मुक्ति मिल जाएगी।

21 नवम्बर 1960

कल तीमारपुर में कुछ लोगों ने मिलकर 'जन गीता' के पाठ का आयोजन किया था। उसमें उन्होंने बच्चनजी को भी निमन्त्रित किया था।

आज बच्चनजी ने उसका हाल मुझे बताया। लगभग पाँच सौ लोगों की उपस्थिति में यह पाठ हुआ। चार-पाँच लोगों ने 'विराट्-स्वरूप' वाले अंश का सस्वर, हारमोनियम के साथ पाठ किया। उपस्थित जन-समूह भी साथ-साथ पाठ करता था। पाठ लगभग आधे घंटे तक होता रहा। तत्पश्चात् एक सज्जन ने 'गीता' की कुछ व्याख्या की, एक अन्य सज्जन ने 'जनगीता' पर अपने विचार व्यक्त

किये और तीसरे सज्जन ने बच्चनजी के विषय में कहा कि वे आधुनिक हिन्दी के विद्यापति हैं और जिस प्रकार चैतन्य स्वामी तन्मय होकर विद्यापति के पदों का श्रवण करते थे, उसी प्रकार ब्रह्मस्वरूप स्वामी जी महाराज ने तन्मयतापूर्वक बच्चनजी की जनगीता सुनी है।

अन्त में भाषण देते हुए बच्चनजी ने कहा कि, "आपने मेरी इतनी अधिक प्रशंसा की, लेकिन मैं समझ नहीं पाता कि आखिर यहाँ इतने लोगों की भीड़ में आपने मेरी बेइ़ज़्ज़ती करने के लिए मुझे क्यों बुलाया। आपको मेरी तारीफ़ करनी ही थी तो चुपके से मुझसे कह देते; पाँच सौ लोगों के सम्मुख कहकर मुझे क्यों तिरस्कृत कर रहे हैं!"

फिर उन्होंने कहा कि, "इस आयोजन में आकर मुझे बड़ी प्रसन्नता हुई। मैंने तो कभी कल्पना भी न की थी कि 'जनगीता' को लेकर ऐसा कोई आयोजन किया जा सकता है। जिस धुन में आपने 'जनगीता' का पाठ किया, वह भी मुझे बहुत पसन्द आया। मैं स्वयं भी उसे सीखना चाहूँगा।"

इसके बाद बच्चनजी ने 'जनगीता' के मर्म पर कुछ प्रकाश डाला। अन्त में उन लोगों ने 'मधुशाला' की फ़रमाइश की तो बच्चनजी ने कहा, "यह सच है कि वह भी एक तरह की गीता ही है, पर उसका भीतरी अर्थ जब तक आप न समझें या मैं साथ-साथ समझाता न जाऊँ, तब तक उसका पाठ इस अवसर के उपयुक्त न रहेगा।"

मैंने पूछा, "कदाचित् जनगीता का ऐसा आयोजन आपकी जानकारी में पहला ही हुआ है?" इस पर उन्होंने बताया कि इन्दौर और सहारनपुर में ऐसे आयोजन इसके पूर्व भी हो चुके हैं और उनके प्रकाशक ने बताया है कि 'जनगीता' की बिक्री भी काफ़ी है।

मैंने कहा, "अब वह धीरे-धीरे 'पर्कोलेट' होकर (छनकर, निथरकर) जनता में घर कर रही है।"

बच्चनजी इससे प्रसन्न हुए। बोले, "हाँ, वह प्रक्रिया शुरू हो गयी है। और मैं कह तो नहीं सकता, देखने के लिए मैं जीवित न रहूँगा, लेकिन शायद तुम्हारे लड़के देख सकेंगे कि 'जनगीता' देश के घर-घर में पहुँच गयी है।"

मैंने कहा, "सोचता तो मैं भी यही हूँ कि इसका प्रचार अभी बहुत होगा। यों आधुनिक काल में, हिन्दी में एक रचना इस प्रकार की और लिखी गयी थी—'कृष्णायन,' किन्तु वह अधिक लोकप्रिय न हो सकी।"

बच्चनजी का मत यह था कि वह पुस्तक 'स्पान्सर्ड' (विशेष रीति से प्रस्तुत) थी। उसे एक मन्त्री ने लिखा, जगह-जगह उसका पाठ कराया जाता था, पुष्पहार आदि चढ़ाये जाते थे। लेकिन जब तक कोई चीज़ भीतर से नहीं उपजती

और विकसती, तब तक उसका महत्त्व क्षणिक रहता है। एक थे दुलारे लाल भार्गव। उन्होंने लिखी-'दुलारे दोहावली' और दौड़-धूप करके उसपर देव पुरस्कार ले लिया। हिन्दी साहित्य सम्मेलन के इन्दौर अधिवेशन में वे गये थे, तो साथ ही अपना बड़ा-सा चित्र छपवाकर ले गये थे, जिसके नीचे लिखा था—"हिन्दी के प्रथम नोबुल पुरस्कार विजेता।"

उस ज़माने में कोई दुलारेलाल से मिलने जाता था तो वे 'दुलारे दोहावली' की प्रति यह कहकर मँगवाते थे कि, 'लाना तो 'दोहावली' का पचासवाँ संस्करण।' उन्होंने लाला सीताराम की सम्मति का उपयोग भी अपने लाभ में कर लिया था। पूरी सम्मति यों थी—

"सतसैया के दोहरे ज्यों नावक के तीर।
देखन में छोटे लगैं, घाव करैं गम्भीर॥"
"तिनते बढ़ि दोहा लिखे सुकवि दुलारेलाल।
रैफ़िल सम उर में लगें, प्राण लेहिं तत्काल॥"

पर, इसकी प्रथम तीन पंक्तियाँ तो दुलारेलाल ने छाप लीं और चौथी पंक्ति छोड़ दी।

उनके पास कौन-से साधन न थे—प्रेस, प्रकाशन, धन-सम्पत्ति! खुले हाथों 'दुलारे दोहावली' बाँटी जाती थी। स्वयं बच्चनजी के पास चार-पाँच प्रतियाँ होंगी। पर आज कौन दुलारेलाल को जानता है, और कौन 'दुलारे-दोहावली' को!

कहने का मतलब यह कि रचना को किसी के ऊपर थोपा नहीं जा सकता! उसमें यदि शक्ति होगी तो वह स्वयं अपना स्थान बना लेगी।

बच्चनजी ने कहा, "लोकेषणा के लिए लोग न जाने क्या-क्या करते हैं। (अभी कुछ दिन पहले वे एक महाशय जी का किस्सा सुना चुके थे, जिन्होंने 'जवाहर शतक' के नाम से पंडितजी पर एक पुस्तक लिखी थी और इस जन्मदिन के उपलक्ष्य में उसे पंडितजी को स्वयं भेंट करने का समय लिया था। जाते हुए वे बच्चनजी के घर भी आये थे, उन्हें अपने साथ लिवा ले जाने का अनुरोध करने के लिए। बच्चनजी ने देखा कि फूलमाला, अक्षत, चन्दन, बढ़िया जिल्दबँधी पुस्तक (पांडुलिपि) के अलावा उनके साथ एक फ़ोटोग्राफ़र भी था।)... लेकिन मेरी समझ में नहीं आता कि लोग यश के लिए क्यों इतना व्याकुल रहते हैं। यदि आपने कोई रचना की है, तो क्या उस रचना का सुख ही काफ़ी नहीं है? उसके एवज़ में आप और कुछ क्यों चाहते हैं? मेरे लिए तो रचना का आनन्द ही इतना अमूल्य है कि उसकी समता में और कुछ नहीं। रचना के बदले में मैं पैसा ज़रूर चाहता हूँ; मेरी पुस्तकें बिकें और रायल्टी मिले—यह भी चाहता हूँ, क्योंकि पैसा मेरी

ज़रूरत है; लेकिन रचना के बदले मुझे यश मिले : इसकी कामना मुझे नहीं है। साथ ही मैं रचना को अमूल्य भी मानता हूँ; कितना ही पारिश्रमिक हो, कितना ही यश मिले—वह रचना का मूल्य नहीं दे सकता। सृजन का आनन्द ही सृजन की सबसे बड़ी उपलब्धि है।''

कल या परसों इसी सिलसिले की और भी एक बात हुई थी। पन्तजी के पत्र से दिनकरजी के अस्वस्थ होने का समाचार पाकर कदाचित् बच्चनजी ने दिनकरजी को एक पत्र लिखा था। उसका उत्तर परसों आया था। पूरा पत्र तो मैंने पढ़ा नहीं, 'पुनश्च' करके दिनकरजी ने जो लिखा था, वह मुझे बच्चनजी ने दिखाया। 'हिन्दी के कवि : सुमित्रानन्दन पन्त' की भूमिका में बच्चनजी ने हिन्दी के आधुनिक कवियों में से कुछ के व्यक्तित्व को शब्दों में बाँधा था। उसमें दिनकरजी के सम्बन्ध में जो लिखा था, उससे वे इतना प्रसन्न हुए थे कि उन्होंने पत्र में कहा था कि 'उसे पढ़कर रक्तचाप अपनेआप ही गिर गया।'

पत्र में यह पढ़कर बच्चनजी स्वयं भी बहुत प्रसन्न दिखे। बोले, ''देखा, मेरे लिखे हुए को पढ़कर रक्तचाप भी कम हो जाता है।'' यहाँ मुझे एक घटना और याद आती है। पिछली बार जब पन्तजी दिल्ली आने को थे ('रूपाम्बरा' उत्सव के सिलसिले में) तो मैं भी बच्चनजी के साथ उन्हें लिवाने के लिए स्टेशन गया था। ट्रेन आने के बाद, जब हम लोग गेट से बाहर निकल रहे थे तो अमित जी कुछ पीछे रुक गये थे और प्लेटफ़ार्म टिकट उन्हीं के पास थे। फिर भी, गेटकीपर ने हम लोगों से टिकट नहीं माँगे। जब हम गेट से बाहर निकल आये तो बच्चनजी ने कहा, ''देखा मेरा प्रताप। टिकट चेकर भी मुझसे टिकट नहीं माँगता।'' उस रोज़ मुझे टॉलस्टॉय और गोर्की की एक कथा याद आयी थी, जिसमें दोनों को आता देखकर एक गधा या घोड़ा जब राह से हट गया था तो टॉलस्टॉय ने कहा था, ''तुमने देखा, यह पशु भी जानता है कि टॉलस्टॉय आ रहा है।''

फिर वे बोले, ''क्यों भाई, तारीफ़ पढ़कर रक्त-चाप क्यों कम हो गया?''

मैंने कहा कि असल में कवि बेचारा बड़ा भावुक और दीन व्यक्ति होता है। वह केवल प्रशंसा का भूखा होता है। उसे और चाहिए भी क्या! यह निरपवाद नियम है। इसलिए, दिनकरजी का अपनी प्रशंसा से प्रसन्न होना स्वाभाविक है।

बच्चनजी ने कहा, ''मेरी तो इतनी अधिक प्रशंसा हो चुकी है और इतने समय से होती रही है कि मैं छक गया हूँ। अब मुझ पर प्रशंसा का कोई असर नहीं होता।''

फिर कुछ रुककर बोले, ''मैं तो प्रसिद्ध होकर ही साहित्य-क्षेत्र में आया था। 'मधुशाला' लिखी नहीं कि रातोंरात प्रसिद्ध हो गया। दूसरे दिन वह सबकी ज़बान पर थी।''

मैंने कहा, ''ठीक बायरन की तरह।''

वे बोले, ''हाँ, उसने लिखा है—''आई वोक अप वन मार्निंग टु फ़ाइंड माई सेल्फ़ फ़ेमस इन ऑल यूरोप।'' (एक रोज़ सुबह उठने पर मैंने पाया कि मैं सारे यूरोप में प्रसिद्ध हो गया हूँ।)

मैंने कहा कि असल में ऐसों की ही ख्याति होती है स्थायी। पन्तजी भी इसी तरह 'पल्लव' के साथ एकाएक प्रसिद्ध हो गये थे। घिस्सू लेखक सारे-के-सारे पीछे रह जाते हैं। यश तो उन्हें मिलता है जो चमककर एक बार सामने आ जाएँ और फिर अपनी चमक बनाये ही रखें।

23 नवम्बर 1960

लंच के समय बच्चनजी ने कहा, ''पच्चीस-तीस साल से बीमार नहीं पड़ा हूँ। लेकिन जो लोग बीमार नहीं होते, उन पर रोग का आक्रमण जब कभी होता है तो बहुत ज़बर्दस्त। घिसट-घिसटकर मरना मुझे पसन्द नहीं। मैं तो चाहता हूँ कि जिस तरह स्वस्थ रहकर जिया हूँ, वैसे ही मरूँ भी। या तो अचानक मौत हो जाए या गोली वग़ैरा लगकर। लम्बी बीमारी अच्छी नहीं होती। उससे रोगी तो ऊबता है ही, उसकी परिचर्या करनेवाले भी ऊब जाते हैं।''

फिर हिसाब लगाकर बोले, ''अठारह साल का मेरा लड़का हुआ, उसके छः साल पहले तक मैंने विवाह नहीं किया, कोई पच्चीस साल हुए जब बीमार पड़ा था। टी.बी. हो गया था मुझे। डॉक्टर को दिखाया तो उसने अठारह-बीस रुपये की दवाइयाँ और इंजेक्शन लिख दिये। मैं उन दिनों अग्रवाल कॉलेज में पढ़ाता था, तनख़्वाह थी तीस रुपये। घर की हालत अच्छी न थी। पिताजी की पेंशन, जो उन्हें पायनियर प्रेस से मिलती थी, सन् 1930 में बन्द हो चुकी थी। भाई सालिगराम 35 रुपये महीना कमाते थे और दस आदमियों का परिवार चलाते थे। मैंने डॉक्टर से कहा, ''आपने इतनी मँहगी दवाइयाँ लिख दी हैं, मैं तो इन्हें खरीद भी नहीं सकता। इसके अलावा अच्छा खाना-पीना भी सम्भव नहीं है।''

इस पर डॉक्टर ने कहा, ''दवाई नहीं कर सकता तो जा! मर!''

''मैं चला आया और मैंने कहा कि अगर मरना ही है तो आसानी से क्यों मरूँ। मेरे ससुर ने मुझसे लुई कूने की प्राकृतिक चिकित्सा करने को कहा था। वही मैंने शुरू की। तीन बजे सुबह उठकर ठंडे जल के टब में पेडू-स्नान करता था। आधे घंटे तक टब में लेटकर पेडू को रगड़ना पड़ता था। इसके बाद...नैनी जेल तक, लगभग छः मील, टहलने जाता था। रास्ते में थकने पर पानी, फल

का रस या दूध लेता था। भोजन बिलकुल नियमित और सूक्ष्म रहता था। छः महीने तक यह इलाज मैंने किया। सूखकर बिलकुल काँटा हो गया था। ऐसा लगता था, जैसे मुँह पर किसी ने बादामी काग़ज़ चिपका दिया है। गाल धँस गये थे। लेकिन बीमारी ठीक हो गयी। फिर जब मैंने खाना शुरू किया तो ग़ज़ब की भूख लगती थी। आठ-आठ रोटियाँ एक बार में खा जाता था।''

''श्यामा मेरी बीमारी के कारण बहुत दुखी और चिन्तित रहती थी। कुछ ऐसा संयोग हुआ कि जिस दिन मैं अच्छा हुआ उसी दिन वह बीमार पड़ गयी और फिर उठी ही नहीं। पूरे 216 दिन वह बीमार रही। उसे अँतड़ियों की टी.बी. हो गयी थी। मैं उसकी चारपाई से अपनी चारपाई लगाकर सोता था और खुद ही उसकी सेवा-सुश्रूषा करता था। मेरे घर के लोग कहते थे कि मैं तनिक अलग रहा करूँ, कहीं मुझे भी रोग न हो जाए, पर मैं सोचता था कि जिसका हाथ पकड़ा है, उसको इस तरह से निभाना ही चाहिए। श्यामा को इलाज के लिए मैं पटना ले गया था, लेकिन कुछ फ़ायदा न हुआ और वह चल बसी।''

बच्चनजी ने कहा, ''बड़ा दारुण जीवन जिया है मैंने।''

कुछ देर रुककर बोले, ''मैं धुनी भी बड़ा था। 'राक्षस' वर्ण है मेरा। मेरे भीतर एक दैत्य का वास है। उसे मैं बड़े यत्न से सुलाए रहता हूँ और आवश्यकता पड़ने पर ही उसका आवाहन करता हूँ। इलाहाबाद के दीक्षित प्रेसवाले ने मेरे साथ बेईमानी की थी। मेरे पिता से किसी बुकसेलर ने कहा कि जितना कमीशन आप सुषमा निकुंज की ओर से देते हैं, उससे अधिक पर, चाहिए तो, मुझसे अपनी किताबें ख़रीद लीजिए। मुझे वे दीक्षित प्रेस से मिल जाती हैं।

''पिताजी ने मुझसे यह बात कही। मैं एक दिन सुबह-ही-सुबह दीक्षित प्रेस पहुँच गया और उनसे कहा कि मेरी किताबों का स्टाक दिखाएँ। जब गिना तो हर फ़ार्म चार-पाँच सौ अधिक मिला। मैंने पुलिस आफ़िसर को बुलाकर कमरे में ताला लगवाया और सीलबन्द करा दिया। इसके बाद मैंने इलाहाबाद के हर ईंट-पत्थर से कहा कि दीक्षित प्रेस बेईमान है। जो भी मुझसे मिला, मैंने बताया कि दीक्षित प्रेस से कोई काम न कराइए, उसने मेरे साथ बेईमानी की है, आपके साथ भी करेगा।

''नतीजा यह हुआ कि दीक्षित प्रेस में ताला लग गया, उसका मालिक बीमार पड़ गया, उसे टी.बी. हो गयी और उसके घरवाले मेरे पास आये, यह कहने के लिए कि मेरी किताबें जब प्रेस में छपती थीं, तब जाकर किसी तरह घर का काम चलता था।

''अन्त में, एक बार मैं उसे देखने गया भी था। घरवालों ने उसे बाहर निकाल दिया था, सारा शरीर सड़ गया था, पड़ा-पड़ा खाँस रहा था। गया तो था मैं प्रतिशोध

की भावना से, लेकिन उसे देखकर दुख हुआ कि ब्राह्मण को मैंने इतना कठोर शाप क्यों दे दिया।

"इसी तरह जब मैं कैम्ब्रिज में था तो एक आदमी से तेजी की लड़ाई हो गयी और तेजी बहुत घबरायी कि अब क्या होगा। मैंने वहाँ से केबिल भेजा कि मैं अभी हवाईजहाज़ से लौटा आता हूँ। खैर, तेजी ने मुझे रोक दिया, लेकिन यदि मुझे सचमुच ही लौटना पड़ता, तो जिस व्यक्ति के कारण मेरा कैरियर इस प्रकार नष्ट होता और मेरे परिवार की शान्ति भंग होती, उसका मैं वध ही कर डालता। जो भी हो, एक कविता 600 पंक्तियों की मैंने लिखी है उस पर। कविता पर तेजी ने लिखवा दिया है—'कांफ़ीडेंशल। नॉट टु बी पब्लिश्ड' (गोपनीय। प्रकाशनार्थ नहीं)।

"एक बार एक गाय ने अमित को मार दिया। मुझे इतना ग़ुस्सा आया कि मैं कुल्हाड़ी लेकर घर से निकल पड़ा। वह तो कहो कि गाय मुझे मिली ही नहीं, वरना मैं उसे मार डालता, फिर बाद में चाहे पछताना ही पड़ता।

"मेरे अन्दर का वह दैत्य कैम्ब्रिज में भी जागा था। समय कम था और काम ज़्यादा था। मैंने निश्चय किया कि जब तक मैं समय के आगे-आगे न चलूँगा, मेरा काम पूरा न होगा। इसलिए मैं वहाँ सुबह चार बजे ही उठ जाता था, जबकि आमतौर से इंग्लैंड में लोग आठ बजे उठते हैं। सुबह ब्रेकफ़ास्ट के पहले मैं तीन घंटे काम कर चुकता था। एक दिन भी मुझे ऐसा याद नहीं आता, जब आलस्य के कारण मैं चार बजे न उठा होऊँ। अलार्म बजने पर जब मैं उठता था और खिड़कियों के बाहर देखता था तो दूर-दूर तक सिर्फ़ बर्फ़ ही दिखाई देती थी। घर में भी सन्नाटा रहता था। भूत की तरह मैं घर में चलता था और भूत की ही तरह काम करता था।"

27 नवम्बर 1960

आज बच्चनजी का जन्मदिन था। हम लोग (स्नेह[1], बिन्नो[2] और मैं) साढ़े सात बजे उनके घर पहुँचे; लेकिन वे ब्रह्मस्वरूप बाबाजी से मिलने के लिए स्टेशन जा चुके थे। हम लोग रुके रहे। बच्चनजी ने 'महुआ' और 'सोनमछरी' वाले गीत मँजीरे और घड़े के साथ टेप पर रिकार्ड किये थे और इसी टेप पर कुछ अन्य गीत तथा छन्दबद्ध कविताएँ भी थीं। ये 'टेप' हम लोगों ने सुने और आज मैंने फिर महसूस किया हर गीत में कोई-न-कोई अप्रिय मुहावरा या पद ज़रूर आ

1. स्नेहमयी चौधरी, लेखक की पत्नी।
2. कीर्ति चौधरी, लेखक की बहन। दे. पृष्ठ 72, पाद टिप्पणी।

गया है, गोकि इसमें सन्देह नहीं कि बच्चनजी ने उसको लिखने में बड़े सोच-विचार से काम लिया होगा और अपनी तरफ़ से कोई अनावश्यक या असंगत बात न लिखनी चाही होगी लेकिन, मुझे याद आता है कि सीपीवाली कविता—'सीपी में नील परी सागर तिरे...' के विकास को लेकर जब मैंने कुछ शंका प्रकट की थी तो उन्होंने जवाब दिया था, "मैं कविता लिखता हूँ कि 'लाजिक' की किताब?" और यों, इस चीज़ से, एक तरह से, इनकार किया था कि कविता का विकास स्वाभाविक रीति से होना चाहिए।

बहरहाल, बच्चनजी नाश्ते के समय घर आ गये और हम लोगों ने उन्हें पुष्पहार आदि पहनाये। अंकिल चौधरी भी सुबह की ट्रेन से आ गये थे, उन्होंने दो-चार मिनट की मूवी फ़िल्म उतारी। इस तरह की फ़िल्म वे पिछले चार वर्षों से लेते रहे हैं, और चारों में ही हम लोग शामिल हुए हैं।

सुबह जो बधाई के तार हम लोगों के सामने आये थे, वे ओंकार, धवन-दम्पती, बावा-दम्पती और रानी के थे।

तेजी भाभी ने नाश्ते की मेज़ बड़ी अच्छी सजायी थी। बीच में बहुत-से फल रखे थे और तरह-तरह की मिठाइयाँ थीं। बच्चनजी के लिए बरफ़ी ख़ासतौर पर घर में बनी थी। वह ताज़ी, गरम और बहुत स्वादिष्ट थी। बच्चनजी ने उसके अतिरिक्त दूध, टोस्ट और आमलेट लिया, हम लोगों ने और भी तमाम चीज़ें खायीं। अमित जी ने बताया कि शक्कर सबके लिए 'ज़हर' होती है और लोगों को शक्कर खानी ही न चाहिए। बच्चनजी ने कहा, "अच्छा, अब जो थोड़ी-बहुत शक्कर लेता हूँ, वह भी छोड़ दूँगा, लेकिन मलाई नहीं छोड़ सकता।"

नाश्ते के बाद लॉन पर टहलते हुए बच्चन जी ने मुझे बताया कि मुक्त छन्द की कविताओं का जो संग्रह प्रकाशित करने की योजना उनके मन में है (जिसके बारे में कल उन्होंने मुझसे ज़िक्र किया था और मैंने कहा था कि 2000 पंक्तियाँ हो जाएँ तो संग्रह 150 पृष्ठों का बन सकेगा), उसके लिए जो कविताएँ उनके पास तैयार हैं, उनकी कुल पंक्तियाँ 1460 हैं। इसके अतिरिक्त पाँच-छः मुक्तछन्द की कविताएँ उनके मन में हैं, जिन्हें वे महीने भर के भीतर लिख लेना चाहते हैं।

मैंने कहा, "तब तो आपके तीन कविता-संग्रह साथ-साथ तैयार हो जाएँगे। एक मुक्त छन्द का, दूसरा लोकधुनों पर आधारित गीतों का, और तीसरा प्रणय-पत्रिका सीरीज़ की कविताओं का। लेकिन ये बाद वाली कविताएँ शायद आपने कम लिखी हैं।"

वे बोले, "हाँ, पहले वाले दोनों संग्रह तैयार करके उसमें लग जाऊँगा। दीमक की तरह मैं किसी-न-किसी चीज़ में लगा ही रहता हूँ।"

फिर बाहर घूमते हुए आये। कहने लगे, "यह सब 'रॉकरी' (क्रीड़ाशैल)

मेरी ही बनाई हुई है। एक-एक पत्थर मैंने ही लाकर रखा है। रोज़ सुबह टहलने जाता हूँ। लौटते वक्त अपने साथ एक पत्थर लेता आता हूँ। इससे दो लाभ होते हैं। एक तो ऐसा करना मेरे स्वास्थ्य के लिए अच्छा रहता है, कुछ कसरत हो जाती है और दूसरे यहाँ घर में 'रॉकरी' तैयार हो गयी है।''

हँसकर जोड़ा उन्होंने, ''बात यह है कि मैं हूँ 'डिप्लोमेट'। कोई काम मैं तब तक नहीं करता, जब तक उसमें किसी तरह का लाभ न हो।''

संयोगवश आज ब्रह्मस्वरूप बाबाजी के दिल्ली शुभागमन के फलस्वरूप उनके दर्शनों का सुअवसर भी प्राप्त हो गया। भाई जी (श्री हनुमान प्रसाद पोद्दार) के साथ ही वे भी दिल्ली पधारे थे। मैं उनके दर्शन करने के लिए उत्सुक था भी। यह जानता था कि उनके अलौकिक स्वरूप का प्रभाव मुझ अश्रद्धालु पर पड़ने को नहीं है, फिर भी इच्छा थी देखने की कि वे कैसे हैं।

डालमिया हाउस, हार्डिंग ऐवन्यू में वे ठहरे थे। हम लोग साढ़े दस बजे वहाँ पहुँचे। सबने बाबाजी को दंडवत् किया, उतनी ही बार बाबा ने भी सबको दंडवत् की। उनका काष्ठमौन चल रहा है, इसलिए वे बोलते नहीं, केवल हँसते और विस्मयादिबोधक शब्दों (अच्छा, वाह, अहा, ख़ूब आदि) का उच्चारण करते हैं। बच्चनजी ने मुझसे कह रखा था कि जिसे बाबा स्पर्श कर दें समझो कि उसका भाग्योदय हो गया। यह भी बताया था कि वे त्रिकालदर्शी हैं; और यह कि भाई जी कृष्णस्वरूप हैं, और बाबाजी राधिकास्वरूप, इसलिए भाई जी बाबाजी से चौबीस घंटे में एक बार अवश्य मिल लेते हैं और उनकी सब बातें समझ जाते हैं।

बच्चनजी ने भोजपत्र पर अपनी एक कविता लिखकर भाईजी और बाबाजी को समर्पित की तथा गाकर सुनायी भी। कविता थी—''तुम प्रतीक्षा में हमेशा से खड़े थे, और मैंने ही न देखा।'' बड़ा सुन्दर गीत था। भावपूर्ण स्वर में गाकर बच्चनजी ने सुनाया। बाबाजी अत्यन्त प्रसन्न हुए। 'वाह', 'खूब' कहकर कई बार उन्होंने अपनी प्रसन्नता व्यक्त की और अपने हाथों से बच्चनजी को स्पर्श किया, उनके सम्मुख नमित हुए और कविता समाप्त होते-होते इतना विह्वल हो उठे कि बग़ल में रखी एक काग़ज़ की पुड़िया और फूल भाई जी को देते हुए संकेत किया कि बच्चनजी को दें। फिर अन्य सभी उपस्थित जनों को भी वह प्रसाद देने को कहा। बच्चनजी ने दो फूल और पुड़िया के मेवों का अधिकांश भाग स्वीकार किया; हम सब उठ पड़े और जब कमरे से बाहर निकले तो देखा—बाबा आनन्दातिरेक से नाचने लगे थे।

28 नवम्बर 1960

27 नवम्बर के 'आज' (रविवासरीय विशेषांक) में श्री चन्द्रदेव सिंह का एक लेख बच्चनजी की कविता के सम्बन्ध में प्रकाशित हुआ था। आज मैंने वह लेख पढ़कर बच्चनजी को सुनाया। 'मधुकलश' तक की रचनाओं पर लेखक ने विचार-विमर्श किया था और यह लेख उनकी प्रस्तावित पुस्तक का एक अंश प्रतीत होता था।

लेख सुनकर बच्चनजी ने अस्पष्ट ढंग से केवल एक शब्द कहा, जिसे ठीक से सुन न सकने के कारण मैंने पूछा, "क्या राय है आपकी?" बोले, "कह तो दिया —मूर्ख है। आलोचक होना बड़ा कठिन कार्य है। उसके लिए अन्तर्दृष्टि की और सम्यक् दृष्टि की आवश्यकता होती है। वे दोनों ही इस लेख में नहीं हैं। केवल कुछ पिटी-पिटाई हुई, सुनी-सुनाई बातों को दुहरा भर दिया गया है।"

मैंने कहा, "उद्धरणों की भी भरमार है।" वे बोले, "तुम देख लेना, आधी किताब में उद्धरण होंगे और शेष आधी में उन उद्धरणों का अर्थ दिया होगा।"

उन्होंने बताया कि अन्तर्दृष्टि का अर्थ है, कविता के छिपे हुए, भीतरी अर्थ का उद्‌घाटन। अर्थात् उस अर्थ को भी जान लेना, जो कदाचित् स्वयं कवि के चेतन मन पर प्रकट न हो। और सम्यक् दृष्टि है— कवि के सम्पूर्ण कवित्व को सांगिक रूप से देख पाना। उसके परिवार, उसके समाज, उसकी परिस्थितियों, उसके समय, उसके देश की राजनीति, उसकी शिक्षा-दीक्षा आदि को ध्यान में रखकर यह देख सकना कि इनमें से किसने किस हद तक उसके काव्य को प्रभावित और परिचालित किया : यही सम्यक् दृष्टि है।

चन्द्रदेव सिंह ने अपने लेख में जो विचार व्यक्त किये थे, उनके अनुसार बच्चन की प्रारम्भिक कविता धर्म, अध्यात्म और सामाजिक मान्यताओं की विरोधिनी थी।

यह विचार मुझे ठीक न लगा था। ऐसा जान पड़ा कि यह पिटी-पिटाई राय बच्चनजी को भी नहीं जँची। इसलिए, उन्होंने संकेत-रूप में कहा, "यदि कोई देखनेवाला हो तो उसे मधुशाला में भी एक गहरी धार्मिक चेतना दिखाई दे सकती है।"

मैंने उन्हें बताना चाहा कि 'प्रणय-पत्रिका' के गीतों की पृष्ठभूमि की चर्चा करते हुए मैंने उनसे प्रायः कहा था कि सूत्ररूप में आध्यात्मिक संकेत शुरू से उनकी कविता में मिल सकेंगे; लेकिन इस अवसर मैंने उस बात को बढ़ाना उचित न समझा।

स्वयं बच्चनजी ने ही, इसे तनिक विस्तार के साथ, अन्य उदाहरण देकर समझाया : "पन्तजी की प्रारम्भिक कविता में सामाजिक चेतना नहीं के बराबर है, लेकिन उनकी उत्तरकालीन कविता में यह चेतना विशेष प्रधान है। इसका अर्थ

यह हुआ कि प्रारम्भिक कविता में भी वह सूक्ष्म रूप से अवश्य व्याप्त है।

"इसके अतिरिक्त आलोचना के मान भी बदलते रहते हैं। शेक्सपियर की जो आलोचना अठारहवीं सदी में हुई, उससे उन्नीसवीं और बाद में बीसवीं सदी की आलोचना बहुत भिन्न है। कारण यह है कि समय के साथ आलोचना के ढंग और सिद्धान्त भी विकसित होते रहते हैं। अन्यथा 'होमर' के विषय में जो एक बार लिख दिया गया, वही आज तक प्रमाण माना जाता।"

बच्चनजी ने और भी कहा कि—"मैं कम-से-कम इतना भाग्यशाली अवश्य हूँ कि मेरे ऊपर निबन्ध आदि लिखकर भले ही भ्रामक बातें प्रचारित की गयी हों, कोई पुस्तक नहीं लिखी गयी, अतः उन भ्रामक और अधकचरी बातों को कोई पक्का और निश्चित स्वरूप नहीं मिल सका।"

मैंने कहा, "ख़ैर, किताब लिखने से आप किसी को रोक भी कैसे सकेंगे; हाँ, यह आशा ज़रूर रखनी चाहिए कि अगर कभी किसी पुस्तक द्वारा, अर्ध सत्यों का प्रचार हो ही जाए तो सुधीजन भविष्य में ठीक-ठाक मूल्यांकन करके उनका निराकरण कर देंगे। दूसरी ओर यह ख़तरा भी है कि एक बार जो बात लिख दी गयी, वह 'सेट' (स्थिर) न हो जाए, क्योंकि इस 'शार्टकट' के युग में लोग प्रायः स्वयं पढ़कर स्वयं विचार नहीं करते, बल्कि सुनी-सुनाई बातों को ही दुहराने लगते हैं।"

चन्द्रदेवजी के लेख के बारे में मैंने कहा, "पुस्तकें पढ़ी तो अवश्य हैं इन्होंने, यह लेख उनके पहले वाले लेख से अच्छा भी है, लेकिन इसमें सूझ की कमी दिखाई देती है।"

बच्चनजी बोले, "बस, तुमने एक शब्द कह दिया, जो बिलकुल सही है। मैंने प्रो. टिलयार्ड से (कैम्ब्रिज में) पूछा, "आलोचना में किस चीज़ की सबसे अधिक आवश्यकता है?" उन्होंने उत्तर दिया, 'इमेजिनेशन' (कल्पना) की! वह 'इमेजिनेशन' 'सूझ' ही है। कविता की 'इमेजिनेशन' से भिन्न होते हुए भी, जब तक आलोचना 'इमेजिनेशन' का आधार नहीं ग्रहण करती, साहित्य नहीं बन सकती। उदाहरणस्वरूप, येट्स पर मेरा शोध-ग्रन्थ साहित्य नहीं है, लेकिन उस पर हेन की पुस्तक साहित्य की कोटि में आती है। कारण यह है कि एक काम पुस्तक लिखने या डिग्री पाने के उद्देश्य से किया गया है, और दूसरा लेखक-विशेष के साहित्य के प्रति सतत अनुराग का परिणाम है। जो व्यक्ति किसी के साहित्य में रुचि ले, उसका अध्ययन करता रहे और तज्जनित विचारों को पुस्तक का रूप दे, वही साहित्यिक आलोचना की रचना कर सकता है।"

अन्त में उन्होंने कहा, "इस व्यक्ति को अगले दस वर्षों तक आलोचना-पुस्तक न लिखनी चाहिए।"

23 दिसम्बर 1960

'आज के लोकप्रिय कवि हरिवंशराय बच्चन' के सम्पादक श्री चन्द्रगुप्त विद्यालंकार ने अपनी 15 अगस्त 1960 को लिखी भूमिका में बच्चनजी के सन् 1932 के स्वरूप का वर्णन यों किया है—"लम्बे घुँघराले बाल, इकहरा शरीर, दरमियाना क़द, गेहुआँ रंग, दार्शनिक की-सी गम्भीर मुद्रा में, घनी भवों से भरी उन्नत पेशानी के नीचे गहराई में गई हुई पर शराफ़त भरी आँखें, जिनपर मोटे फ्रेम का चश्मा पड़ा रहता था।"

आज 1960 में अट्ठाईस वर्ष बाद भी, यदि कोई बच्चनजी के चेहरे-मोहरे का विवरण देना चाहे तो उपर्युक्त ब्योरे से ही काम चल जाएगा। बाल अब भी उनके घुँघराले हैं, गोकि उतने लम्बे नहीं; और कनपटी पर के कुछ बालों को छोड़कर शेष अब भी काले हैं। शरीर उनका इकहरा ही कहा जाएगा गोकि कसरत और परिश्रम ने उसे ठोस और पुष्ट बना दिया है। कसरत वे शुरू से ही करते रहे हैं, फलस्वरूप उनके शरीर पर चर्बी नहीं चढ़ सकी है बल्कि पंजों, पिंडलियों, जाँघों, हाथों और बाँहों की उनकी मांसपेशियाँ बहुत मज़बूत और स्वस्थ हैं। पर भवें अब उनकी घनी नहीं रहीं; एक तरह से बिलकुल सपाट हो गयी हैं। सम्भव है, यह समय-प्रवाह के कारण हुआ हो, पर मेरा अनुमान है कि वे सदा से ही ऐसी थीं और मोटे फ्रेम के चश्मे के नीचे उनके छिपे होने के कारण ही चन्द्रगुप्तजी 1932 में भवों को ग़ौर से नहीं देख सके थे।

25 दिसम्बर 1960

आज मैं सुबह 'त्रिभंगिमा' की कविताओं का क्रम तैयार करने के लिए बच्चनजी के घर गया था। बातचीत के दौरान उन्होंने कहा, "इस उम्र में अब किसी तरह का अभिमान करने की बात मेरे लिए नहीं है, और न यह आत्म-प्रशंसा ही है, लेकिन इसका विश्वास मुझे अवश्य है कि 'मधुशाला' ने हिन्दी की आधुनिक और भावी कविता की भाषा तैयार करने का काम किया है।"

फिर बोले, "भाषा के प्रसंग में मैं जिन तीन पुस्तकों को सबसे अधिक महत्त्व देता हूँ, वे हैं—'भारत-भारती', 'पल्लव' और 'मधुशाला'। इनमें से पहली ने भाषा को शुद्धता प्रदान की, दूसरी ने गरिमा और तीसरी ने जीवन। 'मधुशाला' ने हिन्दी कविता की कृत्रिम और निष्प्राण भाषा को स्वाभाविक तथा सजीव बनाया।"

अभी दो-तीन दिन पहले ही मेरी मेज़ पर 'मधुशाला' देखकर बच्चनजी ने पूछा था, "इसे क्यों पढ़ रहे हो?" और जब मैंने उन्हें बताया था कि मुझे

इस पुस्तक पर 'हिन्दी साहित्य कोश' के लिए टिप्पणी लिखनी है तो उन्होंने कहा था—"ज़रा लिखने के बाद मुझे भी दिखाइएगा, क्योंकि लिखने में आप भयंकर भूलें करेंगे। यों आपकी राय क्या है इस पुस्तक के बारे में?"

मैंने उत्तर दिया था—"क्या कहना है इस पुस्तक का! लेकिन यह मैं ज़रूर समझता हूँ कि कलात्मक दृष्टि से इसका दर्जा आपकी बाद की अनेक कृतियों से नीचे है। पर इसे साहित्यिक संयोग ही मानना पड़ेगा कि कभी-कभी कलात्मक दृष्टि से अपरिपक्व रचानाओं को भी बहुत अधिक लोकप्रियता प्राप्त हो जाती है। उदाहरणार्थ, प्रसादजी की 'आँसू' और भगवती बाबू की 'चित्रलेखा' को बड़ी प्रसिद्धि मिली, गोकि इन लेखकों की बाद की कृतियाँ कहीं अधिक श्रेष्ठ और परिपक्व हैं।"

इस पर उन्होंने कहा था, "आपका ख़याल ग़लत है। 'मधुशाला इज़ ए क्लैसिक ऐंड आर्टिस्टिकली ए परफेक्ट काम्पोज़ीशन' (मधुशाला एक श्रेष्ठ ग्रन्थ है और कलात्मक दृष्टि से एक परिपूर्ण रचना)।"

यह विचार व्यक्त करके बच्चनजी तो चले गये थे, पर मैं उनके इस कथन की तुलना उनकी पहले की धारणा के साथ करता रहा, जब वे भी 'मधुशाला' को जनता द्वारा पसन्द किये जाने पर किंचित् दुख प्रकट करते थे। अपनी इन दोनों धारणाओं में से किसे वे सचमुच ठीक समझते हैं, इसका अचानक निर्णय कर पाना मेरे लिए बहुत कठिन है। मोटे तौर पर यही कह सकता हूँ कि कुछ-कुछ सत्य दोनों ही बातों में वे देखते हैं। सम्भवतः कुछ समय पहले तक वे 'मधुशाला' की अपेक्षा अपनी उत्तरकालीन कविता को अधिक श्रेष्ठ और महत्त्वपूर्ण मानते थे किन्तु, हाल में, विशेषकर विदेश-प्रवास में येट्स का अध्ययन करने और बाद में 'जनगीता' लिखने के दौरान कुछ अन्य संकेत मुझे मिले हैं। कितनी ही बार वे ज़ोर देकर कह चुके हैं कि प्रत्येक रचना का अर्थ देश-काल-पात्र के साथ विकसित होता चलता है। साफ़ है कि वे 'मधुशाला' के सम्बन्ध में भी इसे ठीक मानते हैं। यह सच है कि 'मधुशाला' के रचनाकाल में उन्होंने कल्पना न की होगी कि वे कभी 'जनगीता' भी लिखेंगे, पर आज उसकी रचना कर चुकने के बाद यह स्वाभाविक ही है—विशेषकर उनके जैसे सुव्यवस्थित, सांगिक और एक-सूत्रबद्ध कवि के लिए—कि वे अपनी तमाम रचना में एक तारतम्य जोड़ें और अपनी प्रारम्भिक रचना में उत्तरकालीन के, तथा उत्तरकालीन रचना में प्रारम्भिक के तत्त्व विद्यमान मानें।

इसमें सन्देह नहीं कि 'मधुशाला' विशुद्ध मदिरा की कविता कभी न थी, पर उसके प्रतीकार्थ की संगति आज के अपने पूजा-पाठ, व्रत-नियम, साधु-सन्त-अनुगमन आदि से बिठा देना बच्चनजी का ही काम है।

'मधुशाला' की सफलता के प्रसंग में यह भी स्मरणीय है कि बच्चनजी ने उसके बाद, उसी पैटर्न की दो अन्य लम्बी कविताओं—'हलाहल' और 'मरघट'—की भी योजना बनायी थी। कुल मिलाकर ये तीनों-मानव-जीवन की तीन स्थितियों का चित्रण करनेवाली रचनाएँ होतीं। इनमें 'हलाहल' तो प्रकाशित हुआ, पर 'मरघट' पूरा नहीं हो सका। उसके जो थोड़े-बहुत पद रचे भी गये थे, उनके विषय में बच्चनजी ने अपनी किसी भूमिका में लिखा है कि वे दीमकों के ग्रास बन गये। 'हलाहल' को 'मधुशाला' जैसी सफलता नहीं मिल सकी (गोकि मैं समझता हूँ कि वह काव्य की दृष्टि से कदाचित 'मधुशाला' से बेहतर रचना है)। कौन जाने, इसीलिए 'मरघट' को पूरा करने के लिए बच्चनजी उत्साहित न हुए हों। सम्भवतः 'मरघट' यदि पूरा होता और छपता, तो भी वह 'मधुशाला' जैसा लोकप्रिय न हो पाता।

बहरहाल, इससे यह तो प्रकट है ही कि साहित्यिक कृतियों के भविष्य पर उनके रचनाकार का वश प्रायः नहीं रहता।

26 दिसम्बर 1960

कल बच्चनजी ने बताया कि 'सुषमा निकुंज प्रकाशन' उन्होंने केवल हिन्दीवालों के बर्ताव से क्षुब्ध होकर शुरू किया था। पहले उनकी 'मधुशाला' 'अभ्युदय प्रेस' से छपनेवाली थी; पांडुलिपि वे दे चुके थे उन लोगों को। लेकिन वे उसे साल भर तक दाबे बैठे रहे, फिर पद्मकान्त मालवीय ने 'रुबाइयाते-पद्म' नाम से अपनी किताब निकाल दी और उसमें 'मधुशाला' से बहुत-सी चोरी भी कर ली। यह देखकर बच्चनजी को बहुत दुख हुआ, लेकिन जब उन्होंने श्यामाजी को यह बात बतायी तो वे बोलीं, "अरे, पद्मकान्तै तो चुराइन हैं तुमार कविता। कौनो पन्त, प्रसाद, निराला जस कवि चुरात तो दुखी होए की कौनो बातो रहै।"

बच्चनजी ने कहा, "वह ठीक कहती थीं। कहाँ तो पद्मकान्त मालवीय ने यह समझा था कि अपनी किताब पहले निकालकर बच्चनजी को चोर साबित करने का मौक़ा हाथ में रहेगा और कहाँ आज उस किताब का नामोनिशान भी नहीं दिखाई देता। किस क़दर दरियादिली से बाँटी गयी थी वह किताब, लेकिन उसका वह एक संस्करण भी पूरा ख़त्म न हो सका।"

जहाँ तक 'सुषमा निकुंज' का सम्बन्ध है, बच्चनजी स्वयं उसका कोई कामधाम न देखते थे। यह सारा प्रबन्ध उनके पिताजी और भाई के ऊपर था।

पिताजी पायनियर प्रेस के कर्मचारी रह चुके थे, इसलिए प्रेस-सम्बन्धी सारी जटिलताओं से परिचित थे। भाई इलाहाबाद बैंक में थे और व्यवसाय-बुद्धि उनमें विशेष थी। 'सुषमा निकुंज' से बच्चनजी की पुस्तकों के लगभग बीस-पच्चीस संस्करण प्रकाशित हुए। 'एकान्त-संगीत' तक उनकी पुस्तकें वहीं से प्रकाशित हुईं। फिर पिताजी का देहान्त हो गया, भाई की बदली हो गयी और बच्चनजी ने अपना विवाह भी कर लिया। अब पत्नी का साथ देते कि विक्रेताओं से किताब का कमीशन तय करते! ये दोनों काम एक साथ नहीं चल सकते थे, इसलिए उन्होंने प्रकाशन-कार्य बन्द करके पुस्तकें 'भारती भंडार' को दे दीं।

यों 'सुषमा निकुंज' का काम काफ़ी चल निकला था और यदि कोई उसकी देखभाल करनेवाला होता तो वे अवश्य ही लखपती हो जाते। अश्कजी या यशपाल जी की पत्नियों की भाँति उनकी पत्नी नहीं थी, अन्यथा वह प्रकाशन का काम सँभाल लेती।

और उन्होंने बताया कि पंजाबी होते हुए भी, उनकी पत्नी में पंजाबीपन नहीं है। वह तो 'आर्टिस्ट' है। फिर क्यारी में उगे ख़ुशनुमा गुलाब चुनती हुई तेजी भाभी की ओर देखकर बोले, ''100 रुपये की खाद सिर्फ़ गुलाबों में ही डलवा देती है। आप समझते हैं कि वह प्रकाशन करती और आने-पाई के हिसाब में अपनी जान खपाती!''

तभी तेजी भाभी अपनी अंजलि में ढेर-सारे गुलाब लिये हुए हम लोगों के निकट आयीं और बहुतेरे फूल उन्होंने बच्चनजी की गोद में बिखेर दिये। इतने बड़े, इतने ताज़े और खुशबू भरे गुलाब थे कि मैं उन्हें एकटक देखता ही रह गया और जब शेष फूलों को लेकर भाभीजी ड्राइंगरूम सजाने और ठाकुरजी की पूजा करने चली गयीं, तब तक एक और ही विषय छिड़ गया था। बच्चनजी बता रहे थे कि 'हालावाद' का प्रवर्तक उन्हें कहा जाता है, लेकिन उन्होंने ऐसे किसी भी वाद का प्रवर्तन नहीं किया। वास्तव में यह नाम इस तरह शुरू हुआ कि पटना से प्रकाशित 'योगी' नामक पत्र में प्रति सप्ताह उनके ख़िलाफ़ कुछ-न-कुछ अवश्य निकलता था और उसमें उन्हें 'हालाबाज़' के नाम से सम्बोधित किया जाता था। यह 'हालाबाज़' ही आगे चलकर 'हालावाद' में परिवर्तित हो गया। 'योगी' की इन आलोचनाओं का रहस्य उन्हें बाद में ज्ञात हुआ। बात यह थी कि दिनकर की 'रेणुका', दुलारेलाल की 'दुलारे-दोहावली' और बच्चनजी की 'मधुशाला' लगभग एक ही समय प्रकाशित हुई थीं और 'देव-पुरस्कार' इनमें से ही किसी को मिलने की सम्भावना थी। 'योगी' वालों को यह आशंका थी कि कहीं 'मधुशाला' 'रेणुका' से बाज़ी न मार ले जाए, इसलिए वे बच्चनजी पर आक्षेप-पर-आक्षेप करते रहते थे। ख़ैर, हिन्दी में इस तरह की क्षुद्रताएँ चलती ही रहती हैं।

बच्चनजी ने यह भी बताया कि उन्होंने कभी किसी पुरस्कार के लिए अपनी पुस्तक नहीं भेजी और न पुरस्कारों को किसी पुस्तक की श्रेष्ठता की कसौटी ही माना। पुरस्कार देने में लोगों के राग-द्वेष ही मुख्यतः काम करते हैं, इसलिए उनके निर्णय को सही कैसे माना जाए! असली चीज़ है—जनता के द्वारा पुस्तक का स्वीकार किया जाना।

बच्चनजी ने बात यहीं समाप्त कर दी। शायद यह कहने की उन्हें ज़रूरत नहीं थी कि जनता ने उन्हें और उनकी पुस्तकों को स्वीकार किया है और इस हद तक स्वीकार किया है कि पुरस्कार भी उनके द्वारा स्वीकृत होने को लालायित जान पड़ते हैं। इसके संकेत अब यत्र-तत्र दिखाई देने लगे हैं। सम्भवतः इसी वर्ष (या 1959 में?) साहित्य-सम्मेलन की ओर से उनके पास पत्र आया कि वे मंगला प्रसाद पारितोषिक के लिए अपनी पुस्तक की प्रतियाँ भेजें। इस पत्र का उत्तर उन्होंने यह दिया कि मेरी अमुक पुस्तक अमुक प्रकाशक से प्राप्य है, यदि सम्मेलन उसे पारितोषिक के उपयुक्त समझता हो, तो वहाँ से मँगवा सकता है।

इस वर्ष के साहित्य अकादमी पुरस्कार के लिए हिन्दी की जिन पुस्तकों की सूची तैयार हुई है जिनमें से एक पुस्तक अन्ततः चुनी जाएगी, उनमें भी बच्चनजी की दो पुस्तकें 'आरती और अंगारे' तथा 'कवियों में सौम्य सन्त' हैं। मैं समझता हूँ कि इस सूची में बच्चनजी की कोई पुस्तक पहली बार ही शामिल हुई है, और मेरी यह धारणा भी है कि यदि इस वर्ष उन्हें पुरस्कार न भी मिला, तो अगले वर्ष 'त्रिभंगिमा' पर मिलेगा।

27 दिसम्बर 1960

इधर कुछ दिनों से बच्चनजी अस्वस्थ से रहे। उनकी एड़ी के नीचे कोई हड्डी बढ़ रही है और नुकीली होकर उनकी एड़ी के मांस में धँसने लगी है। इससे उन्हें दर्द भी होता रहा है पर 'एक्स-रे' एक-दो दिन पहले ही होने के कारण असली बीमारी अब जाकर ज्ञात हुई। यों डॉक्टर उन्हें बिजली की सेंक दे रहे हैं और आशा है कि हड्डी का नुकीला हिस्सा गल जाएगा, लेकिन बच्चनजी को अस्वस्थ होने की यह जो चिन्ता लग गयी, उसके कारण आज, अस्पताल से लौटने के बाद वे विशेष रूप से सुस्त दिखाई दिये। बोले, ''यह फ़ीलिंग (भावना) ही बुरी है कि मुझे कोई बीमारी लग गयी है। असल में मेरा 'सिस्टम' (शारीरिक दशा) बहुत 'हारमोनाइज्ड' (सुव्यवस्थित) है, उसमें इस आशंका और रोग ने आकर व्यवधान डाला है। लेकिन, यह प्रभु की इच्छा है तो इसका भी स्वागत!''

अस्पताल से वे लौटे न थे, तभी दफ़्तर में ग्वालियर से कवि-सम्मेलन के सम्बन्ध में एक ट्रंक काल आया था। उनकी अनुपस्थिति में मैंने ही फ़ोन पर बातचीत की थी। ग्वालियर वाले 300 रुपये देने को कहते थे, जबकि बच्चनजी ने 500 रुपये माँगे थे।

ट्रंक काल का हाल सुनकर बच्चनजी ने कहा, ''अगर वे लोग मेरा दर्शन ही करना चाहते हैं तो उन्हें 500 रुपये के अलावा 200 रुपये और भी देने चाहिए थे।[1] फिर बोले, ''सोचता हूँ अब कवि-सम्मेलन की फीस 1000 रुपये कर दूँ। जिसे बुलाना हो 1000 रुपया अग्रिम दे दे, तभी अपने राम यहाँ से चल सकते हैं।...

''अच्छा, आज जो भी निमन्त्रण पत्र कवि-सम्मेलन के लिए आएगा, उसके उत्तर में 1000 रुपया फ़ीस माँगी जाएगी।''

यों तो वे इधर चार-छः दिनों से कह रहे थे कि 'कवि-सम्मेलन में जाने की फ़ीस 1000 रुपये कर दूँ? क्या राय है तुम्हारी?' और मैं मुस्कराकर रह जाता था। पर आज मैंने उनके कथन पर विचार किया तो मेरा ध्यान कुछ और भी बातों की ओर गया।

दो-चार दिन पहले ही उनसे दो औपचारिक अवसरों के लिए स्वागत-गीत लिखने की प्रार्थना की गयी थी। एक, महारानी एलिज़ाबेथ के स्वागत अधिवेशन में उद्घाटन के समय गाये जाने के लिए, दूसरा कोई और। बच्चनजी ने दोनों जगहों को पत्र लिखा कि गीत लिखने की फ़ीस 500 रुपये होगी। स्वाभाविक था कि कविता की कीमत 10-12 रुपये लगानेवाले समाज में स्वागत-गान के लिए 500 रुपया माँगा जाना एक बड़ी बात समझी जाती। फलतः इन दोनों प्रस्तावों के रखनेवाले चियाँ कर बैठ गये।

निस्सन्देह, बच्चनजी का उद्देश्य इस तरह की कविताएँ लिखानेवालों को निरुत्साहित करना भी रहा होगा। बहुधा उन्हें कवि-सम्मेलनों में जाने में असुविधा होती है, साथ ही वे यह भी महसूस करते होंगे कि उनके साथ के और उनके स्तर के अन्य कविगण कवि-सम्मेलनों में नहीं जाते। अतः उन्होंने अपनी फ़ीस 1000 रुपये करके मानो यही संकेत किया है कि मैं तो नहीं आना चाहता, पर यदि आप मुझे बुलाना ही चाहते हैं तो 1000 रुपये की रक़म भरिए। इसी तरह, स्वागत-गान आदि लिखाने के लिए भी उन्होंने 'प्रोहीबिटरी' (निषेधात्मक) क़ीमत रख दी है। इससे उनकी गरिमा बढ़ती है, और वे व्यर्थ के झंझटों में फँसने से भी बच जाते हैं।

यों, उन्हें दो-तीन बार पाँच-पाँच सौ रुपये मिले भी हैं, अपने गीतों के

1. बच्चनजी की टिप्पणी : 'असंगत-सा लगता है—ऐसा क्यों कहा होगा। मुझे तो याद नहीं।'

लिए। नेपाल-नरेश के लिए स्वागत-गान लिखने पर, तथा नौ-सैनिकों और एन.सी.सी. कैडेटों के लिए गीत लिखने पर, उन्हें प्रत्येक के लिए पाँच-सौ रुपये मिल चुके हैं। पर मेरा विचार है कि जब वे इतनी बड़ी रक़में माँगते हैं तो उनका ध्येय पैसा उतना नहीं होता, जितना कि अपनी प्रतिष्ठा का बोध और एक अपेक्षाकृत अल्पप्रिय तथा कष्टसाध्य कार्य से बचने की उनकी आकांक्षा।

28 दिसम्बर 1960

आज श्री चन्द्रदेवसिंह बच्चनजी पर अपनी पुस्तक के सम्बन्ध में इंटरव्यू लेने के लिए दिल्ली आये। शाम को वे ऑफ़िस से बच्चनजी के साथ ही उनके घर गये। जाने से पहले बच्चनजी ने उनसे मेरा परिचय कराया और यों चाहता मैं भी था, पर साथ ही बच्चनजी की भी इच्छा जान पड़ी कि बातचीत के समय मैं उपस्थित रहूँ तो अच्छा हो। अस्तु, मैं छः बजे के लगभग उनके घर पहुँचा। उस समय चन्द्रदेवजी अपना निबन्ध 'छायावादोत्तर कविता और बच्चन' सुना रहे थे।

यों लेने तो आये थे चन्द्रदेवजी बच्चनजी का इंटरव्यू पर मेरा ध्यान स्वयं उन पर केन्द्रित रहा। मैं उन्हें छोटे कद का, कुछ-कुछ मुद्राराक्षस या श्रीकान्त वर्मा के जिस्म का आदमी समझता था, पर वे लम्बे-तगड़े निकले। आवाज़ किंचित् ऊँची, स्वर काफी कुछ अनुनासिक और लहजा बिलकुल ही भोजपुरी। चाल-ढाल में थोड़ा-बहुत अक्खड़पन क्योंकि एक तो ठहरे ठाकुर, फिर भोजपुरी और उसपर भी बेलारोड के आगे के एक गाँव के रहनेवाले। साम्यवादियों के समर्थक, जीवन के संघर्ष में पले; सुसंस्कृत समाज अथवा अभिजात वर्ग के सम्पर्क में कम ही रहे।

कुल मिलाकर मुझे लगा कि खुले दिल का आदमी है यह, अक्खड़ और किसी हद तक उजड्ड भी कह सकते हैं, पर शायद बुरा नहीं है। मिलनसार है और दोस्त-क़िस्म का। लेकिन साहित्यिक समझ अभी उनमें बहुत परिपक्व नहीं जान पड़ी मुझे।

कारण यह था कि बच्चनजी के साथ इंटरव्यू के दौरान जो भी प्रश्न उन्होंने मेरे सामने पूछे, उनमें मुझे कोई सूझ-बूझ अथवा गहराई नहीं दिखाई दी। बिलकुल 'कैज़ुअल' (साधारण) ढंग के प्रश्न थे वे। उदाहरणार्थ, उन्होंने पूछा—क्या आप ईश्वर में विश्वास करते हैं? क्या आपने 'गर्म लोहा पीट' वाली कविता भारती के 'ठंडा लोहा' के उत्तर में लिखी है? आपने 'आरती और अंगारे' की भूमिका

में लिखा है कि ये कविताएँ, 'प्रणय-पत्रिका' के अन्तर्गत उसी योजना में आती हैं, यह कैसे? अनुवाद के सम्बन्ध में आपकी नीति क्या है? आपने पहले 'मैकबेथ' का ही अनुवाद क्यों किया? आदि।

निश्चय ही ये प्रश्न गूढ़ न थे और बच्चन-साहित्य का सम्यक् अध्ययन कर चुकने के बाद उन्हें पूछने की ऐसी कोई आवश्यकता भी शेष न रहनी चाहिए थी।

बहरहाल, उन्होंने अपने दो लेख भी सुनाये—'छायावादोत्तर हिन्दी कविता और बच्चन' तथा 'बच्चन की छन्द-योजना'। इन दोनों ही लेखों में व्यवस्थित योजना और गम्भीर विचार दृष्टि का अभाव था। अपने आप में भी वे सफल निबन्ध न थे क्योंकि उनमें कहीं की ईंट, कहीं का रोड़ा लाकर इकट्ठा किया गया था। अस्तु!

बच्चनजी ने कहा, "मुझे हिन्दी की मनीषा पर अटूट विश्वास है। यह बड़ी ही सशक्त भाषा है और यह न केवल भारत पर बल्कि विश्व पर भी छा जाएगी। ऐसी यह हिन्दी अपने विकास-क्रम में विभिन्न लेखकों-कवियों के माध्यम से विभिन्न कार्य सम्पन्न कराती रही है। सम्भव है कि ऐसा ही कोई विशिष्ट कार्य करने के लिए मुझे भी हिन्दी ने चुना हो। उस समय के मानस, उस समय की भाषा और तत्कालीन सामाजिक-राजनीतिक परिस्थितियों में कुछ ऐसी बात अवश्य रही होगी, कि मेरे जैसे एक कवि का उदय होना अनिवार्य हो गया। इसी अनिवार्यता की ओर आपको संकेत करना चाहिए, यदि आप समझते हैं कि ऐसी कोई चीज़ सचमुच थी।"

बच्चनजी ने कहा कि, "आपकी पुस्तक के पहले अध्याय का विषय यही होना चाहिए—'द इनएवीटेबिलिटी आफ़ बच्चन: द पोएट' (कवि बच्चन की अनिवार्यता)। कम-से-कम मैं यदि बच्चन न होता और बच्चन के ऊपर पुस्तक लिखता तो पहला निबन्ध ऐसा ही रखता। उस निबन्ध में बच्चन का नाम एक बार भी न आना चाहिए। केवल उन विशिष्ट स्थितियों-कारणों की चर्चा होनी चाहिए, जिन्होंने 'बच्चन' की कविता को जन्म दिया। यों तो, बच्चन की कविता का कोई महत्त्व है या नहीं, यह बात आज से दो-ढाई सौ वर्ष बाद ही मालूम हो सकेगी, लेकिन आज चूँकि आप उन पर पुस्तक लिखने जा रहे हैं और चूँकि यह उन पर प्रथम पुस्तक होगी, इसलिए ऐसा माना जा सकता है कि जहाँ तक आपका सम्बन्ध है, आप उन्हें महत्त्वपूर्ण कवि मानते हैं। यह महत्त्व आप उन्हें क्यों देते हैं, और बच्चन की कविता हिन्दी की किस विशेष आवश्यकता की पूर्ति करती है : इसी का विवरण इस पहले निबन्ध में होना चाहिए।"

बच्चनजी ने कहा, "हिन्दी में कवियों के बारे में कुछ बातें यों ही प्रचलित

हो जाती हैं; बाद में लोग उन्हीं को दुहराते चलते हैं और आपकी पुस्तक का एक उद्देश्य यह भी होना चाहिए कि यदि बच्चन के विषय में ऐसी कोई भ्रान्तियाँ हों तो पुस्तक में उनको दुहराकर उन्हें स्थिर रूप दे देने के बजाय उनका निराकरण कीजिए।

''मेरे बारे में बहुत-सी सही-ग़लत बातें प्रचारित की गयी हैं। इनमें से एक है—मुझे 'हालावाद' का प्रवर्तक बतलाना। मैंने इस तरह के किसी वाद का प्रवर्तन नहीं किया।'' और इसके बाद, उन्होंने 'योगी' की 'हालाबाज़' विशेषण वाली कथा सुनायी।

बोले, ''किन्तु जब मुझे लोग 'हालावादी' कहने लगे तो मुझे इतना अवश्य मालूम हो गया कि 'मधुशाला' में कोई चीज़ ज़रूर है कि इस पुस्तक को लोग 'छायावाद' के ग़ल्ले में नहीं डाल पा रहे हैं। यही 'मधुशाला' की विशिष्टता और नवीनता थी।''

उन्होंने कहा, ''मुझे लोग प्रायः व्यक्तिवादी कहते रहे हैं, और निराशावादी भी। लेकिन मेरी कविता समाज से निरपेक्ष नहीं रही और न मैंने अपनी निराशा की चरम स्थिति में भी कभी जीवन की आशा छोड़ी। 'मधुशाला' का विद्रोह राष्ट्रीय स्वाधीनता-आन्दोलन में निहित विद्रोह की ही प्रतिध्वनि है। मध्ययुगीन संस्कारों, मान्यताओं, कुरीतियों और अन्धविश्वासों के प्रति विद्रोह की आवाज़ 'मधुशाला' में उठाई गयी है। दासता में बँधे हमारे मध्ययुगीन मन को मुक्त करने की आवाज़ उसमें है और इसी कारण वह जनता में इतनी लोकप्रिय हुई है। कारण कि दबी-ढँकी और बँधी हुई जन-भावनाओं को 'मधुशाला' में मुक्ति का खुला द्वार दिखाई देता है।

''गाँधी के असहयोग आन्दोलन का स्पष्ट प्रभाव मेरी कविताओं पर पड़ा है। जब तक आप 1920 से 1930 तक के समाज और युग का अध्ययन नहीं करेंगे, तब तक आप मेरे मन को नहीं समझ सकेंगे। यही वह काल है, जब मेरे मन का निर्माण हुआ।

'' 'निशा निमन्त्रण' को लोग निराशा की कविता समझते हैं, पर वास्तव में वह जीवन की अन्तिम सीमा-मृत्यु-तक पहुँचे हुए व्यक्ति का पुनः जीवन के प्रति निवेदन है। मैं अन्धकार की चरम सीमा पर जा पहुँचा था, पर प्रकाश के लिए-जीवन के लिए-मेरे मन में अप्रतिहत लालसा थी। इसका स्पष्ट आभास 'निशा निमन्त्रण', 'एकान्त संगीत' और 'आकुल अन्तर' के गीतों में मिल सकता है। 'एक मुर्दा गा रहा था बैठकर जलती चिता पर' और 'चार क़दम उठकर मरने पर मेरी लाश चलेगी 'आदि कविताएँ मेरे भीतर की उस जीवनी-शक्ति का परिचायक हैं, जो सम्मुख-मृत्यु के होते हुए भी मुझे पराजित न होने देती थी।

''मेरे इन गीतों का आशावाद कोई सतही आशावाद नहीं है, बल्कि वह मृत्यु और जीवन के दुर्धर्ष संघर्ष में जीवन की विजय का परिचायक आशावाद

है। इसी प्रकार ईश्वर में मेरा विश्वास—मेरी आस्तिकता—कोई कहने भर के लिए नहीं है, बल्कि उसका मूल मेरे तमाम अन्तस्संघर्ष में है। मेरे परिवार की परिस्थितियाँ ऐसी थीं कि मैं नास्तिक तो हो ही नहीं सकता था, लेकिन यह अवश्य है कि ईश्वर के अस्तित्व का बोध मुझे क्रमशः ही हुआ। ईश्वर में मेरी आस्था विकसित हुई है और मैं उन तमाम मनःस्थितियों से होकर गुज़रा हूँ कि आज सचमुच ही यह कह सकता हूँ कि इस लोक से परे की किसी सत्ता में मेरा विश्वास है, उसे नाम कुछ भी क्यों न दिया जाए।[1]''

बच्चनजी ने कहा, ''अक्सर यह समझा जाता है कि 'निशा निमन्त्रण' की रचना का कारण केवल पत्नी की मृत्यु है। मैं समझता था कि कोई आलोचक इस भ्रान्ति का निराकरण करेगा, इसीलिए इस सम्बन्ध में मैंने कभी कुछ कहा नहीं, लेकिन आज आपको बतलाता हूँ, कि वह केवल मेरी घरेलू निराशा से उत्पन्न कविता नहीं है। लोगों ने यह नहीं सोचा कि केवल पत्नी की मृत्यु इतनी बड़ी ट्रेजेडी नहीं हो सकती, इसलिए और भी कि मेरी शादी तो बाकायदा तय कर के हुई थी, और उसमें मेरी कोई पूर्व सहमति न थी।

''वास्तव में 'निशा निमन्त्रण' के पीछे मेरे जीवन की एक कहीं बड़ी और कहीं भयानक ट्रेजेडी थी, जिसके कारण जीवन का मेरे लिए कोई अर्थ नहीं रहा था। श्यामा की मृत्यु तो एक प्रकार से उस-कहीं बड़ी-ट्रेजेडी की परिणति थी। जब सब तरफ़ से निराश होकर मैंने पत्नी की ओर देखा तो पाया कि मेरा यह अन्तिम आश्रय भी शेष नहीं बचा।''

इस मूल ट्रेजेडी का संकेत मैंने अपनी एक भूमिका में किया भी है। सूत्र रूप से में मैं सारी बातें लिख देता हूँ, उन्हें खोलकर नहीं कहता। कोई खोजना चाहे तो उसे सब कुछ मिल जाएगा।

इन तथा अन्य बातों के बाद उन्होंने येट्स की कई कविताएँ पढ़कर सुनायीं। मुझसे बोले, ''तुम्हें येट्स की कविता ज़रूर पढ़नी चाहिए।'' पहले भी कई बार वे मुझे यह सलाह दे चुके हैं। मैंने सोचा है कि अगले महीने येट्स की कविताओं का संग्रह लाऊँगा। इससे न केवल बच्चनजी की अनेक कविताओं के अर्थ खुलेंगे, बल्कि उनकी भक्ति-भावना और अलौकिक शक्तियों में उनके विश्वास का स्वरूप भी स्पष्ट होगा।

देर हो रही थी, इसलिए हमने बिदा ली। चन्द्रदेवजी बस से गये, मैं घर आया।

---

1. इस पर बच्चनजी की टिप्पणी है : "Not clearly expressed."

29 दिसम्बर 1960

दिन में चन्द्रदेव के निबन्धों का ज़िक्र करते हुए बच्चनजी ने कहा कि वे उन्हें पसन्द नहीं आये। निबन्धों में दृष्टिकोण, सूझ, अध्ययन, चिन्तन और व्यवस्थित लेखन का अभाव है।

"छन्दों के ऊपर जो अध्याय चन्द्रदेवजी ने लिखा है, उसमें भी कोई विश्लेषण नहीं किया गया।"

बच्चनजी ने कहा, "मैंने जयदेव और विद्यापति के छन्दों का प्रयोग अपनी कविता में किया है, बस, अपनी ओर से जो नयापन किया है, वह है—चार पंक्तियों के पद का उपयोग, जिसमें तीसरी पंक्ति अतुकान्त होती है और इस कारण उसमें काफी कुछ कह जाने की गुंजाइश रहती है।"

जयदेव के 'धीर समीरे यमुना तीरे वसति वने वनमाली' के तर्ज पर है 'मेरे वर्ण वर्ण विशृंखल, चरण-चरण भरमाए।' इसी प्रकार 'सकल सरीर कुसुम तुव सिरजल, हिय तुव किहल पखान' (विद्यापति) की धुन पर भी अनेक गीत हैं।

ज़ाहिर है कि चन्द्रदेवजी के निबन्धों में ऐसे प्रसंगों का कोई भी उल्लेख न था।

29 दिसम्बर 1960

आज शाम को भी चन्द्रदेवजी बच्चनजी से मिलने आये। इंटरव्यू की प्रश्नावली वे आज ही लाये थे। जब मैं पहुँचा तो अनुवादों के सम्बन्ध में चर्चा समाप्त हो चुकी थी और बच्चनजी उन्हें बता रहे थे कि उन्होंने अपनी पहली गद्यरचना सन् 31 (?) में लिखी और वह थी—हेकिल[1] के दर्शन पर एक निबन्ध। उनकी पहली कविता मध्याह्न (?) 'प्रेमा' नामक पत्र में, 1932 (?) में प्रकाशित हुई—वह 'प्रारम्भिक रचनाएँ' में संगृहीत भी है। 'मधुशाला' की दस रुबाइयाँ पहले (1933?)[2] 'सरस्वती' में प्रकाशित हो चुकी थीं और जब उसका पहला पाठ काशी विश्वविद्यालय में हुआ, तभी से वह लोकप्रिय हो गयी और उसके बाद जहाँ भी बच्चनजी गये, वहाँ 'मधुशाला' की ख्याति पहले ही पहुँच चुकी थी।

बच्चनजी बोले, "काशी विश्वविद्यालय में देश के कोने-कोने से विद्यार्थी आते हैं, उनके मन में जो चीज़ बैठ जाए, उसे फैलते देर नहीं लगती। इसलिए

1. बच्चनजी ने यहाँ हेकिल के विषय में सूचना दी : "German Rationalist, Scientist and Thinker."
2. बच्चनजी ने संकेत किया : 'नये पुराने झरोखे देखो।'

मेरी सलाह है कि अगर किसी के पास कोई ज़ोरदार चीज़ हो, जिसे वह प्रचारित करना चाहता हो, तो उसे बाबा विश्वनाथ के दरबार में जाकर उसको सुनाना चाहिए; बस, उसकी रचना त्रिलोक में फैल जाएगी।'' लोकधुन पर लिखे गीतों के सम्बन्ध में बच्चनजी ने वही पहलेवाली बात कही कि हिन्दी कविता में रागतत्त्व का एकदम अभाव होते देखकर ही उन्होंने उसे पुन: कविता में समाविष्ट करने का यत्न किया है।

लोकधुन पर लिखे गीतों के सम्बन्ध में बच्चनजी ने कहा, ''मैं एक कील गाड़ देता हूँ, और फिर उसे लगातार ठोंकता ही चला जाता हूँ।''

आज उन्होंने 'आरती और अंगारे' से कुछ गीत सुनाये और 'प्रणय पत्रिका' की योजना समझायी कि किस प्रकार वे 'विनय पत्रिका' के नमूने पर 'प्रणय पत्रिका' लिखना चाहते हैं। उन्होंने कहा कि जो व्यक्ति प्रिय होता है, उसी से आदमी लड़ता भी है। तुलसीदास की रचना के जवाब में एक दूसरी चीज़ लिखने का रहस्य भी यही है। तुलसीदास ने प्रारम्भ में देवी-देवताओं की स्तुति की है, और बाद में भगवान राम के पास अपनी 'पत्रिका' भेजवायी है। बच्चनजी सदा से जीवन के कवि रहे हैं, उन्होंने जीवन देखा है और उसी का गान किया है। इस कारण जब उनके मन में कुछ उच्चतर जिज्ञासाएँ उत्पन्न हुईं तो यह विचार भी आया कि उनका समाधान जीवन के भीतर रहकर ही मिल सकता है। इसी कारण उन्होंने 'प्रणय पत्रिका' की रचना करने का निश्चय किया और प्रारम्भ में उन कवियों का यशोगान किया जो जीवन के गायक हुए हैं। 'विनय पत्रिका' की ही भाँति 'प्रणय पत्रिका' की विशेषता भी होगी—उसके गीतों का क्रम! स्पष्ट है कि तुलसीदास ने 279 (?) पदों की रचना एक साथ बैठकर न की होगी। वे स्फुट रूप में लिखे गये होंगे, किन्तु उनका जो क्रम है, उसके पीछे एक 'मास्टर माइंड' (ज़बर्दस्त दिमाग़) है। ऐसा ही बच्चनजी 'प्रणय पत्रिका' में भी करना चाहते हैं। गीत पूरे हो जाने के बाद सारी कविताओं को एक विशेष क्रम में लगाया जाएगा और तभी उसमें कोई बात बनेगी।

यह अवश्य है कि बच्चनजी के 'जीवन-सम्बन्धी' दर्शन की उक्त व्याख्या सुनकर भी मैं चुप रहा, क्योंकि यह बातचीत एक इंटरव्यू के सिलसिले में हो रही थी, और उसमें हस्तक्षेप करने का मतलब था बहस-मुबाहिसा, जोकि इस अवसर पर उपयुक्त न होता। फिर भी, मेरा मतभेद इस बात से था कि वे 'प्रणय पत्रिका' का क्षेत्र 'जीवन' को बता रहे थे, जबकि लौकिक और पार्थिव जीवन का अतिक्रमण करके एक अशरीरी, अपार्थिव जीवन की ओर अग्रसर होना ही मुझे 'प्रणय पत्रिका' की मूल वृत्ति मालूम होती रही है। जहाँ बच्चनजी की कविता समाप्त होती लगती है, वहीं से बच्चनजी की कविता आगे भी बढ़ती है। हमारे

देश की यही विशेषता है। जीवन का अन्त मृत्यु में है, पर मृत्यु के उपरान्त अनन्त जीवन का विस्तार है।

मन-ही-मन बच्चनजी भी इसे समझते और मानते हैं; ऊपर से भले ही वे न स्वीकार करें। यों उन्होंने कहा भी कि इस देश में जिस चीज़ के साथ हम सब मूल रूप से आबद्ध हैं, वह है आध्यात्मिकता। वह हमारे अन्तरतम में स्थित है। हमारे ऋषियों-मुनियों ने यह देन हमें दी है, इसलिए हम कितना ही भूलें, भटकें, भरमाएँ, वह एक प्रकाश हमारी दृष्टि से कभी ओझल नहीं हो पाता।

अन्त में, बच्चनजी ने चन्द्रदेव से कहा कि आपकी पुस्तक एक 'ऐप्रीसिएशन' (समालोचना) मात्र हो सकती है, वह 'रिसर्च वर्क' (शोध ग्रन्थ) नहीं हो सकती, क्योंकि इस कार्य के लिए जितना परिश्रम और जितने गूढ़ कार्य की आवश्यकता है, वह करने के लिए आपके पास न समय है और न वृत्ति ही।

बच्चनजी ने कहा कि यदि कोई रिसर्च करे तो एक पुस्तक का विषय यही है कि 'मधुशाला' और 'रुबाइयात' में कितना भाव-साम्य है और कितनी विभिन्नता है! क्या 'मधुशाला' रुबाइयात की नक़ल मात्र है, या उसमें कुछ मौलिकता भी है?

अन्य बहुत-सी बातों के बाद हम दोनों ने वहीं भोजन किया और बिदा हुए।

2 जनवरी 1961

आज बच्चनजी ने नये साल की अपनी योजनाएँ बतायीं—'हैमलेट' और 'विष्णुप्रिया' के अनुवाद। 'आधुनिक कवि' (सम्मेलन के लिए कविता-संकलन) और अपना 'निबन्ध-संग्रह' तैयार करना।

पिछले साल, सन् साठ में, उन्होंने पन्तजी पर पुस्तक लिखने और 'हैमलेट' का अनुवाद पूरा करने का विचार किया था; पर 'हैमलेट' तो रह गया, 'त्रिभंगिमा' तैयार हो गयी। इसलिए ऐसा नहीं कि पिछले साल का उनका संकल्प बिलकुल ही पूरा न हो सका हो। उन्होंने बताया कि कविता लिखने के सम्बन्ध में वे कोई योजना नहीं बनाते। वह आए तो आ जाए।

मैंने उनसे कहा कि आप धन्य हैं कि अपनी योजनाओं से भी कुछ अधिक काम कर लेते हैं। मैंने तो इस वर्ष भी उन्हीं योजनाओं को पूरा करने की सोची है, जो पिछले पाँच वर्षों से अधूरी पड़ी हैं और जो कौन जाने इस वर्ष भी वैसी ही रह जाएँ।

3 जनवरी 1961

टैगौर जयन्ती के अवसर पर भाषण देते हुए पंडित नेहरू ने कल भाषा की कठिनाई की आलोचना की थी और कहा था कि यह दोष हिन्दी में ख़ासतौर से पाया जाता है। इस पर बच्चनजी ने कहा कि, "मैं अब की पंडितजी से मिलूँगा तो कहूँगा, कि आपने जो 'स्टेटमेंट' दिया है, उससे हिन्दीवाले बहुत नाराज़ हैं। वे कहेंगे, नाराज़ हैं तो मैं क्या करूँ! हिन्दी वाले लिखते ही ऐसा हैं। तब मैं कहूँगा, "लेकिन मैं तो कठिन भाषा नहीं लिखता।" इसपर वे जवाब देंगे, "तुम्हारी बात दूसरी है।"

इस बातचीत की कल्पना करने के बाद बच्चनजी ने कहा, "असल में मैं भी 'डिप्लोमैट' हूँ। यह नहीं कि कठिन शब्दों का मैं प्रयोग नहीं करता, लेकिन सुनाते समय उनको दबा देता हूँ और उभारकर ऐसे ही शब्दों को उच्चारित करता हूँ, जो स्पष्ट और सुबोध हों। इसी तरह जब कभी पंडितजी के सामने कविता सुनाने का मौक़ा आता है तो बिलकुल आसानवाली कविताएँ ही सुनाता हूँ, जैसे "इसीलिए खड़ा रहा कि तुम मुझे पुकार लो।"

4 जनवरी 1961

प्रसंगवश अपने पिताजी का ज़िक्र करते हुए बच्चनजी ने बताया कि बड़े ज़ोरदार आदमी थे वे। इतना निडर और निर्भीक आदमी उन्होंने दूसरा नहीं देखा। डर को तो वे जानते ही न थे।

मोहल्ले में किसी मुसलमान की हत्या कर दी गयी थी। उसमें कई लोग पकड़े गये। बच्चनजी के पिता ने उन लोगों से कहा कि तुम तनिक भी न घबराना। मैं इक़बाली ब़यान दे दूँगा कि मैंने ही हत्या की है। उन्होंने ऐसा बयान दिया भी, लेकिन कोर्ट ने इसे मंजूर नहीं किया। आखिर में वे रिहा कर दिये गये गोकि मोहल्ले के कुछ अन्य लोगों को कुछ सज़ा मिली।

पहले भी कई बार बच्चनजी बता चुके हैं कि उनके पिता सुख-दुख सब में समभाव रहते थे। घर में कोई उत्सव हुआ तो निर्विकार होकर सम्पन्न कर दिया और कोई मर गया तो वैसे ही अविचलित रहकर उसे फूँक आये।

बच्चनजी के भाई शालिग्राम भी ऐसे ही बेढब जीव थे। बच्चनजी कहते हैं कि 'वह बड़ा ज़ालिम आदमी था।' उन्होंने तीन विवाह किये। शायद दूसरी पत्नी की बीमारी के सिलसिले में उन्होंने बैंक से दस-पन्द्रह दिन की छुट्टी ली

थी। दफ़्तर में अपने सहयोगियों को काम समझाकर जब वे घर पहुँचे तो मालूम हुआ कि बीवी तो चल बसी। उसे श्मशान ले जाकर फूँक-फाँककर वे उसी दिन, तीन-चार घंटे बाद दफ़्तर पहुँच गये और अपने काम पर लग गये।[1]

बच्चनजी ने एक बार बताया था कि उन्होंने अपने जीवन में न जाने कितनी मौतें देखी हैं—पिता-माता, बुआ, पत्नी, भाई, भाभियाँ, बहनें-सबको ख़त्म करके वे बैठे हैं। इसीलिए उन्हें अब मृत्यु का भय नहीं व्यापता।

उनके पिता की मृत्यु प्रातःकाल हुई थी। वे किंचित अस्वस्थ थे। बड़े व्रत-नेम के आदमी थे। सुबह तीन बजे उठकर गंगा-स्नान के लिए जाया करते थे। जिस दिन मृत्यु हुई, उस दिन भी प्रातःकाल उठे। हाथ-मुँह धोकर उन्होंने कपड़े बदले और बच्चनजी की माँ से कहा, "मेरे बिस्तरे की चादर बदल दो। मैं कुछ देर आराम करूँगा।"

फिर सफ़ेद चादर पर लेट गये। थोड़ी ही देर में उनकी तबीयत खराब होने लगी। बच्चनजी की माँ घबरा गयीं। उन्होंने पूछा, "मैं बच्चन को बुलाऊँ?" तो पिताजी ने मना कर दिया कि किसी को भी बुलाने की ज़रूरत नहीं।

पर माँ के बार-बार कहने पर उन्होंने बच्चन को बुलाने की अनुमति दे दी। बच्चनजी दो घर छोड़कर तीसरे घर में ही रहते थे। वे जब पिताजी के पास पहुँचे, तब तक उनके प्राण-पखेरू उड़ चुके थे।

बच्चनजी ने कहा कि वे आदमी की वृत्तियों का एक मापदंड यह भी मानते हैं कि उसकी मृत्यु किस प्रकार हुई। जो लोग सात्त्विक होते हैं, उन्हें मृत्यु के समय कष्ट नहीं होता। बच्चनजी के पिता जी ऐसे ही व्यक्ति थे। वरना मौत नज़दीक आने पर लोगों की बुरी हालत हो जाती है। बहुत-से लोग तो रोने लगते हैं। बहुत-से लोग अपने सगे-सम्बन्धियों को अन्तिम बार देखने की व्याकुलता प्रकट करते हैं। बहुतों को मर्मान्तक कष्ट होता है। बच्चनजी ने तो सभी तरह की मौतें देखी हैं। उनकी माँ के प्राण बड़े कष्ट से निकले। वे अन्तिम समय में शालिग्राम (बच्चनजी के छोटे भाई) को देखने के लिए व्यग्र हो गयी थीं, पर शालिग्राम उन दिनों कलकत्ते में थे। स्वयं शलिग्राम की मृत्यु लखनऊ में हुई और मृत्यु के समय उनके पैरों में भयानक दर्द होने लगा था। दबाना बन्द करते ही वह दर्द असह्य हो उठता था। उनके भी प्राण कष्ट से निकले। बच्चनजी की एक बहन की मृत्यु टी.बी. से हुई, पत्नी की बीमारी भी बड़ी कठिन और लम्बी थी।

वे बोले, "छोटों-बड़ों सभी को ख़त्म करके मैं ही एक बचा हुआ हूँ। शायद इसकी एक वजह यह हो कि मैं बहुत जिद्दी और क्रोधी था। इसी से आगे चलकर

1. बच्चनजी की टिप्पणी : "घटना इस तरह नहीं है, कभी मिलने पर बताऊँगा।"

मुझमें इच्छा-शक्ति विकसित होती गयी। यों टी.बी. तो मुझको भी हो गया था और उसका समुचित इलाज कर पाना मेरे लिए सम्भव न था। पर मैंने प्राकृतिक चिकित्सा शुरू की और वह मैं ही था, जिसने रोग को बिलकुल पछाड़ दिया। जिस डॉक्टर ने मुझे टी.बी. बताकर, मेरी असहायता जानकर कहा था—'इलाज नहीं करा सकता तो जाकर मर', उससे कई वर्ष बाद जब मेरी भेंट हुई और मैंने उसे बताया कि मैं मरा नहीं, बल्कि मैंने शादी भी कर ली है और अब मेरे दो बच्चे हैं, तो वह आश्चर्यचकित रह गया।''

बच्चनजी ने पहले बतायी हुई एक बात फिर दुहरायी कि उनकी जन्मकुंडली में लिखा है कि वे राक्षस वर्ण के हैं। वह कुछ झूठ नहीं है। उनके भीतर एक राक्षस का वास है, जो जब जागता है तो अपने संकल्प को पूरा करके ही मानता है।

उन्होंने कहा कि, ''मैं बहुत हठी हूँ। जिस बात को ठान लिया, उसे पूरा कर के ही दम लेता हूँ। एक बार मैंने निश्चय किया कि तीन बजे सुबह उठकर टहलने जाया करूँगा। फिर आँधी-पानी भी मुझे नहीं रोक सके। एक रोज़ पानी बरस रहा था। मैंने बरसाती पहनी, छाता लिया और घूमने निकल पड़ा। वह बरसाती बिलकुल भीग गयी लेकिन प्रण तो पूरा हो गया।''

17, क्लाइव रोड वाले घर के लिए उनका संघर्ष भी इसी हठ का प्रतीक था। वह घर कलेक्टर ने उन्हें 'एलॉट' कर दिया था, लेकिन उस घर में रहनेवाले महाशय (हरमिन्दर सिंह) अपने तबादले के समय उसे अपने किसी पंजाबी सम्बन्धी को दे गये। बच्चनजी ने 'एडेल्फ़ी' वाला घर छोड़ दिया था और उनका सारा सामान शेखर सरन के आँगन में पड़ा हुआ था। पर जब वे क्लाइव रोड के घर में अपना ताला लगाने गये तो उन्होंने देखा कि वहाँ तो कोई और ही जमा बैठा है। वह हेवेट रोड का कोई पंजाबी बिज़नेस मैन (मल?) था और हरमिन्दर सिंह (जो अब विदेश मन्त्रालय में हैं) अपने फर्नीचर वग़ैरा के साथ ही अपना घर भी उसे दे गये थे। इस व्यक्ति ने रेंट कंट्रोलर से मिल-मिलाकर उन्हें साथ कर लिया था और उन्होंने इससे कह दिया था कि घर में तुम जमे रहो, बाक़ी मैं देख लूँगा। बहरहाल, कलेक्टर का एलॉटमेंट ऑर्डर लेकर जब बच्चनजी वहाँ पहुँचे तो उस व्यक्ति ने घर खाली करने से साफ़ इनकार कर दिया। बच्चनजी ने देखा कि बाहर उसकी मोटर खड़ी है, और भीतर तमाम फर्नीचर वग़ैरा है। पूरे घर पर उसका कब्ज़ा था और वह इस बात को भी जानता था कि तीन बटा चार क़ानून है—अपना कब्ज़ा होना। जब वह नहीं माना तो बच्चनजी ने कहा कि घर तो तुम्हें ख़ाली करना ही पड़ेगा। मैं अपनी इसी साइकिल से तुम्हारी मोटर यहाँ से ठेल दूँगा और इसके बाद उन्होंने कानूनी कार्रवाई शुरू की। हरमिन्दर सिंह

का तबादला देहरादून में हुआ था, और क़ायदे से वे इलाहाबाद का घर रोक नहीं सकते थे। उनको सरकारी पत्र भेजवाया कि वे इलाहाबाद का घर खाली करें, लेकिन ये लोग मिलकर न जाने क्या गड़बड़ कर देते थे कि ख़त वहाँ पहुँच ही नहीं पाता था। जब पहुँचा भी तो हरमिन्दर सिंह ने लिख दिया कि उनका परिवार अभी इलाहाबाद में ही है और उनकी पत्नी गर्भवती है, इसलिए वे घर नहीं छोड़ सकते।

बच्चनजी ने इसपर कहा कि यह बात ठीक नहीं है, घर में वे अपने किसी मित्र को बिठा गये हैं और उनका परिवार यहाँ नहीं है।

आख़िरकार महीने-डेढ़ महीने बाद हरमिन्दरसिंह के दफ्तर की ओर से यह पत्र आया कि इलाहाबाद का घर उन्होंने छोड़ दिया है। इस पर बच्चनजी ने क्लाइव रोड का घर खाली कराने के लिए पुलिस भेजवायी। वह शनिवार का दिन था। पुलिसवालों को कोई झूठा काग़ज़ दिखाकर इस आदमी ने कह दिया कि, ''मैंने हाई कोर्ट से इंजंक्शन ऑर्डर ले लिया है। आप मकान ख़ाली नहीं करा सकते।'' शायद उसने पुलिसवालों को दस-बीस रुपये दे भी दिये होंगे। नतीजा यह हुआ कि हाई कोर्ट उस दिन बन्द था इसलिए 'स्टे ऑर्डर' तो जारी हो ही न सकता था। इंजंक्शन की अर्ज़ी उसने सोमवार को दी। वह जस्टिस वांचू के कोर्ट में सुनी गयी। अर्ज़ी में उसने लिखा था कि बच्चनजी ने गुंडों को लेकर उसके घरवालों पर धावा बोल दिया था। यह सरासर झूठी बात थी, क्योंकि असल में तो यह मुकदमा सरकार की तरफ़ से लड़ा जा रहा था और सरकार ही उससे घर ख़ाली करा रही थी। बच्चनजी को गुंडे भेजने की ज़रूरत ही क्या थी! वे तो केवल एक गवाह के रूप में वहाँ उपस्थित थे।

हुआ यह कि जस्टिस वांचू ने अर्ज़ी पढ़ी और जब वे गुंडोंवाले आरोप पर पहुँचे तो उन्होंने अस्फुट स्वर में कहा: पोएट बच्चन ऐंड गुंडाज़! आई कान्ट बिलीव इट (कवि बच्चन और गुंडे! मैं इस पर यक़ीन ही नहीं कर सकता।) अन्त में उन्होंने अर्ज़ी पर हुक्म दिया कि घर को पुलिस के ज़रिये खाली कराया जाए। यह हुक्म होने पर बच्चनजी ने देखा कि वे हज़रत (और उनके एक भाई भी) वहाँ से लापता हो गये। घर आकर उन्होंने तेजी भाभी को बताया कि आज अन्तिम रूप से फ़ैसला हो गया और उनकी जीत हुई।

शाम को वे उसी साइकिल पर क्लाइव रोड के घर की ओर गये, जिस पर चढ़कर उन्होंने यह सारा संग्राम—गरमी की तेज़ धूप और लू सहकर— किया था। वहाँ पहुँचकर उन्होंने देखा कि घर बिलकुल साफ़ पड़ा है, वहाँ किसी का नामो-निशान भी नहीं है, सारे दरवाज़े खुले पड़े हैं और न कोई आदमी है, न आदमज़ात।

बच्चनजी ने कहा कि, "उस आदमी की मोटर भी वहाँ न थी, नहीं तो मैं अपनी साइकिल से उसे गेट की तरफ़ ठेलता ज़रूर, फिर चाहे मेरी साइकिल टूट ही क्यों न जाती।"

अन्त में, वे बोले, "ऐसा हठी हूँ मैं।" और कुछ रुककर बोले, "श्रीयुत बच्चनजी से लोहा लेना कोई हँसी-खेल नहीं है।"

उन्होंने कहा कि, "जिन-जिन लोगों ने मेरा अहित किया है, उन सबसे बदला लेने का प्रण मैंने किया है। वे सब मेरी 'ब्लैक लिस्ट' में हैं। बहुतों से तो बदला ले भी चुका हूँ।"

अपने एक चाचा का किस्सा पहले कभी सुनाया था उन्होंने। यह बच्चनजी की युवावस्था की घटना है। उनके मुहल्ले के किसी नवयुवक ने किसी विजातीय बालिका से विवाह कर लिया था और जो दो-चार नयी विचारधारा के युवक उस विवाह में शामिल हुए थे, उनमें एक बच्चनजी भी थे। इसके कुछ ही दिनों बाद बच्चनजी के घर में कोई उत्सव था (सम्भवतः घर की बहू ने अपने हाथों से पहली बार भोजन बनाया था)। उस रोज़ शाम को घर पर तमाम नाते-रिश्तेदारों की दावत होनी थी। लेकिन हुआ यह कि उक्त चाचाजी ने सब रिश्तेदारों से कहा जाकर कि बच्चन चूँकि इस तरह की शादी में जाकर शरीक़ हुए, इसलिए उनके बाप के यहाँ कोई भी खाना खाने न जाए। भीतर-ही-भीतर इस तरह की बात चल रही थी लेकिन बच्चनजी के घर में किसी को भी इसका पता न था। यहाँ खाना तैयार था, दावत का पूरा इन्तज़ाम था, मगर दरवाज़े पर कोई भी नज़र न आ रहा था। सात-साढ़े सात-आठ बजे, फिर भी कोई न आया तो ये लोग चिन्तित हुए। निमन्त्रित लोगों के यहाँ आदमी भेजे गये तो किसी ने जवाब दिया कि बदहज़मी हो गयी है, किसी को दस्त आने लगे थे और कोई घर पर ही न था। बहरहाल, आया कोई नहीं और सारा खाना बेकार गया।

कैसा घोर अपमान बच्चनजी के कारण उनके पिता को सहना पड़ा था उस दिन! बच्चनजी ने उस रोज़ प्रण किया था कि यदि उनके कारण उनके घरवालों को नीचा देखना पड़ा, तो उन्हीं के कारण वे गौरवान्वित भी होंगे और जिन लोगों ने बच्चनजी के कारण इस घर में भोजन करना अस्वीकार कर दिया, वे कभी बच्चनजी के साथ बैठकर खाने में अपनी इज़्ज़त समझेंगे।

बच्चनजी का यह प्रण आगे चलकर पूरा भी हुआ। उनके चाचाजी का तो खैर देहान्त हो गया, लेकिन एक बार, जब बच्चनजी किसी कवि-सम्मेलन के सिलसिले में उस नगर में गये थे, जहाँ चाचाजी का लड़का प्रिंसिपल था, तो उसने उन्हें बड़े आग्रह के साथ अपने घर खाने पर बुलाया और उनके सम्मान में नगर के प्रतिष्ठित लोगों को भी दावत दी।

मैंने बच्चनजी से पूछा, "क्या आपने अपने चचेरे भाई से कहा भी कि तुम्हारे पिताजी ने एक समय इस तरह का व्यवहार किया था?"

इस पर बच्चनजी ने कहा, "बहुत-सी बातें कही नहीं जातीं, सिर्फ़ समझ ली जाती हैं। मेरे 'कज़िन' (चचेरे भाई) ने भी अपने बाप की ग़लती को महसूस कर लिया था और इतना ही काफ़ी था।"

बच्चनजी ने आगे कहा, "हिन्दीवालों ने भी 'मधुशाला' को लेकर मेरा इतना अधिक अपमान किया है, कि मैंने उन पर 'फ़ाइन' (जुर्माना) कर दिया है। मैं 'रेम्यूनेशन' (पारिश्रमिक) थोड़े लेता हूँ, मैं तो वही जुर्माना उगाह रहा हूँ। इसके बहाने मैं यह कहता हूँ कि 'मधुशाला' की जो आलोचना तुम्हारे बाप-चाचा ने की थी, उसका दंड तुम बेटे-भतीजे भरो और 'मधुशाला' सुनो।

अन्त में उन्होंने कहा—"पहले मैं बड़ा हठी और क्रोधी था। जिससे नाराज़ हो जाता था, फिर उसे क्षमा न करता था। लेकिन अब मैंने अपने उस क्रोध को अपनी इच्छा-शक्ति में बदल दिया है और यह इच्छा-शक्ति अब मेरे अपने निजी कार्य में लग गयी है। उसे मैं दूसरों पर व्यर्थ नहीं बिखराता।"

शाम को दफ़्तर बन्द होने के समय मेरे एक मित्र राजेन्द्र निगम, मुझसे मिलने आये थे। मैं फाटक के पास खड़े होकर उनसे बातचीत कर रहा था कि बच्चनजी दफ़्तर का काम खत्म कर घर जाने के लिए उधर से गुज़रे। हम लोगों को देखकर दो मिनट के लिए रुक गये और बातों-बातों में ही न जाने क्योंकर बॉसवेल की चर्चा चल पड़ी। उन्होंने बताया कि बॉसवेल ने जो 'नोट्स' जान्सन की जीवनी लिखने के लिए बनाये थे, उनके आठ बक्से पूरे भरे हुए अब मिले हैं। लोग तो यहाँ तक कहते हैं कि जान्सन को बॉसवेल ने ही 'जान्सन' बनाया। वह जान्सन का इतना भक्त था कि अगर कहीं ऐसी जगह जान्सन बुलाया जाता, जहाँ बॉसवेल को न बुलाया जाता, तो वह खिड़की के पास खड़े होकर कान लगाये सुना करता था कि जान्सन क्या कह रहा है। सब कुछ 'रिकार्ड' कर लेने के बाद, और जान्सन की अन्य अनेक जीवनियाँ लिखी जा चुकने के बाद ही बॉसवेल ने अपनी जीवनी लिखी।

बच्चनजी ने बात ख़त्म करते हुए कहा, "अगर कोई इसी तरह आकर खिड़की से झाँककर देखे कि श्रीयुत बच्चनजी तीन बजे सुबह उठकर क्या करते हैं, तो उसे उनके बारे में कुछ जानकारी हो सकती है। लेकिन ऐसा दूसरा बॉसवेल है ही कौन!"[1]

---

1. बच्चनजी की टिप्पणी : "बातों के जोड़ नहीं मिलते।" इससे पहले भी बॉसवेल के आठ बक्से नोट्स के मिलने वाले कथन पर उन्होंने मार्जिन में दर्ज किया —"बात जुड़ती नहीं।"

10 जनवरी 1961

आज दफ़्तर आने पर बच्चनजी ने बताया कि अलार्म तीन बजे का लगाया था पर तबीयत कुछ ठीक न मालूम होने के कारण वे सुबह साढ़े पाँच बजे के करीब जब उठे तो उन्हें अपने सीने पर कुछ बोझ जैसा मालूम हुआ। वायु ऊपर को उठती हुई-सी लगी। हाथ-मुँह धोने के समय जब उन्होंने जीभी की तो एकाएक मूर्छित हो गये। ख़ैर, कुछ आराम करने के बाद, उन्होंने सोडा मिन्ट की दो टिकियाँ खायीं और आज व्रत का दिन होने के कारण थोड़ा-सा सन्तरे का रस लिया (अन्यथा व्रत के दिन वे केवल दूध लेते हैं)। तब से काफ़ी डकारें आ रही हैं और यों तो अब कोई कष्ट नहीं है, पर एक चिन्ता तो मन में बैठ ही गयी।

मूर्छित होने की बात सुनकर मुझे भी चिन्ता हुई, क्योंकि मेरे एक मित्र आदित्य मिश्र के श्वसुर का देहान्त इसी तरह सुबह जीभी करते समय मुँह से खून निकल पड़ने के कारण हुआ था। न चाहते हुए भी मैंने यह कथा उनसे बतायी और अनुरोध किया कि आप इसकी ध्यानपूर्वक जाँच करवाइए।

उन्होंने एक और घटना भी सुनायी। तब वे कैम्ब्रिज से लौटे ही थे। डॉ. भगवतशरण उपाध्याय के यहाँ भोजन का आयोजन था। और भी बहुत-से लोग आये थे। वहाँ भी बच्चनजी के मुँह से खून निकला था। उस दिन तो वे मूर्छित-से भी हो गये थे। डॉक्टर बुलाना पड़ा था। डॉक्टर ने बताया कि डायाफ्रॉम में वायु-विकार उत्पन्न हो जाने से ऐसी दशा हो गयी; यह हृदय-गति अवरुद्ध होने का मामला नहीं गोकि ऐसी स्थिति में हृदयगति बन्द हो जाना कुछ असम्भव भी न था।

उन्होंने कहा, "चलो, अच्छा है। कढ़िल-कढ़िल कर मौत होने से कहीं अच्छा है कि हाथ-पैर में ताक़त रहते हुए मौत हो। यह क्या कि चारपाई पर पड़े-पड़े खाँस रहे हैं, और चिल्ला रहे हैं—बेटवा, तनी पानी पियाय देव।"

बोले, "मैं तो टेबिल पर काम करते-करते मरना चाहता हूँ।"

आज फिर कहा उन्होंने, "आदमी की मौत जिस प्रकार होती है, उससे मैं जान जाता हूँ कि उसका व्यक्तित्व कैसा था।"

मैंने कहा, "लेकिन हमारे दो महापुरुषों—राम और कृष्ण—की मृत्यु तो किसी भी प्रकार आदर्श नहीं कही जा सकती। एक का वध बहेलिये ने किया और दूसरे ने नदी में डूबकर प्राण त्यागे।"

बच्चनजी कुछ अप्रतिभ-से हुए; फिर उन्होंने इन दोनों के जीवन के उच्चाशय की ओर संकेत किया। बताया कि वाल्मीकि के अनुसार तो राम ने आत्महत्या

की थी। इस पर मैंने कहा कि एक बात यह भी है कि बहुत-कुछ इस पर निर्भर करता है कि किसी की मृत्यु को किस परिप्रेक्ष्य में देखा जाता है। आज हम गाँधीजी को शहीद का ऊँचा दर्जा देते हैं, लेकिन कौन जाने कभी उनके सम्बन्ध में यह धारणा प्रचलित हो जाए कि राष्ट्र का अहित करने के कारण वे गोली से उड़ा दिये गये थे।

इस विषयान्तर के बाद उन्होंने कहा, ''मुझे इस चीज़ का कुछ 'प्रीमानिशन' (पूर्वाभास) भी हुआ था।''

मैंने पूछा कि कैसे? तो उन्होंने बताया कि हाल में ही मृत्यु की 'थीम' पर उनके मन में तीन-चार कविताएँ आयी थीं; बल्कि एक कविता की तो पंक्तियाँ भी बन गयीं, लेकिन उन्होंने ये कविताएँ लिखीं नहीं, बल्कि उनको टाल दिया।

बोले, ''मेरी तो सारी कविता ही 'प्रीमानिशन' है। पहले से बग़ैर कुछ सोचे-समझे-विचारे मेरी कविता मेरे मनस् पर उदित होती रही है। वह अपनी दिशा और प्रकृति मानो स्वयं ही निर्धारित करती है।''

कुछ देर चुप रहने के बाद उन्होंने किंचित हँसकर कहा, ''कौन जाने इस तरह की कविताएँ मन में आना किसी तरह का पूर्वाभास ही हो।''

यह बात चल ही रही थी कि बच्चनजी के एक तरुण कवि मित्र (मुनीश जी) का फ़ोन आ गया। उन्होंने बच्चनजी के स्वास्थ्य का समाचार जानना चाहा। उन्होंने कहा, ''स्वास्थ्य ठीक नहीं है।'' मित्र बोले, ''तो आप छुट्टी क्यों नहीं लेते?'' उन्होंने कहा, ''छुट्टी कहाँ है! काम तो मरते दम तक करना पड़ेगा।''

उनके साथ कुछ देर तक प्रीति-वार्ता चलती रही। बातचीत समाप्त होने के बाद मैंने उनसे, 'आधुनिक कवि' सीरीज़ के उनके काव्य-संकलन के सम्बन्ध में कुछ विचार-विमर्श किया और एक-दो संग्रहों से जो कविताएँ मैंने छाँटी थीं, उनका उल्लेख किया। जहाँ तक मेरा सम्बन्ध था, मैं इस संकलन में उनकी वे कविताएँ देना चाहता था, जो श्रेष्ठ और प्रतिनिधि रचनाएँ होने के साथ ही उनके विकास-क्रम का एक सूक्ष्म विवरण भी दे सकें। स्वाभाविक था कि इस मन्तव्य से मैंने कुछ 'महत्त्वपूर्ण' कविताएँ भी चुनी थीं, विशेषकर समीक्षात्मक दृष्टि से। पर यह दृष्टिकोण बच्चनजी को पसन्द न आया। उन्होंने कहा कि 'मैं तो ऐसा संग्रह बनाना चाहता हूँ, जो पाठकों के लिए हो और जिसमें ऐसी कविताएँ हों, जिन्हें पाठक अपने पास सुरक्षित रखना पसन्द करें। संग्रह मैं विद्वानों के लिए नहीं बना रहा हूँ और न उसमें मेरा विकास-क्रम दिखाने की कोई ज़रूरत है। सिर्फ़ यह कि कोई पाठक यदि एक ही पुस्तक में मेरी कविताएँ पढ़ना चाहे तो वह कौन-सी कविताएँ स्वयं चुनेगा। अपनी भूमिका का नाम भी मैं विवेचन-चिन्तन न रखकर 'अपने पाठकों से' रखूँगा।''

मन-ही-मन उनसे किंचित असहमत होते हुए भी प्रकट रूप में मैंने कहा,

''जैसी आपकी इच्छा'' क्योंकि उनका कथन अपने दृष्टिकोण के अनुरूप तो ख़ैर था ही, किसी सीमा तक तथाकथित बुद्धिजीवी हिन्दी लेखक वर्ग के प्रति उनकी अरुचि का भी परिचायक था।

12 जनवरी 1961

टेलीविज़न के राजेश्वरनाथ आज लंच के समय बच्चनजी से मिलने के लिए आये। वे फ़िल्मों में अपनी क़िस्मत आज़माने के लिए बम्बई जा रहे थे। स्वाभाविक था कि कुछ देर तक फ़िल्मी ज़िन्दगी की चर्चा चलती रही। बच्चनजी ने कहा, ''आप वहाँ जाइए और एक तरफ़ से सबको गालियाँ देना शुरू कर दीजिए और कहिए कि आपको मौक़ा दिया जाए; आप सबसे बाज़ी मार ले जाएँगे। तभी आपका काम बनेगा।''

फिर उन्होंने कहा कि, ''मेरी तो मनोवृत्ति ही उस जीवन के अनुकूल नहीं है वरना मैं भी फ़िल्मों में जा सकता था। मैं जब कभी बम्बई जाता हूँ तो फ़िल्मों के लोग मेरी बड़ी ख़ातिर करते हैं, पार्टियाँ देते हैं, लेकिन यह तभी तक है, जब तक मैं फ़िल्मी जीवन में प्रवेश नहीं करता। उसमें जाने का मतलब यह कि स्टूडियो के चक्कर काटता रहूँ और प्रोड्यूसरों-डायरेक्टरों के पीछे जूतियाँ चटख़ाता फिरूँ। यह श्रीयुत बच्चनजी से हो नहीं सकता। जब मैं इंग्लैंड से लौटा तो इलाहाबाद के एक सज्जन मुझसे मिले। बोले, ''आपके गीत 'धर्मयुग' में हम लोग पढ़ते रहते हैं। आप हमारी फ़िल्म के लिए गीत लिख दीजिए।'' जब मैंने पूछा कि रुपये कितने देंगे? तो कहने लगे, ''देखिए, आप इस लाइन में नये हैं। इस फ़िल्म के गीतों के लिए हम आपको दो हजार रुपये देंगे।'' मैंने उनसे कहा, ''अच्छा, आप तशरीफ़ ले जाइये।''

बच्चनजी ने बताया कि एक बार वे बम्बई गये तो एक और फ़िल्मवाले ने उनसे गीत लिखने को कहा और जब उन्होंने पैसे की बात पूछी तो उसने कहा, ''पैसे क्या कीजिएगा! नयी मोटर में बैठकर घर चले जाइए।''

यह बातचीत भोजन के दौरान चल रही थी। मुझे भूख कुछ कम थी, इसलिए मैंने थोड़े-से चावल बरतन में ही छोड़ दिये थे कि वे लौट जाएँगे। भोजन समाप्त होने पर उन्हें देखकर बच्चनजी ने कहा, ''इन्हें फेंका क्यों?''

और मानो इसी बहाने उनकी बीती हुई ज़िन्दगी उन्हें याद हो आयी। हाथ धोते-धोते उन्होंने कहा, ''मेरा जीवन इतनी गरीबी में बीता है और मैंने अन्न की इतनी कमी महसूस की है कि आज भी मैं अन्न का एक दाना भी फिंकते हुए देखता हूँ तो मुझे तकलीफ़ होती है।''

न जाने क्यों मैं कुछ अविश्वास भरी हँसी हँसा। शायद मेरे मन में यह भावना रही हो कि अपना छोटा-से-छोटा अभाव भी प्रत्येक व्यक्ति को बहुत बड़ा प्रतीत होता है; या शायद मैं यह चाहता होऊँ कि वे कुछ और भी बताएँ!

बहरहाल, उन्होंने कहा, ''कभी रोटी है तो दाल नहीं और कभी दाल है तो रोटी नहीं! इस तरह की ज़िन्दगी बितायी है मैंने। प्रारम्भिक रचनाओं में मेरी कविता है कि रूखी रोटी खाता हूँ और देवताओं के साथ अमृत पीता हूँ। मैं सचमुच ही रूखी रोटी खाता था!''

''उफ़, बड़ा दारुण जीवन था वह! मैंने बी.ए. फ़र्स्ट डिवीज़न में पास किया था। यूनिवर्सिटी से मुझे 30 रुपये महीने की स्कॉलरशिप मिल रही थी। पर तभी सत्याग्रह आन्दोलन में मैंने पढ़ाई छोड़ दी। एक साहब ने इलाहाबाद में राष्ट्रीय विद्यालय खोला था और उसकी ख़ूब धूम मचायी थी कि यह संस्था राष्ट्र के लिए कार्य करेगी। मैं यूनिवर्सिटी छोड़कर वहाँ पढ़ाने लगा। उसके प्रबन्धक ने मुझसे कहा कि विद्यालय के पास कोई फ़ंड तो है नहीं। सरकार से मदद लेनी होगी और जब तक ख़र्च न दिखाएँगे, सरकार 'एड' (मदद) देगी क्यों? इसलिए आपकी तनख़्वाह 65 रुपये रखते हैं। ख़ैर, मैंने काग़ज़ पर दस्तख़त कर दिये; लेकिन जब महीना खत्म हुआ तो मिले 25 रुपये। पूछने पर मालूम हुआ कि ज़्यादा तनख़्वाह तो शिक्षा विभाग को बताने के लिए लिखी गयी है, आपकी तनख़्वाह इतनी ही है। ख़ैर, 65 रुपये की रसीद पर दस्तख़त करके तीन साल तक मैं 25 रुपये महीने पर काम करता रहा। फिर जब विद्यालय 'रिकग्नाइज़' (मान्य) कर लिया गया तो उन लोगों ने मुझे यह कहकर निकाल दिया कि आप 'अन-ट्रेंड' हैं। जाइए, ट्रेनिंग लेकर आइए, तब आपको रखा जा सकता है।

''ख़ैर, मैंने काम तलाशना शुरू किया। इस बार महिला विद्यापीठ में 32 रुपये महीने पर काम मिला। दस महीने वहाँ काम किया। फिर उन लोगों ने गर्मियों की छुट्टी की तनख़्वाह बचाने के लिए मुझे नोटिस दे दी। मैं विद्यापीठ के प्रबन्धक संगमलाल से मिला तो वे बोले, ''देखिए, हमारी संस्था तो समाज की सेवा करती है। दो महीने का वेतन आपको कैसे दिया जा सकता है! आपको पूरी आज़ादी है कि आप कोई दूसरा काम ढूँढ़ लीजिए। और यदि आप चाहें तो जुलाई में फिर काम पर आ जाइएगा।

''मैं चला आया। गर्मियों भर नौकरी ढूँढ़ता रहा, लेकिन जब नहीं मिली तो जुलाई में फिर बच्चनजी अपना झोला लिये हुए 32 रुपये महीने पर काम करने के लिए महिला विद्यापीठ में पहुँच गये। 32 रुपये होते ही क्या थे! मेरी पत्नी 'थाइसिस' (क्षय) में बीमार पड़ी थी। 32 रुपये तो एक ही दिन में डॉक्टर की फ़ीस और दवा पर लग जाते थे।

''ऐसा भी समय आया है इस जीवन में, जब मैं तख़त पर सिर्फ़ एक चटाई—और वह भी बहुत मामूली, फ़ैंसी नहीं—बिछाकर, सिर्फ़ एक कम्बल ओढ़कर सोया हूँ। न रजाई, न गद्दा! कुछ नहीं। लेकिन तब मेरा शरीर पत्थर का था। चटाई भले ही दब जाती हो, मेरे शरीर पर कोई असर न पड़ता था।

''उन दिनों मैं 102, 103 डिग्री बुख़ार में भी काम करता रहता था। यूनिवर्सिटी भी जाता था। कोई कहता कि बुख़ार है, तो मैं जवाब देता कि बुख़ार भी है और मैं भी हूँ। दोनों अपना-अपना काम कर रहे हैं।

''बुखार में ट्यूशन पढ़ाने भी जाता था और बहुत मेहनत से पढ़ाता था। इसलिए भी जाता था कि ग़ैरहाज़िर रहता तो लोग ट्यूशन छुड़ा ही देते। फिर, काम कैसे चलता!''

उन्होंने कहा, ''किस क़दर अपमान सहा है मैंने! तभी तो लिखा है कि 'ध्यान मान का, अपमानों का छोड़ दिया जब पी हाला।' ये सारी पंक्तियाँ बहुत सार्थक हैं और बिलकुल स्वानुभूत। उसी सब अपमान और अवज्ञा का 'फ़ाइन' मैंने लगा दिया है हिन्दीवालों पर। 500 रुपये यहाँ आकर पहले रख जाओ, तब श्रीयुत बच्चनजी आएँगे दो घंटे के लिए; और 'मधुशाला' सुनाकर चले जाएँगे।''

अन्त में वे बोले, ''जीवन में इतने अधिक 'कम्पनसेशन' (मुआवज़े) हैं कि उन्हीं के कारण दुनिया चलती है। अन्यथा तीन दिन भी न चल पाती। हर चीज़ यहाँ 'रि-पे' (अदा) होती है किसी-न-किसी रूप में। मैंने जो त्याग और तपस्या की थी, वह सब मैं वसूल चुका हूँ और अब मैं सोचता हूँ कि मेरा पिछला पुण्य समाप्त हो चला है। मुझे कुछ और पुण्य करना चाहिए, अगर मैं चाहता हूँ कि वह क्षीण न हो।''

यहाँ आकर बातचीत का सिरा एक ऐसी जगह पहुँच गया, जिसके आगे मौन शुरू होता है। कुछ देर में राजेश्वरनाथ फ़िल्म क्षेत्र के कुछ लोगों के नाम बच्चनजी से परिचयपत्र लेकर चले गये, पर मैं आज की बातों पर विचार करता रहा और मुझे ऐसा लगा कि अत्यधिक परिश्रम, रचना के प्रति निष्ठा, सज्जनता और परोपकार की वृत्ति आदि बच्चनजी के गुण जब तक उनके पास हैं, उनका पुण्य क्षीण होने की आशंका नहीं है।

पिछले कितने ही अरसे से मैं देखता आ रहा हूँ कि जब भी कोई व्यक्ति बच्चनजी के पास कुछ माँगने के लिए, सिफ़ारिश कराने के लिए, सिफ़ारिशी चिट्ठी लेने के लिए, या सहायता पाने के लिए आता है तो वे कभी इनकार नहीं करते। सहृदयतापूर्वक उसकी बात सुनते हैं, और अपनी ओर से उसके लिए यथासम्भव कह-कर देते हैं।

यह भी अपने-आप में एक पुण्य कर्म ही है। अन्यथा, आम तौर से तो

आजकल लोग अपने प्रभाव का उपयोग भी बहुत सोच-समझकर और 'स्पेयरिंगली' (यदा-कदा) ही करते हैं।

13 जनवरी 1961

चन्द्रदेव सिंह ने अपनी पुस्तक की संशोधित रूपरेखा और प्रकाशक के नाम पत्र की प्रतिलिपि बच्चनजी के पास भेजी थी।

भोजन के समय उन्होंने कहा कि, ''यह किताब अच्छी न होगी, पर मेरे मन में यह बात बहुत स्पष्ट है कि यह पुस्तक मेरे ऊपर नहीं है, यह तो स्वयं चन्द्रदेवजी पर है। इसलिए मैं विचलित नहीं हूँ।''

मुझे याद आया कि कुछ समय पहले उन्होंने किसी प्रसंग में कहा था, कि 'बिफ़ोर ए क्रिटिसिज़्म इज़ द क्रिटिसिज़्म ऑफ़ ए पोएट, इट इज़ दैट ऑफ़ द क्रिटिक हिमसेल्फ़ (कोई आलोचना किसी कवि की आलोचना होने से पहले स्वयं आलोचक की आलोचना होती है)! उनकी यह बात मुझे उस दिन भी जँची थी और आज भी।

बहरहाल, बच्चनजी ने प्रसंगवश कहा कि गीता के आधार पर तीन प्रकार के आलोचक भी बताये जा सकते हैं : सात्त्विक, राजसिक और तामसिक। सात्त्विक वे, जो रचना के गुणों को उभारते हैं; राजसी वे, जो रचना के मूल्यांकन में अपने को ही प्रधान रखते हैं और जिनमें अहं की भावना प्रबल होती है; तथा तामसी वे, जो केवल दोष-दर्शन में ही विश्वास करते हैं।

कौतुकवश मैंने पूछा, ''इनमें से किस कोटि में आप चन्द्रदेवजी को रखते हैं?''

वे मुस्कराये। बोले, ''ये तो त्रिगुणहीन हैं। इनमें उक्त तीनों गुणों में से एक भी नहीं है। मेरी कविता के, और मेरे प्रेमी हैं, लेकिन अभी बुद्धि परिपक्व नहीं हुई और न परिश्रम ही कर पाते हैं।''

फिर उन्होंने कहा, ''कुछ आलोचक त्रिगुणातीत भी होते हैं, जैसे शुक्ल जी। वे दैवी-दृष्टि-सम्पन्न होते हैं और उनका मूल्यांकन त्रिगुणों से परे, कहीं अधिक व्यापक होता है।''

इस प्रकार आलोचकों की पाँच कोटियाँ निर्धारित हुईं : त्रिगुणातीत, सात्त्विक, राजसिक, तामसिक और त्रिगुणरहित। जीवधारियों में भी ये कोटियाँ मिलती हैं, यथा: राम, कण्व, वसिष्ठ, रावण और कोई भी साधारण व्यक्ति।

16 जनवरी 1961

बच्चनजी ने कहा कि हिन्दी की समस्त कविता में जीवन के प्रति विराग की भावना मिलती है। बिहारी तक इस जीवन को 'भव-बाधा' ही समझते हैं। कबीर, तुलसी, सभी में जीवन से पलायन का स्वर है। कबीर जीवनवादी नहीं, यति-मार्ग के समर्थक थे।

उन्होंने कहा, " 'महाभारत' के बाद यदि जीवन का स्वर किसी कविता में सशक्त रूप से ध्वनित हुआ है तो वह मेरी कविता में।[1] और यह स्वर मुझमें कुछ तो मेरे संस्कारों के कारण और कुछ पश्चिम के प्रभाव से आया। यह 'सेमिटिक' अर्थात् 'इस्लामी' प्रभाव है। वह सभ्यता जीवन को जीने का सन्देश देती है, जीवन को बन्धन समझने का नहीं। मेरे पास-पड़ोस में मुसलमानों की बहुत ज़्यादा बस्ती थी। उनको और उनके जीवन-क्रम को देखकर सम्भव है, मुझपर ऐसा प्रभाव पड़ा हो।

"जीवन को ही प्रमुख समझने का अर्थ यह है कि आदमी जितना आनन्द सुख में ले, उतना ही आनन्द उसे दुख में भी मिले। जीवन जीने में मज़ा लेने का मतलब ही यही है कि कष्टों-दुखों और संकटों को भी जीवन का ही अनिवार्य अंग समझा जाए।"

फिर उन्होंने कहा कि जीवन के प्रति कलाकारों का-सा बनावटी दृष्टिकोण मुझे ठीक नहीं मालूम हुआ, क्योंकि यह जीवन को भोगनेवाले का अनुभव नहीं हो सकता। वह तो सुख में सुखी और दुख में दुखी होगा तथा दुख को मिटाना या कम करना चाहेगा। कलाकार का यह दुर्भाग्य ही होता है कि वह जीवन को जीवन के रूप में नहीं, बल्कि अपनी कला के रूप में, 'उपकरण' के रूप में, देखता है। यह कलाकार की 'मिज़री' (विडम्बना) भी है कि वह बनावटी जीवन जीता है और अनुभवों की सार्थकता केवल इतनी ही मानता है कि वे उसकी कला-सृष्टि में सहायक होते हैं।

अन्ततः उन्होंने कहा कि, 'आकुल अन्तर' में मेरी स्थिति गीता के 'तटस्थ' व्यक्ति-सी हो गयी थी। मुझे न दुख व्यापता था, न सुख। 'निशा निमन्त्रण' के 'मूड' की चरम सीमा 'आकुल अन्तर' में ही पहुँची है। उस समय, जब इस तरह की 'जड़ता' मेरे भीतर व्यापने लगी तो मैंने लिखा कि यह तो मेरा लक्ष्य नहीं था, मैं तो जीवन जीना चाहता था, यह जीवन से अनासक्ति क्यों!

---

1. इस पर बच्चनजी ने टिप्पणी की कि ऐसी दम्भोक्तियों में बोलने का मैं आदी नहीं। यदि तुम्हारी स्मृति ऐसा कहतो हो तो मेरे इस लिखे हुए को निकाल देना चाहिए। अपनी स्मृति भी कभी ग़लत हो सकती है। सबूत इसी लेखन में मुझे कई मिले हैं।

उन्होंने कहा, "कभी-कभी मुझे लगता है कि आसक्ति और अनासक्ति में केवल एक सूक्ष्म अन्तर भर है।"

उनकी यह बात मुझे अच्छी लगी, क्योंकि अक्सर मैं खुद भी कुछ-कुछ इसी तरह सोचता रहा हूँ।

23 जनवरी 1961

'मधुशाला' की लोकप्रियता का एक कारण यह भी है कि उसकी प्रत्येक रुबाई 'मधुशाला' शब्द के साथ समाप्त होती है और श्रोताओं के मन से 'स्टाक रेसपान्स' (प्रत्याशा-पूर्ति) सहज ही उभर उठती है। कवि-सम्मेलनों में मैंने अक्सर देखा है कि रुबाई समाप्त करते समय जब बच्चनजी 'मधुशाला' शब्द पर पहुँचते हैं तो उपस्थित जनसमूह भी उनके स्वर-में-स्वर मिलाकर 'मधुशाला' कह उठता है; वह पहले से ही उसकी प्रतीक्षा कर रहा होता है और रुबाई पूरी होने पर उसे एक प्रकार की सुखद तृप्ति और आशापूर्ति का-सा आनन्द मिलता है।

इस सम्बन्ध में यह भी स्मरणीय है कि बच्चनजी ने जब 'मधुशाला' लिखनी शुरू की थी तो उनके एक मित्र (श्री प्रफुल्लचन्द्र ओझा 'मुक्त'?) ने उनसे कहा था कि हर रुबाई का अन्तिम तुक 'मधुशाला' न रक्खो, क्योंकि इससे पाठक ऊब जाएँगे। तुक बदल दो। पर बच्चनजी ने उनकी राय न मानी और उन्होंने सभी रुबाइयों की परिसमाप्ति 'मधुशाला' से ही की और आज यह सभी जानते हैं कि इस सम्बन्ध में कवि की अन्तःप्रेरणा सही साबित हुई। हाला, प्याला, बाला, आदि कुछ सीमित तुक कदाचित् 'मधुशाला' की लोकप्रियता बढ़ाने में सहायक ही हुए हैं, बाधक किसी भी प्रकार नहीं।

दूसरी ओर, 'हलाहल' में बच्चनजी ने एक दूसरी योजना अपनायी। यह कृति भी रुबाइयों का ही संग्रह है। पर इसकी प्रत्येक रुबाई की रचना भिन्न-भिन्न तुकों को लेकर हुई है। फलतः, काव्य-सौष्ठव की दृष्टि से यह अधिक सशक्त रचना होते हुए भी लोकप्रियता की दृष्टि से नगण्य है। यहाँ फिर इस तथ्य को दुहराने की आवश्यकता है कि, 'लोकप्रियता' के पीछे कोई तर्कसंगत आधार ढूँढ़ना निरर्थक है। भले ही बच्चनजी स्वयं, आज, 'मधुशाला' के भीतर गूढ़-से-गूढ़ अर्थ छिपे होने और उसके खोजे जाने का आग्रह करें, पर इसकी व्याख्या वे भी न कर सकेंगे कि 'हलाहल'—जो उनके लेखन-क्रम में कहीं बाद की रचना होने के कारण अधिक पुष्ट, पूर्ण और भावार्थ-संगत कृति है—लोकप्रिय

नहीं हो सकी। साहित्यिक स्तर की दृष्टि से तो 'हलाहल' 'मधुशाला' से कहीं श्रेष्ठ रचना है।

24 जनवरी 1961

कश्मीर के शशिशेखर तोषाखानी मुझसे मिलने आये थे। मैंने कहा, ''चलिए, बच्चनजी से भी मिल लीजिए।'' मुलाक़ात होने पर बच्चनजी ने कहा, ''मैं आप से पहले भी मिल चुका हूँ। आपके पिताजी से भी मिला हूँ। यह आठ-नौ साल पहले की बात है, जब मैं कश्मीर गया था।''

इसके बाद अन्यान्य विषयों पर बातचीत होने लगी, किन्तु अक्सर जिस चीज़ की ओर मेरा ध्यान गया है, उस पर आज भी प्रकाश पड़ा कि उनकी स्मरण-शक्ति बहुत अच्छी है। छोटी-से-छोटी बात भी उन्हें याद रहती है और अत्यन्त व्यवहार-कुशल व्यक्ति की भाँति वे अपने दैनन्दिन जीवन के साधारण-से-साधारण कार्यों का लेखा-जोखा रखते हैं। कितनी ही बार मैंने देखा है कि उनसे कोई पुस्तक या पत्रिका दफ़्तर लेते आने के लिए मैंने कहा है और अगले दिन वे उसे अपने साथ लेते आये हैं। मेरी निगाह में यह एक बड़ी बात है, क्योंकि कितनी ही बार ऐसा हुआ है कि साधारण लोगों की तो बात दूर, स्वयं बच्चनजी ने मुझसे कोई पुस्तक या अन्य वस्तु मँगवायी है और मैं उसे लाना भूल गया हूँ। इसी तरह, कई बार ऐसा हुआ है कि उन्होंने मुझसे पाँच-पाँच, दस-दस रुपये की रक़में ली हैं या किसी मद में ख़र्च करायी हैं और भले ही इन घटनाओं को बीते हुए बहुत दिन हो गये हों, उन्होंने हमेशा यह याद रखा है कि उन्हें मेरे पैसे लौटाने हैं, बल्कि एकाधिक बार यह हुआ है कि जब मैं निश्चित रूप से सोच चुका हूँ कि इस बार तो वे अवश्य ही मेरे रुपयों की बात भूल गये, तो किसी दिन उन्होंने अपने पर्स से रुपये निकालकर मुझे दे दिये हैं।

मुझे अपनी दो-चार कविताएँ भी शायद ही पूरी-पूरी याद हों और उन्हें अपनी अधिकांश कविताएँ कंठस्थ रही हैं। मैं अपने सहपाठियों और पुराने मित्रों तक के चेहरे और नाम भूल जाता हूँ, वे अपने असंख्य विद्यार्थियों और अल्प-परिचितों को भी याद रखते हैं। पते और लेखे-जोखे के रजिस्टरों के बावजूद मुझे अपने लिखने-पढ़ने से सम्बद्ध आवश्यक बातों का पता नहीं रहता; और जहाँ तक मुझे ज्ञात है, वे उन लोगों के पतों की कोई भी सूची नहीं रखते, जिनके साथ उनका पत्राचार है, उन पत्रिकाओं के पतों की 'लिस्ट' नहीं बनाते, जिनमें उन्हें रचनाएँ भेजनी होती हैं और पारिश्रमिक आदि के ब्यौरों की 'फ़ाइल' नहीं तैयार

करते, पर इन मामलों में भी उनका कार्य अत्यन्त व्यवस्थित गति से चलता रहता है। इसका श्रेय उनकी स्मरण-शक्ति को ही दिया जाना चाहिए।

लेकिन मज़े की बात यह है कि कहते वे हमेशा यही रहते हैं कि उन्हें अपनी कविता की दुनिया को छोड़कर और किसी भी चीज़ की याद नहीं रहती। प्रकटतः यही ज्ञात होता है कि वे काफ़ी लापरवाह हैं, जैसा कि एक कवि को होना चाहिए; अपनी बातचीत के दौरान भी वे अपने को लापरवाह ही बताते हैं, पर वस्तुतः व्यावहारिकता के दृष्टिकोण से देखा जाए तो वे पूरे 'कायस्थ' ही हैं, अपनी काया में स्थित।

जो भी हो, इसमें सन्देह नहीं कि अपनी व्यवहार-कुशलता के बावजूद वे व्यावहारिकता में रमे हुए व्यक्ति नहीं हैं; रमे वे केवल 'कविता' में है और उनकी सूक्ष्म चेतना सदा काव्य-जगत में स्थित रहती है, स्थूल रूप से भले ही वे कहीं अन्यत्र हों। ऐसा कर पाना कितनी कठिन साधना के द्वारा सम्भव हुआ होगा, मैं तो इसकी कल्पना भर कर सकता हूँ। स्थूल जीवन के दुख-सुख का उपयोग भले ही उन्होंने अपनी कविता में किया हो, पर उसके कारण कभी अपनी कविता की क्षति नहीं होने दी। जब वे साधनहीन थे, तब भी उनका सबसे बड़ा संकल्प कविता थी और जब वे साधन-सम्पन्न हैं, तब भी वही है। दूसरी ओर, मेरे जैसे साधारण जन हैं, जो जीवन-संघर्ष में उलझ जाने के कारण, जीवन को यत्किंचित् सुधारने और बेहतर बनाने की कोशिश में कविता का साथ छोड़ बैठे हैं। हमारे लिए अब परिस्थितियाँ प्रधान होती जाती हैं—कविता को हम सबसे ऊपर नहीं रख सके हैं। शायद इसका कारण यही हो कि हम सच्चे कवि न थे, हम शौकिया कवि हो गये थे। अस्तु।...

बात शशिशेखर जी के साथ हो रही थी। वे कश्मीर की सरकारी पत्रिका 'योजना' के सहकारी सम्पादक भी हैं, जिसमें अभी चन्द्रदेवजी का लेख 'बच्चन के साथ कुछ नोट्स ' छपा था। उसकी चर्चा करते हुए बच्चनजी ने कहा कि "लेखक को 'सेलेक्शन' (चुनाव) करना पड़ता है कि जो भी सामग्री उसके पास है, उसमें से किसका उपयोग करे, किसका नहीं। यह तत्त्व उस लेख में ग़ायब है। एक ज़माने में समझा जाता था कि साहित्य जीवन का 'इमीटेशन' (अनुकृति) है, लेकिन बाद में यह विचार सामने आया कि प्रकृति की अनुकृति या तो असम्भव है या निरर्थक। प्रकृति नीम की पत्ती को जिस रूप में बना देती है, वैसी आप कितनी ही कोशिश करें, नहीं बना सकेंगे और यदि आपने तमाम वैज्ञानिक उपकरण जुटाकर एक पत्ती वैसी बना भी दी तो उससे लाभ क्या होगा? प्रकृति ने जिस वस्तु को इतने सहज रूप में और इतने अधिक परिमाण में रच दिया हो, उसे आप अपनी 'लेबोरेटरी' में बनाकर क्या पाएँगे? फलतः, कला 'इमीटेशन' नहीं,

'सेलेक्शन' (चुनाव) या, 'इंटरप्रेटेशन' (व्याख्या) है। चन्द्रदेवजी के लेख में ये दोनों ही गुण ग़ायब हैं। उन्होंने तो जो भी देखा-सुना, सब लिख डाला है। इसमें भी कुछ बात बन सकती थी, यदि ऐसा करके वे अपने कुछ निजी निष्कर्ष निकालते, कोई अर्थ-निरूपण करते।''

बच्चनजी ने कहा, ''लेखक को अनुपात का ध्यान ज़रूर रखना चाहिए। बहुत-सी बातचीत सिर्फ़ आपस में करने के लिए होती है, उसे लिपिबद्ध करने की ज़रूरत नहीं होती। अजित मेरे साथ पिछले पाँच साल से हैं। न जाने कितनी तरह की बातें मैं इनसे कहता हूँ। अगर ये उन सब बातों को लिख दें तो यही साबित होगा कि मैं एक पक्का 'लोफ़र' हूँ। लेकिन आदमी ज़िन्दगी में सभी तरह की बातें कहता-करता है, उन सबको लिपिबद्ध करना उचित नहीं। और जहाँ तक मेरा सम्बन्ध है, मैं हूँ कवि। अपने ऊपर कोई 'रिज़र्वेशन' (प्रतिबन्ध) रखता नहीं कि यह कहूँ और यह नहीं। झा साहब (अमरनाथ झा) दूसरी तरह के आदमी थे, वे हर समय 'आन गार्ड' (सावधान) रहते थे कि उनके मुँह से कभी कोई ऐसी बात न निकल जाए, जिसका दूसरे लोग दुरुपयोग कर सकें। वे सिर्फ़ दो वाक्य बोलते थे, 'यस, व्हाट कैन आई डू फ़ार यू' (मैं आपके लिए क्या कर सकता हूँ) और 'वी विल कन्सीडर इट' (हम इस पर विचार करेंगे)। उनकी तरह सोच-समझकर मुझे बोलना पड़े तो मैं घुटकर ही रह जाऊँ।

''इसलिए मैं 'रिज़र्व्ड' नहीं रहता, क्योंकि एक तो इससे चारों ओर के वातावरण में एक तरह की शीतलता और जड़ता छा जाती है और दूसरे मैं यह भी सोचता हूँ कि मैं कौन ऐसा राम या कृष्ण हूँ, कौन ऐसा अतग्गा हूँ या ऋषि-मुनि हूँ कि मेरा चरित्र बिलकुल उज्ज्वल होना ही चाहिए। अगर मेरी कोई कमज़ोरी किसी पर ज़ाहिर हो भी जाए, तो क्या हुआ; मैं एक साधारण मनुष्य ही तो हूँ और मुझमें भी बुराइयाँ-कमज़ोरियाँ आदि हों, यह स्वाभाविक है।''

शशिशेखर ने दुहराया ''मैं छिपाना जानता तो जग मुझे साधु समझता'' और बातचीत का क्रम चलता गया।

24 जनवरी 1961

आज करोड़ीमल कॉलेज में कवि-सम्मेलन था। बच्चनजी को अध्यक्षता करनी थी। संयोगवश मैं भी पहुँच गया। वहाँ मैंने देखा कि अध्यापक-वर्ग, संयोजकों और विद्यार्थियों—सभी में समान रूप से बच्चनजी के प्रति आदर और प्रेम की भावना विद्यमान है। वे बच्चनजी को एक प्रतिष्ठित व्यक्ति, अधिकारी

विद्वान और सम्मानित कवि मानते हैं और उनकी ओर आकर्षित होते हैं।

कवि-सम्मेलन का संचालन करते समय बच्चनजी ने विद्यार्थियों से कहा कि वे कविता का आनन्द चुप रहकर उठाएँ क्योंकि तब कविता का रस उनके मन के भीतर उतरेगा और यदि वे तालियाँ पीटकर अपनी ख़ुशी को व्यक्त कर देंगे तो वह आनन्द बिखर जाएगा। कविता जब पढ़ी जा रही हो तो वे चुप रहकर उसका रस ग्रहण करने का यत्न करें और जब वह समाप्त हो , तब यदि उन्होंने कविता को पसन्द किया हो तो तालियाँ बजाएँ और कवि का अभिनन्दन करें, और यदि कविता न पसन्द आयी हो तो चुप रहकर अपनी नापसन्दगी ज़ाहिर करें। यही कविता सुनने का उचित ढंग है। विश्वविद्यालयों के कवि-सम्मेलनों में खास तौर से इस प्रथा का पालन होना चाहिए, क्योंकि वहाँ के विद्यार्थियों की एक 'डिगनिटी' (गरिमा) होती है और वे बाज़ार के, भीड़-भाड़ भरे कवि-सम्मेलनों के श्रोताओं से भिन्न होते हैं।

उन्होंने कहा कि हमें कवि-सम्मेलनों की एक स्वस्थ परम्परा डालनी है और इसकी शुरुआत करने के लिए सबसे उपयुक्त स्थान हैं, कॉलेज और विश्वविद्यालय। विद्यार्थियों का अपना एक स्तर होता है और इस कारण वे वक्ता तथा श्रोता के बीच आदर्श सम्बन्ध की स्थापना में सहायक हो सकते हैं। आप कविता को जिस प्रकार सुनते हैं, उससे यह मालूम होता है कि आप किस प्रकार के व्यक्ति हैं। यही नहीं, आप किस चीज़ पर हँसते हैं, किस पर नहीं, इससे आपके मानसिक धरातल पर प्रकाश पड़ता है। आपके अध्यापक आपको बतलाएँगे कि हँसना एक बौद्धिक गुण है। ट्रेजेडी का सम्बन्ध भावना से होता है, पर 'कामेडी' बुद्धि से सम्बद्ध रहती है। आप हल्की-फुल्की, बाज़ारू चीज़ पर हँसेंगे तो उससे दूसरों को पता लग जाएगा कि आपका मानसिक स्तर उसी कोटि का है और यदि आपकी रुचि सुसंस्कृत, शिष्ट और परिष्कृत हुई तो आपकी हँसी की अधिकारिणी कोई दूसरी ही कोटि की रचनाएँ हो सकेंगी।

ज़ाहिर है कि कल 23 तारीख के लाल क़िले के कवि-सम्मेलन में उपस्थित जनता की रुचि और वहाँ के वातावरण से क्षुब्ध होकर ही उन्होंने आज यह पहला अवसर पाते ही कवि-सम्मेलन का स्वरूप सुधारने का कार्य प्रारम्भ कर दिया था। आज सुबह, संयोगवश, मेरी उनसे बातचीत भी हुई थी इस विषय पर और वे अपनी सदा की धारणा पर दृढ़ थे कि जनरुचि की प्रामाणिकता पर सन्देह नहीं किया जा सकता और कवि-सम्मेलन जन-रुचि को जानने और उसे निर्मित करने के सबसे अच्छे साधन हैं।

दूसरी ओर, मैंने कहा था कि शायद कभी यह बात सच रही हो, पर आज जैसे कवि-सम्मेलन होने लगे हैं, उन पर यह बात मुश्किल से ही लागू होगी;

सुरुचिपूर्ण श्रोता और कवि इन सम्मेलनों में जाना पसन्द नहीं करते; कवियों का एक नया कवि-सम्मेलनी वर्ग ही तैयार हो गया है, जो या तो गलेबाज़ी या भौंडे हास्य के प्रयोगों या चलताऊ सामयिक रचनाओं का सहारा लेकर अपनी दूकानदारी चलाये रखता है। इसलिए, मुझे तो कवि-सम्मेलन का स्तर इस बीच गिरता ही नज़र आता है।

बच्चनजी ने उत्तर दिया था कि इसके बावजूद हमें इस संस्था को जीवित रखना है, इसका परिष्कार करना है और इसके द्वारा जनरुचि को सुसंस्कृत करना है। उर्दू के मुशायरों में ऐसा किसी हद तक सम्भव हुआ है। एक तो वहाँ फ़ालतू लोग इकट्ठे नहीं होते, दूसरे मंच पर और आगे की तरफ़ बुजुर्ग बैठते हैं, जब वे किसी शेर पर दाद देते हैं, तभी दूसरे लोग भी उनकी देखादेखी वाह-वाह करते हैं। हिन्दी में लौंडे-लफाड़ी ही आगे आकर बैठते हैं और मंच पर कविगण आपस में बातचीत और एक-दूसरे की निन्दा करते रहते हैं।

किसी हद तक ये विचार ठीक ज़रूर थे, लेकिन शायद बहुत-थोड़ी हद तक ही।

25 जनवरी 1961

लाल क़िले के 23 तारीख के कवि-सम्मेलन में किन्हीं शर्माजी ने एक कविता सुनायी थी कि जो गीत उन्होंने इस अवसर के लिए लिखा था, उसको कुतिया चुरा ले गयी। यह कविता सभी उपस्थित श्रोताओं को बहुत पसन्द आयी थी, लेकिन मुझे-विशेष रूप से 'कुतिया' शब्द का प्रयोग होने के कारण अरुचिपूर्ण मालूम हुई थी। कवि-सम्मेलनों के माध्यम से जिस प्रकार की रचनाएँ लोकप्रिय होती हैं, उन पर दुश्चिन्ता प्रकट करते हुए जब मैंने यह बात कही तो बच्चनजी ने उत्तर दिया कि 'कुतिया' शब्द का प्रयोग तो कबीर तक ने किया है—"मैं हूँ कुतिया राम की, मुतिया मेरा नाम।"

फिर उन्होंने कहा कि एक आलोचक ने इसका जो अर्थ दिया है, वह ठीक नहीं। उन्होंने सीधा-सा अर्थ कर दिया है कि लोग इस संसार में आकर कुतिया के ही समान होने पर भी मोती का नाम ग्रहण करते हैं। पर कबीरदास और भी गहरी बात कहते थे। 'मुतिया' असल में 'मोतिहा' अर्थात् 'मौतिहा' है। कबीर इस बात की ओर ध्यान दिलाना चाहते हैं कि मनुष्य मृत्युशील अथवा मरणशील है।

इसी प्रकार, कबीर ने एक पद में लिखा है, "सखियो, मैं हूँ भई बलमासी।"

यहाँ 'बलमासी' का अर्थ केवल 'बलमा से प्यार करनेवाली' नहीं, यह विशुद्ध रूप से 'हगासी'[1] की कोटि का शब्द है? जब उन्होंने यह समानता बतायी तो मैंने यह देखकर कि उनके दो अन्य प्रशंसक भी वहीं बैठे हैं, 'हगासी' के स्थान पर दूसरा शब्द सुझाया 'पियासी'। पर उन्होंने अपनी धुन में इस पर ध्यान नहीं दिया। बोले, "हाँ, कहते नहीं हैं कि 'शिकार के बखत कुतिया हगासी।' यह 'बलमासी' भी वही चीज़ है। और देखो, क्या शक्ति है इस शब्द में, तन्मयता की कैसी अनुभूति! बिलकुल 'स्वायल' (ज़मीन) से निकली हुई अभिव्यक्ति है यह!"

उन्होंने आगे कहा, "कबीर आदि जिन कवियों को मैंने ध्यान से पढ़ा है, उनमें इस तरह के सूक्ष्म प्रयोगों की ओर मेरा ध्यान सदा से जाता रहा है। सामान्यत: इनका अध्ययन लोग गम्भीरता से नहीं करते, लेकिन ये हैं 'मास्टर्स'। ये कभी शब्दों का असावधानी से प्रयोग नहीं करते। इनमें सदा ही बड़ा अर्थ-गाम्भीर्य होता है। कबीर का पद है 'झीनी-झीनी बीनी चदरिया।' उसमें एक पंक्ति आती है— 'साईं को सियत मास दस लागे।' इस पंक्ति में 'सियत' शब्द का अर्थ लोगों ने 'सीने' के अर्थ में किया है। पर जब मैंने कबीर को पढ़ा तो मेरी काव्यानुभूति को यह अर्थ ठीक नहीं लगा। सारे पद में 'सीने' का प्रसंग तो कहीं भी नहीं, उसमें तो 'बुनने' की बात है। वास्तव में 'सियत' 'सिरजत' या 'सृजत' है। 'सृजत' से ही 'सियत' हो गया है।"

शायद वे और भी चर्चा इस विषय पर करते, लेकिन मैं कुछ जल्दी में था और उनके दो युवक अतिथि भी उनसे बातें करने के लिए बैठे थे। इसलिए आज की सभा समाप्त हुई।

31 जनवरी 1961

चर्चा चल पड़ी निरालाजी के भक्तों की, जो उन्हें 'हीरो' (शहीद) बना देने के पीछे बुरी तरह पड़े हैं। बच्चनजी ने कहा, "क्यों भाई! जब निरालाजी नहीं रहेंगे, तब उनके ये भक्तगण क्या करेंगे? तब इन्हें कौन पूछेगा?"

"वाह, तभी तो उनकी असली पूछ होगी," मैंने उत्तर दिया, "निराला का झंडा ऊँचा करने का जो मौक़ा इन्हें उस समय मिलेगा, उसकी तो अभी कल्पना भी नहीं की जा सकती। निराला-भवन, निराला-पुस्तकालय, निराला-पथ, निराला-नगर आदि जाने कितने ही नारे उठाने का अधिकार तब यही लोग हथिया लेंगे

1. यहाँ बच्चनजी की टिप्पणी है : "कोई और शब्द सोचो बाबा।" पर आगे उन्होंने स्वयं जिस मुहावरे को उद्धृत किया, उसे देखते हुए, रखने में हर्ज नहीं। —अ. कु.

और अभी जिस महाकवि की आड़ में रहने के कारण ये लोग उभरकर सामने नहीं आ पा रहे हैं, उसके न रहने पर ये पिछलगुए ही अगुआ बन जाएँगे। लेकिन दुर्भाग्य की बात यह है कि अभी निरालाजी का जो अंकुश उनके मन पर है, उसके हटते ही, ये भक्तगण आपस में लड़ भी मरेंगे।''

कविवर बोले, ''तुम बिलकुल ठीक कहते हो। इन लोगों का असली रूप तो निरालाजी के बाद खुलेगा। लेकिन ज़रा सोचो कि इस तरह के लोगों की भक्ति पाने के लिए निराला को कितनी बड़ी क़ीमत चुकानी पड़ी है। विचित्र है हमारा देश, जहाँ आदमी को प्रतिष्ठा तब मिलती है, जब वह दीवाना या फ़कीर हो जाता है। लेकिन यह बड़ी अस्वस्थ प्रवृत्ति है।''

और इसके बाद, उन्होंने इस विषय पर लिखी गयी अपनी एक कविता सुनानी शुरू की—''मैं तुम्हारा स्नेह, संवेदन, समादर चाहता हूँ; पर नहीं उस दाम पर, जो माँगते तुम।'' तभी, कविता के बीच में ही, श्री शम्भुनाथ सिंह आ गये और बातचीत का रुख किसी दूसरी तरफ मुड़ गया।

2 फरवरी 1961

आज सुबह बच्चनजी ने चन्द्रदेवसिंह का लेख पढ़ने को दिया, जो उन्होंने अपने 'इंटरव्यू' के आधार पर लिखा था। लेख में एक तो काफ़ी कुछ बातें छूट गयी थीं, दूसरे कोई समन्वय न था, तीसरे वह सु-लिखित भी न था। बच्चनजी के व्यक्तित्व पर किसी प्रकार का नया प्रकाश इस लेख से नहीं पड़ता प्रतीत हुआ। बहरहाल, अपनी ओर से बच्चनजी ने भाषा और वाक्य-रचना सम्बन्धी कुछ सुधार उसमें कर दिये थे।

भोजन के समय उन्होंने मुझसे कहा, ''अजित, मैं तुमसे बताये देता हूँ कि यह चन्द्रेदव मूर्ख है। इसे न लिखने की तमीज़ है, न इसके विचारों में कोई परिपक्वता है। इसे तो अरस्तू का कथन सुनाना चाहिए कि कला सिर्फ़ अनुकृति नहीं है, कि जो देखा-सुना, सब वैसे-का-वैसा ही लिख मारा, कला 'सेलेक्शन' (चुनाव) है, और 'इंटरप्रेटेशन' (निरूपण) है।''

उन्होंने कहा, ''मैं तो लिख दूँगा कि भैया, अभी तुम्हें लिखना नहीं आता। ज़्यादा-से-ज़्यादा यही होगा न कि बुरा मान जाएँगे, तो मुझसे क्या ले लेंगे! दिक़्क़त यह है कि इनमें न सूझ-बूझ है, और न ये मेहनत करते हैं।''

फिर वे बोले, ''पहले मैं कहा करता था कि अच्छी पत्नी, अच्छा नौकर

और अच्छा मालिक बड़े भाग्य से मिलते हैं। अब मैंने उसमें जोड़ दिया है कि अगर व्यक्ति लेखक हो तो उसे अच्छा आलोचक भी बड़े भाग्य से मिलता है।''

पता नहीं क्योंकर, कवि-सम्मेलनों की चर्चा आज फिर चल पड़ी। उन्होंने कहा कि निश्चय ही कवि-सम्मेलनों का रूप अब बहुत विकृत हो गया है, लेकिन जनता में कविता के प्रति जिस रुचि का परिचय ये कवि-सम्मेलन देते हैं, उसका हमें उपयोग करना चाहिए और उसे सुसंस्कृत बनाने की कोशिश भी करनी चाहिए।''

उन्होंने कहा, ''अपनी ओर से तो मैं यह प्रयत्न करता ही रहता हूँ। जहाँ कहीं मुझे सभापति बनाया जाता है, मैं गड़बड़-सड़बड़ कविताएँ नहीं पढ़ी जाने देता, बल्कि कभी-कभी तो बीच में ही कविता बन्द करा देता हूँ। दो साल पहले, जब लाल क़िले के कवि-सम्मेलन का मैं सभापतित्व कर रहा था, महबूब नामक एक लड़के ने आकर कुछ उलटी-सीधी कविता पढ़नी शुरू कर दी। मैंने उसे बीच में ही बन्द करवा दिया, लेकिन जनता को तो इस तरह की चीज़ों में रस आता है, इसलिए शोर मच गया। बहुत-से लोग कहने लगे, ''पढ़ने दो, पढ़ने दो।'' तब मैं उठा और मैंने भाषण देना शुरू किया। लगातार पन्द्रह मिनट तक बोलता ही गया। कुछ देर तक जनता युद्ध करती रही; इधर मैं भाषण देता गया, उधर शोर होता रहा; आखिरकार मैंने जनता पर काबू कर ही लिया। पंडाल में निस्तब्धता छा गयी और लोगों ने ध्यानपूर्वक मेरी बात सुनी और समझी। वह मेरा बहुत ज़ोरदार भाषण है। दूसरे दिन कवि-सम्मेलन की जो रेडियो रिपोर्ट दी गयी, उसमें वह पूरे-का-पूरा प्रसारित भी हुआ। सुनने लायक चीज़ है वह।''

मुझे सन्देह नहीं कि यह भाषण काफी आवेशपूर्ण होगा। यह नहीं कि उसमें कोई बहुत मौलिक और महत्त्वपूर्ण बातें होंगी; पर कुछ खास, मोटी-मोटी, मूलभूत बातों को बच्चनजी, ने बार-बार दोहराकर, उन पर वज़न डालकर कहा होगा और शायद इसीलिए वे जनता के मन तक पहुँची भी होंगी।

बच्चनजी ने बताया कि अभी दो-चार दिन हुए, वे अलीगढ़ यूनिवर्सिटी के कवि-सम्मेलन में गये थे। वहाँ अजीब हंगामा था। कोई किसी की सुनता ही न था। बड़े-बड़े कवि उखड़ गये। तब मैंने विद्यार्थियों के सामने भाषण दिया। मैंने कहा, ''आपसे ही तो उम्मीद थी कि आप कविताएँ ध्यान से सुनेंगे। आप यूनिवर्सिटी के विद्यार्थी हैं, आपकी एक प्रतिष्ठा है। आपसे मैं यह प्रत्याशा नहीं करता कि आप सब्ज़ीमंडी की, सस्ती और बाज़ारू चीज़ों पर हँसेंगे। आपके प्रोफ़ेसर आपको बताएँगे कि हँसना एक बौद्धिक गुण (इंटलेक्च्युअल क्वालिटी) है। जिस बात पर आप हँसते हैं, वह आपके मानसिक स्तर पर प्रकाश डालती है। आदि-आदि।''

लगभग यही बातें बच्चनजी अभी कुछ रोज़ हुए (अलीगढ़ से लौटने के बाद) करोड़ीमल कॉलेज के कवि-सम्मेलन में कह चुके थे, इसलिए मैं अनुमान लगा सका कि उन्होंने और क्या कहा होगा।

मैंने पूछा, "तो कुछ प्रभाव पड़ा लड़कों पर आपकी बातों का?"

वे बोले, "प्रभाव तो मैं अपने साथ लेकर आया था। आज तक कभी ऐसा नहीं हुआ कि मैंने कोई बात कहनी चाही हो और लोगों ने उसे ध्यान देकर न सुना हो। जब मैं पढ़ाता था, तब भी ऐसा कभी नहीं हुआ कि पढ़ाई के समय क्लास में लड़के बातचीत कर रहे हों, या लेक्चर न सुन रहे हों, या 'इंडिफ़रेंट' (उदासीन) हों। कई प्रोफ़ेसरों के क्लासों के बारे में मैं इस तरह की बातें सुनता था, लेकिन अपनी क्लास में मैंने कभी ऐसा नहीं होने दिया। मैं बड़ा सख़्त 'डिसिप्लिनेरियन' (अनुशासनप्रिय) था। अगर मेरी क्लास में कोई गड़बड़ी होती तो शायद में यूनिवर्सिटी से इस्तीफा ही दे देता।"

जब वे यह कह रहे थे, मुझे यूनिवर्सिटी के दिन याद आ गये। बहुत अधिक स्मृतियाँ —स्पष्ट स्मृतियाँ —नहीं हैं बच्चनजी के सम्पर्क की; पर जो भी हैं; मन पर अमिट रूप में अंकित-सी हैं।...

16 फरवरी 1961

पन्तजी का पत्र आया था, जिसमें उन्होंने 'त्रिभंगिमा' के गीत-खंड की केवल पचास प्रतिशत कविताएँ पसन्द आने की बात लिखी थी। इसकी चर्चा चलने पर मैंने कहा कि सम्भवतः उस खंड की बादवाली कविताएँ उन्हें रुचीं नहीं। बच्चनजी ने, शायद जानकर भी अनजान बनते हुए, पूछा, "कौन-सी?"

मैंने उत्तर दिया, "जो 'जाल समेटा' के बाद में हैं, जिनके लिए आपने लिखा है—

मेरे भी कुछ कागज़-पत्रे,
इधर-उधर हैं फैले-बिखरे,
मैं भी रख दूँ उनको जोड़।"

आश्चर्यमिश्रित कुतूहल से उन्होंने कहा, "अच्छा! लाओ, जरा देखें तो।" और अलमारी से 'त्रिभंगिमा' की प्रति निकालकर 'जाल-समेटा' कविता निकाली। उसके बाद उनकी आठ-दस ऐसी छन्दबद्ध रचनाएँ हैं, जिन्हें मैं इस संग्रह के उपयुक्त न समझता था, किन्तु जो कहीं-न-कहीं संग्रहीत होनी थीं, इसलिए उक्त संग्रह में आ गयीं।

'जाल-समेटा' और उन कविताओं को उलट-पलटकर देखने के बाद वे

बोले, "तुम तो बड़े 'डिप्लोमैट' निकले। मेरा ध्यान ही न गया था कि कविताओं का यह क्रम तुमने इस विशेष अभिप्राय से बिठाया है।"

उनकी मुद्रा से लगा कि वे इस प्रसंग से प्रसन्न हुए हैं। बाद में उन्होंने कहा, "कुछ प्रतियाँ मैंने और मँगायी हैं। ओंकार, सत्येन्द्र, यशपाल, भगवती बाबू, अज्ञेय और जौहरी को देनी हैं।"

मैंने पूछा, "ललितजी को?"

उन्होंने बताया, "हाँ उन्हीं को। तुम्हें मालूम नहीं, वे मेरे ऊपर एक पुस्तक लिख रहे हैं। आमतौर से मैं पुस्तक लिखनेवालों को अपनी किताबें नहीं भेजता, पर वे साधनहीन आदमी हैं। मेरे भक्त भी हैं।"

मैंने किंचित् जिज्ञासा के साथ कहा, "तो ललितजी भी आप पर ग्रन्थ लिख रहे हैं।"

बच्चनजी बोले, "मैंने तुमसे कहा था न कि अच्छी पत्नी, अच्छा मालिक, अच्छा नौकर और अच्छा आलोचक बड़े भाग्य से मिलते हैं। मेरे भाग्य में सब इसी तरह के आलोचक लिखे हैं।"[1]

"बात यह है कि ललितजी के पास न तो कोई 'जजमेंट' (निर्णयात्मक बुद्धि) है, न वे अपनी 'स्टाइल' (शैली) छोड़ सकते हैं। जो भी लिखेंगे, उसमें तुकों की झड़ी लगा देंगे। जीवन उन्होंने बहुत देखा है, तमाम जगहों में रहे हैं और कष्ट भी सहा है, लेकिन एक बात वे अभी तक नहीं समझ सके कि जो जीवन है, वही वाङ्मय है।"

मैंने टिप्पणी की, "यानी जो विविधता और विचित्रता जीवन में है, वही साहित्य में भी होना चाहिए।"

वे बोले, "ठीक है। ललितजी यह बात नहीं जानते। वे हमेशा तुक और भावनाप्रधान शैली में ही लिखते हैं। अभी वे रेडियो की नौकरी की परीक्षा में बैठे थे, उसमें भी उन्होंने धर्मी, मर्मी, शर्मी लिखा होगा। नतीजा यह कि मुझे पूरा भय है कि फ़ेल हो जाएँगे।"

मैंने कहा, "ललितजी की शैली में एक और कमी यह है कि उन्होंने उसमें निरंतर विकास नहीं किया। इसी कारण अब वह प्रायः प्रलाप-शैली जान पड़ती है।"

बच्चनजी ने इससे सहमत होते हुए कहा, "कारण यह है कि उन्होंने हिन्दी साहित्य की भी केवल वही चीज़ें पढ़ी हैं, जो आसानी से सुलभ हो सकी हों। 'क्लासिक्स' (महान ग्रन्थों) का अध्ययन किया नहीं, इसलिए कोई 'स्टैंडर्ड'

---

1. यहाँ बच्चनजी की टिप्पणी है : "ललितजी की भावना को चोट नहीं पहुँचाई जानी चाहिए।" किन्तु, समय के बड़े अन्तराल के बाद इसे यथावत् रखना उचित समझता हूँ। —अ. कु.

(मानदंड) बन नहीं सका, जिसके आधार पर वे चीज़ों का मूल्यांकन कर सकें। दर्जा चार तक पढ़े हैं। मेरा विचार है कि समालोचना उनका क्षेत्र नहीं है। जीवन के अनुभव के आधार पर वे 'फ़िक्शन' (कथा-साहित्य) ज़रूर लिख सकते हैं, पर उसमें भी उनकी शैली बाधक होगी।''

16 फरवरी 1961

आज लंच के लिए जब मैं बच्चनजी के कमरे में पहुँचा तो वहाँ उनके कैम्ब्रिज के साथी विश्वनाथ दत्ता बैठे मिले। ये बच्चनजी के बड़े बेतकल्लुफ़ दोस्त हैं और उनमें ठसक भी बड़ी प्यारी है। बच्चनजी से वे जितना याराना बरतते हैं, उतना ही उनके दफ़्तरवालों को बेगाना मानकर, उन्हें मातहत-जैसा समझते नज़र आते हैं। लेकिन हैं दिलचस्प आदमी।

भोजन के लिए उनसे भी बच्चनजी ने कहा। बग़ैर किसी तकल्लुफ़ के वे खाने पर आ भी गये। लेकिन नमकीन चावल देखकर बोले, ''चावल तो मैंने छोड़ दिया है। थोड़ी सब्ज़ी ले लूँगा।''

बच्चनजी ने आग्रह किया, ''थोड़ा-सा ही ले लो। क़सम तो नहीं खायी है।''

वे बोले, ''क़सम ही समझो। लोग मुझसे कहते हैं, 'तुम पर बच्चन का असर पड़ रहा है।' मैं जवाब देता हूँ कि इसमें हर्ज क्या है?''

बच्चनजी ने उनसे पूछा, ''बहन के लिए छोड़ा है?''

दत्ता ने जवाब दिया, ''हाँ, उसी के लिए। देखो, कैसे जान गये तुम!'' फिर कुछ रुककर कहा, ''चावल मैं सबसे ज़्यादा पसन्द करता था।''

बच्चनजी ने कहा, ''अपने प्रिय व्यक्ति के लिए आदमी सबसे अधिक प्रिय वस्तु ही छोड़ता है। आपने बैंगन छोड़ दिया होता तो इससे क्या फ़र्क पड़ता। मेरी 'वाइफ़' बहुत बीमार रहती थीं, उनके लिए मैंने मिठाई छोड़ी, बंटी के लिए 'मीट' (गोश्त) छोड़ा और अमित के लिए 'वाइन' (शराब)। यह सब छोड़ने के कारण मुझमें बड़ी दृढ़ता आयी है। तुम भी यह महसूस करोगे कि तुम्हारे भीतर एक तरह का 'स्टील' (इस्पात) भर गया है। जब कोई अपनी 'विल पावर' (इच्छा शक्ति) को काम में लाकर इस तरह का निश्चय करता है तो उसकी भीतरी ताक़त बहुत बढ़ जाती है।''

फिर कुछ रुककर बोले, ''भई, आदमी तुम ग्रेट हो।''

दत्ता साहब ने कहा, ''छोड़ो भी यार। कोई और बात करो।''

बातचीत डॉ. ताराचन्द के 'स्वाधीनता आन्दोलन के इतिहास' नामक ग्रन्थ

की ओर मुड़ गयी और उसके बाद कुरुक्षेत्र या दिल्ली विश्वविद्यालय में बच्चनजी के प्रोफ़ेसर-पद पाने की सम्भावना पर दोनों मित्र विचार करने लगे। दत्ता ने कहा कि कुरुक्षेत्र में तो तुम गये नहीं, लेकिन दिल्ली की जगह तुम्हें तुरन्त मिल सकती है, सिर्फ़ पंडितजी सिद्धान्त को एक फ़ोन कर दें।

शायद इस विषय पर कुछ और बातचीत करने के लिए ही बच्चनजी ने आज भोजन के बाद मुझसे रुकने को नहीं कहा। बोले, "अब तुम जाओ। मैं विश्वा से कुछ बात करूँगा।"

अमित जी की बीमारी में शराब छोड़ने का जो उल्लेख आज कविवर ने किया[1] उससे मेरी यह धारणा पुष्ट होती है कि 'मधुशाला' के प्रतीक की व्यापकता एक अपेक्षाकृत बाद की व्याख्या है, मूलतः वह शराब के काफ़ी निकट था।

28 फरवरी 1961

इधर चार-छः दिनों से हलके-फुलके विषयों पर ही बातचीत होती रही है। कोई गम्भीर चर्चा नहीं उठी।

एक दिन बच्चनजी ने बताया कि राजपाल एंड संज़ के विश्वनाथ जी उनसे मिलने आये थे। बातें करते समय वे एक बार भी अपनी निगाह उठाकर बच्चनजी से नहीं मिला सके; इससे बच्चनजी को विश्वास हो गया कि अवश्य ही राजपाल वाले उन्हें पूरा हिसाब नहीं देते। इस साल 4300 रु. की रायल्टी का हिसाब भेजा है राजपाल ने। बच्चनजी का ख्याल है कि प्रकाशक ने उन्हें 4000 रु. देकर खुद कम से कम 10,000 रु. कमाये होंगे इन किताबों पर। बच्चनजी ने विश्वनाथ से कहा कि जब मेरी किताबों के संस्करण बिकते जाते हैं तो आप 3000 प्रतियों का संस्करण न छाप कर, 2000 का क्यों छापते हैं? इस पर विश्वनाथ ने कहा कि वे चाहते हैं कि सभी किताबें हर समय बाज़ार में मौजूद रहें, इसलिए छोटे संस्करण छापते हैं।

बच्चनजी का खयाल था कि प्रकाशक अधिक प्रतियाँ छापते हैं और बताते कम हैं। पर इसका पता लगाना या इसको रोक पाना बहुत मुश्किल है। इस तरह की बेईमानी में लेखक को छोड़कर प्रकाशक, मुद्रक और विक्रेता सभी को लाभ है; इसलिए कहीं से भी इस भेद को फोड़ना असम्भव है।

---

1 इस पर बच्चनजी ने टिप्पणी की : "मधुशाला लिखते समय तक और इसके वर्षों बाद तक भी मैंने शराब छुई भी नहीं थी।" शुरुआत करायी ज्ञानप्रकाश जौहरी ने पर लेता था केवल साथ-संगत में—41 से। यू.टी.सी. कैंप में बराबर लेना पड़ता अन्य अफ़सरों के साथ। मऊ कैंप में था तभी अमित की भीषण बीमारी का समाचार मिला—सन् 1943 में, तब से बूँद नहीं छुई। इस सूचना का जो भी उपयोग तुम कर सको या इससे अपनी राय बदल सको। पर मधुशाला की प्रतीकात्मकता तब भी अक्षुण्ण रहेगी यदि मुझे शुरू से ही पीने की लत भी होती।"

बहरहाल, बच्चनजी ने अपने मन को यह सोचकर समझा लिया है कि पूर्व जन्म में उन्होंने प्रकाशकों का कर्ज़ा खाया होगा, और इस जन्म में उसी को भर रहे हैं।...

मालूम हुआ कि श्री जीवन प्रकाश जोशी भी बच्चनजी पर एक पुस्तक लिख रहे हैं। एक दिन वे बच्चनजी की पुस्तकों की प्रकाशन-तिथि आदि की सूची तैयार कर रहे थे; तभी मुझे अनुमान हो गया था। मैंने बच्चनजी से इस विषय में पूछा तो उन्होंने कहा कि, "हाँ, मैंने जोशी जी को अनुमति दे दी है लेकिन यह भी कहा है कि वे पाँच वर्ष तक अपनी पुस्तक प्रकाशित न करें (या यह कि वे पुस्तक लिखने में पाँच वर्ष का समय लगाएँ।) बात ही बात में वे बोले, "जोशी जी तो डेढ़ महीने में पुस्तक पूरी कर डालेंगे।... मेरी कुछ बात वे मानते हैं, इसलिए आशा है कि जल्दी न करेंगे।"

फिर किंचित् विनोदपूर्ण ढंग से उन्होंने कहा, "पाँच साल में या तो मैं न रहूँगा या जोशी जी ही कुछ विद्वान हो जाएँगे।"

मैंने पूछा, "जोशी जी ने आपसे इस सम्बन्ध में कुछ प्रश्न भी तो किये होंगे।"

बच्चनजी ने बताया, "हाँ, कुछ प्रश्न तो किये हैं। कुछ और भी करना चाहते हैं। मैंने उनसे कहा है कि एक बार में एक प्रश्न पूछा करें; मैं पोस्टकार्ड में उत्तर लिख दिया करूँगा।"

"बात यह है कि आजकल के आलोचक ऐसी-ऐसी प्रश्नावलियाँ तैयार कर लेते हैं कि अगर लेखक उनका पूरा उत्तर दे तो उसे पूरी पुस्तक खुद ही लिखनी पड़ जाए। इन प्रश्नावलियों में इस प्रकार के प्रश्न होते हैं—आपकी साहित्यिक मान्यताएँ क्या हैं? आप पर किन-किन कवियों का प्रभाव पड़ा है और क्यों? अपने समकालीन साहित्य और साहित्यकारों के सम्बन्ध में आपके क्या विचार हैं? आदि! इनके जवाब देने बैठूँ तो मुझे तो पूरी पुस्तक ही लिखनी पड़ेगी। इसलिए मैंने जोशी जी से कहा है कि ऐसे ही प्रश्न पूछें जो किसी कविता के सम्बन्ध में किसी विशेष जिज्ञासा की तृप्ति के लिए आवश्यक हों।"

आज ही यह भी मालूम हुआ कि पहली मार्च को 'त्रिभंगिमा' प्रकाशित हो जाएगी। बच्चनजी ने सोचा था कि अब छः महीने तक कुछ भी न लिखेंगे; लेकिन दो-तीन कविताएँ उनके मन में बुरी तरह घुमड़ रही हैं। जान पड़ता है कि उन्हें लिख ही डालना होगा। उनमें से एक है—"गैंडे की गवेषणा।"

बच्चनजी ने कहा, "लेखक की बड़ी मुसीबत है। एक तरफ़ तो उसके मन में चीज़ों की प्रतिक्रिया होती है और दूसरी ओर उस प्रतिक्रिया को कला का स्वरूप देने की समस्या भी रहती है। चीज़ें उसे चैन भी नहीं लेने देतीं और आसानी

से मन पर से हटतीं भी नहीं।''

मैंने उनसे कहा कि यह संग्रह तो प्रकाशित हो ही गया, अब आप अपना पद्यनाटक 'अशोक' इस साल पूरा कर डालिए।

वे बोले, ''काम तो इतना पड़ा है कि क्या बताऊँ। निबन्धों का एक संग्रह तैयार करना चाहता हूँ; 'हैमलेट' का अनुवाद अधूरा पड़ा है, रूसी कविताओं के अनुवाद का एक संग्रह निकालना चाहता हूँ; और येट्स की कविताओं का भी अनुवाद पूरा करके संग्रह तैयार करने की इच्छा है। येट्स पर तो एक पुस्तक ही लिखने का विचार है क्योंकि येट्स को भली प्रकार पढ़ने के कारण उसके ऊपर मैं बहुत अच्छा लिख सकूँगा, लेकिन ज़रूरत इसकी है कि पहले उसकी कविताओं और नाटकों के अनुवाद प्रकाशित हो जाएँ और फिर उस पर एक आलोचनात्मक ग्रन्थ लिखा जाए।

''उधर बांग्ला से एक पुस्तक (विष्णुप्रिया) अनुवादित करने का काम उठा रखा है और अपनी आत्मकथा भी लिखना चाहता हूँ। यह आत्मकथा एक नयी शैली में लिखने का विचार है। इसमें विभिन्न पात्र (यथा : माता, पिता, मित्र, पत्नी) अपने-अपने मुख से मेरी जीवनी का उल्लेख करेंगे। इस पद्धति में कुछ नयापन भी रहेगा और अपेक्षतया 'आब्जेक्टिविटी' (तटस्थता) आ सकेगी।''

मुझे उनकी यह योजना कुछ खास पसन्द न आयी क्योंकि इसमें कुछ भी हो—थोड़ा-बहुत बनावटीपन झलकेगा; और वह 'आत्मकथा' के लिए एक बाधक तत्त्व सिद्ध होगा।

अस्तु, मैंने यही कहा कि काफ़ी कठिन काम होगा यह, क्योंकि एक तो सारी जीवन-कथा को थोड़े-से व्यक्तियों द्वारा वर्णित कराने में कथा के अनेक अनिवार्य सूत्र छूट जाने की आशंका रहेगी और घटनाओं के कुछ ही प्रसंग तथा विशिष्ट रूप ही मनोनीत व्यक्ति पाठकों के सम्मुख रख सकेंगे।

बहरहाल, बच्चनजी ने कहा, ''कभी-कभी मैं सोचता हूँ कि आत्मकथा को 1942 तक लाकर छोड़ दूँ, क्योंकि तेजी के मन में भी एक पुस्तक लिखने की कल्पना है—'ट्वेंटी ईयर्स विद द पोएट' (कवि के साथ बीस वर्ष)। पर अभी मैंने उनसे यह कह रखा है कि पाँच साल तक तो जो कुछ भी तुम लिखो, उसे फाड़ती जाओ। उसके बाद ही तुम्हारी शैली विकसित हो सकेगी। तेजी अंग्रेज़ी में तो लिख सकती हैं, पर अंग्रेज़ी में ऐसी पुस्तक का उपयोग क्या होगा!''

जब मैंने पूछा कि क्या भाभीजी ने कुछ अंश लिख लिये हैं? तो बच्चनजी ने बताया कि अभी नहीं।

1 मार्च 1961

कुछ दिन हुए बच्चनजी ने कहा, "चन्द्रदेव ने मेरा जो इंटरव्यू लिया था, उसमें मैंने बड़ी महत्त्वपूर्ण बात कही थी कि निराशा की चरम सीमा पर पहुँचकर भी यदि मैं टूटा नहीं और वहाँ से वापस लौट आने में समर्थ हो सका तो इसे मैं भगवान् की ही कृपा मानता हूँ। मैं समझता हूँ कि भगवान् में मेरी आस्था थी, इसी कारण यह सम्भव हो सका। शायद उस युग में मैं इस बात को इस रूप में न कहता, क्योंकि कदाचित् तब मुझे उस परम शक्ति का ऐसा बोध न हुआ था; पर वह मेरे अवचेतन में अवश्य ही उपस्थित रही होगी। इसी कारण, नास्तिक तो मैं हो ही न सकता था। मेरे संस्कार आस्तिकों के थे। मैं चाहता तो भी उनके विपरीत न जा सकता था। साथ ही, यदि वह परम शक्ति मेरी आत्मा के अनिवार्य अंग के रूप में मुझसे संयुक्त न होती तो मैं उस गहन अन्धकार को चीर भी न पाता, जहाँ कि मैं पहुँच गया था।"

बच्चनजी ने कहा, "यह बात दूसरी है कि अपनी आस्तिकता का इस प्रकार का बोध मुझे उस समय न रहा हो। पर केवल इसी कारण उसके अस्तित्व से इनकार तो नहीं किया जा सकता।"

अन्त में उन्होंने कहा, "इस बात को चन्द्रदेवसिंह नहीं समझे। उन्होंने अपनी इंटरव्यू वाले लेख में इसका उल्लेख भी नहीं किया है।"

मैंने उत्तर दिया, "यदि उन्होंने सचमुच ही आपके इस वक्तव्य का विश्लेषण नहीं किया है, और इसे गम्भीरतापूर्वक ग्रहण नहीं किया है, तो मुझे पूरा सन्देह है कि वे आपकी कविता को समुचित परिप्रेक्ष्य में रखकर देख सकेंगे भी या नहीं।"

2 मार्च 1961

बच्चनजी ने कहा—"कैम्ब्रिज में रिसर्च करते समय मैंने यह महसूस किया कि सूझ-बूझ, रिसर्च बुद्धि और परिश्रम में मैं अंग्रेज़ों से कम न था, लेकिन जहाँ तक भाषा और अभिव्यक्ति का प्रश्न था, इंग्लैंड का एक मेहतर भी मुझसे अच्छी तरह अपने को व्यक्त कर सकता था। कारण यह कि अंग्रेज़ी उसकी अपनी भाषा थी। इंग्लैंड से लौटने के बाद अंग्रेज़ी पढ़ाने से मेरा जी बिलकुल हट गया था, क्योंकि मैंने महसूस किया कि अंग्रेज़ी पढ़ाकर हम अपने लड़कों को और खुद अपने को भी धोखा देते हैं। हम अंग्रेज़ी साहित्य की स्पिरिट (भावना) और उसकी परम्परा समझ ही नहीं सकते; अधिक-से-अधिक उसका शब्दार्थ जान सकते हैं।

यही शब्दार्थ हमारे कॉलेजों-यूनिवर्सिटियों में विद्यार्थियों को बताया जाता रहा है। यह एक झूठी चीज़ है और हमारे देश में पनप नहीं सकती, क्योंकि अंग्रेज़ी का उदय हमारे देश की अपनी मिट्टी में नहीं हुआ। हम उसे पढ़ने का यत्न करके सिर्फ़ उसकी ऊपरी सतह भर खुरचते रहते हैं; तत्त्व तक पहुँचना हमारे लिए सम्भव नहीं होता।''

इस पर मैंने कहा, ''आपकी बात इस प्रसंग में और भी ठीक है कि अब हम आज़ाद हो गये हैं और अंग्रेज़ी सभ्यता, संस्कृति, साहित्य की जो जड़ विदेशी शासन के कारण हमारे देश में जमनी शुरू हो गयी थी, वह मूल से कट गयी है। पर साथ ही स्वतन्त्रता-प्राप्ति इस तथ्य की ओर भी संकेत करती है कि राजनीतिक परिस्थिति हमारे परिवेश को किस क़दर प्रभावित करती है। हम कितना ही कहें कि अंग्रेज़ी भाषा और साहित्य हमारे देश की वस्तु न होने के कारण यहाँ जीवित न रह सकते, लेकिन ऐतिहासिक दृष्टि से यह सिद्ध हो चुका है कि वे काफ़ी गहरे तक हमारी चेतना का अंग बन गये थे और यदि हम आज़ाद न हो जाते तो वे निश्चय ही कालान्तर में हमारे अस्तित्व का अविभाज्य अंग बन जाते।''

मैंने किंचित् क्षोभ के साथ यह बात कही थी क्योंकि कला और संस्कृति की शक्ति-सामर्थ्य में हमारी गहरी आस्था वास्तव में कितनी अयथार्थ और अवास्तविक है, इसका बोध मुझे कटु बनाता रहा है। जिन वृत्तियों को हम आन्तरिक और अन्तर्भूत मानते आये हैं, उन्हें ऊपर की, सतही, और हमारी समझ में, अमहत्त्वपूर्ण शक्तियाँ कितनी शीघ्र और कितना अधिक प्रभावित, प्रेरित और संचालित कर देती हैं—यह देखकर कष्ट होता है।

बहरहाल, बच्चनजी मेरे कथन से सहमत होते हुए बोले, ''ठीक है! लेकिन अब हमारे आज़ाद हो जाने के बाद इस देश में अंग्रेज़ी का पनपना असम्भव है, जब तक कि खुद अंग्रेज़ ही हमारे देश पर दुबारा कब्ज़ा न कर लें।''

उन्होंने कहा, ''वह तो कहो कि इंग्लैंड से लौटने के बाद संयोगवश अधिक समय तक यूनिवर्सिटी में मुझे अंग्रेज़ी नहीं पढ़ाना पड़ा और मैं यूनिवर्सिटी छोड़ आया, लेकिन इसके अलावा भी अंग्रेज़ी लिखने, अंग्रेज़ी बोलने और अंग्रेज़ी पढ़ाने से मेरा मन हट चुका था।''

उनकी यह बात सुनकर मुझे याद आया कि आज से लगभग छः-सात महीने हुए (शायद यह 15 अगस्त से कुछ पहले की बात है) बच्चनजी के पास (शायद यूथ कांग्रेस से) उनके किसी परिचित का फ़ोन आया। वे लोग स्वाधीनता दिवस पर अंग्रेज़ी में एक 'सावेनर' निकाल रहे थे और इसके लिए बच्चनजी से कोई

लेख चाहते थे। मैं बच्चनजी के पास बैठा हुआ था। उन्होंने पहले तो उन लोगों को लम्बी फटकार सुनायी कि वे अंग्रेज़ी में 'सावेनर' निकाल रहे हैं और फिर कहा, "मेरे पास पहले का लिखा हुआ कुछ है नहीं, और नया कुछ मैं लिख नहीं सकता, क्योंकि अपनी थीसिस पूरी करने के बाद मैंने कसम खा ली थी कि अब अंग्रेज़ी में कभी भी, कुछ भी न लिखूँगा।"

उस वक्त बच्चनजी ने यह भी कहा था कि बेकार ही आप लोग एक मरी हुई चीज़ को पीट रहे हैं। और शायद अपना प्रिय वाक्य भी दुहराया था, जो वे कहीं भी ग़लत अंग्रेज़ी लिखी देखकर कहते हैं कि, "अंग्रेज़ी इस देश से जूते खाकर जाएगी।" उनका अभिप्राय यह होता है कि जल्दी ही वह समय आएगा जब अंग्रेज़ी का एक भी वाक्य शुद्ध-शुद्ध लिख सकनेवाले लोग चिराग़ लेकर ढूँढ़ने पर ही मिलेंगे।

4 मार्च 1961

कुछ दिन हुए बच्चनजी बड़े मनोयोग से किसी को लेटरपैड पर पत्र लिख रहे थे। सम्बोधन भी 'प्यारे भाई' लिखा था। इससे मैं जान गया कि कोई ख़ास पत्र लिख रहे हैं, वरना अधिकतर तो वे पोस्टकार्ड ही लिखते हैं।

मेरी दिलचस्पी देखकर उन्होंने बताया कि किसी ज़माने में अमित-अजित के लिए उन्होंने कुछ कविताएँ लिखी थीं। वे बालोपयोगी कविताएँ एक कापी में लिखी हुई थीं; पर किसी समय वह कापी कहीं खो गयी।

उन कविताओं में से एक श्री निरंकार देव सेवक ने कभी सुनी थी—"आज उठा मैं सबसे पहले।" उसी को वे बालोपयोगी कविताओं के एक संग्रह में अब लेना चाहते हैं। पर चूँकि कापी खो चुकी है, इसलिए 'सेवक' जी ने अपनी स्मृति से वह कविता फिर लिखी और बच्चनजी के पास भेजी कि उनकी अनुमति हो तो उनके नाम से वह प्रस्तावित संग्रह में चली जाए।

बच्चनजी ने कहा, "जो कविता सेवक जी ने लिखी, वह मुझे बहुत पसन्द नहीं आयी। इसलिए उस पंक्ति पर एक नयी कविता लिखकर मैं उनके पास भेज रहा हूँ।"

पता नहीं क्यों, यह सारा प्रसंग मुझे रोचक और अच्छा लगा।

5 मार्च 1961

कुछ महीने पहले के एक फ़ोन की बात याद आ गयी है। हिन्दू कॉलेज में कवि सम्मेलन था। वहाँ के संयोजक ने बच्चनजी को उसमें शामिल होने के लिए फ़ोन किया, तो बच्चनजी ने साफ़ मना कर दिया। बोले, ''हिन्दू कॉलेज तो मैं जा नहीं सकता। इस सम्बन्ध में विशेष कहना व्यर्थ है।''

बाद में वहाँ से कुछ लोग बुलाने आये तो पूरा किस्सा मालूम हुआ। अमितजी के एडमिशन के लिए बच्चनजी ने फ़ोन किया था, प्रिंसिपल को, लेकिन प्रिंसिपल ने शायद अधिक बात ही नहीं की, सिर्फ़ यह कहकर फ़ोन बन्द कर दिया कि एडमिशन बन्द हो गये हैं।

स्वभावतः यह बात बच्चनजी को बुरी मालूम हुई थी। उसी समय उन्होंने निश्चय कर लिया था कि अब हिन्दू कॉलेज से कोई सम्पर्क न रखेंगे। संयोगवश यह मौक़ा भी उन्हें मिल गया। आयोजकों से उन्होंने साफ़ कहा कि आपके प्रिंसिपल ने मेरा अपमान किया है। मैं आपके यहाँ नहीं जा सकता।

उन लोगों ने हज़ार कहा कि यह उत्सव तो विद्यार्थियों का है, इसमें आप आइए। पर बच्चनजी अपने हठ पर क़ायम रहे। उन्होंने कहा, ''आप लोग अपने घर पर या हिन्दू कॉलेज से बाहर कहीं कोई उत्सव करेंगे तो उसमें ज़रूर आऊँगा पर आपके कॉलेज नहीं जा सकता।''

बोले, ''अब तो कौल उठ गया है। अब वह फिर नहीं सकता।''

इस घटना से बच्चनजी के दृढ़, निश्चयात्मक, हठी स्वभाव की एक झलक मुझे मिली।

6 मार्च 1961

सुबह बच्चनजी ने बताया कि बनारस के कोई श्रीकृष्ण दवे उन पर एक पुस्तक लिखना चाहते थे। दवेजी ने पत्र लिखा था कि उस पुस्तक में वे बच्चनजी की भी कुछ सहायता चाहते हैं। जब बच्चनजी ने पूछा कि किस प्रकार की सहायता, तो बनारस से दवेजी ने लिखा कि वे दिल्ली आकर बच्चनजी के साथ कुछ दिन ठहरेंगे। इस पर बच्चनजी ने उन्हें पत्र लिखा कि जो प्रश्न पूछने हों, वे बनारस से ही लिख भेजें, उनका दो-दो, चार-चार पंक्तियों में बच्चनजी उत्तर दे देंगे; और यदि वे दिल्ली आकर किसी अन्य व्यक्ति के पास ठहरना ही चाहें तो बच्चनजी घंटे-दो घंटे के लिए उनसे मिल सकेंगे।

यह बताकर उन्होंने कहा, ''हिन्दी के आलोचक को अपने घर में ठहराना

बड़ा कठिन काम है, और फिर जगह भी कहाँ है!''

संयोगवश आज ही एक दूसरे आलोचक भी बच्चनजी से मिलने आ गये। पहले शायद उन्होंने कुछ पत्र-व्यवहार किया था और बच्चनजी से मिलने का समय माँगा था। प्राय: बच्चनजी मिलनेवालों को लंच का समय देते हैं; इनको भी उसी वक्त आने को कहा।

ये होम मिनिस्ट्री के एक सरकारी कर्मचारी श्री खन्ना थे। उत्साही और आयोजनकर्ता सज्जन हैं। कविता भी लिखते हैं। मैं भी उनसे एक-आध बार मिल चुका था। (गोकि आज जब वे बच्चनजी से बात कर रहे थे, मैं वहाँ उपस्थित न था।)

उनके चले जाने के बाद बच्चनजी ने बताया, ''मेरा एक घंटा नष्ट कर गये। 'जीवन और कवित्व' पर पुस्तक लिखना चाहते हैं। मुझसे कुछ प्रश्न पूछने आये थे, जैसे—आपकी साहित्यिक मान्यताएँ क्या हैं? आप पर किन-किन कवियों और पुस्तकों का प्रभाव पड़ा? आपकी सामाजिक विचाराधारा क्या है? आपकी सर्वप्रथम रचना कौन-सी है?''

बच्चनजी ने बताया—''मैंने उनसे कहा कि ये तो मेरे लिखने की बातें हैं। और ये ऐसी नहीं हैं कि मैं आपको दो-एक पंक्तियों में बता सकूँ। इनपर मैं अपने विचार बताने लगूँ तो 100-100 पृष्ठों की कई पुस्तकें ही तैयार हो जाएँगी। लेकिन वे तो मेरी लिखी हुई चीज़ें होंगी। अगर आप कुछ लिखना चाहते हैं, तो आपको खुद पता लगाना होगा, मेरी कविताएँ पढ़कर, कि मेरे राजनीतिक, सामाजिक या धार्मिक विचार क्या हैं? यह तो आपको सौ-पचास पुस्तकें पढ़कर खोजना होगा कि मुझपर किस लेखक का क्या प्रभाव पड़ा है?

''मुझसे पूछना ही चाहते हैं तो कोई तथ्य-सम्बन्धी बात पूछ सकते हैं—जैसे मेरी जन्म-तिथि, मेरे पिता का नाम आदि। इसके अतिरिक्त तो अपनी पुस्तक के लिए सारा परिश्रम आपको ही करना होगा।''

खन्नाजी से बच्चनजी ने कहा, ''यदि आप मुझ पर पुस्तक लिखना ही चाहते हैं तो सिर्फ़ कविता पर लिखिए। मेरे जीवन के बारे में तो उसे लिखना चाहिए जो मेरे साथ रहा हो, या जो मेरा बचपन से लँगोटिया यार रहा हो। आप मेरे जीवन के बारे में जानते ही क्या हैं कि लिखेंगे!''

फिर बोले, ''लेकिन मेरी यह बात खन्नाजी की समझ में नहीं आयी। बात यह है कि हिन्दी में स्कूली समालोचना का ही चलन है। आपका जन्म फलाँ सन् में फलाँ शहर में, एक सम्भ्रान्त, मध्यवित्त परिवार में हुआ। आप ने दो विवाह किये थे। पहली पत्नी के सम्बन्ध में आपने फलाँ-फलाँ चीज़ें लिखी हैं।''

''जीवनी के नाम से इसी तरह की बातें हिन्दी में लिखी जाती हैं। जहाँ तक समालोचना का सम्बन्ध है, हिन्दी की स्कूली आलोचना में देशी-विदेशी

आलोचकों के मत संग्रहीत किये जाते हैं। फलाँ ने यह कहा है, फलाँ ने वह और फलाँ का कथन ठीक जान पड़ता है। खुद आलोचक महाशय का मत क्या है, इसका पता ही नहीं चलता।''

बच्चनजी ने बताया, ''जब मैं येट्स पर रिसर्च करने गया तो मेरे निर्देशक टी.आर. हेन ने कहा, 'तुम्हें येट्स पर सारा साहित्य पढ़ लेना चाहिए, ताकि कहीं ग़लती से तुम ऐसी किसी बात को न दुहरा दो, जोकि येट्स के बारे में पहले लिखी जा चुकी हो।' यानी किसी के कथन को दुहराने का तो प्रश्न ही नहीं उठता । पढ़ना इसलिए चाहिए कि ग़लती से कोई ऐसी बात थीसिस में न चली जाए, जिसको दूसरा व्यक्ति पहले ही लिख चुका हो।''

बच्चनजी ने कहा, ''मुश्किल यह है कि हिन्दी में प्रकाशकों की संख्या बहुत बढ़ गयी है। जहाँ किसी प्रकाशक ने देखा कि किसी लेखक की पुस्तकें बिकती हैं, वहीं वह किसी छोटे-मोटे लेखक को उस पर समालोचनात्मक पुस्तक लिखने के लिए पकड़ लेता है।''

मैंने कहा, ''प्रकाशक ही नहीं, अधकचरे लेखकों की तादाद भी बहुत ज़्यादा बढ़ती जा रही है। जहाँ किसी ने कोई पुस्तक पढ़ी और पसन्द की, और ज्यों ही उस पुस्तक के सम्बन्ध में उसे दो-एक मूर्खतापूर्ण बातें सूझीं, वहीं वह न सिर्फ़ उस पुस्तक पर बल्कि उसके रचयिता पर भी एक लेख लिखने की योजना बना डालता है और इसके पहले कि लेख की शुरुआत हो, उसकी योजना बढ़कर 'पुस्तक' के रूप में परिणत हो जाती है। ग़नीमत यह समझिए कि अधिकतर ये योजनाएँ कार्यान्वित नहीं हो पातीं, महज़ दिमाग़ में रह जाती हैं; वरना गज़ब ही हो जाता। जो थोड़ी-बहुत पूरी होती हैं, उनमें से भी सबके छपने का संयोग नहीं जुट पाता। तथापि जो थोड़े-से लेखक अपनी ऐसी पुस्तकें छपवा ले जाते हैं— वे हिन्दी की मिट्टी पलीद करने के लिए क्या कुछ कम हैं!''

बातों का रुख़ खन्नाजी की ओर फिर कुछ मुड़ते देख, मैंने पूछा, ''कम-से-कम आपकी सब पुस्तकें तो उन्होंने पढ़ी ही होंगी?

बच्चनजी बोले, ''ख़ाक पढ़ी हैं। प्रारम्भिक कविताओं के बारे में प्रश्न पूछ रहे थे। मैंने पूछा, आपने मेरी प्रारम्भिक कविताएँ पढ़ी हैं या नहीं?''

खन्नाजी ने कहा कि वे 'मधुशाला' और 'मधुबाला' पढ़ चुके हैं। इसपर बच्चनजी ने उन्हें बताया कि 'प्रारम्भिक रचनाएँ' नाम से दो खंडों में उनकी शुरू की कविताएँ छप चुकी हैं और उनकी प्रत्येक पुस्तक के प्रारम्भ में इन पुस्तकों का भी उल्लेख रहता है।

लेकिन खन्नाजी को पता भी न था कि ऐसी कोई पुस्तकें बच्चनजी ने लिखी हैं।

अन्त में उन्होंने एक बार फिर बताया धीरेन्द्र जी की लड़की ने भी मेरे पास ऐसी ही एक प्रश्नावली भेजी थी। ये प्रश्नावलियाँ एक ख़ास ढंग की होती हैं। अगर कोई इनका ठीक-ठीक उत्तर लिखने बैठ जाए तो प्रश्नकर्ता की पूरी पुस्तक बग़ैर अपनी ओर से बिना कोई उद्यम किये ही तैयार हो जाएगी।

बहरहाल, उस प्रश्नावली में एक प्रश्न यह भी था कि, "आप पर किन-किन लेखकों का प्रभाव पड़ा है?" उसके उत्तर में मैंने लिखा, "यह पता लगाना तो आपका काम है। आपने सौ-पचास क्लासिक पढ़े हैं या नहीं? उसी अध्ययन के बल पर आप इसका पता लगाइए कि मैं किस रचना से कहाँ प्रभावित हुआ हूँ। यदि मैंने ही इसे बता दिया तो आप क्या लिखिएगा?"

6 मार्च 1961

आज कैलाश वाजपेयी से कमलेश्वर के कमरे में भेंट हो गयी। उन्होंने बताया कि कल शाम लगभग एक घंटे वे बच्चनजी के साथ रहे और उन्हें लगा कि इन तीन-चार वर्षों में बच्चनजी में बड़ा परिवर्तन आ गया है। बच्चनजी उन्हें बहुत 'डिटेच्ड' (वीतराग) से मालूम हुए। यह उनके व्यक्तित्व का एक नया पहलू है।

कैलाश वाजपेयी ने कहा, "मैं पहले बच्चनजी के सम्पर्क में बहुत रहा हूँ। लेकिन इस बार लगा कि यदि उनके व्यक्तित्व का सूत्र मैं पकड़े रहना चाहूँगा तो मुझे बच्चनजी के साथ अधिकाधिक समय बिताना पड़ेगा।"

कैलाश ने शायद यह भी कहा कि अब बच्चनजी 'सेंटली' (ऋषिवत्) मालूम होते हैं। या अगर यह नहीं भी कहा तो इतना ज़रूर कहा कि अब बच्चनजी की 'थिंकिंग' (चिन्तन) एक 'हायर प्लेन' (उच्चतर स्तर) पर चली गयी है और बाहरी तौर पर देखने से भले ही इस बात के संकेत न मिलें, लेकिन जो लोग निकट से उनके व्यक्तित्व को समझना चाहते हों, उनके लिए इस चीज़ को जानना बहुत ज़रूरी है।

हम दोनों ही कुछ जल्दी में थे। यह बातचीत एक-दूसरे से बिदा लेते समय हुई। कैलाश ने कुछ नोटिस ज़रूर किया था, लेकिन वह बात या तो उनके सम्मुख स्पष्ट न हो सकी थी, या वे साफ़-साफ़ शब्दों में मुझसे कहना न चाहते थे। इसलिए यह प्रसंग कुछ उलझा-उलझा-सा रह गया।

अपनी ओर से मैंने इतना ही कहा कि यह सब बच्चनजी में 'इनहेरेंट' (पूर्वनिहित) था। लेकिन चूँकि कैलाश ने बात की शुरुआत ही यहाँ से की थी, 'बच्चनजी में इधर बड़ा परिवर्तन आ गया है और वे वीतराग हो गये हैं', इसलिए

अपने मन्तव्य को विस्तार से बताने की आवश्यकता मैंने न समझी।

12 मार्च 1961

इधर दो-एक दिन आगे-पीछे, किसी रोज़ बच्चनजी को बाँके बिहारी भटनागर के यहाँ भोजन करने जाना था। मुझे उन्होंने बताया तो मैंने पूछा, ''कोई विशेष प्रयोजन है क्या?''

वे बोले, ''वे मुझे भोजन इसलिए करा रहे हैं कि मैं उनके पत्र में अपनी रचनाएँ देता रहूँ, और मैं उनके यहाँ भोजन करने इसलिए जा रहा हूँ कि वे अपने पत्र में मेरी चीज़ें छापते रहें।'' और यह कहकर वे बहुत हँसे। अपनी यह बात उन्हें इस क़दर पसन्द आयी कि श्रीकान्त[1] के आने पर उन्होंने उनसे भी यही कहा।

मुझे वह किस्सा भी सुनाया उन्होंने, जिसमें केवल चार आने मूल्य का खोटा रुपया देकर एक व्यक्ति ने घी की वह हाँडी खरीदी, जिसमें केवल एक चौथाई परत घी की थी और बाकी गोबर भरा था। यह कथा सुनाकर कहने लगे, ''यही दशा मेरी और भटनागर जी की है।''

उनकी यह निर्दोष हास्यप्रियता उनके व्यक्तित्व का आकर्षण और भी बढ़ाती है।

12 मार्च 1961

बच्चनजी ने कहा, ''जब मैं इंग्लैंड से लौटकर आया तो कई जगहों से लोगों ने मुझे पत्र लिखे कि वे मेरा सम्मान करना चाहते हैं और अभिनन्दन-पत्र समर्पित करना चाहते हैं। लेकिन मैं भी 'डिप्लोमैट' हूँ। मैं जान गया कि मुझसे सेंत-मेंत में कविता सुनने की तरकीबें हैं। इसलिए, मैंने इन लोगों को लिखा कि अभिनन्दन-पत्र आप दीजिए नेताओं और मिनिस्टरों को; मैं हूँ कवि! मेरा अभिनन्दन यही है कि आप मेरी कविता सुनिए। मैं तो अपनी पूरी फ़ीस लूँगा और आकर आपको कविता सुना जाऊँगा।''

''इस पर लोगों ने मेरी बड़ी बदनामी भी की कि, ''देखिए साहब, हम तो बच्चनजी का सम्मान करना चाहते हैं और वे हमसे फ़ीस माँगते हैं।'' लेकिन मैं उनके चक्कर में नहीं फँसा। अभिनन्दन-पत्र लेकर क्या मैं उन्हें बैठकर चाटता!''

---

1. श्रीकान्त वर्मा, दिल्लीवासी हिन्दी-लेखक।

13 मार्च 1961

भोजन के बाद प्रेमवार्ता शुरू हुई। वे बोले, ''इतने स्थानीय उत्सव होने लगे हैं कि सोचता हूँ, अब स्थानीय कवि-सम्मेलनों में जाने के लिए भी फ़ीस लगा दूँ। क्या राय है तुम्हारी?''

मैं जानता था कि इस तरह की बातें वे प्रायः मनोविनोद के लिए किया करते हैं, इसलिए मैंने कहा, ''ख़्याल बुरा तो नहीं है।''

वे बोले, ''आयोजकों से कह दूँ कि 100 रुपया और टैक्सी का किराया रख जाओ पहले, तब आऊँगा तुम्हारे उत्सव में। इससे एक तो लोग घेरेंगे कम और दूसरे कुछ धन की भी प्राप्ति होगी।''

इतना कहने के बाद उन्हें कुछ और सूझ भी आयी। बोले, ''खाने पर भी बहुत-से लोग बुलाने लगे हैं। कहो तो खाने की भी फ़ीस लगा दूँ।''

मैंने जवाब दिया, ''यह तो और भी अच्छा रहेगा। ब्राह्मण को तो भोजन के साथ दक्षिणा प्राप्त होती ही है, कवि को भी आपकी कृपा से यह अधिकार शुरू हो जाए तो बड़ा संकट दूर हो जाए।''

वे ठहाका मारकर हँसने लगे।

15 मार्च, 1961

आज देवीशंकर अवस्थी[1] ने अपना निबन्ध संग्रह बच्चनजी को भेंट किया तो उन्होंने देवीशंकर से भी वही बात कही जो कल मुझसे कह चुके थे कि स्फुट लेखन के अतिरिक्त वे किसी विशिष्ट काल अथवा विशेष प्रवृत्ति का अध्ययन करने के लिए कोई दीर्घकालीन योजना बनाकर काम करें।

इस तरह की सलाह देते हुए मैं उन्हें पहले भी सुन चुका हूँ और यह देखकर खुशी होती है कि वे अपने सम्पर्क में आनेवालों के मन में कोई-न-कोई अच्छा काम करने की प्रेरणा भरते ही रहते हैं। किसी को तुलसीदास का अध्ययन करने का आदेश देते हैं, किसी को उच्च शिक्षा प्राप्त करने का सुझाव देते हैं, किसी को समकालीन साहित्य में से चुनी हुई रचनाओं का हवाला देते हैं तो किसी को

1. दिल्लीवासी हिंदी आलोचक। मूलतः उन्नाव, कानपुर के।

साहित्य के सम्बन्ध में अपनी उदार विचारधारा से परिचित कराते हैं। उनका व्यक्तित्व निश्चय ही प्रेरणादायक है और सुझाव-सुधार के इन छोटे-मोटे कार्यों को वे इतने नियमित ढंग से करते हैं कि ऐसा जान पड़ता है मानो अपने मार्गदर्शक-दायित्व की उन्हें बड़ी सजग चेतना भी है। शायद वे यह महसूस करते हैं कि लोग कुछ-न-कुछ पाने की आशा से ही उनसे मिलने आते हैं या उन्हें पत्र लिखते हैं और इसी कारण, वे यत्न करके अपनी ओर से ऐसी कोई-न-कोई बात कहते या लिखते अवश्य हैं, जिसका किसी क़दर संस्मरणात्मक मूल्य हो। यही नहीं, उनके इस प्रकार के व्यवहार का एक और भी महत्त्व है कि यह व्यक्तिगत स्तर पर स्फुट रीति से लोगों को सत्कार्य में प्रवृत्त करने का सात्त्विक प्रयास है।

23 मार्च 1961

उन्हें छोटी-छोटी स्लिपों पर लिखी कुछ रचनाएँ पढ़ते देख (लगभग बारह-तेरह दिन पूर्व) मैंने जिज्ञासा प्रकट की। मालूम हुआ कि ये प्रेमवर्णीजी की कविताएँ हैं। नये कविता-संग्रह की भूमिका ब्रह्मचारी जी बच्चनजी से लिखाना चाहते हैं। पत्र आया है कि पहले संग्रह की भूमिका पन्तजी और गोविन्ददासजी ने लिखी थी, इसकी बच्चनजी लिखें। साथ ही प्रेमवर्णीजी का चित्र भी आया था, जिसमें कवि की पद्मासनबद्ध मुद्रा अंकित थी और लम्बे केशों की दो चोटियाँ कन्धों के नीचे झूल रही थीं! मैंने कहा, ''चेहरे से तो काव्य-रसिक जान पड़ते हैं, पर अभी उम्र कम मालूम होती है!''

बच्चनजी बोले, ''योगी की भला कोई उम्र होती है!''

यह जान पाना कठिन होता है कि कब बच्चनजी किसी बात को हल्के-फुल्के ढंग से कह रहे हैं और कब गम्भीरतापूर्वक। निश्चय ही प्रेमवर्णीजी की साहित्यिक अथवा आध्यात्मिक उपलब्धियों के प्रति उनके मन में संशय की भावना रही होगी। बाद में उन्होंने मुझे बताया भी कि प्रेमवर्णीजी को उन्होंने पत्र लिखा था कि प्रस्तुत कविताओं तथा पिछले संग्रह की कविताओं के भाव-स्तर में कोई विशेष अन्तर नहीं जान पड़ता, इसलिए बेहतर होगा कि ब्रह्मचारीजी इतनी जल्दी दूसरा संग्रह न प्रकाशित कराएँ। इसका उत्तर प्रेमवर्णीजी ने यह भेजा कि नहीं, दोनों संग्रहों की विचारधारा में बड़ी विभिन्नता है और रचयिता ने विकास की काफ़ी लम्बी मंज़िल तय की है। ख़ैर...

धीरे-धीरे बातचीत का रुख ऋषियों-मुनियों और देश की जनता की ओर

मुड़ गया। बच्चनजी ने कहा, ''हमारे देश में साधु-संन्यासी समाज पर बोझ बनकर रहते हैं, जबकि होना यह चाहिए कि एक बार, जब इन लोगों ने समाज को छोड़ दिया तो फिर केवल अपने आध्यात्मिक चिन्तन-मनन में ही रत रहें, संन्यास लेने के बाद ये समाज को कुछ दे सकें तो दें, उससे कुछ ग्रहण न करें। पर स्थिति इससे बिलकुल उलटी है। ये लोग परोपजीवी बनकर समाज को चूसते रहते हैं। कारण यह है —हमारा समाज बहुत पिछड़ा हुआ है और हमारे धर्मप्राण देश में साधु-संन्यासियों के प्रति बड़ा 'फ़ेथ' (आस्था) है।''

मैंने कहा, ''इसके साथ ही 'भय' भी बहुत है। जो श्रद्धालु नहीं हैं, वे भी साधु-संन्यासियों की अवज्ञा करते हुए डरते हैं कि नाराज़ होकर वे अपनी किसी अलौकिक शक्ति का उपयोग कर उन्हें शाप न दे दें।''

24 मार्च 1961

बच्चनजी की मेज़ पर अहिन्दीभाषियों को हिन्दी व्याकरण सिखानेवाली एक पुस्तक पड़ी दिखी। मैं उसे उलटने-पलटने लगा तो वे बोले, ''एक प्रकाशक महोदय (इलाहाबाद के रामनारायणलाल बेनीप्रसाद) दे गये हैं। मेरी एक किताब छापना चाहते हैं।''

फिर अपनेआप ही कहने लगे, ''आजकल के प्रकाशक बड़े होशियार हो गये हैं। वे उन लोगों को ही पुस्तकें लिखने के लिए कहते हैं, जो कमेटियों आदि में होते हैं। उनके पास जाकर ये पहले तो पाठ्य-पुस्तक लिख देने का प्रस्ताव रखते हैं और यदि लेखक ने समय आदि के अभाव की बात कही तो ये प्रकाशक यहाँ तक व्यवस्था कर देते हैं कि पुस्तक बना कोई दूसरा दे, नाम बड़े लेखक का चला जाए। इस तरह प्रभावशाली लेखकों का नाम अपनी पुस्तक में देकर ये किताब को मंजूर करवा लेते हैं और खुद लाख-दो लाख कमा कर दस-पन्द्रह हज़ार उस लेखक को भी दे देते हैं।''

पाठ्य-पुस्तकों के क्षेत्र में इस तरह की कितनी भीतरी कार्रवाइयाँ हुआ करती हैं, इसका कुछ अनुमान मुझे भी था। मैंने कहा, ''यूनिवर्सिटियों और कॉलेजों में शायद ही कोई लोग बचे हों, जो ऐसा न करते हों। सब पाठ्य-पुस्तकें तैयार करते हैं, या किसी से तैयार कराके अपने नाम से छपवा देते हैं और इसके बाद कोशिश करके उस किताब को लगवाते हैं। 'तू मेरी किताब लगवा मैं तेरी' यही सर्वत्र हो रहा है। रिव्यू करनेवाले भी उसी कोटि के हैं। प्रकाशक रुपयों की थैली लेकर जाते हैं, क्योंकि उन्हें मालूम रहता है कि हर रिव्यूअर की अपनी क़ीमत है, उसे

अदा करने से ही उनकी किताब कोर्स में लग सकेगी।''

बच्चनजी ने अब सारे प्रसंग को खोलकर बताया, ''मेरे पास कहीं से कुछ किताबें जाँचने के लिए आनेवाली हैं। इन प्रकाशक महाशय ने इस बात का पता लगा लिया होगा और तभी से मुझे घेर रहे हैं। मुझसे कहने लगे, 'बच्चनजी, आप कोई 'टेक्स्ट बुक' क्यों नहीं लिखते? ठीक है कि आपकी दूसरी पुस्तकें हैं लेकिन देखिए, 'टेक्स्ट बुक' का तो लाख-लाख, दो-दो लाख का संस्करण होता है। जिन सज्जन से हमने व्याकरण लिखायी है, उन्हें साल में 15 हज़ार रुपये रायल्टी दी है। आपके नाम से जो किताब 'सबमिट' होगी, उसके न लिये जाने का तो सवाल ही नहीं उठता, वह तो ज़रूर ही 'अप्रूव' (मंज़ूर) हो जाएगी। समय की कमी है आपको तो हम आपको असिस्टेंट (सहायक) देंगे, आपको कुछ भी न करना पड़ेगा,' आदि-आदि।''

बच्चनजी ने कहा, ''पन्द्रह हज़ार रुपये का ज़िक्र करके प्रकाशक महाशय मेरे सामने चारा डाल रहे थे कि मैं अपनी कुछ रज़ामन्दी ज़ाहिर करूँ, फिर वे अपना जाल समेटें।''

ज़ाहिर था कि बच्चनजी इस जाल में नहीं फँसे, इसलिए मैंने इस विषय में अधिक पूछना उचित भी न समझा।

बातचीत का रुख आधुनिक युग के बदलते हुए मूल्यों की ओर मुड़ गया। मैंने कहा, ''हिन्दी के बड़े-बड़े लेखक निर्लज्ज होकर अपनी किताबों पर पुरस्कार लेने या सरकारों में उनके ख़रीदे जाने के लिए दौड़-धूप करते नज़र आते हैं। यही नहीं, अब कुछ लेखकों ने अपनी पुस्तकों के अतिरिक्त दूसरों की पुस्तकें छापने की भी शुरुआत की है, क्योंकि वे सोचते हैं कि जब वे अपने प्रभाव का उपयोग करके और अधिक लाभ उठाने की स्थिति में हैं, तो ऐसे मौक़े को हाथ से क्यों जाने दें!''

बच्चनजी इससे सहमत हुए। बोले, ''जब सभी जगह अनैतिकता और भ्रष्टाचार का बोलबाला है, जब जीवन के कोई मूल्य बचे ही नहीं, तो हमीं क्यों उनसे लिपटे रहें? हमें भी चाहिए कि वैसा ही आचरण शुरू कर दें! क्यों, क्या राय है तुम्हारी?''

मैंने कहा, ''मेरी राय का मूल्य भी क्या है! दुनिया की राय तो उससे मिलती नहीं।''

उन्होंने अत्यन्त दृढ़ और संयत स्वर में कहना शुरू किया, ''तो सुनो! मेरी यह बात गाँठ में बाँध लो कि आदर्शों का अस्तित्व आदमी के मन में होता है, बाहर नहीं। हमारे आदर्श हमारे मन की सात्त्विकता और निष्ठा के अनुरूप होते हैं। वे संसार की भ्रष्टता के कारण भ्रष्ट नहीं होते और न उनके पीछे यह शर्त ही रहती है कि दुनिया अच्छी हो तो आदर्श भी अच्छे होंगे।''

बच्चनजी के ये वचन सुनकर मुझे बहुत बल मिला। उनके प्रति श्रद्धा भी हुई कि जीवन के अनेक घात-प्रतिघात झेलने के बावजूद उनके विचारों में स्फूर्ति और स्वच्छता बनी है। बहरहाल...

बदलते हुए जीवन-मूल्यों के सन्दर्भ में ही बच्चनजी ने यह भी कहा, "मेरे पिताजी छः आने की खाट पर सोते थे और श्रीयुत बच्चनजी 375 रुपये का 'फ़ाउलर बेड' ख़रीदने जा रहे हैं।"[1]

मैंने पूछा, "छः आने की खाट?"

उन्होंने कहा, "हाँ, उस समय बुनी-बुनायी बाँस की चारपाई छः आने की मिल जाती थी, आठ आने की चारपाई तो बहुत ही अच्छी होती थी। गर्मी और बरसात में हम लोग वही चारपाई बाहर बिछाकर सोते थे और अगर पानी बरसने लगता था तो दरी वग़ैरा उठाकर भीतर परछत्ती में पड़ी दूसरी चारपाइयों पर लगा लेते थे, बाहरवाली चारपाइयाँ भीगा करती थीं, उनको घसीटकर भीतर लाने का मतलब होता—खटर-पटर और नींद की समाप्ति।

"लेकिन भाई साहब, 'फ़ाउलर बेड' को तो उस तरह पानी में भीगने के लिए नहीं छोड़ा जा सकता।"

कहकर वे हँसे। मैं भी मुस्कराया। अच्छा लगा कि वे अपनेआप को भी अपना निशाना बनाने से चूकते नहीं और ...इसलिए ग़लतफ़हमी के शिकार बनने से किसी हद तक बचे रहते हैं।

24 मार्च 1961

बच्चनजी पर पुस्तक लिखनेवालों (लिखने का मंसूबा बाँधनेवालों) की बाढ़-सी आ गयी है। कल श्री जगदीश वोरा मुझसे मिलने आये थे। बातों-बातों में मालूम हुआ कि एक लेख वे भी लिख रहे हैं, पर अभी उसमें समय लगेगा, क्योंकि बच्चनजी पर जल्दी-जल्दी में लेख लिखना सम्भव नहीं।

इधर दो-चार दिनों में स्वयं बच्चनजी ने भी ऐसे कुछ प्रसंग सुनाये हैं।

गोरखपुर विश्वविद्यालय के एम.ए. (हिन्दी) के एक विद्यार्थी ने विशेष प्रबन्ध उनकी कविता पर लिखने का निश्चय किया था और इस सम्बन्ध में उनसे कुछ प्रश्नादि पूछे थे। जैसी बच्चनजी की आदत है, उन्होंने संक्षेप में कार्ड में, इन प्रश्नों का उत्तर दे दिया था। उस विद्यार्थी ने कदाचित दो-एक पत्र और भी लिखे हों।

1. इस पर बच्चनजी ने टिप्पणी की : "जुड़ती नहीं बात।"

अब, परीक्षा समाप्त हो जाने पर, उसका पत्र आया जिसका आशय यह था कि, 'जिस प्रिय कवि पर मैंने इतने मनोयोग से निबन्ध लिखा है, उस पर एक पुस्तक भी लिखने की इच्छा है। इस प्रबन्ध को ही सम्पूर्ण ग्रन्थ का रूप देना चाहता हूँ। पर इसके लिए आपसे मिलने और साथ-साथ कुछ समय बिताने की आवश्यकता है। आपको तो मैं अपने घर का ही एक प्राणी समझने लगा हूँ। इसलिए मैं आपके पास ठहर सकता हूँ और दावे के साथ ठहर सकता हूँ। आपसे एक निवेदन भी है कि जितने समय में मैं आपके पास रहकर अपनी पुस्तक पूरी करूँ, उतने में आप मेरे लिए वहीं दिल्ली में कुछ कामकाज की भी व्यवस्था कर दें।'

यों भी, बच्चनजी के पास जिस दिन पत्र आता है, सामान्यत: उसी दिन वे उसका उत्तर लिख देते हैं, पर इस पत्र का उत्तर तो उन्होंने इसको पाते ही भेज दिया। उत्तर कुछ-कुछ इस प्रकार था, 'यहाँ मेरे पास निवास की ऐसी सुविधा नहीं है कि आपको अपने साथ ठहरा सकूँ और न मेरी बात में इतना ज़ोर है कि आपको कहीं नौकरी दिला दूँ। फिर भी, यदि आप दिल्ली आएँ ही और अपने प्रबन्ध से कहीं अन्यत्र ठहरें तो आपसे कुछ समय के लिए मिलकर मुझे प्रसन्नता होगी। आशा है, आप मेरी परिस्थितियों को समझेंगे और इसे अन्यथा न लेंगे।'

इसी तरह, एक अन्य महाशय ने बच्चनजी को पत्र लिखा था, 'आपकी कविता का बड़ा प्रेमी हूँ, लेकिन आर्थिक स्थिति ऐसी नहीं है कि पुस्तकें ख़रीद सकूँ। क्या आप अपनी कुछ पुस्तकें मेरे लिए भेज सकेंगे?'

बच्चनजी ने कहा, "मेरी आदत है कि जब कोई आदमी मुँह खोलकर मुझसे किताब माँगता है तो मैं इनकार नहीं करता। यह तो वैसे ही हुआ कि मेरे पास आकर कोई रुपये-दो रुपये माँगे और मैं उसे दे दूँ। किताबों के लिए मुझे अक्सर लोग पत्र लिखा ही करते हैं, मैं उनके पास अपनी कोई एक पुस्तक भेज देता हूँ। इस तरह अपनी पुस्तकों का सबसे बड़ा ग्राहक तो मैं ख़ुद ही हूँ। निदान एक पुस्तक मैंने इन महाशय के पास भी भेज दी।"

बाद में शायद महाशय जी ने एकाध पत्र और भी लिखा हो। उनका जो नवीनतम पत्र आया, उसका आशय था कि, 'अमुक पत्रिका के सम्पादक ने मुझसे 'त्रिभंगिमा' पर एक लेख माँगा है। आप कृपा कर 'त्रिभंगिमा' की एक प्रति भेज दीजिए ताकि मैं लेख लिख सकूँ।'

बच्चनजी ने उन्हें इस आशय का उत्तर भेजा, 'पुस्तक भेजने की स्थिति में नहीं हूँ। पुस्तक अमुक प्रकाशक ने छापी है। वहाँ से आप उसे प्राप्त कर सकते हैं। आशा है, सानन्द होंगे।'

यह बताने के बाद मुझसे बोले, "अगर वे सज्जन यह लिखते कि आर्थिक कारणों से पुस्तक नहीं ख़रीद सकते, लेकिन पढ़ने की इच्छा है तो शायद मैं

'त्रिभंगिमा' की भी एक प्रति उनके पास भेजवा देता। लेकिन उन्होंने मुझे यह लालच दिया कि मेरे ऊपर निबन्ध लिखेंगे। इस चारे में बच्चनजी नहीं फँसते। आप निबन्ध लिख रहे हैं तो कौन-सा मेरे ऊपर अहसान कर रहे हैं। आपका ही लाभ होगा उससे। किताब ख़रीदिए या लाइब्रेरी में जाकर पढ़िए या किसी परिचित मित्र से माँगकर लाइए!''

''बात यह है कि हिन्दी के बहुत-से लेखक ऐसे लोगों के पास पुस्तकें भेजवा देते हैं, इसलिए यह प्रवृत्ति बढ़ती जा रही है। मुझसे कोई यों ही, पढ़ने के उद्देश्य से, कोई पुस्तक माँगे तो मैं उसे भेज देता हूँ, लेकिन निबन्धकारों, आलोचकों या पुस्तक लिखनेवालों के पास कतई नहीं भेजता। उन्हें पुस्तक जुटाने की व्यवस्था स्वयं ही करनी चाहिए।''

ऐसी ही एक और घटना सुनायी बच्चनजी ने। दो-चार दिनों से (बालकृष्ण नामक) एक सज्जन बच्चनजी से घर पर मिलने के लिए समय माँग रहे थे। ख़ैर, वे घर आये। मालूम हुआ कि (लक्ष्मण नामक) एक फ़िल्म-निर्माता 'मधुशाला' पर फ़िल्म बनाना चाहते हैं और उसके लिए इन सज्जन को पटकथा लिखने का भार सौंपा गया है। बच्चनजी से वे इसकी अनुमति लेने के लिए आये थे।

बच्चनजी ने उनसे कहा, ''पटकथा तो आपने अभी लिखी नहीं, अनुमति मैं किस चीज़ की दूँ। यह भी तो मालूम हो कि आप कैसी फ़िल्म बनाना चाहते हैं और उसकी क्या रूपरेखा आपने सोची है?''

रूपरेखा सिर्फ इतनी थी कि एक कवि-सम्मेलन में बच्चनजी के अथवा किसी अन्य व्यक्ति के द्वारा 'मधुशाला' का पाठ सुनकर दो युवकों पर दो प्रकार के प्रभाव पड़ते हैं। एक को शराब की लत लग जाती है और दूसरा सुधारक बन जाता है।

बच्चनजी ने उनसे कहा, '''मधुशाला' पर फ़िल्म बनाने के लिए आपको बहुत चिन्तन-मनन करना होगा। वह न तो नशाबन्दी का प्रोपेगैंडा है और न शराबख़ोरी का निमन्त्रण। इनसे अधिक गहरा अर्थ उसमें देखना होगा आपको। 'शराब' एक बहुत पुराना प्रतीक रहा है। क्या आपने 'उमर ख़ैयाम' और अरबी-फ़ारसी के अन्य कवियों को पढ़ा है?''

मालूम हुआ कि इन सज्जन ने शायद उमर ख़ैयाम का नाम भी नहीं सुना था। वे साइंस के ग्रेजुएट थे और किसी स्थानीय मिल में काम करते थे। उनको साहित्यिक परम्पराओं का विशेष ज्ञान नहीं था।

इस पर बच्चनजी ने पूछा, ''मधुशाला' तो पूरी पढ़ी होगी आपने?''

सज्जन ने बताया कि पूरी तो नहीं पढ़ी, पर जहाँ भी बच्चनजी 'मधुशाला' सुनाते हैं, वे अवश्य जाकर उसे सुनते हैं और अनेक बार उन्होंने 'मधुशाला' के

विभिन्न अंशों का पाठ सुना है।

इसके बाद अधिक कहने को था भी क्या! बच्चनजी ने उनसे कहा, ''आप जाकर सोचिए-विचारिए। कोई निश्चित रूपरेखा बन जाने पर मेरे पास, अपने प्रोड्यूसर के साथ आइएगा। तब अनुमति आदि देने के प्रश्न पर विचार करूँगा।''

''चलते-चलते 'लीद' भी कर दी उन सज्जन ने। 'मधुशाला' की एक प्रति माँगने लगे। मैंने कहा, ''मेरे पास तो है नहीं। बाज़ार में मिलती है, आप ले लीजिए।''

''यह सुनकर बड़े आश्चर्य के साथ उन्होंने कहा, ''अच्छा! तो क्या 'मधुशाला' छप गयी है?''

अन्त में, बच्चनजी ने अपनी राय ज़ाहिर की, ''मूर्ख भी कई तरह के होते हैं। उनमें से जिस कोटि में ये लोग आते हैं, वह है—दयनीय मूर्खों की!''

11 अप्रैल 1961

लखनऊ विश्वविद्यालय के डॉ. त्रिलोकी नारायण दीक्षित बच्चनजी से मिलने आये थे। बातचीत के सिलसिले में उन्होंने कहा कि अब जल्दी ही उनका लखनऊ से कहीं जाना निश्चित है—यों भी लखनऊ में अब उनका जी नहीं लगता।

बच्चनजी बोले, ''जहाँ भी जाना हो, निस्संकोच जाइए। मनुष्य तो सभी जगह समान है। और जगह भी सब एक-सी है। बस दो बातें होनी चाहिए। एक यह कि आप जीवन में रस लीजिए और दूसरे कि किसी को हानि न पहुँचाइए। मैं लगभग आधी दुनिया घूम आया हूँ, मुझे तो कहीं भी कोई कठिनाई नहीं हुई। लोग सहृदय हैं, एक-दूसरे की सहायता करते हैं और मूलभूत मानवीय अनुभूतियाँ सर्वत्र हैं—चाहे लोग काले हों या गोरे। शर्त यह है कि आप भी उनमें और उनके तथा अपने जीवन में रुचि लीजिए। यदि आप इस खयाल में रहेंगे कि हम कुछ विशिष्ट और भिन्न हैं तो आप जीवन और समाज से कट जाएँगे और उनसे कुछ भी ग्रहण न कर सकेंगे। इसी तरह, यह भी आवश्यक है कि भले ही आप किसी का फ़ायदा न कर सकें, किसी को नुकसान भी न पहुँचाइए। आप देखेंगे कि दुनिया में जितना बेगानापन जान पड़ता है, उतना वस्तुतः है नहीं। जब मैं इलाहाबाद से यहाँ आया तो अक्सर लोग मुझसे कहते थे कि 'आप तो इलाहाबाद की बहुत कमी महसूस करते होंगे।' लेकिन वास्तविकता यह है कि मैंने एक भी दिन के लिए इलाहाबाद को 'मिस' (याद) नहीं किया। जहाँ भी रहना है, अपना काम करना है। मुझे दिल्ली छोड़कर किसी दूसरी जगह जाना पड़े, तो भी क्या फ़र्क पड़ेगा! वहाँ जाकर अपने काम में लग जाऊँगा।''

12 अप्रैल 1961

आज भी डॉ. दीक्षित मुझसे और बच्चनजी से मिलने आये थे। कुछ देर के लिए उन्हें बच्चनजी के पास छोड़कर मैं दूसरे काम में लग गया। वे लौटकर आये तो बच्चनजी से अपनी बातचीत का सारांश बताने लगे। बोले, "मैंने सोचा कि कौन जाने, कभी बच्चनजी पर कुछ लिखना ही पड़े, इसलिए लगे हाथों कुछ बातें पूछ ही लूँ। सबसे पहले मैंने पूछा कि क्या आप भाग्यवादी हैं? इसका जो उत्तर उन्होंने दिया, उससे प्रकट हुआ कि वे भी मेरी ही तरह कट्टर भाग्यवादी हैं। बल्कि इसी का उत्तर देने के लिए उन्होंने 'आधुनिक कवि—बच्चन' के लिए लिखी अपनी भूमिका के कुछ अंश भी सुनाये।"

दीक्षित जी ने कहा, "इधर बच्चनजी के विचारों में दार्शनिकता के तत्त्व बहुत अधिक आ गये हैं।" और फिर मुझे सलाह दी कि मैं बच्चनजी की 'पिक्यूलियैरिटीज़'—जिन्हें हिन्दी में 'विशेषताएँ' कहेंगे-डायरी में नोट कर लिया करूँ। इससे भविष्य में मुझे बड़ा लाभ होगा।"

उनके इस सुझाव के उत्तर में कुछ भी कहना मुझे अटपटा लगा। मैं अधिक-से-अधिक यही कह सका, "क्या बताएँ दीक्षित जी! बड़ा कठिन हो जाता है।"

13 अप्रैल 1961

पति द्वारा परित्यक्ता एक दुखी महिला (कान्ता भारती) कल बच्चनजी से मिलने आयी थीं। पिछले दिनों में, बातचीत का कोई अन्य विषय सामने न रहने पर, उन्हीं का ज़िक्र छिड़ता रहा है। आज बच्चनजी ने उनकी दशा पर दुख प्रकट करते हुए कहा, "तुम देख लेना, वह बहुत जल्दी बुढ़ा जाएगी।"

"हर समय मन पर एक तरह का बोझ-सा रहता होगा, ऐसे में बुढ़ा जाना स्वाभाविक है", मैंने कहा।

वे बोले, "हाँ, वह तो है ही। पर महाभारत में एक स्थान पर यह भी लिखा है कि पति से मिलन न होना ही स्त्री की वृद्धावस्था है—"असम्भोग: स्त्रिय: जरा।"[1] महाभारतकार जहाँ यह बताता है कि किस स्थिति में कौन व्यक्ति वृद्ध हो जाते हैं, वहीं बीच में यह भी डाल देता है कि असम्भोग से स्त्री वृद्ध हो जाती है। नीति की बात कहते-कहते जीवन की एक बात कह जाना हमारे देश की अपनी विशेषता है। इसी को मैं कहता हूँ 'इंडियन वे ऑफ़ टेलिंग थिंग्स'

1. बच्चनजी ने निर्देश किया कि 'महाभारत' देखकर यह उद्धरण शुद्ध करूँ।

(भारतीय कथन-शैली) और इसे समझने के लिए बड़ी बुद्धि चाहिए। ऊपर से अप्रासंगिक और फ़ालतू मालूम होनेवाले प्रसंगों में भारतीय मनीषा जीवन की किन्हीं अत्यन्त गूढ़ और महत्त्वपूर्ण बातों का संकेत देती है।''

बच्चनजी ने कहा, 'महाभारत' पढ़ते-पढ़ते मैंने अक्सर यह अनुभव किया है कि वहाँ स्त्री के प्रति एक ओर तो विरक्ति और वितृष्णा का भाव है और दूसरी ओर उसे भोग का साधन भी बताया गया है। नारी के प्रति यह सम्यक् दृष्टि महाभारत की एक बड़ी विशेषता है। प्रकारान्तर से, यह जीवन के प्रति भी एक संगत दृष्टिकोण है।

''महाभारत की कथन-शैली की विशेषता यह है कि वह अप्रत्याशित वस्तुओं का उल्लेख करके पाठक को चमत्कृत कर देती है। मनुष्य को हर्षदायक बातें कौन-सी हैं, इसका वर्णन वयोवृद्ध सम्राट धृतराष्ट्र से करते हुए नीति-कुशल विदुर कहते हैं कि मैथुन में सह-निपात से हर्ष की प्राप्ति होती है: ''सन्निपातश्च मैथुनः।'' नीति-वचनों के बीच मैथुन की चर्चा साधारणतः कल्पनातीत ही कही जाएगी, पर 'महाभारत' आदि हमारे प्राचीन ग्रन्थ जीवन को खंडों में नहीं, बल्कि समग्रता में ग्रहण करते हैं।''

''यमराज से सत्यवान का जीवन लौटा देने का आग्रह करती हुई सावित्री इतने मनोहारी और कुशल वचनों का प्रयोग करती है कि यमराज सत्यवान को पुनर्जीवित करने के लिए बाध्य हो जाते हैं। इस स्थल पर यमराज जो कहते हैं, उसमें काव्य की अत्यन्त सटीक और सम्यक् परिभाषा है—'मनोनुकूलं सुपदं महार्थवत्' अर्थात् काव्य में आनन्दित करने का गुण हो, उसकी अभिव्यक्ति सुन्दर रीति से हुई हो और उसमें गूढ़ एवं श्रेष्ठ अर्थ निहित हो। कविता की इससे अधिक पूर्ण परिभाषा और क्या हो सकती है!

''एक स्थल पर सरोवर-यक्ष के प्रसंग में, महाभारतकार ने लिखा है, 'प्रार्थना विषम्' अर्थात् प्रार्थना विष है। प्रार्थना से यहाँ अभिप्राय है—याचना, माँगना या किसी के सम्मुख हाथ फैलाना। यह विष के समान घातक है। मैंने भी लिखा है, 'प्रार्थना मत कर, मत कर!'

''अभी कुछ दिन पहले की बात है। एक सभा थी, जिसमें पं. बनारसीदास चतुर्वेदी ने कबीर की कविता की बड़ी प्रशंसा की और कबीर को सूर-तुलसी से भी बड़ा कवि बताया।

''इसका उत्तर देते हुए मैंने जो कुछ कहा, उसमें एक वाक्य यह भी था कि मृत्यु का तो अस्तित्व ही नहीं है। महाभारत पढ़ते-पढ़ते मुझे बिलकुल यही बात लिखी मिल गयी—'सनत्सुजातो पुरे वाच, मृत्युर्नास्तीव भारत' हम जो कहते-सुनते, सोचते-समझते हैं, वह सब मूल रूप में हमारे प्राचीन ग्रन्थों में और विशेषकर

'महाभारत' में मिल जाता है।''

मैंने वह प्रचलित उक्ति दुहरायी कि ''जो महाभारत में नहीं है, वह भारत में नहीं है।'' बच्चनजी ने मेरे वाक्य के बीच में ही कहा, ''बिलकुल ठीक है—''यन्न भारते तन्न भारते।''

'महाभारत' की ऐसी चर्चा उठ खड़ी होने का अवसर यों आया कि इन दिनों बच्चनजी गीता प्रेस द्वारा प्रकाशित 'सम्पूर्ण महाभारत' का अध्ययन कर रहे हैं। रोज़ सुबह वे दस पृष्ठ पढ़ते हैं और ढंग यह रहता है कि पहले संस्कृत पाठ पढ़ जाते हैं, फिर हिन्दी अनुवाद पढ़ते हैं। और यदि समय हुआ तो इसके बाद संस्कृत पाठ एक बार फिर पढ़ते हैं। इस रीति से उन्होंने तीन खंड तो पढ़ डाले हैं, और शेष खंडों का पारायण भी इस वर्ष पूरा हो जाएगा, यह आशा करते हैं।

वे कहते हैं कि महाभारत के अध्ययन से उन्हें बहुत लाभ हो रहा है। जीवन के न जाने कितने सत्य उन्होंने अब जाकर जाने हैं और कितने ही श्लोक एवं तत्त्व-वचन उन्हें कंठाग्र हो गये हैं। उनका खयाल है कि चौवन साल की उम्र में यह आशा तो नहीं है कि 'महाभारत' उनके व्यक्तित्व में कोई परिवर्तन ला सकेगा, क्योंकि जीवन और साहित्य से जो कुछ भी मूलभूत रूप से उन्हें ग्रहण करना था, उसे वे अब तक ले चुके हैं। अब तो अधिक-से-अधिक यही हो सकता है कि यह अध्ययन उनके मन पर किंचित् हल्के या गहरे प्रभाव छोड़ जाए। बात यह है कि प्राय: पच्चीस-तीस वर्ष की उम्र तक तो व्यक्ति जीवन के गहन अनुभव संगृहीत करता है और वस्तुएँ, घटनाएँ तथा परिस्थितियाँ उसके व्यक्तित्व का अनिवार्य अंग बनती रहती हैं, किन्तु तत्पश्चात् उसके विचारों-भावनाओं में स्थायित्व आने लगता है और उनमें किसी नितान्त नूतन भाव-विचार का समावेश प्राय: नहीं हो पाता।

अन्त में उन्होंने कहा, ''तुम तो अभी नौजवान हो। पढ़ सकते हो, तुम्हें चाहिए कि महाभारत, वाल्मीकि-रामायण, श्रीमद्‌भागवत और उपनिषद् का पारायण अवश्य कर डालो। इससे तुम्हारा बहुत लाभ होगा क्योंकि हमारे देश का अत्यधिक महत्त्वपूर्ण तत्त्व-दर्शन इन्हीं ग्रन्थों में सन्निहित है।''

14 अप्रैल 1961

आज फिर बच्चनजी ने कहा, ''असुविधाएँ तो जीवन में बनी ही रहेंगी। आज एक चिन्ता होगी तो कल दूसरी। इनसे घबराकर अपने काम को रोक देना

बुद्धिमानी नहीं है। फिर तो काम कभी न हो पाएगा, क्योंकि पूर्ण निश्चिन्तता की स्थिति जीवन में आ पाना असम्भव ही समझो। असुविधाओं के बीच काम भी चलता रहे, इसकी आदत डालनी चाहिए और अपने काम में जुटना चाहिए। टालते रहने से काम टल ही जाता है। इसलिए जीवन से जूझते रहकर, काम से भी जूझना होगा। जो काम सबसे कठिन मालूम हो, उसीमें सबसे पहले हाथ डालना चाहिए। इसीलिए मैं तुमसे बार-बार कहता हूँ कि अपनी रिसर्च पूरी करो।''

इसी सिलसिले में उन्होंने यह भी बताया कि कैम्ब्रिज में अपनी थीसिस पूरी करने के बाद उन्हें महीने-डेढ़ महीने (?) का समय मिला था, जिसका उपयोग वे योरोप के अन्य देशों में घूमने के लिए करना चाहते थे। सारी तैयारियाँ उन्होंने कर ली थीं, वीज़ा आदि भी ले लिये थे लेकिन पैसे की कमी पड़ गयी। तेजी भाभी ने लिखा कि पैसे मिलने का एकमात्र उपाय यह है कि इंश्योरेंस पॉलिसी पर 'ऐडवांस' ले लिया जाए। इसके लिए आवश्यक फ़ार्म आदि भी उन्होंने भेज दिये थे, लेकिन बच्चनजी ने सोचा कि इस कार्रवाई में कम-से-कम छः महीने ज़रूर लगेंगे और तब तक यहाँ रुके रहना कोई बुद्धिमानी की बात न होगी। अतः, उन्होंने वापसी के किराये-भाड़े के लिए अपने किसी मित्र से कुछ पौंड उधार माँगे और भारत के लिए रवाना हो गये। बाद में, यहाँ पहुँचकर उन्होंने वह ऋण अदा किया। योरोप नहीं घूम सके तो क्या हुआ, जो काम करने के लिए गये थे, वह तो पूरा हो गया।[1]

15 अप्रैल 1961

पिछले दिनों बच्चनजी कानपुर के दो कवि-सम्मेलनों में शामिल हुए। इस प्रसंग में मुझे याद आता है कि उन्होंने जिन दो-चार शहरों पर फ़ाइन लगाया था, उनमें से एक कानपुर भी है। वर्षों पूर्व वे वहाँ के क्राइस्ट चर्च कॉलेज के किसी कवि-सम्मेलन में गये थे, और कदाचित् पारिश्रमिक देने के समय संयोजक महोदय लापता ही हो गये थे। फलतः, अपना बोरिया-बिस्तर अपने ही कन्धे पर लाकर बच्चनजी को ढाई-तीन बजे रात में पैदल स्टेशन पहुँचना पड़ा था। घटना के अन्य ब्यौरे मुझे ठीक-ठीक स्मरण नहीं आते, पर बात यह क्राइस्ट चर्च कॉलेज की ही है।

तभी से बच्चनजी ने यह निश्चय कर लिया कि भविष्य में कभी क्राइस्ट

1. बच्चनजी की टिप्पणी : ''कहीं-कहीं मुझे ऐसा लगा है कि तुम दो अप्रांसगिक घटनाओं को एक साथ जोड़ देते हो। जोड़ना बुरा नहीं, पर जोड़ ऐसा तो हो कि दिखाई न पड़े—भैया, जोड़ दिखता है, तुम्हें भी दिखेगा।''

चर्च कॉलेज न जाएँगे। दूसरे, उन्होंने कानपुर पर 1,000 रु. का जुर्माना भी कर दिया। इस रक़म में से, पिछले दिनों में, दो कवि सम्मेलनों में जाकर 600 रुपये तो उन्होंने वसूल कर लिये हैं, बाकी 400 भी कभी-न-कभी वसूल होंगे।

16 अप्रैल 1961

आलोचकों का ज़िक्र न जाने किस तरह छिड़ गया। शायद इसलिए कि उन्होंने बताया कि हावड़ा के एक महाशय उन पर पुस्तक लिखना चाहते थे और जब बच्चनजी ने उनको निरुत्साहित करने की चेष्टा की तो उनका उत्साह मानो और भी बढ़ गया। बच्चनजी ने लिखा था कि पहले कुछ साहित्यिक विषयों पर निबन्धादि लिखिए और पत्रिकाओं में छपवाइए; पुस्तक की योजना बाद में बनाइएगा। इसके उत्तर में उन महाशयजी ने लिखा कि उनके लेख सभी पत्रिकाओं में प्रकाशित होते हैं, पुस्तकें भी निकल चुकी हैं और यह ग़लती बच्चनजी की है कि उन्होंने महाशयजी की चीज़ें नहीं पढ़ीं। बच्चनजी ने अपने ख़त में लिखा था कि पुस्तक लिखना व्यर्थ ही होगा क्योंकि उसके लिए प्रकाशक कहाँ मिलेगा! महाशयजी ने उत्तर भेजा कि प्रकाशक तो पहले ही तय हो चुका है, अब पुस्तक का लिखा जाना भर शेष है।

निदान, बच्चनजी को स्वीकृति देनी पड़ी और महाशयजी ने यह इच्छा प्रकट की कि वे दिल्ली आकर कुछ दिन बच्चनजी के साथ रहेंगे और उनका 'इंटरव्यू' करेंगे।

साथ ठहरने का प्रस्ताव बेढब था। यों भी बच्चनजी पत्रों का उत्तर देने में विलम्ब नहीं करते, और इस तरह के पत्रों का उत्तर तो वे इन्हें पाते ही भेज देते हैं। महाशयजी को लिखा उन्होंने कि आपको ठहरा सकना मेरे लिए सुविधाजनक न होगा, पर यदि आप अन्यत्र कहीं ठहरने का प्रबन्ध करके दिल्ली आना ही चाहें तो दो-चार घंटे के लिए आपसे मिलकर मुझे प्रसन्नता होगी।

मुझसे कविवर ने कहा, "हिन्दी आलोचक को अपने घर ठहराने में मैं बहुत घबराता हूँ। चन्द्रदेवजी, दवेजी, आदि सभी मेरे ही पास ठहरना चाहते थे, मैंने उन सबको मना कर दिया। इन लोगों का कोई भरोसा नहीं किया जा सकता कि ये क्या लिख देंगे। तुक-तान से हिन्दी के आलोचक प्रायः शून्य ही रहते हैं; लिखने के लिए इन्हें सिर्फ़ इसी तरह की बातें नज़र आएँगी कि बच्चनजी ने सुबह उठकर कितने प्याले चाय पी, कब हगने गये, क्योंकर दाढ़ी बनायी और किस तरह पादा।[1] निरीक्षण के नाम पर आलोचकगण यही चीज़ें देखते हैं। या इससे कुछ आगे बढ़े

1. बच्चनजी की टिप्पणी : "सुरुचि का ध्यान तो रखना होगा, बाबा।"

तो ड्राइंगरूम और लॉन तक पहुँच गये। ये लोग साधारण-सी एक बात नहीं समझते कि कला का उद्देश्य केवल प्रत्यक्ष वस्तुओं के अनुकरण से सिद्ध नहीं होता। अजितकुमार की तस्वीर अगर कोई हूबहू वैसी ही उतार दे तो यह कोई बड़ी बात न होगी। यह तस्वीर बहुत कुछ अनावश्यक भी होगी क्योंकि उससे बेहतर रहेगा कि मैं खुद अजितकुमार को देखूँ। सीधी-सी बात यह है कि कला जीवन का केवल अनुकरण नहीं करती, बल्कि उसका निरूपण और व्याख्या करती है। लेकिन हगने-पादने[1] के वर्णन को ही कला समझनेवाले लोगों को यह बात कौन समझाए।''

20 अप्रैल 1961

कल श्रीकान्त वर्मा और राजेन्द्र माथुर[2] के आने पर कुछ देर तक बच्चनजी के साथ साहित्यिक चर्चा होती रही थी। बच्चनजी ने कहा था कि कविता महज़ लिखने की चीज़ नहीं, जीने की भी चीज़ है। पर इतने से ही कवि या कविता का काम नहीं चलता। कविता जब तक अच्छी न होगी, उसका मूल्य नहीं बढ़ेगा। साथ ही, अच्छाई एक सापेक्षिक गुण है और इस दृष्टि से कविता के अनेक स्तर हो सकते हैं, आदि-आदि।

बहरहाल, आज जब उन्होंने मुझे यह काम सौंपा कि उनकी ओर से उनके एक युवामित्र के आगामी कविता-संग्रह की भूमिका लिख दूँ, तो मैंने सोचा कि भूमिका में उन बातों का उल्लेख करना ठीक होगा, जो वे कह रहे थे।

अस्तु, भूमिका लिखकर जब मैंने उन्हें दी तो वे बड़े प्रसन्न हुए। बोले, ''तुमने बहुत ध्यान से मेरी बात सुनी थी और भूमिका लिखने की मेरी टेकनीक भी खूब समझ गये हो कि भूमिका चाहे जिसकी लिखनी हो, बात मैं अपनी ही कहता हूँ। इससे लोग भी सन्तुष्ट हो जाते हैं और मुझे भी कविता या साहित्य के बारे में अपनी राय ज़ाहिर करने का एक मौक़ा मिल जाता है।''

फिर वे बोले, ''सुनो। ड्राफ्ट मुझे दे देना। मैं उसे फाड़ डालूँगा ताकि कोई यह न जान सके कि भूमिका तुमने लिखी है।''

ख़ैर, मैंने ड्राफ्ट तो उन्हें दे दिया, पर भूमिका की एक टाइप्ड प्रति अपने पास रखने का लोभ संवरण नहीं कर पाया, क्योंकि कविता के विषय में कविवर ने कल जो बातें कही थीं, वे इस निम्नांकित भूमिका में मैंने कुछ सुलझाकर लिखी हैं—

1. बच्चनजी की टिप्पणी : ''यह बात कुछ दूसरी तरह कही जा सकती है।''
2. दिल्लीवासी लेखक

''श्री हरीश भादानी का दूसरा कविता-संग्रह 'सपने की गली' प्रकाशित होने जा रहा है। उनकी इच्छा है कि इस संग्रह की भूमिका मैं लिखूँ। अपनी कृति के साथ इस प्रकार वे मेरा नाम सम्बद्ध करना चाहते हैं, इसके लिए मैं उनके प्रति आभारी हूँ।

''प्रारम्भ से ही मेरी यह धारणा रही है और क्रमशः पुष्ट होती गयी है कि कवि वह है कि जो कविता के माध्यम से अपना विकास करे, जो अपनी समस्याओं का समाधान अपनी कविता में खोजे और जिसके लिए कविता मात्र लिखने का नहीं, अपितु जीने का भी विषय हो।

''मुझे प्रसन्नता है कि श्री हरीश भादानी ने इस संग्रह की कविताओं की पृष्ठभूमि पर प्रकाश डालते हुए, 'अपनी बात' में कहा है कि लिखना उनका स्वभाव-निहित कर्त्तव्य बन गया है और यह भी कि वे अपनी अनुभूतियों और संवेदनाओं के प्रति ईमानदार रहे हैं। प्रस्तुत संग्रह की कविताएँ पढ़कर मुझे ऐसा प्रतीत हुआ है कि उनके ये वक्तव्य काफ़ी हद तक ठीक और सारगर्भित हैं।

''लेकिन कविता की सिद्धि केवल इतनी ही नहीं है कि वह मूलतः 'कविता' हो। यह तो उसकी सिर्फ़ पहली शर्त है। उसके बाद की और उससे अधिक महत्त्वपूर्ण बात यह है कि कविता श्रेष्ठ हो, सुन्दर हो और महान हो। इस लक्ष्य की पूर्ति अपेक्षाकृत अधिक कठिनता से हो पाती है। इसके लिए आवश्यक है कि कवि अपने व्यक्तित्व, अपने समाज और अपने युग की सीमाओं से अनिवार्यतः बँधा हुआ रहकर भी उनका अतिक्रमण कर सके और उसकी कविता सभी व्यक्तियों, सभी समाजों और सभी युगों को अपनी ओर आकृष्ट करने में समर्थ हो।

''इस उपलब्धि के असंख्य स्तर हैं, जैसे पारिवारिक और विश्वव्यापक, नितान्त सामयिक और सर्वयुगीन, आत्मकेन्द्रस्थ और बहुजनीन। इसका निर्णय तो समय और बुधजन ही कर सकेंगे कि इनमें से या इनसे भिन्न किस स्तर पर श्री भादानी की कविता प्रतिष्ठित होगी। जहाँ तक मेरा सम्बन्ध है, मुझे उनकी कविताओं में विकास की दिशा अवश्य दिखाई देती है। उनका हृदय भावनापूर्ण है और नये-पुराने दोनों ही माध्यमों से वे अपने को अभिव्यक्त कर रहे हैं, घटनाओं और परिस्थितियों की प्रतिक्रिया तीव्रता के साथ उनके अन्तर में होती है और उतनी ही शीघ्रता के साथ उसे शब्दों में बाँधने का प्रयास भी वे करते हैं। किसी भी कवि की रचना में इन चीजों का पाया जाना शुभ लक्षण है और उसकी सम्भावनाओं का परिचायक भी।

''श्री भादानी को अपनी शुभकामनाएँ देते हुए मैं उनके पाठकों से आग्रह

करूँगा कि वे इन कविताओं को अपनी सहानुभूति दें।

हरिवंश राय बच्चन''

13, विलिंगडन क्रिसेंट, नयी दिल्ली

20. 4. 61

23 अप्रैल 1961

कल और आज बच्चनजी के घर में बैठकर 'आधुनिक कवि' सीरीज़ के लिए उनके काव्य-संकलन की प्रेस कापी बनायी। इस संकलन के लिए कविताओं का चुनाव मैंने ही किया था और कल सोमवार को चूँकि इसे 'सम्मेलन' के पास रवाना कर देना था, इसलिए यह सोचा गया कि प्रेस कापी इतवार तक तैयार हो ही जानी चाहिए।

मोटे तौर पर तो बच्चनजी को मेरा चुनाव पसन्द आया, पर कापी तैयार करने के दौरान उन्होंने कुछेक कविताओं के सम्बन्ध में सहमति-असहमति प्रकट की। 'आकुल अन्तर' के गीतों का चुनाव उन्हें अच्छा नहीं लगा। 'अकेलेपन का बल पहचान', 'जीवन का यह पृष्ठ पलट मन' और 'गाता विश्व व्याकुल राग' तीनों ही कविताएँ शामिल करने के पक्ष में वे नहीं प्रतीत हुए। 'चाँद-सितारो मिलकर गाओ' उन्हें ज़्यादा उपयुक्त जान पड़ी। उन्होंने यह भी कहा कि चुनाव करते समय इस बात का कम ध्यान रखना चाहिए कि अमुक कविता मेरे काव्य--विकास के दृष्टिकोण से महत्त्वपूर्ण है या मैंने उसमें अपनी कविता के किसी विशेष पक्ष की व्याख्या की है। मूल ध्येय यह रहना चाहिए था कि पाठकगण किन कविताओं को अधिक पसन्द करते हैं और किन्हें इस संग्रह में पाने की आशा करेंगे।

निश्चय ही उनका यह कथन कविता और कविता की प्रजा के प्रति उनके सामान्य दृष्टिकोण का परिचायक था। पर संकलन तैयार करते समय मेरा उद्देश्य यह रहा था कि लोकरुचि का ध्यान रखते हुए भी यह बात न भूलनी चाहिए कि संकलन स्वयं कवि द्वारा किया जा रहा है। स्वभावतः उसमें लोकप्रिय कविताओं के साथ ही श्रेष्ठ और महत्त्वपूर्ण कविताएँ भी रखी जानी चाहिए थीं। (अन्यथा वह 'प्रीत के गीत' जैसा संकलन हो जाता, जिसे कि श्री क्षेमचन्द्र सुमन राजपाल के लिए तैयार कर रहे हैं।) अस्तु। प्रेस कापी तैयार करने के सिलसिले में उन्होंने बीच-बीच में अपनी एकाधिक कविताओं के सम्बन्ध में कुछ बातें बतायीं।

'क्षतशीश मगर नतशीश नहीं।' गीत के साथ उन्होंने अपनी निजी प्रति में

'महाभारत' की बिलकुल इसी भाव की उक्ति 'भंज्येतापि न सन्नमेत्' लिख रखी थी।[1] कहने लगे, ''यह बात मैंने अब जाकर पढ़ी, लेकिन संस्कार-रूप में यह कदाचित् प्रारम्भ से ही मुझमें विद्यमान थी।''

'सतरंगिनी' के अन्तिम गीत 'दो नयन मेरी प्रतीक्षा में खड़े हैं,' के लिए कहा, '' 'सतरंगिनी' पूरी करने के बाद यह एक गीत मैंने श्यामा पर भी लिख दिया। 'इट वाज़ ऐज़ ए मार्क आफ़ माई ग्रैटीच्यूड' (उनके प्रति मेरे आभार का यह एक प्रतीक था)।''

उनकी बात ठीक ही होगी, पर व्यक्तिगत रूप से मुझे इस गीत पर ब्राउनिंग की 'प्रास्पिके' शीर्षक कविता का भी बड़ा प्रभाव दिखता है।

5 मई 1961

पहली तारीख से बच्चनजी ने दो महीने की छुट्टी ले ली थी और पिछले तीन-चार दिनों की उनकी डाक दफ्तर में इकट्ठा थी, चपरासी भी छुट्टी पर था, निदान मैं ही वह सारी डाक लेकर उनके घर गया। उस समय वे स्नान-ध्यान में व्यस्त थे, मुझे कुछ देर इन्तज़ार करना पड़ा। उनके बँगले की चारदीवारी पर उगी लताएँ, और ऊँचे-ऊँचे पेड़, हर ओर का खुला-खुला एकान्त वातावरण और एक ही जगह पर ठहरा हुआ-सा समय...इस सब की एक गहरी अनुभूति मेरे अन्तर में हुई। लगा कि मैं कुछ भी तो नहीं हूँ...मेरा समस्त अभिमान, मेरी तमाम आशाकांक्षाएँ, मेरी निजता... बल्कि... किसी भी व्यक्ति के अपनेपन का क्या मूल्य है इस विराट् संसार में! फिर सहसा यह सोचकर उदास हो गये मन में, खुशी की एक लपट-सी भी उठी कि मैं भाग्यशाली हूँ जो यह लम्बा-चौड़ा लॉन, तरह-तरह के पेड़-पौधे, फूल, वनस्पतियाँ और फुदकती हुई चिड़ियाँ और हलका नीला आकाश—यहाँ से वहाँ तक फैला हुआ—यह सारा वैभव एकबारगी देख सका हूँ और अपने मन में उसे समा सका हूँ।

बच्चनजी आये तो बात कुछ विशेष न हो सकी। चिट्ठियाँ देखने लगे। बोले, ''बहुत डाक आने लगी।'' मैंने कहा, ''आप भी तो सबके पत्रों का उत्तर देकर उनका उत्साह बढ़ाते हैं। लोग सोचते हैं कि चलो बच्चनजी से नियमित पत्र-व्यवहार ही रखा जाए।'' बच्चनजी बोले, ''लेकिन लोगों के इस खयाल का मुझे तो बड़ा भारी दंड भुगतना पड़ता है।''

1. बच्चनजी की टिप्पणी : ''देखो निराला सम्बन्धी लेख भी।''

10 मई 1961

कुछ रोज़ हुए इलाहाबाद के अपने एक पूर्व छात्र (केशवचन्द्र सिन्हा, प्राध्यापक) को पत्र में कविवर ने लिखा था कि जीवन में सजीव और सक्रिय रहने की बड़ी आवश्यकता है। आधे-अधूरे मन से जो काम किया जाएगा, वह आधा-अधूरा ही रह जाएगा। इसलिए जो भी करो, समूचे व्यक्तित्व से करो और बेहतर तो यह है कि यह कार्य लेखन-सम्बन्धी हो।

इसी सिलसिले में कविवर ने मुझसे कहा कि आनन्द की खोज में इधर-उधर भटकना व्यर्थ है। जीवन का आनन्द बाल्यावस्था और युवावस्था में तो मिल सकता है, उसके बाद नहीं।

मैंने सुझाया कि उसके बाद व्यक्ति आनन्द पा न सके, कम-से-कम दूसरों को दे तो सकता है। यह सुनकर वे बोले, ''हाँ। तुम ठीक कहते हो। युवावस्था के बाद का जीवन 'डेडीकेटेड' (समर्पित) जीवन होता है।''

युवावस्था से पहले और बाद के जीवन को लेकर वे कई बार मेरे सामने अपनी यह राय ज़ाहिर कर चुके थे कि लेखक या कवि के मन पर जो भी 'इम्प्रेशंस' (प्रभाव) पड़ने होते हैं, वे पच्चीस-छब्बीस साल की उम्र तक पड़ जाते हैं। वही उसकी पूँजी होती है। फिर, बाद में, वह कोई विशेष प्रभाव नहीं ग्रहण करता, बल्कि अपने सारे जीवन भर युवा-मन पर पड़ी उन्हीं छवियों-छायाओं को विभिन्न रंग-रूप देता रहता है।

उनके इस विचार से सहमत हो पाना मुझे कठिन जान पड़ा है क्योंकि शुरू से ही मैं सम्भावनाओं में विश्वास करता आया हूँ और यह नहीं मान पाता कि इस तरह की कोई सीमा-रेखा खींचना ठीक है। इसके बावजूद, जैसे अपने आप में, वैसे ही अन्य बहुत से लोगों में भी यह एक बात मैंने ज़रूर लक्षित की है कि एक स्थिति पर पहुँचकर व्यक्ति की 'बेसिक क्वालिटीज़' (मूलभूत प्रकृति) निर्धारित हो जाती हैं और उनमें कोई विशेष परिवर्तन नहीं होता। यात्राएँ, अनुभव, वयस्कता, अध्ययन, आदि सब कुछ व्यक्ति को वही बनाता है जो किसी एक स्थिति में वह पहले ही बन चुका होता है। इसलिए, कविवर के कथन पर विश्वास न जम पाने के बावजूद, लगता है कि कहते तो वे ठीक ही हैं।

15 जुलाई 1961

इधर पिछले कुछ दिनों से बच्चनजी की तबीयत ठीक नहीं रही है। पैर का काँटा तो ख़ैर काफ़ी पहले से तकलीफ़ दे रहा था, अब बायें हाथ और बाँह

में भी दर्द शुरू हुआ है। भूख तनिक भी नहीं लगती। सिर्फ एक रोटी खाते हैं, और वह भी फ़र्ज समझकर, वरना इच्छा उसे भी खाने की नहीं होती। बाँह के दर्द में एकाध रोज़ 'लिनीमेंट' लगाने से फ़ायदा हुआ, रात में नींद आ गयी, पर बाद में 'लिनीमेंट' बे-असर साबित हुआ। इन शारीरिक कष्टों और विशेष कर पैर के दर्द के कारण वे सुबह घूमने नहीं जा पाते। दो-एक रोज़ से कसरत भी बन्द है।

नतीजा यह कि पिछले सात-आठ दिनों से लगभग रोज़ ही वे दफ़्तर आने पर कहते रहे हैं, "मेरी आयु क्षीण हो रही है। भूख न लगना और शरीर में किसी-न-किसी कष्ट का बने रहना इसके प्रमाण हैं। पिछले बीस-बाईस वर्षों में मैं कभी बीमार नहीं पड़ा, बीमारी के कारण चारपाई पर पड़े रहने या छुट्टी लेने की भी याद नहीं आती।" किन्तु अब एक-साथ कई व्याधियों के लग जाने से बार-बार यह विचार उनके मन को जकड़ता रहता है कि उनकी आयु क्षीण हो रही है।

उनका यह संशय आज एक-तरह से बढ़ा भी, क्योंकि बाँह का दर्द (जो उन्हें पिछले महीने भर से तकलीफ़ दे रहा था) ठीक न होते देख, वे आज सुबह डॉक्टर के पास गये थे। डॉक्टर ने पैर की हड्डी बढ़ने की बात जानकर यह निदान किया कि बाँह की हड्डी भी बढ़ रही है। उसने 'एक्स-रे' के बाद हड्डी बढ़ने का निश्चय हो जाने के बाद, एक इंजेक्शन लगवाने का सुझाव दिया, जो ऑपरेशन की ही भाँति गम्भीर होते हुए भी ऑपरेशन की आवश्यकता को मिटा देता है।

डॉक्टर के यहाँ से लौटने के बाद अपनी बायीं हथेली को दिन में कई बार देखकर बच्चनजी ने यह धारणा बनायी कि उनकी हथेली और अँगुलियों की लम्बाई इन पिछले दिनों में कम-से-कम एक अंगुल ज़रूर बढ़ गयी है। कहने लगे कि 'पहले मेरी हथेली कुछ ज्यादा चौड़ी थी, अब चौड़ाई तो कम हो गयी है और लम्बाई बढ़ी है। और यह परिवर्तन अभी सिर्फ़ बायीं हथेली में हुआ है।'

मुझे ही नहीं, आज मिलने आये दो-तीन अन्य व्यक्तियों को भी उन्होंने अपनी बायीं हथेली दिखायी और कहा, "अब मैं भीतर से 'ग्रो' कर रहा हूँ।"

मुझसे बोले, "तुमसे पिछले कई दिनों से कह रहा था न कि मेरी आयु क्षीण हो रही है। जगह-जगह से हड्डी का बढ़ना इसका प्रमाण है।"

और मुझे लगा कि अपने अस्वस्थ होने को वे ज़रूरत से कुछ ज़्यादा तूल दे रहे हैं, ठीक उसी तरह जैसे कुछ दिन पहले तक वे अपने स्वस्थ रहने का ज़िक्र बहुत बढ़ा-चढ़ाकर किया करते थे। बहरहाल, उनके मन में इस विचार का बार-बार आना कि रोग उनके शरीर में घर कर रहा है, मुझे पसन्द नहीं आया। पर क्या वे इसे समझते न थे कि बार-बार अपनी अस्वस्थता की चर्चा करना

मनोवैज्ञानिक दृष्टि से उनके लिए हानिकारक होगा! इसके बावजूद वे यही बात करते जा रहे थे, इसका कारण शायद यह रहा हो कि इस भाँति वे अपने मन में बैठ गये डर को निकालना चाहते हों, और अपनी चिन्ता का भार हलका करना चाहते हों।

25 जुलाई 1961

कुछेक दिन बाद, अक्सर अस्पताल जाकर जब उन्हें सेंक, मालिश और कसरत का उपचार कराना पड़ा तो यह उन्हें बहुत नागवार गुज़रा। कहने लगे कि, ''रोज़-रोज़ अस्पताल जाने में मुझे बड़ी असुविधा होती है। यों चाहे मैं अपने रोग को भुलाये रहूँ, पर अस्पताल जाकर और वहाँ का दृश्य देखकर मेरी तबीयत बहुत ख़राब हो जाती है। किसी की टाँग कटी है, किसी के पीब बह रहा है, कोई दर्द से कराह रहा है, कोई 'खों-खों' खाँसता ही जाता है—ये सारी चीज़ें मुझे और भी बीमार बना देती हैं। इसके अलावा सारा समय अस्पताल में ही चला जाता है, इसलिए मैं अपना कोई काम नहीं कर पाता।''

बोले, ''मेरा बस चले तो मैं दवा वग़ैरा सब बन्द कर दूँ। ज़्यादा-से-ज़्यादा कोई खाने की दवा हो तो वह मैं ले सकता हूँ। सेंक, मालिश और इंजेक्शन का खटराग मुझे पसन्द नहीं। लेकिन यह सब तेजी की वजह से करना पड़ता है। सिर्फ़ उनके सन्तोष के लिए करता हूँ, वरना इनसे कोई फ़ायदा तो होता नहीं।''

30 जुलाई 1961

बच्चनजी के कुछ प्रिय क़िस्से हैं, जिन्हें वे यदा-कदा सुनाया करते हैं। और यदि मैं कभी उनमें से किसी को भूल जाऊँ, जैसा कि अक्सर होता है, तो वे कहते हैं, ''इन्हें याद रक्खा करो, इससे तुम्हारा लाभ होगा।'' लेकिन मेरी स्मरण शक्ति का कुछ ऐसा दुर्भाग्य है कि उसमें शायद ही कोई बात टिक पाती है।

जिस ज़माने में बच्चनजी को टी.बी. का अन्देशा हुआ था, वे एक हकीम साहब के पास गये और उनसे कहा कि भूख नहीं लगती, इसका कुछ इलाज बताइए। हकीम साहब लम्बी-चौड़ी हाँकने के बाद बोले, ''क़िबला! ख़ूब खाइए। पेट तो चमार है, इस साले पर जितना बोझ डाल दीजिए, उतना ही यह सह लेगा।'' छूटते ही बच्चनजी ने जवाब दिया, ''अच्छा! हमारे यहाँ तो पेट को 'मुसलमान' कहते हैं।'' इसके बाद हकीम साहब की बोलती बन्द हो गयी।

उनके कॉलेज जीवन की एक घटना है। तब वे शायद गवर्नमेंट कॉलेज में इंटरमीडिएट के पहले साल में थे। बेदी नामक एक लड़का उनका सहपाठी था और नक़वी साहब क्लास टीचर थे। टर्मिनल परीक्षा के लिए छुट्टी होने से पहले नक़वी साहब ने क्लास में लड़कों से कहा कि जो भी सवाल वे पूछना चाहें, पूछ लें। इत्तफ़ाक की बात कि बेदी ने जो सवाल पूछा, वही परचे में आ गया और उसने वह सवाल किया भी बहुत अच्छा। इससे नक़वी साहब को शक हुआ कि कहीं इस लड़के ने किसी तरकीब से परचा जान तो नहीं लिया था। इम्तहान के बाद, कापियाँ बाँटते हुए उन्होंने बेदी से अंग्रेज़ी ज़बान में पूछा, "बेदी, तुमने कैसे जाना कि यही सवाल परचे में आ रहा है?" बेदी ने तपाक से जवाब दिया, "साहब, मैं इसलिए जान गया, क्योंकि जब मैंने आपसे सवाल पूछा था तो आपका चेहरा फ़क हो गया था।" लेकिन चूँकि उस ज़माने में अंग्रेज़ी का चलन था, इसलिए नक़वी साहब के प्रश्न का उत्तर बेदी ने अंग्रेज़ी में इस प्रकार दिया, "सर! आई न्यू दिस, बिकाज़ व्हेन आई हैड आस्क्ड दैट क्वेश्चन, योर फ़ेस वाज़ 'फ़क्ड'।"[1]

इस जवाब को सुनते ही क्लास में सन्नाटा छा गया और नक़वी साहब का चेहरा जैसा अब 'फक़' हुआ, वैसा पहले क्या हुआ होगा!

यह क़िस्सा सुनाने के बाद बच्चनजी ने अपनी टिप्पणी जोड़ी, "मैं उसी दिन यह जान गया था कि अंग्रेज़ी इस मुल्क से जाएगी और जूते खाकर जाएगी।"[2]

'जूते खाकर अंग्रेज़ी के जाने' की घोषणा बच्चनजी की वैसी ही प्रिय घोषणा है, जैसी यह कि, 'हिन्दी का पहला ग्रास उर्दू होगी और बाद में वह एक-एक करके सभी भारतीय भाषाओं को पचाएगी।'

अभी, कल ही उन्होंने एक और चुटकुला सुनाया। मेरे बच्चे की पहली सालगिरह के मौक़े पर वे मेरे घर आये थे। नमकीन काजू की प्लेट देखकर कहने लगे, "लाओ, थोड़े-से 'प्रोमोशन नट्स' मुझे भी दे दो।" और जब उपस्थित लोगों में से किसी का भी ध्यान काजू के इस नये नामकरण की ओर नहीं गया तो उन्होंने ख़ुद ही बताया कि इसका नाम 'प्रोमोशन नट्स' इस कारण पड़ा, क्योंकि यह जितना स्वादिष्ट होता है उतना ही हानिकर भी। किसी असिस्टेंट ने जहाँ इसे अपने अफ़सर को दो-चार बार खिलाया कि अफ़सर बीमार पड़ जाता है और असिस्टेंट को 'लीव वेकेंसी' (छुट्टी) में अफ़सर के स्थान पर 'आफ़ीशिएट' (अफ़सरी) करने का मौक़ा मिल जाता है।

काजू का यह करतब जानकर सभी लोगों की हँसी का बाँध टूट पड़ा।

---

1. बच्चनजी की टिप्पणी है : "यह सुरुचिपूर्ण नहीं है।"
2. कविवर की कुछ भविष्यवाणियाँ सम्भवत: सही निकली हों पर उस समय तक कम्प्यूटर का प्रचलन हो गया होता तो शायद अंग्रेज़ी के बारे में वे इस तरह की राय ज़ाहिर न करते। —अ. कु.

4 अगस्त 1961

देवीशंकर अवस्थी दिन में मुझसे मिलने के लिए दफ़्तर आये थे। लंच के बाद बच्चनजी के कमरे में भी आ गये। कल-परसों ही वे अपने नये घर में पहुँचे थे, लेकिन दुखी थे। कहने लगे कि बड़ा कष्ट है। मकान-मालिक ऊपर की मंज़िल बनवा रहे हैं, दिन भर मज़दूर खटपट करते रहते हैं, धूल-चूना उड़-उड़कर कमरे में भरता है। कोई काम नहीं हो पाता।

बच्चनजी सुनते रहे थे। बोले, "संसार में दुख-ही-दुख हैं। आज घर का, कल दफ़्तर का, परसों तंगी का तो तरसों बीमारी का। मेरी भी सारी ज़िन्दगी इन्हीं से जूझने में बीती है और आज जब मैं इन सारी समस्याओं से संघर्ष करते-करते इन्हें किसी क़दर सुलझा पाया हूँ, तो देखता हूँ कि इस दुनिया से चलने की बेला आ गयी है।"

हम दोनों समर्थन की मुद्रा में मौन ही रहे, पर बच्चनजी ने थोड़ा ठहरकर अपनी बात का सूत्र फिर उठाया, "मेरा मतलब यह था कि जीवन में जब इतने अधिक संघर्ष हैं कि उनसे मुक्ति नहीं मिल सकती तो फिर उनसे घबराना क्या! मुझे तो खुशी इस बात की है कि मैंने अपने संघर्षों को भी 'एंज्वाय' किया (भोगा) है और जीवन के प्रति यही दृष्टिकोण मुझे ठीक मालूम होता है। यदि हम संघर्षों को जीवन का बोझ मानकर उठाएँगे तो कभी भी सुखी न हो सकेंगे।"

इस सिलसिले में उन्होंने और भी कुछ बातें कहीं, लेकिन मेरा ध्यान बरबस उन तमाम पंक्तियों की ओर चला गया, जो उन्होंने इस सम्बन्ध में लिखी हैं और मुझे वे प्रसंग याद आये जो उन्होंने अपने जीवन-संघर्ष की चर्चा करते हुए यदा-कदा मुझे सुनाये हैं और मैंने एक बार फिर यह महसूस किया कि आज जीवन की सुख-सुविधा से सम्पन्न होने का पूरा मूल्य वे अपने प्रारम्भिक जीवन में चुका आये हैं।

मुझे याद आया कि 'मधुशाला' की मस्ती भरी रुबाइयाँ उन्होंने उस समय लिखी थीं, जब 'पायोनियर' के संवाददाता के रूप में उन्हें तमाम ज़िला कचहरियों में भटकते रहना पड़ता था और जब उनकी ज़िन्दगी बिलकुल खानाबदोशों की-सी थी। काम बिलकुल रसहीन और तनख़्वाह बहुत कम, लेकिन इसके बावजूद वे 'कविता' में रमे रहते थे।

इससे भी पहले, जब वे मुट्ठीगंज में रहते थे तो उन्हें दस-पन्द्रह रुपये की ट्यूशनें पढ़ाने के लिए भरद्वाज आश्रम और कटरा तक जाना पड़ता था। सुबह तड़के उठकर भिगोये हुए चने जेब में डालकर वे पाँच-छः मील का रास्ता तय कर ट्यूशन पढ़ाने जाते थे और रास्ते भर चने का एक-एक दाना खाते जाते थे। इस तरह नाश्ता भी हो जाता था और इतना लम्बा रास्ता भी कट जाता था। 'मेघदूत'

के श्लोक उन्होंने 'ट्यूशन' के लिए जाते समय ही कंठाग्र किये थे। उनके पास पुस्तक ख़रीदने भर को पैसे तो थे नहीं, इसलिए अपने एक मित्र की पुस्तक से प्रतिदिन प्रातःकाल वे एक श्लोक काग़ज़ के पुर्ज़े पर लिखकर चलते थे और 'कटरे' पहुँचते-पहुँचते उसे याद कर डालते थे।[1]

'प्रारम्भिक रचनाएँ' में उनकी एक कविता में इस भाव की पंक्तियाँ आती हैं कि 'मैं रूखी रोटी खाता हूँ और ठंडा पानी पीता हूँ तथा देवताओं के और स्वर्ग के सम्पर्क में रहता हूँ।'[2] यह उनकी वास्तविक स्थिति का वर्णन है। सचमुच ही उनके जीवन में ऐसे अवसर आये हैं, जब उन्हें रूखी रोटी नमक या अचार के साथ खानी पड़ी है या तख़्त पर बग़ैर गद्दे के, सिर्फ़ दरी या चटाई बिछाकर लेटना पड़ा है। लेकिन इस सबके बावजूद वे कवि-कर्म से कभी नहीं डिगे और न इन परिस्थितियों ने, उनके कार्य के प्रति उनके आत्म-सम्मान को ही झुठलाया। घोर आर्थिक कष्ट में भी वे मन से बादशाह रहे और यही कारण है कि आज वे बगैर किसी झिझक के यह कह सकते हैं कि—''बोझ सिर पर, कंठ में स्वर!''

11 अगस्त 1961

श्री क्षेमचन्द्र सुमन 'प्रेमगीतों' के अपने संग्रह में बच्चनजी की कविता का पारिश्रमिक देने आये थे। लंच का समय होने के कारण उस समय मैं बच्चनजी के ही कमरे में था। भोजन में शामिल होने की औपचारिक बातचीत के बाद जब सुमन जी ने 20 रुपये बच्चनजी को दिये तो उन्होंने कहा, ''देखिए, मैं कहता था न कि अतिथि देवता के समान होता है। हमने आपका भोग लगाया और तत्क्षण ही आपने उसका फल भी दे दिया।''

थोड़ी देर तक इस तरह की चुहल होने के बाद बातचीत का रुख रमानाथ की ओर और उसके बाद पति-पत्नी के सम्बन्धों की ओर मुड़ गया। सुमनजी ने कहा कि पति-पत्नी दोनों ही एक-दूसरे की भावनाओं का आदर करें तो विवाहित जीवन अवश्य ही सुखकर हो सकता है।

बच्चनजी ने बीच में ही कहा, ''नहीं महाराज! सिर्फ़ पत्नी की भावनाओं का आदर करना होता है। जब तक पति इस नियम का पालन नहीं करता, विवाहित

---

1. बच्चनजी की टिप्पणी : ''इसकी चर्चा मैंने किसी भूमिका में की है।''
2. बच्चनजी द्वारा पादटिप्पणी में उद्धृत उनकी पंक्तियाँ :

''यदि न जगत में रूखी-सूखी रोटी खाने को पाता,
देवों के सँग सुधा न पीता और न सुरतरु फल खाता।''

—प्रा. र. (दूसरा भाग)

जीवन सुखी नहीं हो सकता। अपने को तो बिलकुल ही मिटा देना होगा, केवल पत्नी के सुख, उसकी सुविधा और प्रसन्नता का ध्यान करना होगा। विवाहित सम्बन्धों में ओछी, क्षुद्र और स्वार्थभरी बातें देखकर मुझे बड़ा दुख होता है।''

सुमन जी को इस कथन पर सन्देह हुआ। बोले, ''आप ऐसा कहते हैं बच्चनजी?''

उन्होंने उत्तर दिया, ''जी हाँ! मेरी पत्नी मुझसे कहे कि कविता लिखना छोड़ दो तो आज छोड़ दूँ। मेरी इस बात को आप कहीं लिख न दीजिएगा, क्योंकि आप ख़तरनाक आदमी हैं, लेकिन यह बिलकुल सत्य है।''

फिर हँसकर बताया उन्होंने, ''शुरू-शुरू में कभी-कभी मेरी पत्नी मुझसे कहती थी, 'क्या हर वक़्त कविता में लगे रहते हो, न घूमना, न फिरना!' बस, मैं उसी दिन से कविता लिखना बन्द कर देता था और दो-तीन महीने तक सिवाय घूमने-फिरने के, कभी लिखने-पढ़ने का नाम ही न लेता था। तब किसी दिन वह खुद ही मुझसे कहती थी, 'तुमने बहुत दिनों से कोई कविता ही नहीं लिखी!' मैं जवाब देता था, 'अब तुम खुद ही कह रही हो तो फिर लिखना शुरू कर दूँगा।' और उसी दिन से कापी-कलम फिर उठा लेता था।''

मालूम नहीं इस छोटे-से प्रसंग पर सुमन जी ने ध्यान दिया या नहीं, पर इन बातों को सुनकर मुझे एक बार फिर यह अनुभव हुआ कि बच्चनजी ने शुरू से ही अपने मन को कितना अधिक 'ट्रेंड' (प्रशिक्षित) कर रखा था।

16 अगस्त 1961

बातों-बातों में पन्तजी का ज़िक्र आ गया। बच्चनजी ने कहा, ''मालूम नहीं क्या लिख रहे हैं पन्तजी इन दिनों। उपनिषदों का आधार लेकर छः खंड काव्य लिखनेवाले थे। क्या जाने, उसकी शुरुआत हुई या नहीं।''

मैंने कहा, ''पन्तजी सिद्ध पुरुष हैं। जो चाहें, लिख सकते हैं।''

बच्चनजी ने जिज्ञासा प्रकट की, ''सिद्ध पुरुष माने?''

''माने यह कि उनके पास समय है, सुविधाएँ हैं, इतने वर्षों का काव्य-अभ्यास है। रचना के सारे उपादान उनके निकट हैं, साथ ही विषय और प्रेरणा की कोई कमी नहीं।''

बच्चनजी बोले, ''तुम ठीक कहते हो। पन्तजी को अब इतना अभ्यास हो गया है कि वे इच्छा मात्र से काव्य-रचना कर सकते हैं, क्योंकि उनकी कविताओं के पीछे उनकी रचनाओं की सारी पृष्ठभूमि मौजूद रहती है। लेकिन जहाँ तक मेरा सम्बन्ध है, मैं जब भी कविता लिखता हूँ, मुझे जान पड़ता है कि नये सिरे

से शुरुआत कर रहा हूँ। 'निशा निमन्त्रण', 'सतरंगिनी' या 'मिलन यामिनी'—मैंने जो भी लिखा है, वह भले ही मेरे अवचेतन में मौजूद रहता हो, कविता लिखते समय मेरे चेतन मन पर उसकी कोई छाप नहीं होती। इसीलिए कविता लिखते समय मेरे मन में बराबर यह भावना बनी रहती है कि मैं इसे लिख भी सकूँगा या नहीं; यह पूरी भी होगी या नहीं। इसी कारण मैं कविता लिखना 'पोस्टपोन' (स्थगित) करता रहता हूँ और जब तक भावनात्मक दृष्टि से बिलकुल अनिवार्य नहीं हो जाता, मैं नहीं लिखता। अपनी बावनवीं वर्षगाँठ पर मैंने एक कविता लिखनी चाही थी, पर इसी सोच-विचार और झिझक के कारण यह निरन्तर टलती गयी और अब मैं चौवन का होने को आया। लेकिन जब भी लिखूँगा, शीर्षक उसका वही होगा—"बावनवें जन्मदिन पर।"

आगे उन्होंने कहा, "हर एक कविता लिखते समय जो नयी शुरुआत-सी करता हूँ, उस कारण बहुत सम्भव है कि कोई ऐसी कविता भी लिख डालूँ जो बिलकुल 'थर्ड रेट' हो। लेकिन पन्तजी ऐसा नहीं कर सकते। उनकी कोई भी कविता एक निश्चित स्तर से नीचे नहीं गिर सकती क्योंकि उन्होंने 'फ़ार्म' को बिलकुल 'मास्टर' कर लिया है।"

बच्चनजी के इस कथन के सिलसिले में कई बार मेरा जी चाहा कि उनसे कहूँ कि कविता लिखते समय मेरी स्थिति भी बिलकुल वही होती है, जैसी आप अपनी बता रहे हैं; लेकिन फिर मुझे हास्यास्पद लगा कि जहाँ पन्त-बच्चन की चर्चा हो रही है, वहाँ मैं अपनी टाँग घुसेड़ूँ! बहरहाल पन्तजी की बात तो मैं नहीं जानता, कि नूतन काव्य-रचना के समय वे अपनी पिछली रचना के कितने सम्पर्क में रह पाते हैं, पर बच्चनजी ने अपनी रचना के क्षण का जो अनुभव आज बताया, वह मुझे बहुत ईमानदार, वास्तविक और स्वानुभूत प्रतीत होता है।

17 अगस्त, 1961

बिहार के श्री रमण का पत्र दिखाया बच्चनजी ने। लिखा था—"प्रिय, मेरी कृतियों को दीमकों और दीवारों से बचाओ" अलंकृति लिपि में, कार्ड पर सिर्फ़ इतनी ही इबारत लिखी थी, नीचे हस्ताक्षर थे। अपना उत्तर भी पढ़ाया बच्चनजी ने। कार्ड पर लिखा था, "प्रियवर, आपका पत्र मिला। द्रौपदी और गज की पुकार! लेकिन मुझमें कृष्ण और विष्णु की सामर्थ्य कहाँ! प्रकाशक की शरण जाइए। आज साहित्य की द्रौपदी की लाज बचाने के लिए उसीके पास काग़ज़ के पुलिन्दे हैं।" अन्त में दो-एक औपचारिक बातें थीं कि आपकी सहायता न कर पाने की ग्लानि है।

'रमण अभिनन्दन ग्रन्थ' का किस्सा भी सुनाया कि जब वे इंग्लैंड से लौटे थे तभी रमण जी का पत्र आया कि मैं तो नहीं चाहता, पर मुज़फ्फ़रपुर के लोग नहीं मान रहे हैं और मुझे अभिनन्दन ग्रन्थ देना ही चाहते हैं। पर मैंने भी कह दिया है कि जब तक बच्चनजी यह ग्रन्थ मुझे समर्पित न करेंगे, मैं इसे न लूँगा। निदान बच्चनजी अपनी काठमांडू यात्रा से लौटते समय सपरिवार मुज़फ्फ़रपुर गये और अपने तथा रमण जी के अतिरिक्त एकमात्र तीसरे साहित्यिक 'मुक्त जी' तथा कुल जमा सौ-डेढ़ सौ तेली-तमोलियों[1] की उपस्थिति में रमण जी को अभिनन्दन ग्रन्थ देकर लौट आये। बाद में यह पता भी चला कि अभिनन्दन ग्रन्थ क्योंकर तैयार हुआ था और उसकी योजना किस प्रकार बनी थी। लेकिन ख़ैर, इस प्रसंग के बहाने जो मुख्य विषय सामने आया, वह यह था कि लेखकों और साहित्यकारों की मूल्य-बुद्धि को हो क्या गया है!

बच्चनजी ने कहा, ''रमण जी अपने को कालिदास से कम थोड़े ही समझते होंगे। उनके 'मेघदूत' और 'शकुन्तला' अप्रकाशित रह जाएँगे तो साहित्य की कितनी क्षति होगी!''

फिर बोले, ''लोग यह क्यों नहीं समझते कि कविता लिखने मात्र से कोई बड़ा नहीं हो जाता।'' आज दुनिया में लाखों की तादाद में कवि होंगे, वे खाते-कमाते और अपना धन्धा करते हैं। कविता लिखने से उनके सिर पर कोई सींग तो उग नहीं आते।''

मेरे पास इसका उत्तर ज़रूर था कि सामान्यत: कवि निरीह प्राणी होता है, पर अपनी वृत्ति के कारण वह अपने को स्वभावत: विशिष्ट समझने लगता है, उसी तरह जैसे कि चमार या भंगी का धन्धा करनेवाले अपने को निकृष्ट मान बैठते हैं। जीवन-वृत्तियों के सम्बन्ध में हमारी शताब्दियों की धारणाएँ इतनी जल्दी क्योंकर बदल सकती हैं! लेकिन मैं चुप रहा और वे कहते गये, ''प्रतिष्ठा, पुरस्कार और सम्मान के पीछे हाथ धोकर पड़नेवाले लेखकों की गति सदा ऐसी ही होती है। वे या तो इस प्रकार की दीनता भरी चिट्ठियाँ लिखने लगते हैं, या विक्षिप्त हो जाते हैं। इन्दौर हिन्दी साहित्य सम्मेलन में श्री दुलारेलाल भार्गव एक ट्रंक भर अपने चित्र छपा लाये थे। बड़े-से चित्र के नीचे छपा था—''प्रथम हिन्दी नोबुल पुरस्कार विजेता, दुलारे-दोहावली के यशस्वी लेखक श्री दुलारेलाल भार्गव।'' असल में रवीन्द्रनाथ को नोबुल प्राइज़ मिलने और दुनिया भर में उनकी ख्याति हो जाने के कारण हमारे देश के असंख्यों कवि-लेखकों का सर फिर गया। हमारे निरालाजी भी इसी कुंठा में पागल हो गये। वे समझते थे अपनेआप को टैगोर से बड़ा कवि, जबकि राजसी ठाठ और अतिशय सम्मान टैगोर को प्राप्त हुए थे।

1 बच्चनजी का निर्देश तो था कि इसे बदल दूँ, और तब इसकी जगह मैंने 'ऐरों-गैरों' कर भी दिया था, पर इतना वक़्त गुज़र चुका है कि अब उसे यथावत् रखना ठीक जान पड़ा। —अ. कु.

इसी ईर्ष्या और अहंकार ने उन्हें विक्षिप्त बना दिया।''

''सम्मान की भूख आदमी से क्या-क्या कराती है, यह देखकर हैरत होती है। कई साल पहले की बात है। आज़मगढ़ के श्री गुरुभक्तसिंह भक्त मेरे पास आये। एक ज़माने में 'नूरजहाँ' के कवि के रूप में उन्हें बड़ी ख्याति मिली थी। कहने लगे, ''आज़मगढ़ से मेरा अभिनन्दन ग्रन्थ निकल रहा है; उसके लिए आपका एक लेख चाहिए।'' मैंने उनसे पूछा, ''सो तो ठीक है, पर अपने अभिनन्दन ग्रन्थ के लिए आप स्वयं लेख माँगने आये हैं, यह कुछ समझ में नहीं आ रहा है?'' वे बोले, ''बात यह है कि जिन लोगों ने योजना बनायी थी, वे अब ढीले पड़ रहे हैं, इसलिए मुझे ही दौड़-धूप करनी पड़ रही है कि कहीं ग्रन्थ ख़राब न निकले।''

''मैंने कहा, ''महाराज! ग्रन्थ ख़राब निकलेगा तो इसमें बदनामी आयोजनकर्ताओं की होगी, आपकी नहीं। लोग उन्हीं को बुरा कहेंगे कि कैसा रद्दी ग्रन्थ निकाल दिया।''

''फिर भी वे आश्वस्त नहीं हुए, तब मैंने कहा, 'भक्तजी, अभी तक मैंने आपको दूल्हा समझा था, पर आप तो अपनी ही बारात के बजनिया निकले। यह आपको शोभा नहीं देता कि जिस बारात में आप दूल्हा हैं, उसमें पिपिहरी भी खुद ही बजाते फिरें। यह काम दूसरों का है, उन्हीं को इसे करने दीजिए।''

अन्त में, बच्चनजी ने बताया, ''इसके बाद वे दुबारा मेरे पास नहीं आये।''

कुछ ठहरकर कहा उन्होंने, ''चीज़ों को इस तरह हथियाने की कोशिश करनेवाले सभी लोगों का एक ही हाल होते मैंने देखा है, कि असली चीज़ें उनके हाथ से खिसक जाती हैं। भगवान की बड़ी कृपा है कि मैंने शुरू से ही इस बात को समझ लिया था, और इस तरह के लोगों के उदाहरण मुझे निरन्तर सावधान भी करते रहे। फारस के प्रसिद्ध ज्ञानी शेख सादी से किसी ने पूछा, ''जनाब आपने इतनी बुद्धि और ऐसा ज्ञान क्यों कर हासिल किया?'' शेख सादी ने जवाब दिया, ''यह सब मुझे बेवकूफ़ों से मिला है। उनमें जो भी चीज़ें, मुझे बुरी लगीं, उन्हें मैंने अपने स्वभाव से निकाल देने की कोशिश की, और यही तो ज्ञान है।''

यह क़िस्सा सुनाने के बाद गुरुवर ने मुझे मन्त्र दिया, ''बच्चा! मूर्खों से सीखना चाहिए।''

22 अगस्त 1961

पिछले दिनों बच्चनजी की एक कविता 'मयूरी नाच, मगन मन नाच' को लेकर कुछ पत्र-पत्रिकाओं में काफ़ी विवाद रहा था। कुछ विद्वानों का कहना था कि नाचता तो मयूर है, मयूरी नहीं नाचती; लेकिन एक दूसरा मत यह था कि

मयूरी भी नाचती है।

कविवर ने मुझको बताया कि यों तो उन्होंने खुद मयूरी को नाचते देखा है, लेकिन वास्तव में यह बहस बिलकुल व्यर्थ की है। इस बहस को उठानेवाले लोग 'मयूरी' को तो ख़ैर समझे ही नहीं, कविता मात्र को नहीं समझते।

उन्होंने कहा, ''वह कविता मयूरी पर है ही नहीं; लेकिन जो लोग प्रकृति-चित्रण को ही कविता का परम साध्य मानते हैं, उनको मैं यह कैसे समझाऊँ कि विशुद्ध प्रकृति-वर्णन में मेरी कोई रुचि नहीं है। असल में यह एक पाश्चात्य विचार है और पश्चिम में इस तरह की कविता लिखी भी गयी है। हमारे देश में तो वाल्मीकि, व्यास और तुलसीदास आदि सभी कवियों ने प्रकृति का उपयोग किसी अन्य उद्देश्य की पूर्ति के लिए किया है। यही लक्ष्य मेरा भी रहा है। 'मयूरी' कविता मेरी इसी धारणा का एक उदाहरण है।''

22 अगस्त 1961

इधर चार-छः दिनों से मेरी तबीयत कुछ ठीक न थी; पेट में दर्द और बदहज़मी की शिकायत थी और हाल में ही, मोटापा कम करने के ख़याल से खुराक कुछ घटायी थी। इसके अलावा यूनिवर्सिटी में नौकरी पाने की चिन्ता, रिसर्च पूरी करने का ख़याल और दफ़्तर में काम की अधिकता के कारण भी दिमाग़ परेशान था!

यह सब देखकर आज बच्चनजी ने कहा, ''मुझे कुछ निर्वीर्य जान पड़ते हो तुम।''

और फिर फ़ारसी की एक कहावत सुनायी—''शराब बरोज़, रोज़ा बहफ्ता, शहबत बमाह, जुलाब बसाल।'' बोले, ''इन्हीं उसूलों पर फ़ारस के लोग अपनी ज़िन्दगी चलाते थे। इनसे शरीर स्वस्थ और मन प्रसन्न रहता है।''[1]

शाम को दफ़्तर बन्द होने के समय इस फ़ारसी कहावत की याद दिलाकर उन्होंने फिर कहा, ''देखो, तुम्हें कैसी-कैसी बढ़िया बातें बताता हूँ। इनसे तुम्हारे ज्ञान में वृद्धि होगी। इन्हें संचित करके रखा करो।''

1. बच्चनजी की टिप्पणी : ''इसका अर्थ भी दे देना चाहिए—

शराब रोज़ पियो
व्रत सप्ताह में एक दिन रखो
सम्भोग महीने में एक बार करो
और जुलाब साल में एक बार लो।''

22 अगस्त 1961

आज और बातों के साथ-साथ उन्होंने अपने मित्र विश्वनाथ दत्ता का भी ज़िक्र किया। वे बढ़िया सरकारी नौकरी, लगभग हज़ार रुपये की, छोड़कर कुरुक्षेत्र यूनिवर्सिटी में रीडर होकर उससे कम तनख़्वाह पर जा रहे हैं। जाने से पहले बच्चनजी से मिलने आये थे। बहुत दुखी थे। उनकी आँखों में आँसू भरे हुए थे। कहने लगे, ''नहीं जानता, ठीक किया है या ग़लत! कुछ समझ नहीं पा रहा हूँ। दिल्ली छोड़ते हुए बड़ी तकलीफ़ भी होती है।''

बच्चनजी ने कहा, ''स्वाभाविक था कि उन्हें इतना व्याकुल देखकर हम लोग भी दुखी हो गये। तेजी तो रोने तक लगीं। फिर मैंने उन्हें समझाया कि बहुत कुछ भगवान की इच्छा पर भी छोड़ देना चाहिए। उनकी सृष्टि में इतनी अधिक व्यवस्था है और वे घास के तिनके से लेकर ब्रह्मांड तक की रचना में इतनी अधिक सतर्कता बरतते हैं कि वे जो भी करते हैं, उसमें कुछ-न-कुछ अच्छाई ज़रूर रहती है। हो सकता है कि तुम्हें कुरुक्षेत्र भेजने में प्रभु का ऐसा ही कोई उद्देश्य हो। कौन जाने, तुम्हें कैम्ब्रिज जाकर अपनी डॉक्टरेट पूरी करने का ही मौक़ा मिल जाए।

''इसके बाद एक 'फ़िगर' (रूपक) मेरे दिमाग़ में आयी। मैंने उनसे कहा, ''हमारी पृथ्वी पर जो सृष्टि और उसका विधान है, वही सब कुछ नहीं है। हमारी पृथ्वी आठ अन्य ग्रहों के साथ सूर्य के चारों ओर चक्कर लगाती है और हमारे इस सौरमंडल के समान अन्य कितने ही असंख्यासंख्य सौरमंडल हैं और वे सब अपनी-अपनी कक्षा में चक्कर काटते हुए एक और नक्षत्र 'वेगा' की ओर भागते चले जा रहे हैं और इस अनन्त यात्रा में कितने ही तारों का तो जीवन भी समाप्त हो गया है। प्रभु की इस विराट् रचना को देखो और फिर सोचो कि अगर उनकी मरज़ी के बग़ैर एक पत्ता भी हिल सकता होता तो सृष्टि में कैसी अव्यवस्था फैल जाती। इसलिए जो भी होता है, उनकी इच्छा से होता है और उनकी इच्छा सदा शुभ के लिए ही होती है। यही कारण है कि मैं सोचता हूँ कि जो कार्य अपने प्रयत्न से सिद्ध हो जाए, वह अच्छा! और जो न सिद्ध हो, वह और भी अच्छा, क्योंकि उसमें प्रभु की इच्छा सन्निहित रहती है।''

बच्चनजी ने बताया, ''मैं समझता हूँ कि दत्ता पर मेरी बातों का कुछ असर हुआ और उन्हें शान्ति मिली। जाने से पहले उन्हें अपने अधीनस्थ कर्मचारियों की गोपनीय रिपोर्ट लिखनी थी। इन लोगों ने एक तो दत्ता से असहयोग किया था, दूसरे उनका काम भी अच्छा न था। लेकिन मैंने दत्ता से कहा कि तुम्हें उदार होना चाहिए। न्याय करना ठीक है, पर क्षमाशील होना उससे कहीं श्रेष्ठ है। कम-

से-कम, बदला लेने की भावना से तो कोई भी काम न करना चाहिए।''

''बहरहाल'', बच्चनजी ने कहा, ''मुझे खुशी है कि दत्ता ने मेरे दृष्टिकोण को समझा और उन पर उसका कुछ असर हुआ।''

बातचीत का रुख़ फिर जगहों और व्यक्तियों के प्रति मनुष्य के मोह की ओर मुड़ गया। बच्चनजी ने कहा, ''लोगों को एक जगह छोड़कर दूसरी जगह जाने में बड़ी घबराहट होती है। पर मुझे आज तक कभी भी स्थान-मोह नहीं व्यापा। लोग मुझसे पूछते हैं कि आपको तो इलाहाबाद की बड़ी याद आती होगी, पर सही बात यह है कि एक बार इलाहाबाद छोड़ देने के बाद मुझे सपने में भी उसकी याद नहीं आयी। इसी तरह, जब मैं कैम्ब्रिज में था, तब घरवालों और लड़कों-बच्चों की चिन्ता भले ही रहती हो, अपने देश की याद ने मुझे कभी भी व्याकुल नहीं बनाया, वरना मैं वहाँ कुछ भी काम न कर पाता! आज यदि मैं दिल्ली छोड़कर चला जाऊँ तो यहाँ का ख़याल भी मुझे न आएगा।''

स्थानों के प्रति अपनी यह धारणा पहले भी कितनी ही बार वे मुझे बता चुके थे और हर बार इसके पीछे मुझे उनका निर्मम और निर्मोही व्यक्तित्व ही दिखाई दिया था। इसलिए मैंने कहा, ''हो सकता है, लेकिन एक कवि के लिए यह दृष्टिकोण कुछ अस्वाभाविक जान पड़ता है। कवि को तो स्थान, वस्तुओं, घटनाओं आदि के प्रति अधिक संवेदनशील होना चाहिए।''

मेरी इस बात का कोई सटीक उत्तर वे न दे सके। 'स्थानों' और 'व्यक्तियों' में अन्तर बताते हुए, उन्होंने यह कहना चाहा कि व्यक्तियों की याद आती है पर इसे वे अधिक ज़ोर से न कह सके, क्योंकि यह कहना भी बहुत ठीक न होता। मैं पिछले कितने ही वर्षों से देखता आया हूँ कि अपने प्रिय व्यक्तियों के प्रति भी उनमें किसी तरह के मोह की भावना नहीं है। सत्येन्द्र, ओंकार, रमानाथ आदि अपने प्रिय शिष्यों के दिल्ली से बाहर जाने के अवसरों पर उन्होंने कभी किसी विशेष भावना का प्रदर्शन नहीं किया, उलटे उन लोगों के दिल्ली-मोह को मिथ्या बतलाया और इस बात पर ध्यान ही न दिया कि उन लोगों का दिल्ली-मोह शायद बहुत-कुछ बच्चन-मोह भी था। पिछले वर्ष जब मेरे मद्रास जाने का प्रसंग उठा था, तब, यदि मैं केवल उनके निस्संग और उदासीन मनोभाव को देखकर कोई निर्णय करता तो मुझे अब तक मद्रास में होना चाहिए था। लगभग इन सभी मौक़ों पर वे प्राय: निर्दयता की सीमा तक उदासीन रहे। सम्भव है कि उनके इस तरह के रुख़ के पीछे उनके नितान्त प्रियजनों— माता-पिता, भाई-बहन, पत्नी का एक-के बाद एक बिछोह रहा हो और समय के साथ परिपक्व उनकी बुद्धि भी, पर केवल इसी कारण उनके ढंग को बिलकुल ठीक और न्यायसंगत क्यों

ठहराया जाए? अस्तु! कवि-जनोचित प्रतिक्रिया की ओर जब मैंने संकेत किया तो उन्होंने यही कहा कि शुरू से ही उनका मन इसी तरह का बना हुआ है।

मैंने भी इस ढंग से कि वे सुनें तो, पर बुरा न मानें, कहा, "हाँ, आप कुछ निर्मम हैं तो सही!"

इसके साथ ही, प्रकृति के प्रति कवियों के दृष्टिकोण का विषय उठ पड़ा और उन्होंने अपनी बहुकथित बात दुहरायी कि प्रकृति का सौन्दर्य उन्हें कभी अभिभूत नहीं करता और प्रकृति को वे केवल मानव-अनुभूतियों को व्यक्त करने के लिए 'सेटिंग' (पृष्ठभूमि) के रूप में उपयोगी समझते हैं।

23 अगस्त 1961

कल ही उन्होंने बताया था कि राजधानी के प्रसिद्ध योगाभ्यासी श्री धर्मेन्द्र ब्रह्मचारी सुबह घर आएँगे और उन्हें कुछ यौगिक क्रियाएँ सिखाएँगे। आज मालूम हुआ कि नाक से पानी पीकर मुँह से निकाल देने और मुँह से पीकर मल-मार्ग से निकाल देने की क्रियाएँ लगभग तीन घंटे तक ब्रह्मचारी जी बच्चनजी को सिखाते रहे। यौगिक क्रियाओं का लाभ उन्होंने बताया कि ये पिछले रोगों को भले ही ठीक न कर सकें, भविष्य में रोग का निरोध करती हैं।

क्रियाएँ करने के बाद बच्चनजी को सुस्ती और कमजोरी-सी लगती रही; लेकिन उनकी बातचीत से यह भी लगा कि स्वास्थ्य के लिए वे इन क्रियाओं का आगे और भी अभ्यास करेंगे।

24 अगस्त 1961

आज कलकत्ते से चन्द्रदेव सिंह का पत्र मेरे पास आया कि 27 नवम्बर 1961 को वे एक पुस्तक प्रकाशित करना चाहते हैं 'बच्चन : एक परिचय' जिसमें एक लेख 'बच्चन—मेरे विभागाध्यक्ष' मुझे भी लिखना है। टालमटोल से काम न चलेगा।

पूरी योजना उस पत्र में थी, जो चन्द्रदेवजी ने बच्चनजी को लिखा था। उससे मालूम हुआ कि बच्चनजी के साहित्यिक रूप पर पन्तजी और दिनकर को लिखना था, पारिवारिक रूप पर तेजी भाभी को, लन्दन के जीवन पर रामनिवास ढंढारिया को, अध्यापक रूप पर ओंकार को, अधिकारी रूप पर मुझको, तथा दो-

चार निबन्ध तथा सम्पादकीय स्वयं चन्द्रदेवजी लिखने वाले थे। लेख सब-के-सब 15 सितम्बर तक माँगे गये थे।

भोजन के समय बच्चनजी ने मुझसे कहा कि चन्द्रदेव सिंह ने निहायत मूर्खतापूर्ण योजना बनायी है। एक तो समय अब बहुत कम रह गया है, दूसरे किसी एक आदमी के बजाय यह काम दो-चार लोगों की कमेटी को करना चाहिए और बाक़ायदा योजना बनानी चाहिए।

मैंने कहा, ''15 सितम्बर तक वे लेख माँग रहे हैं, इतनी जल्दी कौन लिखेगा और यदि लोग लिख भी देंगे तो टालू ढंग से।''

बच्चनजी ने कहा, ''हिन्दी में लोग साल भर में लेख लिखते हैं, पन्द्रह दिन में कौन देगा! नतीजा यह होगा कि खुद चन्द्रदेव सिंह सारे लेख लिखकर किताब छपा देंगे। मैं उन्हें मना किये दे रहा हूँ। उनकी नौकरी छूट गयी है, इसलिए कुछ पैसे कमाने के लिए उन्होंने यह योजना बनायी है। लेकिन यह मेरी लागत पर क्यों हो?[1] उन्हें चाहिए कि उपन्यास वगैरा कुछ लिखें। और यदि इस तरह की पुस्तक तैयार करना ही चाहते हैं तो दो-एक अन्य लोगों को लेकर उनकी सलाह से योजना बनाएँ।''

आगे उन्होंने कहा, ''इंग्लैंड में मेरे जीवन के बारे में रामनिवास क्या लिखेंगे? वे तो सिर्फ़ एक हफ्ते के लिए वहाँ आये थे। अगर कोई लिख सकता है तो वह हैं—विश्वनाथ दत्ता, जो मेरे जाने से पहले वहाँ थे और मेरे लौटने से कुछ ही पहले वापस आये थे। या रनवीर बावा लिख सकते हैं, जो मेरे साथ ही रहते थे। इन लोगों ने मुझे निकट से देखा था। पर ये लिखेंगे अंग्रेज़ी में और बहुत अच्छा लिखेंगे। इसी तरह मेरे विद्यार्थी के रूप में सत्येन्द्र लिख सकते हैं। मि. मुखर्जी[2] भी लिख सकते हैं, पर वे अँग्रेज़ी में लिखेंगे। मेरे रिसर्च सुपरवाइजर टी.आर. हेन से भी लेख माँगा जा सकता है। उन्होंने मेरे काम करने के ढंग को देखा और पसन्द किया था और वे 'बच्चन—एक शोध विद्यार्थी' शीर्षक विषय पर लेख लिख सकते हैं। मेरे साहित्यिक जीवन पर पन्तजी तो ख़ैर लिख सकते हैं, पर दिनकर नहीं, क्योंकि उन्होंने मुझे निकट से नहीं देखा है! शायद 'सुमन' लिख सकें, क्योंकि वे मेरे कुछ पक्षों से परिचित हैं। नरेन्द्र शर्मा भी लिख सकते हैं, वे तो मेरे साथ रहे भी हैं और पुराने मित्र हैं। प्रफुल्लचन्द्र ओझा 'मुक्त' और राजनाथ पांडे भी मेरे खास मित्रों में से रहे हैं। यूनिवर्सिटी में मेरे जीवन को लेकर रोबी देब और प्रकाश चन्द्र गुप्त लिख सकते हैं। किसी-न-किसी से 'कवि सम्मेलन' पक्ष पर भी लिखाया जा सकता है। बहरहाल, योजना बने तो कायदे

1. बच्चनजी ने चाहा था कि इस प्रसंग को सम्मिलित न किया जाए पर इतने समय बाद उसका समावेश अनुचित नहीं जान पड़ता।—अ. कु.

2. भूगोल विभाग के अध्यक्ष, उस्मानिया यूनिवर्सिटी, हैदराबाद।

से, वरना क्या फ़ायदा!''

मेरा ख़याल है कि ये सुझाव उन्होंने चन्द्रदेव सिंह को भी लिखे होंगे, क्योंकि इस बातचीत के बाद जब मैं उठा तो मैंने देखा कि पोस्टकार्ड में उत्तर देने के अपने सामान्य अभ्यास के विपरीत, उन्होंने उनका पत्र सामने रखकर एक अन्तर्देशीय डाकपत्र उठाया।

26 अगस्त 1961

'कृति' के नये मई-अगस्त अंक में बच्चनजी की एक कविता प्रकाशित हुई थी—'तीसरा हाथ'। देखकर कहने लगे, ''बहुत अच्छी कविता है, ध्यान से पढ़ोगे तो इसका मर्म समझोगे। कविता के जिन तीन स्तरों की बात मैं कहता हूँ, वे इसमें भी दिखाई देंगे। 'प्रणय-पत्रिका' के कुछ गीतों-जैसे 'कौन हंसिनियाँ' आदि में भी यही चीज़ है।''

कविता के ये तीन धरातल हैं—इंडिविजुअल, यूनिवर्सल और ट्रांसेंडेंटल। इन्हें व्यक्तिगत, सार्वजनिक और सर्वयुगीन भी कह सकते हैं। यदि कोई कविता इन तीनों धरातलों का स्पर्श कर सके, तो निश्चय ही वह, बच्चनजी के कथनानुसार, श्रेष्ठ और स्थायी महत्त्व की होगी।

28 अगस्त 1961

कुछ दिनों पहले, शायद 4 अगस्त को उन्हें टेलीविज़न पर अपने लोकगीतों का कार्यक्रम प्रस्तुत करना था। यह तय पाया गया कि दो गीत तो वे स्वयं पढ़ेंगे और एक टेलीविज़न के कलाकार प्रस्तुत करेंगे। अपने लिए उन्होंने 'सोनमछरी' और 'आँगन के बिरवा'[1] चुने तथा कलाकारों के लिए 'लठिया कि बँसिया'। इस अन्तिम गीत की व्याख्या में उन्होंने लिखा कि संसार में पंचशील ही नहीं, पंचशूल की भी आवश्यकता होती है।

कार्यक्रम मैं तो देख नहीं सका था पर दूसरे दिन स्वयं बच्चनजी ने बताया

---

1. बच्चनजी की टिप्पणी : ''शायद एक गीत मैंने सुनाया था। टेलीविज़न से पूछा जा सकता है।''

कि वह बहुत सफल रहा और यह भी कि पंडितजी ने पूरा कार्यक्रम देखा और सारे समय वे ताल मिलाकर अपने पैरों से थपकी देते रहे।

रविवार 6 तारीख को बच्चनजी को सपरिवार पंडितजी के साथ ही भोजन करना था। उस दिन पंडितजी ने पूछा भी कि यह 'पंचशूल' तुमने क्या निकाला?" बच्चनजी ने जवाब दिया, "आप बीसों तरह की चीज़ें निकालते रहते हैं, मैंने सोचा कि एक चीज़ मैं भी तो निकालूँ।"[1]

भोजन के बाद, राजीव (इंदिराजी का बड़ा लड़का, इस समय हैरो में) की आगामी वर्षगाँठ के लिए टेप पर रिकार्डिंग करने का कार्यक्रम शुरू हुआ। सब कुछ इस तरह रिकार्ड किया गया, मानो कि सचमुच ही राजीव की वर्षगाँठ मनायी जा रही है। सुबह सबके जागने, राजीव की वर्षगाँठ की याद आने, केक, मोमबत्ती, दियासलाई आदि मँगाये जाने, आदि का अभिनय हुआ। पंडितजी ने भी इस मौके पर अपनी शुभकामनाएँ रिकार्ड करायीं। और कौतुक के साथ सारा-का-सारा नाटक देखते रहे। सब लोगों ने साथ मिलकर गाया—"हैप्पी बर्थ डे टू यू।" इस पर बच्चनजी ने कहा, "क्या तुम लोग अंग्रेज़ी गाना गाते हो? हिन्दी का गीत नहीं आता किसी को? अच्छा तो लो, मैं सुनाता हूँ।"

और इसके बाद, उन्होंने जन्मदिन का एक गीत गाया। वह भी रेकार्ड हुआ। ये सारे-के-सारे टेप राजीव के पास भेजे जाने के लिए तैयार किये जा रहे थे कि वह अपने जन्मदिन के मौक़े पर इन्हें सुन सकें।

पंडितजी के परिवार के इस अन्तरंग वर्णन को सुनकर मुझे एहसास हुआ कि सचमुच ही इन दोनों परिवारों के सम्बन्ध बहुत अच्छे हैं। बातचीत में एक रोज़ बच्चनजी ने कहा भी था कि, "पंडितजी मुझे बिलकुल अपने लड़के की तरह मानते हैं।"[2]

यही नहीं, पंडितजी ने बच्चनजी के लिए काफ़ी कुछ किया भी है। डॉक्टरेट के लिए जब बच्चनजी केम्ब्रिज गये थे, पंडितजी ने प्रधानमन्त्री सहायता कोष से उन्हें कुछ रकम, शायद दो हज़ार रुपये की, दी भी थी। (इसके अतिरिक्त ठाकुर जमुनासिंह की मध्यस्थता के कारण जे.के. ट्रस्ट से और भारत सरकार के शिक्षा मन्त्रालय से भी उन्हें, जहाँ तक मुझे याद आता है, क्रमशः पाँच-पाँच हज़ार रुपये प्राप्त हुए थे। शायद उन्होंने डॉक्टरेट के सिलसिले में कुल मिलाकर बीस हज़ार रुपये ख़र्च किये थे। और शायद इसमें से बारह हज़ार रुपये उक्त स्रोतों से मिले थे और शेष अपने पास से लगाने पड़े थे)।

---

1. बच्चनजी की टिप्पणी : पंचशील के साथ पंचशूल की महिमा आज वे समझ रहे होंगे। *'पै रहिमन हनुमन्त को गिरधर कहै न कोय।'*

2. बच्चनजी इस कथन को हटा देने के पक्ष में थे पर इसे यथावत् देने में अब हर्ज नहीं। —अ. कु.

कैम्ब्रिज से डॉक्टरेट की उपाधि लेने के बाद जब वे लौटे और यूनिवर्सिटी ने उन्हें कोई भी मान-सम्मान अथवा पदोन्नति नहीं दी, तब भी पंडितजी ने उन्हें आश्वासन दिया था। रेडियो में कुछ ही महीने रहने के बाद वे (शायद दिसम्बर 1955 में) विदेश मन्त्रालय में विशेषाधिकारी के पद पर आ गये। हिन्दी विभाग के मेरे एक सहयोगी श्री राधेश्याम शर्मा ने मुझे बताया कि उन्हें एक हज़ार रुपये वेतन दिये जाने पर वित्त मन्त्रालय ने बड़ी आपत्ति की थी कि जिस व्यक्ति को कुछ महीने पहले तक केवल चार-पाँच सौ रुपये के लगभग मिलते थे और रेडियो में जिसने सिर्फ़ कुछ महीने सात-साढ़े सात सौ रुपये पाये, उसे एक हज़ार देना अनुचित होगा। इस पर स्वयं पंडितजी को हस्तक्षेप करना पड़ा और उन्होंने लिखा कि यह तो हमारा दुर्भाग्य है कि हम इससे अधिक नहीं दे सकते, वरना डॉ. बच्चन जैसे योग्य और प्रतिष्ठित व्यक्ति को तो इससे कहीं अधिक वेतन मिलना चाहिए था। तब जाकर यह मामला शान्त हुआ।

बच्चनजी बतलाते हैं कि विदेश मन्त्रालय में उनके आने की बात थी, तब पंडितजी ने एक बार उन्हें साथ ले जाकर मन्त्रालय के सभी बड़े अधिकारियों से उनका परिचय कराया था और उस परिचय में ख़ास बात थी बच्चनजी की लोकप्रियता, उनकी पुस्तकों के अनेक संस्करणों और कैम्ब्रिज की डॉक्टरेट का उल्लेख।

बाद में भी पंडितजी की कृपा-दृष्टि बच्चन-परिवार पर बनी रही, इसके अनेक उदाहरण तो मुझे मालूम हैं, अन्य भी बहुत से होंगे। 'मैकबेथ' को रंगमंच पर लाने के लिए पंडितजी ने अपने सहायता-कोष से सम्भवतः दस हज़ार रुपये दिये थे और प्रदर्शन को देखने के लिए आये भी थे। इसी तरह, जब विलिंग्डन क्रीसेंट पर 15 नम्बर का बँगला खाली हुआ तो पंडितजी ने उसके अन्य उम्मीदवारों को नज़रअन्दाज़ करके बँगला बच्चनजी को 'एलॉट' कर दिया।[1] दिल्ली में सरकारी मकानों की जो दिक्कत है, उसे देखते हुए यह सचमुच ही बच्चनजी पर उनका बड़ा उपकार था।

ऐसा नहीं कि अकेले पंडितजी ही बच्चनजी को मानते हैं। इन्दिराजी भी उन्हें और तेजी भाभी को अपने निकट समझती हैं। तेजी भाभी उनको 'तुम' कहकर सम्बोधित करती हैं और इन्दिराजी भी उनके पास जन्मदिन के तथा अन्य उपहार भेजती रहती हैं। पिछली बार जब इन्दिराजी विदेश-यात्रा से लौटी थीं तो बच्चनजी के लिए 'टेराकोटा' और तेजी भाभी के लिए 'परफ्यूम्स' (सुगन्धित तेल-इत्र आदि) लायी थीं। बच्चनजी के ड्राइंग रूम में सजी गुलाब की जिन टहनियों और फूलों को मैंने पहले असली समझा था, और जो वास्तव में प्लास्टिक से बनी अत्यन्त सुन्दर कलाकृतियाँ थीं, वे इन्दिराजी ने ही तेजी भाभी को भेंट की थीं।

---

1. बच्चनजी की टिप्पणी : "It came in the papers also."

इससे भी बढ़कर दिलचस्प बात यह है कि इन दोनों परिवारों के लड़कों में भी बड़ी मित्रता है। राजीव-संजय और अमित-अजित आपस में अत्यन्त घनिष्ठ हैं और जहाँ तक मैंने उन्हें देखा है, मेरा विचार है कि इन बालकों के भावी जीवन-व्यापी सौहार्द्र की गहरी नींव अब तक पड़ चुकी है।

जहाँ तक बच्चनजी का सम्बन्ध है, यह ख़ुशी की बात है कि उन्होंने अपने इस परिचय और नैकट्य का कोई बेजा फ़ायदा नहीं उठाया है। यदि दिल्ली के विभिन्न क्षेत्रों में उनका प्रभाव बढ़ा है तो इसका बहुत-कुछ कारण स्वयं उनका कार्य और व्यक्तित्व है, न कि पंडितजी से उनकी निकटता। यह अवश्य है कि कुछ बातें उन्होंने पंडितजी से सीखी हैं, जैसे काम में व्यस्त रहना और काम को तुरन्त निबटाने का यत्न करना; अपने स्वास्थ्य का ध्यान रखना; कसरत (और सम्भवतः शीर्षासन भी) करना;[1] भोजन में सावधानी बरतना और आलू, चीनी, चावल जैसे हानिकारक पदार्थ छोड़ देना। निस्सन्देह, ये सभी गुण उनमें पहले से ही थे, इस सम्पर्क के कारण उनमें कुछ वृद्धि भले हुई हो। उदाहरणार्थ, एक रोज़ उन्होंने बताया कि पंडितजी सुबह के नाश्ते में दूध, बादाम, मुनक्का, राब, फल का रस, कॉफी, अंडा, टोस्ट आदि लेते हैं और कुछ समय बाद यह भी बताया कि पंडितजी से 'आइडिया' लेकर उन्होंने भी दूध के साथ बादाम और मुनक्का खाना शुरू कर दिया है। कुरता, चूड़ीदार पाजामा और सदरी या शेरवानी की उनकी पोशाक के पीछे भी मुझे पंडितजी का कुछ असर दिखाई देता है।[2] सुख-दुख में समभाव, समूह के प्रति निष्ठा और लोकरुचि के विकास की चिन्ता इन दोनों महानुभावों में एक-सी रही है; गोकि यह कहना बच्चनजी के साथ अन्याय होगा कि उन्होंने उक्त गुण पंडितजी से सीखे हैं। फिर भी, पंडितजी के चरित्र और व्यक्तित्व का प्रभाव किन्हीं सूक्ष्म अर्थों में अवश्य ही बच्चनजी पर पड़ा है, जिसकी पुष्टि कभी स्वयं उनसे करानी होगी।

और यदि सूक्ष्म अर्थ की ही बात करनी है तो शायद यह कहा जा सकता है कि चूँकि मैंने बच्चनजी से अनके प्रभाव ग्रहण किये हैं, इसलिए मुझ पर भी पंडितजी और इस नाते महात्मा गाँधी का कुछ असर पड़ा है। सुनने में यह भले ही विचित्र जान पड़े, पर है सत्य। गाँधी जी को तो मैंने कभी देखा तक नहीं, नेहरू जी को एक बार दो फुट के फासले से जबकि मैं साउथ ब्लाक में जीने से उतर रहा था और वे चढ़ रहे थे तथा अनेक बार बीस-पच्चीस गज़ के फासले से देखा भर है, और बच्चनजी के थोड़े-बहुत सम्पर्क में आया हूँ गोकि किसी भी प्रकार यह सम्पर्क घनिष्ठ अथवा पर्याप्त नहीं कहा जा सकता। इस सबके

1. बच्चनजी की टिप्पणी : "All this I had not to learn at the age of 48."
2. बच्चनजी की टिप्पणी : ''जैसे मैं कभी पहनता ही नहीं था।''

बावजूद गाँधी-नेहरू-बच्चन-अजित मुझे एक ही सूत्र के दो छोर जान पड़ते हैं और मेरा दृढ़ विश्वास है कि गाँधी के साथ यह आध्यात्मिक सम्बन्ध अकेला मेरा नहीं, मेरे देश के कोटि-कोटि लोगों का है। गाँधी उस सूर्य के समान हैं, जिसकी करोड़ों रश्मियों में से एक को अजित का नाम भी दिया जा सकता है। सचमुच ही, धन्य हैं वे महापुरुष, जो अलक्षित रहकर भी जन-मानस की रचना करते हैं। प्रभु के समान ही हैं वे निस्सन्देह!

30 अगस्त 1961

दफ़्तर के मेरे सहयोगियों में एक राधेश्याम शर्मा को भी लिखने-पढ़ने का थोड़ा-सा शौक है और इस नाते वे अपने ढंग से बच्चनजी के व्यक्तित्व का कुछ अध्ययन करने की कोशिश करते रहे हैं। बच्चनजी के जिन गुणों की वे अक्सर प्रशंसा करते हैं, वे हैं उनकी भक्ति-भावना, मन्त्रालय के ऊँचे अफ़सरों से बात करने का उनका ढंग और उनके व्यवहार का सौजन्य।

आज उन्होंने बच्चनजी के व्यक्तित्व के एक और पहलू पर प्रकाश डाला। बोले, ''ढाई-तीन वर्ष पहले मैं शिक्षा मन्त्रालय की एक मीटिंग में, डॉ. यदुवंशी के यहाँ बच्चनजी के साथ गया था। मीटिंग चल ही रही थी कि डॉ. यदुवंशी की निगाह एक साइकिल पर पड़ी जो उनके कमरे की खिड़की के सहारे रखी हुई थी। साइकिल देखते ही उनके दिमाग़ का पारा चढ़ गया। फौरन उन्होंने 'केयरटेकर' को बुलवा भेजा और उसे बेहिसाब डाँटा। कहा कि अगर तुम इस बात का भी ख़याल नहीं रख सकते कि मेरी खिड़की के सामने साइकिल न रखी जाया करे तो तुम्हारी यहाँ क्या ज़रूरत है, मैं तुमको तुरन्त नौकरी से निकलवा दूँगा। थोड़ी देर बाद लाइब्रेरियन से कोई किताब मँगवायी। उसे लाने में थोड़ी देर हुई तो बस उसी पर बरस पड़े। ख़ैर, जब मीटिंग समाप्त हुई तो बच्चनजी ने कहा, ''यदुवंशी जी, आप इतनी छोटी-छोटी बातों पर इस तरह आपा खो बैठेंगे तो नुकसान आपका ही होगा। स्वभाव में इतना तनाव रहेगा तो आप काम क्या करेंगे? दिमाग़ के सूक्ष्म तन्तु इतने अधिक, क्रोध के बाद बच ही नहीं सकते और यदि आप कोई रचनात्मक कार्य करना चाहते हैं तो इन सूक्ष्म तन्तुओं की सबसे अधिक रक्षा आपको करनी होगी।''

शर्माजी ने कहा, ''उस समय तो डॉ. यदुवंशी ने बात सुन ली और सहमत भी हुए; लेकिन बाद में उन्होंने उस पर अमल नहीं किया; वरना न वे इतने सख़्त बीमार पड़ते और न उन्हें नौकरी से हाथ धोना पड़ता।''

इस प्रसंग को सुनाने के बाद शर्माजी ने कहा, ''बच्चनजी ने यदुवंशी जी को जो उपदेश दिया था, उस पर वे कितना अधिक आचरण करते हैं, इसका प्रमाण मुझे अब जाकर मिला है। (लगभग छः-सात दिन पहले) जब उनके वेतन का, लगभग एक हज़ार रुपये का चेक सरदार जी (दफ़्तर के चपरासी) ने खो दिया तो क्रोध तो उन्हें बहुत अधिक आया था, पर उन्होंने अपने ऊपर वश करके सरदार से सिर्फ़ इतना कहा कि ''मैं तुम्हें गुरुजी का वास्ता[1] देता हूँ। आज तुमने मेरी चीज़ खोयी है, कल अपनी खोओगे। लापरवाही का यही नतीज़ा होता है।''

शर्माजी का विचार था कि इतने अधिक क्रोध के मौक़े पर ऐसा संयम कर पाना सचमुच ही बहुत प्रशंसनीय था।

बेशक, यह बात थी भी, क्योंकि चेक के पीछे उन्होंने हस्ताक्षर कर दिये थे और उसे कोई भी व्यक्ति भुनाकर अपने हवाले कर सकता था। ऐसी दशा में आठ-नौ सौ रुपये से उन्हें हाथ धोना पड़ता और उनका बैंक बैलेंस जिस हालत में रहता है, उसे देखते हुए मैं यह आसानी से समझ सकता था कि महीने का ख़र्च कठिनाई से पूरा हो पाता।

पर उन्होंने अधिक उद्विग्नता नहीं प्रकट की और जब मैं उनसे मिलने गया तो बोले, ''प्रभु की शायद यही इच्छा थी कि यह चेक खो जाए। अवश्य ही उन्होंने इसमें मेरा कोई हित देखा होगा; इसलिए मैं उसकी चिन्ता करके अपना दिमाग़ क्यों ख़राब करूँ। मेरी मानसिक शान्ति मेरी निगाह में हज़ार रुपये से कहीं ज़्यादा क़ीमती है। मस्तिष्क के जो सूक्ष्म तन्तु मेरी कविता की रचना में सहायक होते हैं, उनपर ज़ोर डालकर मैं उनका दुरुपयोग क्यों करूँ।''

उन्होंने कहा, ''यही कारण है कि मैं अपनी सारी चिन्ताएँ भगवान को सौंप देता हूँ। यदि वे काम बनाते हैं तो अच्छा और नहीं बनाते तो और भी अच्छा। यदि मेरा इस तरह से सोचना जीवन की समस्याओं से निबटने का एक ढंग मात्र हो, तो भी इसकी कुछ कम महत्ता नहीं है।''

कुछ देर ठहरकर उन्होंने सम्भवतः मेरी अविश्वास भरी मुस्कान को लक्षित करके पूछा, ''शायद तुमको मेरी बात पर यक़ीन नहीं हो रहा है।''

मैंने उत्तर दिया, ''नहीं। अगर सिर्फ़ अपने मन को ही समझाने की बात है, तो मैं किसी भी बहाने से मन को समझा लूँगा। उसमें भगवान को बीच में लाने की क्या ज़रूरत है। यदि मेरा विश्वास उनमें अन्तर्मन से होता, तब तो ठीक था, ऊपर-ऊपर से उन्हें अपनी सफलता-असफलता का झूठ-मूठ भागीदार बनाना कुछ अच्छा नहीं लगता।''

बच्चनजी ने कहा, ''तुम ठीक कहते हो। जब मैं तुम्हारी उम्र का था, उस समय यदि मुझसे कोई इस तरह की बात कहता तो मुझे भी विश्वास न होता।

1 बच्चनजी ने इस शब्द के प्रयोग पर प्रश्नचिह्न लगाया।

बल्कि मैं तो बड़ा ही शंकालु और विद्रोही था। पर ये सारी चीज़ें उम्र के साथ समझ में आती हैं।''

7 सितम्बर 1961

'मुक्ता' नामक पत्रिका के ताज़े अंक में बच्चनजी का एक इंटरव्यू छपा। इंटरव्यू लेनेवाले का नाम तो नहीं दिया गया था, केवल यह सूचना थी कि पत्रिका के विशेष प्रतिनिधि ने यह इंटरव्यू लिया था। पर बच्चनजी मुझे पहले ही बता चुके थे कि श्री कुमारिल स्वामी नामक एक सज्जन इंटरव्यू लेने आये थे और पिछले कुछ दिनों में एकाध बार बच्चनजी ने यह ज़िक्र भी किया था कि इंटरव्यू लिखने के बाद उन सज्जन ने छपने से पहले देखने को नहीं भेजा।

बहरहाल, आज सुबह मैंने वह पूरा लेख पढ़ डाला और मुझे वह कुरुचिपूर्ण लगा, बल्कि मैं यह समझ ही न सका कि इसे क्यों लिखा और छापा गया है। लेखक का दृष्टिकोण सहानुभूतिपूर्ण होने के स्थान पर आक्रोशपूर्ण था और कम-से-कम 'इंटरव्यू' के प्रसंग में यह दृष्टिकोण मुझे ग़लत मालूम हुआ। मैं इस बात को तो समझ सकता हूँ कि कोई किसी के साहित्य की कटु आलोचना करे, लेकिन क्षुद्रता अथवा विद्वेषवश ऐसा किया जाए, यह मेरी समझ में नहीं आता।

प्रस्तुत इंटरव्यू का ध्येय मुझे यही जान पड़ा कि किसी-न-किसी तरह बच्चनजी को नीचा दिखाया जाए और उनकी खिल्ली उड़ायी जाए। यही कारण है कि जो भी मत स्वयं इंटरव्यूकार ने व्यक्त किये हैं, वे सभी बच्चनजी के रहन-सहन, तौर-तरीक़े, विचार-विमर्श और लेखन का छिद्रान्वेषण ही करते हैं। कटूक्तियों और व्यंग्यों से भरे हुए इस लेख में मुझे कहीं भी वह सात्त्विक दृष्टि नहीं दिखाई दी, जो सत्साहित्य और कलाकार के अध्ययन में सहायक होती है। उदाहरण के लिए इंटरव्यूकार को यह बात बहुत अखरी है कि बच्चनजी इतने अच्छे घर में क्यों रहते हैं। उनके शिला-चित्रण को वह रवि ठाकुर की नक़ल बताता है और बग़ैर किसी प्रसंग के 'धार के इधर-उधर' की अनेक अपेक्षाकृत साधारण कविताएँ उद्धृत करते हुए बच्चनजी को घटिया कवि साबित करना चाहता है। दूसरी ओर बच्चनजी अपनी जिस पुस्तक (त्रिभंगिमा) को सर्वश्रेष्ठ[1] मानते हैं, उसका अथवा किसी भी अच्छी कविता का एक भी उद्धरण नहीं देता।

ख़ैर, लेख के बारे में बच्चनजी ने पूछा तो मैंने संक्षेप में अपनी राय उनको

1. बच्चनजी ने इस विशेषण पर प्रश्नचिह्न लगाते हुए टिप्पणी लिखी : ''जैसे माँ को अपना नया बच्चा अधिक प्रिय होता है, वैसे मुझे नवीनतम कृति ही सर्वप्रिय होती है—सर्वश्रेष्ठ कौन है, यह समय जाने।''

बतायी और उनकी प्रतिक्रिया जाननी चाही। उन्होंने कहा कि, लेख जगह-जगह पर 'स्टिंकिंग' (सड़ाँधयुक्त है) और लेखक महोदय ने मेरा जो परिचय दिया है, वह तो है ही, अपना भी पूरा परिचय दे दिया है।''

बातचीत का रुख़ जल्दी ही लेख से हटकर एक अन्य विषय की ओर चला गया। उन्होंने कहा कि, ''साहित्य में 'प्रोलेटेरियट' के प्रवेश का क्या असर पड़ेगा, यह विचारणीय है। निस्सन्देह एक ओर तो ईर्ष्या, द्वेष, क्षुद्रता और विष-वमन की प्रधानता हो जाएगी, पर दूसरी ओर अनुभव तथा अभिव्यक्ति के कुछ बिलकुल अछूते स्रोत भी प्रकट होंगे। जब हर ऐरे-गैरे नत्थू-खैरे के हाथ में क़लम आ जाएगी तो तरह-तरह की चीज़ें भी सामने आएँगी। ग़नीमत यह है कि हर क़लम अपना भेद आप ही खोल देती है और लेखक के मानसिक स्तर तथा उसकी संस्कृति का परिचय देती है। अभ्यास से और शब्दों के प्रयोग पर अधिक ध्यान देने के कारण अब यहाँ तक हो गया है कि मैं किसी भी रचना को पढ़कर यह बता सकता हूँ कि इसका लेखक गली में रहता है और उसके घर के सामने एक गन्दी नाली भी बहती है।''

इसके उत्तर में मैंने कहा कि कठिनाई यह है कि इस तरह के लोगों को रोका भी नहीं जा सकता। वे लिखेंगे ज़रूर और गन्दगी फैलाएँगे।

बच्चनजी ने कहा, ''बात यह है कि जब आप समझदार लोग लिखने से विरक्त हो जाएँगे तो कोयलों के चुप हो जाने पर कौवों का दल काँव-काँव करेगा ही।''

मैंने उत्तर दिया कि मैं तो इस स्थिति के निवारण का एक ही उपाय जानता हूँ कि अच्छे और समझदार लेखक अपनी रचनाओं के माध्यम से ऐसे साहित्यिक मानदंड स्थिर कर दें और करते रहा करें कि घटिया लोगों की रचनाएँ अलग पहचानी जाएँ और घटिया ही समझी जाती रहें। जब कोई एक बड़ी रेखा मौजूद होगी तो उसके आगे अनेक छोटी-छोटी रेखाओं का छोटापन स्वतः सिद्ध हो जाएगा।

बच्चनजी बोले, ''इसलिए तो मैं कहता हूँ कि सक्रिय लेखन आप जैसे लोगों का निजी ही नहीं, नैतिक और सामाजिक भी दायित्व है।''

8 सितम्बर 1961

बाज़ार की बढ़ती हुई कीमतों से शुरू होकर बातचीत पहुँची थी—दिन-प्रतिदिन गिरते हुए जीवन-मूल्यों पर। लेकिन वहाँ से भी खिसककर बात का सिरा कुछ ऐसी जगह पहुँच गया कि बच्चनजी ने कहा, ''मैंने अपनी ज़िन्दगी में जो कुछ

भी, कभी भी पाया है, उसके लिए मुझे हमेशा दसगुनी क़ीमत चुकानी पड़ी है और इसीलिए मैं जिस चीज़ को चाहता हूँ, उसके लिए कोई भी क़ीमत देने में नहीं हिचकिचाता। बी.ए. में फर्स्ट डिवीजन लाने के लिए, पी-एच.डी. पूरी करने के लिए और यहाँ तक कि अपनी कविता के लिए भी मैंने कितनी ज़्यादा कीमत अदा की है और कितना कठिन परिश्रम किया है, इसका कोई अन्दाज़ा नहीं लगा सकता।''

फिर तनिक हँसकर उन्होंने जोड़ा, ''इस बात का सिर्फ़ एक अपवाद है और वह है मेरी दूसरी बीवी। उससे मेरी भेंट हुई थी इकत्तीस तारीख को और अगले दिन, पहली तारीख को, हमारा 'इंगेजमेंट' (सगाई) हो गया। इस तरह, बीवी के अलावा और कुछ भी मुझे जीवन में आसानी से नहीं मिला। इसीलिए मेरी आदत भी पड़ गयी है कि मैं चीज़ों के दाम की परवाह नहीं करता। मान लो कि गुलाब का कोई फूल मुझे पसन्द आ जाए और मैं उसे लेना चाहूँ तो दस-पन्द्रह-बीस-जितने भी रुपये मुझे उस फूल के लिए देने पड़ें, दूँगा। एक उदाहरण देता हूँ। पिछले महीने तेजी ने घर में जो फल मँगाये, सिर्फ़, उन्हीं का बिल 256 रुपये हुआ था। दूसरी चीज़ों का बिल कितना रहा होगा, इसका अन्दाज़ा तुम खुद कर सकते हो। लेकिन कोई हर्ज नहीं। मेरे लिए तो जैसे दो वैसे ही दो सौ छप्पन, क्योंकि मेरे अपने घर में तो फल तभी मँगाये जाते थे, जब कोई बीमार पड़ता था।[1]

शायद अपने बचपन की याद आ जाने के कारण वे बोलते-बोलते क्षण भर को रुक गये। तभी मैंने उनके द्वारा अनेक अवसरों पर उद्धृत एक फ़िल्मी पंक्ति पढ़ी—''जब प्यार किया तो डरना क्या!'' और मुक्त कंठ से हँसते हुए कविवर ने भी दुहराया, ''सच बात है। जब प्यार किया तो डरना क्या!''

हँसी का दौर ख़त्म होने पर उन्होंने निहायत नाटकीय लहज़े में कहा, ''तुम्हीं सोचो, कहाँ आठ आने और कहाँ हज़ार रुपये।''

यह पहेली मैं बूझ न पाया तो वे बोले, ''मेरे बाप-दादा तो आठ आने की चारपाई पर सोते थे और अब श्रीयुत बच्चनजी हज़ार रुपये का 'फ़ाउलर बेड' ख़रीदने जा रहे हैं।''

''हज़ार रुपये,'' आश्चर्यचकित होकर मैंने पूछा।

''और क्या!'' उन्होंने उत्तर दिया, ''साढ़े पाँच सौ का तो पलँग हुआ। दो सौ रुपये का 'डनलोपिलो' का गद्दा आएगा। चादर, तकिया, लिहाफ़ और बिस्तर

---

1 बच्चनजी की टिप्पणी : ''बात जुड़ती नहीं। यह बात पहले भी कही जा चुकी है।'' इस सम्बन्ध में लेखकीय निवेदन है कि एक ही नहीं, बहुत सी बातें कई-कई बार इन अंकनों में आयी हैं, पर उन्हें एक गुम्फित विन्यास की अनिवार्य कड़ियाँ समझना ज़्यादा ठीक होगा। —अ. कु.

के ऊपर खिसक आनेवाली टेबिल आदि का दाम मिलाकर हजार रुपये तो लग ही जाएँगे।''

''बड़ा ठाठ रहेगा,'' मैंने कहा।

''हाँ, सो तो है; लेकिन अपना बिस्तर मैं शुरू से ही अच्छा रखता था। जिस ज़माने में मुझे सिर्फ़ 30 रुपये महीने तनख़्वाह मिलती थी, उस वक़्त भी मेरे पास बढ़िया, मसहरीवाला 'डबल बेड' (दो व्यक्तियों का पलंग) था। मेरा विचार है कि बिस्तर एक ऐसी जगह है, जहाँ आदमी अपना मालिक खुद होता है। बाक़ी हर जगह तो आप नौकर, मातहत, कर्ज़दार या इसी तरह के दूसरे-दूसरे 'रोल' (भूमिकाएँ) अदा करते रहते हैं; लेकिन बिस्तर की बात दूसरी है, इसलिए उसे तो आरामदेह और साफ़-सुथरा होना ही चाहिए।''

कुछ ठहरकर, कविवर ने बताया कि जब उनके पिताजी की मृत्यु हुई तो जिस चारपाई पर वे लेटा करते थे, उसकी ओर इशारा करके बच्चनजी की माँ ने कहा, ''इही खटिया पे तुमरे बाबा मरे और इही पे तुमरे बाबूहू अपन प्राण छोड़िन।''

यह सुनते ही बच्चनजी ने कहा था, ''ले चलो! इस चारपाई को भी घर से ले चलो।'' और इस तरह, वह बाप-दादों के ज़माने की पुरानी चारपाई घर से हटी थी; गोकि उस वक़्त भी वह काफ़ी अच्छी हालत में थी और, बच्चनजी ने 'टेलपीस' (बात के आख़िरी दिलचस्प टुकड़े) के अन्दाज़ में कहा, ''उस खाट को मैंने फूँक-फाँक न दिया होता तो कौन जाने, खुद मेरी मौत भी उसी पर होती!''

यों तो मौत का नाम भी बुरा है और उस समय तो उसके ज़िक्र के साथ-साथ, कितने ही प्रियजनों की मृत्यु के दृश्य कविवर की आँखों के सामने मँडराते हुए जान पड़े। ऐसा लगा कि वे उन्हें यत्नपूर्वक ठेलकर हटाना चाह रहे हैं, लेकिन काश! स्मृतियों को भी एक मामूली चारपाई की तरह अपने यहाँ से बाहर निकाल फेंकना सम्भव होता!

ख़ैर, फीकी हँसी में वातावरण की गम्भीरता को डुबोने की कोशिश करते हुए कवि ने कहा, ''खों-खों खाँसते हुए और लड़कों-बच्चों से एक गिलास पानी माँगने के लिए चिल्लाते हुए मैं नहीं मरना चाहता। इच्छा है कि कुर्सी-मेज़ पर काम करते हुए जिस तरह मैं जिया, उसी तरह मरूँ। लेकिन अगर मुझे चारपाई पकड़नी ही पड़ी तो मैं चाहूँगा कि वह चारपाई और बिस्तर उम्दा हो!''

यह बात कही थी उन्होंने हँसकर ही, लेकिन कमरे का वातावरण हलका होने के बजाय कुछ और गम्भीर हो गया, विशेषकर उस समय, जब उन्होंने बताया कि यह सब कुछ उनके मन में, उनके बचपन की परिस्थितियों की प्रतिक्रिया-स्वरूप विकसित हुआ है।

9 सितम्बर 61

आज शाम बच्चनजी के घर पर रूसी हिन्दी-प्रेमी चैलिशेव के आगमन के उपलक्ष्य में एक छोटी-सी गोष्ठी का आयोजन था। निमन्त्रित महानुभाव थे—सर्वश्री दिनकर, चन्द्रगुप्त विद्यालंकार सपत्नीक, बाँकेबिहारी भटनागर सपत्नीक, नागार्जुन, सत्येन्द्र शरत और भाभीजी की मित्र श्रीमती मोहिनी। मुझे तथा स्नेह को भी आने के लिए बच्चनजी ने कहा था।

जब हम लोग पहुँचे तो बच्चनजी काफ़ी अच्छे मूड में थे। उस समय तक कोई और आया न था; इसलिए वे अपना सबसे नया शिलाचित्र दिखाने लगे। व्यास, वाल्मीकि, रवीन्द्रनाथ जैसे मनीषियों को ध्यान में रखकर उन्होंने यह चित्रण किया था। सफ़ेदे के प्रयोग से लम्बी दाढ़ी, बड़ी-बड़ी मूँछें, मुँदी पलकें और सिर पर बँधी जटाएँ बनायी थीं। सम्भवतः सफ़ेदे में हल्का आसमानी रंग मिलाकर माथे पर आभा का आभास दिया था। बच्चनजी ने कहा, ''इन महर्षि ने ध्यानावस्थित होकर आँखों की सारी ज्योति भीतर खींच ली है, और वही इनके माथे पर आभा बनकर फूट उठी है।''

चित्रण सचमुच ही बहुत अच्छा हुआ था और शिलाखंड की सारी सम्भावनाएँ अत्यन्त तृप्तिदायक रूप में व्यक्त की गयी थीं। मुखाकृति पर दिव्य शान्ति और निरुद्वेग चिन्तन के दर्शन होते थे।

यह शिलाचित्र बाहरवाले बरामदे में उस दरवाज़े के एक ओर रखा था, जोकि बच्चनजी के अध्ययनकक्ष में खुलता है। दरवाज़े के दूसरी ओर वह खंडित नारी-मूर्ति थी, जो बच्चनजी मथुरा से लाये थे, और जो 'खंडित वक्ष' के नाम से मेरे 'धर्मयुग' वाले निबन्ध के साथ छपी थी। उँकड़ूँ बैठी हुई एक नग्न नारी की इस शृंगारिक प्रतिमा के नीचे उन्होंने एक सफ़ेद बटिया रख दी थी और इर्द-गिर्द कुछ अन्य पत्थर थे। मालूम हुआ कि बटिया तो है एक शिशु और अन्य पत्थर हैं—चारों पंजों के बल बैठा हुआ एक सिंह, जिसकी एक आँख किसी अन्य सिंह के साथ युद्ध में फूट गयी है।

बच्चनजी बोले, ''दरवाज़े के एक ओर नारी और दूसरी ओर योगी की प्रतिमा स्थापित करके मैंने पन्तजी की पंक्ति को चरितार्थ किया है कि 'मत हो विरक्त जीवन से, अनुरक्त न हो जीवन पर।' भोग और विराग—इन दोनों के बीच मैंने अपने जीवन का मार्ग बनाने का प्रयत्न किया है और इन दोनों मूर्तियों को यहाँ प्रतिष्ठित करके मैं प्रतिदिन इनसे प्रेरणा लेता हूँ, या यह कहो कि, इन्हें यह अर्थ देता हूँ।''

नारी, शिशु और सिंह का स्वरूप समझाते हुए उन्होंने बताया कि, ''येट्स

ने अपनी एक कविता में लिखा था—'द लॉयन ऐंड द वर्जिन' 'द हार्लट ऐंड द चाइल्ड।' इस पंक्ति की व्याख्या करते हुए हेन ने लिखा कि यह प्रतीक येट्स ने ब्लैक से लिया है। पर जिस चित्र का उल्लेख उन्होंने किया था, उमसें कुमारी, शिशु और वेश्या तो थे, पर सिंह नहीं था। इसलिए मुझे सन्देह हुआ कि हो-न-हो, यह किसी दूसरी जगह से लिया गया है। खोजते-खोजते वह प्रतीक मुझे मदाम ब्लावाट्स्की की एक सील में मिला, जिसमें ये चारों चीजें अंकित थीं। जब मैंने इसका हवाला दिया तो हेन बहुत चकित हुआ। कहने लगा, 'तुमने कितना अधिक पढ़ा है।' ''

अपनी थीसिस और येट्स के कविता-संग्रह से ये स्थल खोजकर उन्होंने मुझे दिखाये। और तभी श्री नागार्जुन तथा श्री बाँके बिहारी भटनागर पधारे। इसके पहले कि वे ड्राइंगरूम में प्रवेश करते, बच्चनजी ने उन्हें अपने शिलाचित्र दिखाने शुरू कर दिये और जब तक प्रत्येक शिला, प्रत्येक सम्भव कोण से, इन लोगों को उठाकर, बैठाकर दिखला नहीं दी और कोई बात ही नहीं की।

थोड़ी ही देर में श्री चेलिशेव एक अन्य हिन्दीज्ञाता रूसी सज्जन के साथ आ पहुँचे और सभा सुव्यवस्थित हो गयी। आते ही चेलिशेव ने बातचीत छेड़ दी और जैसाकि स्वाभाविक था, सबके आकर्षण का केन्द्र बन गये।

मैं समझता हूँ कि आज शाम की बच्चनजी की बेचैनी (डिस्कम्फर्ट) का आरम्भ पहले पहल इसी बात से हुआ कि आकर्षण का केन्द्र उनसे हटकर चेलिशेव की ओर चला गया।[1] लेकिन दूसरा और अधिक बड़ा कारण दिनकरजी के साथ उपस्थित हुआ। जैसी मुझे पहले से आशंका थी, दिनकरजी ने आते ही मुक्त भाव से और ज़ोर-ज़ोर से बोलकर बाक़ी हर एक की आवाज़ दबा दी और चाय-पान समाप्त होते ही सभा का संचालन अपने हाथ में कर लिया। सोफ़े पर पैर रखकर वे इस तरह बैठ गये मानो यह उन्हीं का घर है और उपस्थित लोग उन्हीं के लड़के-बच्चे हैं। फिर उन्हें शायद इस तरह बैठने में कुछ तकलीफ महसूस हुई तो उन्होंने बच्चनजी की अनिच्छा के बावजूद, सबको कालीन पर बिठलाया और पहले से भी अधिक बुलन्द आवाज़ में बोलने और हँसने-हँसाने लगे। नागार्जुन जी की एक कविता का तो उन्होंने बहुत ही आनन्द लिया गोकि वह किसी भी दृष्टि से सुरुचिपूर्ण नहीं कही जा सकती थी।

फिर जब कविता सुनाने की उनकी बारी आयी तो 'कुरुक्षेत्र' का जो अंश पढ़ा, उसने उनके ओजस्वी स्वर को और भी अधिक ओजस्विता से सम्पन्न कर दिया। नतीज़ा यह हुआ कि उसके बाद जब बच्चनजी से 'चोटी की बरफ़' सुनाने

---

1. बच्चनजी की टिप्पणी : "Do I arrange parties at my place to be the centre of attraction? You are wrong to think so, I don't think I ever felt thus."

का आग्रह किया गया तो मेरे मन में यह बात उठी कि यह कविता सुनाना बच्चनजी के लिए इस समय उचित न होगा। बेहतर होता कि वे अपना कोई गीत पढ़ते। पर आग्रह—विशेषकर चेलिशेव का—इतना प्रबल था कि उन्होंने वही कविता सुनायी और सच बात तो यह है कि दिनकर के बाद उनका काव्य-पाठ आज इतना फीका और निष्प्रभ जान पड़ा कि मुझे भय लगा कि इस चीज़ को वे कहीं खुद ही इतना अधिक महसूस न करें कि कविता पढ़ते-पढ़ते बीच में लड़खड़ा जाएँ या भूल जाएँ।

बहरहाल, उनकी कविता पूरी होते ही दिनकरजी ने फिर अपना रंग जमाना शुरू कर दिया। 'मास्को और दिल्ली' नामक अपनी कविता की लम्बी भूमिका उन्होंने बाँधी और जल्दी-जल्दी बच्चनजी को 'मधुशाला' के कुछ अंश तथा 'निशा निमन्त्रण' का एक गीत सुनाने का मौक़ा देकर, इस बार सस्वर अपना जोशीला तराना छेड़ दिया। कविता सुना चुकने के बाद चेलिशेव से उन्होंने कहा कि इस कविता का रूसी में अनुवाद होना चाहिए और दूसरे दिन उनके पास 'चक्रवाल' भेजवा देने का वादा भी कर लिया।

चेलिशेव के चले जाने के बाद भी दिनकरजी काफ़ी देर बैठे रहे और कविताएँ तथा रोचक प्रसंग सुनाते रहे। आज की गोष्ठी की औपचारिकता का स्वरूप बिलकुल मिटाकर उन्होंने इसे बहुत-कुछ हिन्दीवालों के ढंग की पारिवारिक बैठक बना दिया। इसकी वजह से मज़ा तो खूब रहा लेकिन नतीज़ा यह हुआ कि बच्चनजी और तेजी भाभी के शालीन व्यक्तित्वों को उभरने का मौक़ा न मिला, बल्कि दिनकरजी के प्रगल्भ व्यक्तित्व की ही छटाएँ झलकती रहीं। आते ही उन्होंने चुपके से बच्चनजी को सुनाया—'कहें सेठानी—सेठ, बजन दै हरमुनिया' चायपान के बाद उन्होंने फिर इस पंक्ति को दोहराया और जब गोष्ठी समाप्त होने लगी तो इस पंक्ति की पृष्ठभूमि बताते हुए पूरा-का-पूरा पद्य सुना दिया। वास्तव में, उन्होंने जब शुरू-शुरू में ही, अत्यन्त रस लेकर यह पंक्ति पढ़ी थी तो मैं जान गया था कि आज वे अपने स्वाभाविक रंग में हैं और अब गोष्ठी मज़ेदार रहेगी। हुआ भी यही, लेकिन जो बात शुरू से अन्त तक मैंने—और शायद सभी ने—लक्षित की, वह यह थी कि गृहस्वामी होते हुए भी बच्चनजी के हाथ से फिसलकर आज की शाम दिनकरजी के हाथों में जा पड़ी थी।[1] जब मैं अपने मन में इसका विश्लेषण करता हूँ तो सिर्फ़ दिनकरजी का लम्बा-चौड़ा शरीर और भारी-भरकम आवाज़ ही मुझे मूल कारण नहीं जान पड़ते; और भी कुछ बातें दिखती हैं। जैसे—दिनकरजी का अप्रतिहत आत्मविश्वास और निर्द्वन्द्व, अकुंठित स्वभाव। अपने कृतित्व और अध्ययन-मनन के प्रति एक प्रकार की आत्मतुष्टि का बोध भी उनमें मुझको

---

1. बच्चनजी की टिप्पणी : ''यही उचित भी है कि गृहस्वामी ही सबका केन्द्र न बना रहे।''

झलका। शायद इन गुणों को और भी प्रभावकारी बनाने के ध्येय से वे प्रायः अपना स्वरूप 'ऐग्रेसिव' (दुर्धर्ष) ही रखते हैं। यहाँ तक कि कुछ ही दिन हुए हिन्दी के एक बुज़ुर्गवार (श्री रामचन्द्र टंडन) ने मुझसे कहा था कि दिनकरजी 'बुली' (अकड़ूखाँ) हैं। उनके कथन की सच्चाई का पहला आभास तो टेलीफ़ोन पर दिनकरजी के मुँह से यह वाक्य सुनते ही मिल जाता है—"मेरा नाम-दिन-क-र-। इसमें सन्देह नहीं कि उनके व्यक्तित्व के कुछ कोमल और सौहार्दपूर्ण पक्ष भी होंगे, पर हम बाहरवालों को तो उनका परुष और अभिमानी स्वरूप ही अधिक दिखाई देता है। साथ ही उनमें वर्तमान का उपयोग करने की भी प्रवृत्ति दिखाई देती है। आज उन्होंने खुद ही कहा, "हिन्दीवालों को मैं खूब जानता हूँ। इनसे यह आशा बेकार है कि ये किसी के लिए उसके मर जाने के बाद कुछ करेंगे। इसलिए मैं तो जो भी करना होगा-जो भी छपाना-छापना होगा—खुद ही कर जाऊँगा ताकि आगे के लोगों के सामने कम-से-कम मुद्रित सामग्री तो रहे..."

इसमें सन्देह नहीं कि यह हिन्दी की वर्तमान स्थिति का एक शोकपूर्ण और करुण अनुभव है। अपने समय के कितने ही प्रसिद्ध कवियों-लेखकों को हिन्दीवाले बिलकुल ही भुलाये हुए हैं और उनकी पांडुलिपियों को दीमकों के लिए छोड़े बैठे हैं। पर साथ ही, यह कथन इसका भी प्रमाण है कि दिनकरजी की विचारधारा किस दिशा में प्रवाहित होती है। अपनी रचनाओं और पुस्तकों के प्रचार-प्रसार के लिए वे विशेष यत्नशील रहते हैं, इसके अनेक उदाहरण मुझे यदा-कदा मिलते रहे हैं। आज भी जब मैंने श्री भटनागर (बाँकेबिहारी) से पूछा कि उन्होंने 'उर्वशी' की समीक्षा साप्ताहिक हिन्दुस्तान में छापी कि नहीं? तो उन्होंने उत्तर दिया, "हाँ, छापी है। दिनकरजी ने त्यागी (रामावतार) से लिखायी थी।"

समीक्षा लिखवानेवाली यह बात मुझे दिनकरजी के सम्मान के उपयुक्त नहीं लगी, लेकिन शायद वे सचमुच ही यह समझते हैं कि हिन्दीवाले अपने आप उनके लिए कुछ करेंगे, यह आशा एक दुराशा मात्र है।

बहरहाल, इस सबके बावजूद, यह तो मानना ही होगा कि पिछले अनेक वर्षों में दिनकरजी ने जो साहित्यिक कार्य किया है, उसने उनको उच्चतर भूमि पर प्रतिष्ठित किया है और आमतौर से लोगों के मन में यह धारणा बनी है कि लेखन के क्षेत्र में दिनकर आगे बढ़े हैं और बच्चन पीछे हटे हैं।

10 सितम्बर 1961[1]

आज डॉ. नगेन्द्र ने भी बातचीत के दौरान यही कहा कि बच्चन मेरे मित्र हैं, इसिलए भले ही मैं उतने शब्दों में न कह सकूँ, पर दिनकर उनसे बड़े कवि हैं और महादेवी के बाद यदि किसी का नाम लिया जा सकता है तो दिनकर का ही।

यह ज़िक्र इस तरह आया कि मैंने कहा कि साहित्यिक पुनर्मूल्यांकन की समस्या बड़ी जटिल है। हम अक्सर सुनते हैं कि साहित्यकार का समुचित मूल्यांकन उसकी मृत्यु के बाद ही होता है, पर रीतिकाल और भारतेन्दु काल के कितने ही कवि-लेखक ऐसे होंगे, जिनका पुनर्मूल्यांकन हम आज भी नहीं कर पाये हैं, तो फिर यह विश्वास कैसे किया जाये कि आज के अनेकानेक विख्यात अथवा अज्ञात कवियों का भविष्य में समुचित मूल्यांकन होगा ही। उदाहरण मैंने दिया हरिऔधजी का। वे अपने समय में कवि-सम्राट माने जाते थे, पर आज, उनकी मृत्यु के कुछ वर्षों बाद ही लोग मानो उन्हें भूल-से गये हैं।

नगेन्द्रजी ने मेरी बात का प्रतिवाद करते हुए कहा, ''नहीं, 'प्रियप्रवास' के कवि का स्थान आज भी अक्षुण्ण है और रहेगा। साहित्यकार के जीवन-काल में बहुत-से कारण उसकी स्थिति को एक विशेष रूप दे देते हैं, पर वास्तविक मूल्यांकन कभी-न-कभी अवश्य होता है। उदाहरण के लिए मैथिलीशरण जी राजनीतिक तथा अन्यान्य कारणों से आज बहुत ऊँचे पर मालूम होते हैं, लेकिन उनके काव्य का पुनर्निरीक्षण होने पर यह स्थिति न रहेगी।''

इसी प्रसंग में दिनकर और बच्चन की तुलना करते हुए नगेन्द्रजी ने कहा, '' 'सतरंगिनी' तक तो इस विषय पर दुबारा विचार किया जा सकता था—गोकि मुझे उस समय भी कोई सन्देह न था—पर उसके बाद, 'कुरुक्षेत्र' और फिर 'उर्वशी' के प्रकाशन के साथ यह बिलकुल स्पष्ट हो गया कि दिनकर छायावाद के बाद के सबसे बड़े कवि हैं।''

उस समय जो कवि साथ-साथ उभरे थे, उनमें सुमन का विशेष उल्लेख उन्होंने नहीं किया, अंचल के सम्बन्ध में कहा कि वे लिखते तो बहुत थे, लेकिन उनमें 'सब्सटेंस' (तत्त्व) की कमी थी; नरेन्द्र में रचना-कौशल था, पर वे अपना विकास अधिक नहीं कर सके। इसके बाद कुछ समय तक बच्चन और दिनकर साथ-साथ चले, पर आगे चलकर दिनकर ने बच्चन को पीछे छोड़ दिया। कारण यह था कि ''बच्चन में 'इमोशन' (भावना) का प्राधान्य तो था, पर कविता के लिए केवल भावना ही पर्याप्त नहीं होती।''

1. बच्चनजी ने इस टिप्पणी पर [1] चिह्न बनाकर इसे प्रकाश्य नहीं माना था, पर मेरे विचार से इतना समय बीत जाने के बाद इसका प्रकाशन अनुचित नहीं। —अ. कु.

इस प्रकार, नगेन्द्रजी ने पीछे छूट जानेवाले कवियों के गुणों-अवगुणों का उल्लेख तो किया, पर यह नहीं बताया कि दिनकरजी के वे विशिष्ट गुण क्या थे, जिनके कारण वे आगे बढ़े हैं। यह सोचकर, मैंने सुझाया कि दिनकरजी की विशेषता यह रही कि उन्होंने अपना ध्यान प्राचीन भारतीय साहित्य, संस्कृति, परम्परा आदि पर केन्द्रित किया और पिछले वर्षों में साहित्यिक दृष्टि से कई बड़े-बड़े प्रयास किये (जैसे—'कुरुक्षेत्र', 'संस्कृति के चार अध्याय', 'उर्वशी')। मेरा विचार था कि ऐसा लगता है कि दूसरी ओर बच्चनजी ने इस तरह का कोई मेजर अटेंप्ट (बड़ा प्रयास) नहीं किया।

नगेन्द्रजी इस बात से सहमत हुए, पर जब मैंने कहा कि यह एक सुखद संयोग ही था कि हिन्दी ने अपने नव-निर्माण के इस काल में बच्चन और दिनकर के रूप में 'माधुर्य' और 'ओज' की दो स्रोतस्वनियाँ प्रवाहित कर दीं तो उन्होंने ऐसा समझा कि शायद मैं दोनों कवियों को एक ही धरातल पर बिठाना चाहता हूँ। बोले, "ठीक है। पर बच्चन भावना के स्तर से कुछ ऊपर नहीं उठ सके।"

उनकी इस धारणा में मुझे कुछ अन्तर्विरोध तो अवश्य मालूम हुआ, क्योंकि बड़ी देर से उनके साथ जो बातचीत चल रही थी उसके दौरान वे कहते रहे थे कि कविता वही है जो 'भावना' को 'अपील' करे और अब एक कवि में 'भावना' का पूर्ण अस्तित्व स्वीकार करने के बावजूद वे उसे ऊँचा दर्जा देने को तैयार न थे। लेकिन मैं यह सोचकर चुप हो गया कि बात को और बढ़ाना आचार्यवर से ज़ुबान लड़ाने के बराबर होगा।

बाद में मेरे एक मित्र (देवीशंकर अवस्थी) ने बताया कि दिल्ली में कुछ क्षेत्रों द्वारा गुपचुप रीति से यह भावना फैलायी जा रही है कि बच्चन के पास अब कुछ नया देने की शक्ति नहीं रही, इसलिए लोक-वोक गीत लिखने लगे हैं; और दिनकर की तुलना में वे कुछ भी नहीं हैं।

लेकिन मेरे इन मित्र का और यही नहीं, मेरे समवयस्क, नयी पीढ़ी के अनेकानेक लेखकों का भी मत इससे बिलकुल विपरीत है और मैं समझता हूँ कि पुरानी पीढ़ी और नयी पीढ़ी के विचारों में इस विषय-विशेष पर जो मतभेद है, उसका अध्ययन आगामी पीढ़ी के सन्दर्भ में काफ़ी रोचक होगा।

12 सितम्बर 1961

आज बच्चनजी ने 'राष्ट्रपिता के समक्ष' नामक कविता टाइप करायी, जो

उन्होंने परसों, सम्भवत: गोष्ठी समाप्त होने के बाद, लिखी थी। कविता पढ़कर मुझे लगा कि परसों की प्रीति-गोष्ठी की भी कुछ-न-कुछ प्रतिक्रिया उनके मन पर हुई होगी और जीवन तथा काव्य को एकरूप बनाने का यत्न करनेवाले हमारे कविवर ने उस प्रतिक्रिया को कविता के रूप में ढाल दिया है।

बहरहाल, उन्होंने कहा, "इस कविता के भीतर मैंने बहुत-सी चीज़ें भर दी हैं। तारासिंह के अनशन से लेकर आधुनिक युग की तमाम व्याधियों तक का समावेश मैंने इनमें किया है। पंडितजी के यहाँ मैं बड़े-बड़े लोगों को उनके असली स्वरूप में देख चुका हूँ। वे अपना सारा आत्मसम्मान भूलकर जिस तरह गिड़गिड़ाते और चाटुकारिता करते हैं, उस पर अफसोस होता है। जनता के निर्वाचित प्रतिनिधियों (संसद-सदस्यों) का भी बुरा हाल है। उन्हें और कुछ नहीं मिलता तो वे पूँजीपतियों का पल्ला पकड़ते हैं और पाँच-पाँच हज़ार रुपये महीने तक कमाते हैं।"

इस तरह के दो-एक उदाहरण देने के बाद बच्चनजी ने एक स्थानीय कवि का नाम लेकर बताया कि एक स्थानीय पत्र (नवभारत टाइम्स) में उनकी जो भी रचना प्रकाशित होती है, उसके लिए उन्हें 500 रुपये पारिश्रमिक मिलता है, जबकि अन्य किसी भी लेखक को वह पत्र 60-70 रुपये से अधिक नहीं देता। स्पष्ट ही इसका कारण कवि महोदय की साहित्यिक प्रतिष्ठा नहीं, बल्कि राजनीतिक मूल्य है। वे पत्र के मालिकों को कोई भीतरी फायदा पहुँचाने में मदद कर सकते होंगे, तभी तो उन्हें दूसरों की अपेक्षा कहीं अधिक पारिश्रमिक मिलता है।

मैंने कहा, "पारिश्रमिक नहीं, यह तो घूस हुई; जिसका रूप बदल गया है।"

वे बोले, "अब जो समझो!"

14 सितम्बर 1961

बहुत पहले, एक इलाहाबादी सज्जन (श्री सत्यप्रकाश मिलिन्द) ने बच्चनजी की प्रारम्भिक प्रयोगकालीन कविता पर एक पुस्तक 'प्रयोगकालीन बच्चन' लिखी थी। आज वे बच्चनजी से मिलने आये थे,[1] और जब चले गये, तब मैंने उनकी उस पुस्तक की चर्चा चला दी। संयोगवश, वह पुस्तक मैंने न तो कभी देखी और न पढ़ी ही थी। यह सुनकर बच्चनजी बोले, "पढ़ते कैसे! उस किताब की सारी प्रतियाँ तो मैं जला चुका हूँ।"[2]

---

1. बच्चनजी की टिप्पणी : "वे मुझसे आजतक मिलने नहीं आये।"
2. बच्चनजी की टिप्पणी : "ऐसा मैंने नहीं कहा होगा।"

"यानी?" मैंने आश्चर्य से पूछा।

"बात यह है कि किताब निहायत कच्ची है।

"मिलिन्दजी उन दिनों यूनिवर्सिटी में पढ़ते थे और बेहद भावुक थे। रोना शुरू करते थे, तो लोटा भर आँसू बहा देते थे एक बार में। मेरी कविता के प्रेमी थे, लेकिन उनमें कोई 'सेन्स आफ प्रोपोर्शन' (सन्तुलन) न था। उस किताब में उन्होंने यह भी लिख दिया है कि 'बच्चनजी कवि-सम्मेलन में जाने के लिए 51 रुपये लेते हैं, फिर भी लोग उन्हें बुलाते हैं।' मैंने तो एक बार उनकी सारी पुस्तकों की सूची देखकर कहा था उनसे कि 'इनमें से आप मेरीवाली पुस्तक ('प्रयोगकालीन बच्चन') हटा क्यों नहीं देते?' लेकिन वे नहीं माने। इसलिए मेरे सामने यही एक उपाय बचा है कि उस किताब की जितनी भी प्रतियाँ मुझे मिलें, उनको नष्ट कर दूँ। अब तक न जाने कितनी प्रतियाँ जला चुका होऊँगा। यही वजह है कि आप उस किताब को नहीं पा सके।"[1]

15 सितम्बर 1961

आगरे के 'युवक' में श्री रामगोपाल 'परदेसी' का एक अत्यन्त प्रशंसात्मक लेख बच्चनजी के प्रायः समस्त कृतित्व की चर्चा करते हुए प्रकाशित हुआ। लेख निहायत मामूली था और उसे पढ़कर बच्चनजी ने अपनी पुरानी उक्ति फिर दुहरायी कि—अच्छा नौकर, अच्छा मालिक, अच्छी पत्नी, अच्छा दोस्त और अच्छा आलोचक बड़े भाग्य से मिलते हैं। बोले, "मेरी तकदीर ही ऐसी है कि मुझ पर इसी तरह के लेख लिखे जाते हैं।"

उन्होंने बताया कि रामगोपाल जी ने, "मेरे सामाजिक विचारों के बारे में पूछा था। मैंने उत्तर लिखा था कि मेरी सामाजिकता की परिभाषा यह है कि जिसे भी मेरी आवश्यकता हो, उसे मैं सहज प्राप्त हो सकूँ। यह बड़ी गम्भीर बात थी। कह नहीं सकता कि वे इसे कितना समझे। पर वास्तविकता यह है कि मेरा आदर्श यही है। जिसे मेरी सहानुभूति की आवश्यकता हो उसे सहानुभूति, जिसे समय की आवश्यकता हो, उसे समय, और जिसे अन्य किसी वस्तु की आवश्यकता हो, उसे वह वस्तु दे सकूँ। इसमें मैं शारीरिक और मानसिक, भौतिक और आध्यात्मिक किसी भी प्रकार की सीमा नहीं मानता।"

1. बच्चनजी की टिप्पणी : "यह तुम्हारी कल्पना है। यह बात मैंने किसी दूसरी तरह कही होगी—मुझे नहीं याद। पुस्तक के विषय में अवश्य मेरी प्रतिक्रिया यही थी कि उसे नष्ट कर देना चाहिए, शेष तुम्हारी कल्पना।" लेखक की टिप्पणी : बहुत बार वे अपनी बात को नाटकीय ढंग से कह जाते थे, शायद यह भी ऐसा ही एक अवसर था, जिसे बहुत गम्भीर बनाना जरूरी नहीं।"

सामाजिकता की यह परिभाषा अत्यन्त उदार होते हुए भी मुझे व्यक्तिगत ही लगी क्योंकि इसमें यह उल्लेख नहीं था कि वे समाज से क्या लेंगे अथवा लेना चाहेंगे।[1] बहरहाल, मैंने चुप रहकर, उनकी आगे की बात सुनना अधिक ठीक समझा।

उन्होंने कहा, ''गोरखपुर के दो विद्यार्थियों ने अपनी एम.ए. की थीसिस मेरे ऊपर लिखी है, और एक सज्जन पी-एच.डी. का प्रबन्ध लिखना चाहते हैं। यह सब देखकर मुझे जान पड़ता है कि अब मेरी कविता का तेज समाप्त हो रहा है। पहले लोग मेरी कविता में इतना तन्मय हो जाते थे कि उन्हें इसमें मग्न हो जाना ही पर्याप्त जान पड़ता था, पर अब वे मेरी कविता पर लिखना भी चाहते हैं। इसका कारण निश्चय ही यह होगा कि मेरी कविता अब उन्हें पहले जैसा प्रभावित नहीं करती।''

मैंने कहा, ''सम्भव है कि आपकी बात ठीक हो, लेकिन मेरा विचार यह है कि आपकी कविता में उतना परिवर्तन नहीं हुआ, जितना कि लोगों की मनोवृत्ति में हो गया है। आज लोग यदि किसी रचना से आनन्द ग्रहण करते हैं तो तुरन्त ही अपनी प्रतिक्रिया को लेखबद्ध करके उसे किसी पत्रिका में छपाकर लेखक बनना और नाम तथा पैसा भी कमाना चाहते हैं। लोग अब बहुत चालाक हो गये हैं।''

बच्चनजी ने किसी हद तक मेरी बात का अनुमोदन किया और जब मैंने यह कहा कि बहुत अंशों में यह हमारी राष्ट्रीय प्रवृत्ति बनती जा रही है क्योंकि ख़ासतौर से आज़ादी मिलने के बाद सभी लोगों ने अपने त्याग, बलिदान और तपस्या की क़ीमत लेनी चाही। नतीज़ा यह हुआ कि आम जनता भी इस दौड़ में पीछे रह जाना बेवक़ूफ़ी समझती है और हर व्यक्ति जहाँ तक हो पाता है, अपने आप को 'भुनाने' और नगदी माल अपने हाथ में रखने की कोशिश करने लगा है। ऐसी स्थिति में, बेचारे भावुक पाठक को ही आप क्यों दोष देते हैं?—
तो उन्होंने इसका और भी समर्थन दिया। फिर भी, उन्होंने बताया कि एक राज़ इसी विषय पर दिनकर जी से उनकी बातचीत हुई थी और अब दिनकरजी ने अपने एक लेख में इसका उल्लेख कर दिया है कि बच्चनजी के अनुसार विशुद्ध काव्य का केवल आनन्द लिया जा सकता है, उसकी आलोचना नहीं की जा सकती।

19 सितम्बर 1961

आजकल संग्रह बनानेवाले लोगों की संख्या किस क़दर बढ़ गयी है, इसकी

1. बच्चनजी ने अपने इस विचार को आगे चलकर इस भाँति निरुपित किया था— ''मेरा समाजवाद यह कि मैं सबके लिए सुलभ रहूँ और व्यक्तिवाद यह कि सभी मेरे लिए दुर्लभ हैं।'' —अ. कु.

चर्चा करते हुए कल बच्चनजी ने कहा था कि मैं ऐसे लोगों से कहता हूँ कि आप संग्रह बाद में निकालिएगा, पहले अपनी मौलिक रचनाओं की कोई पुस्तक प्रकाशित कीजिए ताकि यह तो पता लग सके कि आपकी योग्यता क्या है। इस पर मैंने कहा कि योग्यता के अभाव को ढँकने के लिए ही तो लोग संकलन निकालने की योजना बनाते हैं। ये लोग इस चीज़ को समझ गये हैं कि साहित्य में स्थान पाना दिनोंदिन कठिन होता जा रहा है। इसलिए वे सोचते हैं कि संकलन की योजना चलायी जाए। इसी बहाने वे प्रमुख लोगों से पत्र-व्यवहार शुरू कर देते हैं और साहित्यिक क्षेत्रों में अपना नाम घुसेड़ना चाहते हैं। इन लोगों का ख़याल यह रहता है कि साहित्य में स्थान पाने का सबसे आसान तरीक़ा यह है कि दूसरों को साहित्य में स्थान देना शुरू कर दें।

बच्चनजी इससे सहमत हुए और बोले, ''तुम ठीक कहते हो। ये लोग मूर्ख नहीं, बड़े चालाक होते हैं। पर वास्तव में हैं ये सबके सब नपुंसक और मृत। जो व्यक्ति अपनेआप नहीं उठ सकता, वह किसी और को बैसाखी बनाकर कहाँ तक उठेगा?''

संयोगवश, आज उन्हें अपनी बात के पक्के सबूत भी मिल गये। दिल्ली रेडियो के एक सज्जन (भवानीशंकर त्रिवेदी) ने एक कविता-ग्रन्थ का संकलन करने की सूचना देते हुए, उसके 2-4 पृष्ठों में बच्चनजी की कविता का भी दिग्दर्शन कराना चाहा था। फिर लिखा था, ''कविताओं के साथ आपका जीवन-परिचय देना भी आवश्यक समझता हूँ। इसलिए आप कृपा कर अपनी जीवनी, शिक्षा-दीक्षा, कृतियों और आज तक की उल्लेखनीय घटनाओं का भी संक्षिप्त विवरण लिख भेजने का कष्ट करें।'' यह पत्र बच्चनजी ने मेरे पास भेज दिया। मैंने पढ़ा, उस पर उन्होंने लाल पेंसिल से लिख दिया था—''अजित, जिन आधुनिक, पर मृत नपुंसकों का कल मैं ज़िक्र कर रहा था, उसका एक नमूना—बच्चन।''

दस मिनट बाद ही, उन्होंने किन्हीं अन्य सज्जन द्वारा भेजी गयी प्रश्नावली मेरे पास भेजी। इस प्रश्नावली का शीर्षक था—''27 नवम्बर को जिनकी जन्मतिथि है! डॉ. हरिवंश राय बच्चन।'' इसमें दस प्रश्न पूछे गये थे, जैसे—आपमें साहित्यिक रुचि कब और कैसे पैदा हुई और आपकी पहली रचना कौन-सी थी? आपको अपना कौन-सा ग्रन्थ अधिक पसन्द है? आप हिन्दी काव्य को किन अर्थों में नयी दिशा दे रहे हैं? क्या आपके लोकगीत हिन्दी की समृद्धि करेंगे और क्या आप अपना साहित्यिक कार्य पूरा हो गया समझते हैं? आदि।

इस प्रश्नावली के साथ एक स्लिप जोड़कर बच्चनजी ने लिखा था—''आधुनिक पर मृत नपुंसक साहित्यकार का दूसरा उदाहरण— सब बातों का उत्तर दे दूँ तो लेखक को कुछ लिखने की ज़रूरत नहीं सिवा अपने नाम के। कितनी

सरलता से समालोचक बनने की चालाकी लोग सीख गये हैं!—बच्चन।''

20 सितम्बर 1961

आज श्रीकान्त (वर्मा) के आने पर भी बच्चनजी ने साहित्य के क्षेत्र में 'शॉर्ट कट' ढूँढ़नेवालों की चर्चा करते हुए कल वाले पत्रों की चर्चा की। बोले, ''लगभग रोज़ ही मेरे पास इस तरह के एक-आध पत्र आते हैं। इन्हें पढ़कर बड़ी तकलीफ़ होती है और यही हालत रही तो मुझे तो 'ब्लड प्रेशर' की बीमारी लग जाएगी। मैं कितना ही अपने मन को समझाऊँ, इन पत्रों का मज़ाक उड़ाऊँ और इन्हें फाड़कर फेंक दूँ, लेकिन देखकर हैरत होती है कि हमारी नयी पीढ़ी को हो क्या गया है!''

बातचीत का रुख़ धीरे-धीरे इन स्फुट प्रसंगों से होता हुआ व्यापक रूप से सामाजिक और राजनीतिक समस्याओं की ओर मुड़ गया। बच्चनजी ने कहा, ''कुछ साल पहले तक मैं सोचता था कि हमारे सामूहिक जीवन में जो बुराइयाँ आ गयी हैं, उनको मिटाने के लिए समाज के कुछ वयोवृद्ध लोगों को साहस के साथ, बग़ैर किसी लाग-लपेट के— हानि-लाभ, ईर्ष्या-द्वेष, स्वार्थ आदि से परे होकर— अपनी बात कहने का अभ्यास डालना चाहिए। इसे मैं यों कहता था कि समाज के कुछ अगुवाओं को 'ऋषिकल्प' में चले जाना चाहिए। मेरा विचार था कि इससे समाज का हित होगा और विकृतियाँ दूर होंगी। पर इस बीच मैंने यह महसूस किया है कि 'ऋषिकल्प' में जानेवाले लोगों को समाज की व्यापक शक्तियाँ कुचलकर रख देंगी। पहले तो वे उन्हें कुछ कहने ही न देंगी, और यदि किसी भाँति वे अपने विचार व्यक्त कर ही ले गये तो उन्हें सनकी और पागल क़रार दे दिया जाएगा। तमाम निहित स्वार्थ मिलकर इन ऋषिकल्पियों को पूर्णतया निष्फल और प्रभावहीन बना देंगे।''

बच्चनजी के दृष्टिकोण में यह जो परिवर्तन पिछले तीन-चार वर्षों में ही आ गया है, इसका एकमात्र कारण मुझे उनका दिल्ली-वास और फलतः सरकार तथा समाज की अगोचर किन्तु प्रबल शक्तियों का अधिकाधिक बोध ही जान पड़ता है। शायद वे दिनों-दिन यह महसूस करते जा रहे हैं कि हमारी वर्तमान व्यवस्था हमें महज़ मशीन का पुरज़ा—एक महत्त्वहीन पुरज़ा बनाकर छोड़ देती है और हम कितना ही चाहें, टस-से-मस नहीं हो सकते, मशीन को तोड़ या रोक नहीं सकते, अधिक-से-अधिक यह कर पाते हैं कि खुद टूट या रुक या घिस जाएँ। बस!

21 सितम्बर 1961

बच्चनजी की सिफ़ारिश से, अक्ष्योभेश्वरी (प्रताप) की नियुक्ति टेलिविज़न में होने पर, मैंने उन्हें वही सलाह दी, जो बच्चनजी अक्सर नयी-नयी नौकरी पानेवाले लोगों को दिया करते हैं कि दफ़्तर में अपनेआप को 'इंडिस्पेंसिबिल' (अनिवार्य) बना दीजिए। दफ़्तर के लिए इतने उपयोगी हो जाइए कि आप के बग़ैर वहाँ का काम ही न चल सके। बस, फिर आपको कोई भी वहाँ से उखाड़ न सकेगा।

बाद में मैंने बच्चनजी से कहा कि आपवाली सलाह मैंने अक्ष्योभेश्वरी जी को भी बता दी, तो वे प्रसन्न हुए। बोले, ''यह ज्ञान मैंने अपने पिताजी से पाया था। वे 'पायोनियर' अख़बार में काम करते थे और अपने इसी नियम की बदौलत वहाँ जम गये थे। हम लोगों को इस तरह की बहुत-सी बातें बताया करते थे। उन्होंने मुझे यह शिक्षा दी थी कि जब भी किसी सभा में जाओ, सबसे पीछे बैठो, क्योंकि वहाँ से अगर कोई तुमको उठाएगा भी तो आगे बिठाने के लिए ही। और इस तरह तुम्हारी इज़्ज़त होगी। लेकिन अगर तुम खुद ही जाकर सबसे आगे बैठोगे तो हो सकता है कि वहाँ से उठा दिये जाओ और तब तुम्हें पीछे हटाये जाने का अपमान सहना पड़ेगा।''

बच्चनजी ने कहा कि तभी से वे अपने पिताजी की सलाह पर चलते हैं और इस अनुभव से बचे रहे हैं कि किसी सभा में उनसे कहा जाए कि 'जाकर पीछे बैठिए, यह जगह दूसरों के लिए है।'

उनके पिताजी बड़े दुनियादार भी थे। अपनी हैसियत के मुताबिक उन्होंने लड़कों-बच्चों के पढ़ने के लिए छोटी-छोटी डेस्कें बनवायी थीं, जैसी कि पटवारियों की होती हैं और अगर कोई लड़का कभी, दूसरों की देखा-देखी कुर्सी-मेज़ की फ़रमाइश करता तो वे कहते कि कुर्सी से क्या फ़ायदा! उस पर तो एक ही आसन से बैठा जा सकता है, लेकिन ज़मीन पर बैठने के आसन अनेक हैं। चाहे पलथी मारकर बैठो, चाहे पैर फैलाकर, चाहे उँकड़ूँ बैठ जाओ, चाहे लेटकर पढ़ो। इसलिए, हर लिहाज़ से ज़मीन पर बैठकर पढ़ना ज़्यादा आरामदेह और फ़ायदेमन्द है।

मुंशी प्रतापनारायण लड़कों से यह भी कहा करते थे कि खाने के समय, पहले दो कौर बग़ैर घी की दाल से खाया करो और उसके बाद दाल में घी डाला करो। इससे एक तो तुम्हें घी पड़ी दाल का ज़्यादा स्वाद मिलेगा और दूसरे, अगर कभी बग़ैर घी की दाल खानी ही पड़े तो तुम उसके अभ्यासी होने के कारण खा सकोगे।

बच्चनजी बोले, ''ऐसे थे मेरे पिताजी। और मैं उनके कहने के अनुसार करता

भी हूँ। अकसर मैं दफ़्तर पैदल आता हूँ कि मान लो, कल को मेरे पास मोटर न रहे तो मुझे दफ़्तर आना खले नहीं।''

जब वे अपने पिताजी का ज़िक्र कर रहे थे, तब मुझे उनके जग्गू चाचा और कीमियागर चाचा की भी याद हो आयी, जिनके क़िस्से वे अक्सर सुनाया करते हैं। जग्गू चाचा बड़े मस्त जीव थे। कहा करते थे—''बच्चन! बस तीन चीजन की जरूरत हमें है—कलिया, दारू और मेहरारू!'' और अगर कभी ज्यादा रंग में होते तो कहते, 'कलिया, दारू, और देवान मेहरारू।''

बच्चनजी बतलाते हैं कि उनके जग्गू चाचा को औरत की पहचान भी बड़ी थी। एक बार जब बच्चनजी उनके साथ किसी बारात में गये थे तो वहाँ एक अप्रिय घटना हो गयी। कुछ नौजवान बारातियों ने किसी औरत को छेड़ दिया और इस बात पर जनाती बिगड़ खड़े हुए; यहाँ तक कि झगड़े की नौबत आ गयी। जब यह बात जग्गू चाचा को मालूम हुई तो उन्होंने कहा, ''ज़रा हम भी तो देखें, कौन औरत है?'' मौक़े पर पहुँचकर कुछ देर तो वे दोनों पक्षों की बातें सुनते रहे, फिर उन्होंने आव देखा न ताव, लपककर उस औरत की धोती घसीट ली।[1] और मालूम क्या हुआ कि वह औरत की पोशाक पहने हुए कोई मर्द था! जग्गू चाचा बोले, ''बच्चन! ई सार हमका चरका दे के बरे आवा रहै। यू नहीं जानत कि हम मेहरारू का कोस भर से पहिचानित हैं।''

6 अक्टूबर 1961

कल पन्तजी सोवियत सरकार के निमन्त्रण पर रूस जाने के लिए दिल्ली आये और पहले की भाँति बच्चनजी के पास ठहरे। शाम को, संयोगवश, उनके घर पर एक छोटी-मोटी गोष्ठी हो गयी। एक ओर तो बच्चन सिंह, शम्भूनाथ सिंह और अक्ष्योभेश्वरी आ गये और दूसरी ओर सपत्नीक नरेन्द्र (शर्मा) जी । मुझे और चिन्तामणि व्यास को भी बच्चनजी ने बुला लिया। शुरू में तो ऐसा लगा कि वातावरण उखड़ा-उखड़ा-सा है, पर धीरे-धीरे, कविता-पाठ शुरू होने पर रंग जम गया। बच्चनजी ने अपने कई लोकगीत ख़ूब तरंग में आकर सुनाये और पन्तजी के आग्रह पर 'तीसरा हाथ' तथा 'देवताओं का शाप' आदि मुक्त छन्द की कविताएँ सुनाने के समय उन्होंने कई बार कहा कि, ''यह तो मेरे ऊपर अजित का प्रभाव है। दस से पाँच तक और कभी-कभी उससे भी अधिक समय ये मेरे

---

1. बच्चनजी की टिप्पणी : ''यह घटना इस प्रकार नहीं हुई—कभी फिर बताऊँगा।''

साथ रहते हैं, इनका कुछ-न-कुछ असर तो मुझ पर पड़ना ही था।''

मुझे मन-ही-मन यह सोचकर हँसी आयी कि वे अपनी बात से लोगों को किस क़दर भटका देते हैं। उदाहरणार्थ, डॉ. बच्चन सिंह से हाल में ही पत्र-व्यवहार शुरू होने के बाद, एक रोज़ उन्होंने कहा था कि बच्चन सिंह के पिता 'मधुशाला' के बड़े प्रेमी थे, इसलिए उन्होंने अपने पुत्र का नाम 'बच्चन' रख दिया। पता नहीं किस तरह यह बात बच्चन सिंह तक पहुँच गयी और उन बेचारों को, आज चाय के समय बच्चनजी की वार्ता-शैली से अनभिज्ञ होने के कारण, उनके इस कथन का प्रतिवाद करना पड़ा। मैं समझता हूँ कि यदि वे कविवर के विशेष सम्पर्क में रहे होते तो उस वक्तव्य का प्रतिकार करने की ज़रूरत न महसूस करते और शायद वे उतने ही कौतुक के साथ उसका रस लेते, जितना कि मुझे इस बात से मिला कि 'नयी कविता-शैली अपनाने की प्रेरणा कविवर ने मुझसे ग्रहण की है।'

बहरहाल, आज बच्चनजी मुझ पर विशेष कृपालु दिखे। उनकी कविताओं के बाद पन्तजी ने कविता सुनाने का आदेश मुझे दिया। मेरे विवाह के बाद से पन्तजी सदा ही ऐसे प्रसंगों पर मुझसे 'दुकेले कंठ की पुकार' सुनाने का आग्रह करते रहे हैं। आज भी उन्होंने वही कहा। इस पर बच्चनजी बोले, ''इनके कविता-संग्रह के नाम का उपयोग मैंने कई जगह किया है। अभी 'आधुनिक कवि' की भूमिका में भी मैंने 'अकेले कंठ की पुकार' का उल्लेख किया है।''

उनके कहने से तो ऐसा लगा कि मेरी पुस्तक का उन्होंने बहुत सम्मानपूर्वक स्मरण किया होगा, पर मुझे बख़ूबी याद है कि उन्होंने सिर्फ़ यह लिखा था कि उनकी कविता जन-जीवन और समाज के इतना अधिक सम्पर्क में रही है कि उन्होंने कभी क्षण भर के लिए यह अनुभव नहीं किया कि उनका स्वर किसी 'अकेले कंठ का स्वर' है।

बहरहाल, मैंने दो कविताएँ सुनायीं और संयोगवश वे दोनों ही कमोबेश पसन्द की गयीं। यहाँ तक कि जब बच्चनजी ने मेरी तारीफ़ करते हुए मुझे कविता का 'मास्टर' बताया, तब तो मैं खुद भी, क्षण भर के लिए ही सही, उनकी बात को सही मान बैठा।

इसके बावजूद, मैंने महसूस किया कि प्रगल्भता और वाक्पटुता आदमी को किसी-न-किसी मात्रा में 'इनसिंसियर' (अनुरागरहित) भी बनाती हैं। वाक्पटु व्यक्ति के लिए प्रायः मनोभावनाओं और उनकी सहज अभिव्यक्ति का कोई मूल्य नहीं रह जाता। वह तो केवल शब्दों में रहता है और जहाँ तक मुझे अपने विद्यार्थी-जीवन की स्मृति है—जब मैं स्वयं वाग्छलना की साधना को महत्त्वपूर्ण समझता था—आज मैं पूरे विश्वास के साथ कह सकता हूँ कि एक सीमा के बाद शब्द

केवल मिथ्या, निरर्थक और बाह्याडम्बर ही होते हैं।

इस प्रसंग में मुझे अभी कुछ दिन पहले की एक छोटी-सी घटना और याद आती है। तेजी भाभी का जन्मदिन था। हम और स्नेह शाम की चाय पीने के लिए बच्चनजी के घर गये थे। वहाँ हबीब तनवीर के अतिरिक्त एक अमरीकी प्रोफ़ेसर भी थे, जो बच्चनजी से मिलने के लिए संयोगवश आ पहुँचे थे। उनसे मेरा परिचय कराते हुए, बच्चनजी ने—सुविधार्थक अंग्रेज़ी में—कहा कि, ''कहने को तो मैं इनका 'बॉस' (मालिक) हूँ, लेकिन असल में ये मेरे 'बॉस' हैं। बात यह है कि मैं तो दस बजे दफ़्तर पहुँच जाता हूँ और ये एक घंटे बाद ग्यारह बजे दफ़्तर आते हैं।''

इस पर भाभीजी ने उन्हें टोका, ''क्या बच्चन! तुम कितने अनुदार हो!'' तो उन्होंने मेरी तारीफ़ के पुल बाँधने शुरू कर दिये और कहा कि श्री चौधरी के बिना दफ़्तर का कोई काम नहीं चल सकता और जब तक ये किसी चीज़ को पास न कर दें, वह आगे नहीं भेजी जाती!

ख़ैर, छोटी-सी घटना थी, हँसी-मज़ाक की, हलकी-फुलकी। आयी-गयी हो गयी। लेनिक इसने भ्रम-जाल में फँसी हुई मेरी बुद्धि को कोई सीधा रास्ता नहीं दिखाया, बल्कि भटकाया-भरमाया ही और मैं समझ नहीं सका कि इस शब्दबहुल संसार में कहीं 'कुछ' है भी या केवल माया-ही-माया है। और जहाँ तक बच्चनजी का सम्बन्ध है, मुझे शुरू से ही लगता रहा है कि वे इतने व्यवहार-कुशल हैं कि प्राय: सभी से एक ही तरह की प्रेम-वार्ता करते हैं, फिर चाहे कोई व्यक्ति बहुत दिनों से उनके सम्पर्क में रहा हो, चाहे उसका परिचय नया ही क्यों न हो। वे सभी से इतना घुल-मिलकर बात करते हैं कि उनके शब्दों में प्रेम और आत्मीयता घुले-मिले जान पड़ते हैं।

24 अक्टूबर 1961

काठियावाड़ की एक रियासत 'मौरवी' के महाराजकुमार आज बच्चनजी से मिलने आये थे। उम्र में वे अभी कम ही थे, उन्नीस-बीस वर्ष के होंगे और गुजराती प्रदेश के थे, फिर भी बच्चनजी ने उनसे मेरा परिचय कराते हुए कहा कि, ये 'मधुशाला' के मारे हुए हैं।'' इस पर महाराजकुमार ने अपनी रुकती-रुकती-सी हिन्दी और राजों-महाराजों की शब्दावली में जोड़ा, ''हाँ, 'शिकार' कहिए।''

थे वे सचमुच ही 'मधुशाला' के प्रेमी। पूछने लगे, ''आपके बारे में तो

सुना है कि मदिरा छूते भी नहीं, फिर कैसे 'मधुशाला' लिखी?''

बच्चनजी ने कहा, ''वह मेरे अपने युग की चीज़ थी। मेरे पीने-न-पीने की उतनी बात नहीं थी। वास्तव में 'मधुशाला' के माध्यम से उस समय की विभिन्न प्रवृत्तियाँ अभिव्यक्त हुई हैं। जब मैंने उसे लिखा था, तब मेरे अपने जीवन में बड़ा झाड़-झंखाड़ था। वे मेरे बड़ी ग़रीबी के दिन थे। फिर भी उसमें जो मस्ती और विद्रोह है, वह मेरे युग की देन थी। तब मैं उसे लिख सकता था, आज नहीं लिख सकता और न आज ये नये कवि, जैसे अजितकुमार, ही उस तरह की चीज़ लिख सकते हैं। कारण यह है कि उस काल में हमारी दृष्टि कल्पना और स्वप्न पर अधिक रहती थी और इस नये युग में वस्तु-सत्य और भौतिक तथ्य प्रधान हो गये हैं। यों 'मधुशाला' जैसी कोई चीज़ जीवन में न तब थी, न आज है, पर तब जो बातें मेरे मन में उठी थीं, उन्हें व्यक्त करने के लिए ही मैंने 'मधुशाला' का प्रतीक चुना था। वैसे तो यह प्रतीक बड़ा पुराना था, पर हिन्दी के लिए उसमें कुछ नवीनता थी। उसने 'मधुशाला' के श्रोताओं को मानो कल्पना के पंख दिये और जीवन की कटु वास्तविकताओं से मुक्त किया।''

महाराजकुमार ने संकेत किया कि शायद यह जीवन से पलायन रहा हो। इस पर बच्चनजी ने कहा, ''जैसा वे अपनी किसी भूमिका में लिख भी चुके हैं—कि पलायन को वे जीवन और समाज का एक अंग मानते हैं और यदि पलायन जैसी कोई चीज़ हो भी, तो उसमें अनिवार्यतः सामाजिकता का समावेश रहता है, समाज-निषेध नहीं।''

महाराजकुमार बड़ी दूर से आये थे बच्चनजी से मिलने के लिए। बच्चनजी की खुली बातचीत सुनकर बोले, ''आपके बारे में सुना था कि बड़े संकोची हैं। लोगों से मिलना-जुलना पसन्द नहीं करते। पर आपसे मिलकर वह भ्रम दूर हो गया।''

बच्चनजी ने उत्तर दिया, ''हाँ, बहुत मिलता-जुलता तो नहीं हूँ लोगों से, पर जैसा अभी दो-चार दिन पहले मैं अजित से कह रहा था—जिस किसी व्यक्ति को मेरी ज़रूरत हो, उसके लिए मैं सुलभ रहना चाहता हूँ। और जिस व्यक्ति को मेरी आवश्यकता न हो, उससे मिलने के लिए मैं उतावला नहीं रहता। फिर, इतनी फ़ुरसत भी कहाँ है कि मोटर लेकर सुबह-से-शाम तक लोगों से मिलता फिरूँ। जो थोड़ा-बहुत वक़्त बचता है, उसमें लिखने-पढ़ने का काम भी तो करना होता है। इस दृष्टि से, आप चाहें तो भले ही मुझे संकोची कह सकते हैं।''

महाराजकुमार चले गये तो बच्चनजी ने मुझसे कहा, ''देखा तुमने, इलाहाबाद से लेकर काठियावाड़ तक की मार करती है मधुशाला।'' और फिर, किंचित गम्भीर होकर बोले, ''कभी-कभी मुझे इसकी लोकप्रियता की बात सोचकर हैरत होती

है। इसकी एक वज़ह यह भी है कि पहले मैं इसे अपनी अपेक्षाकृत अपरिपक्व रचना समझता था। 'निशा निमन्त्रण', 'एकान्त संगीत' आदि मुझे भावना की गहराई, या उसे न मानो तो कम-से-कम 'कल्पना' की दृष्टि से अधिक सफल जान पड़ती थीं। पर वे 'मधुशाला' के जैसी लोकप्रिय नहीं हो सकीं। इस बात ने मुझे विवश किया कि मैं इस विषय पर गम्भीरतापूर्वक विचार करूँ और आज मैं यह महसूस करता हूँ कि 'मधुशाला' वास्तव में श्रेष्ठ रचना है।''

इसके बाद, जैसा कि पहले भी वे दो-एक बार बता चुके थे, उन्होंने कहा कि 'मधुशाला' की लोकप्रियता का सबसे बड़ा कारण वे यह समझते हैं कि वह श्रोताओं को मध्ययुगीन बन्धनों और कुंठाओं से मुक्त करती है। हमारी जनता को मध्ययुगीन संस्कारों ने इतना जकड़कर बाँध रखा है कि 'मधुशाला' के द्वारा उनसे मुक्ति पाने का अवसर मिलने पर जनता विभोर हो उठती है।

मेरा ख़याल था कि 'मधुशाला' की सफलता की यह या सिर्फ़ इतनी ही वजह नहीं हो सकती, क्योंकि वह आज के उन लोगों को भी पसन्द आती या आ सकती है, जिन्हें हम आधुनिक कहते हैं और जो काफ़ी हद तक मध्ययुगीन संस्कारों से मुक्त हैं अथवा हो गये हैं। इसलिए, मैंने कहा कि जब 'मधुशाला' की रचना हुई थी, तब के लिए भले ही यह बात सच रही हो और उसके माध्यम से छुआछूत, सम्प्रदायवाद, बाह्याडम्बर और अन्यान्य सामाजिक कुरीतियों पर होनेवाले प्रहार जनता को विशेष प्रीतिकर जान पड़ते हों, पर आज तो हमारे समाज का बहुत बड़ा भाग इन्हें पीछे छोड़ आया है...[1]

मेरी बात के बीच में ही उन्होंने कहा कि उनका अभिप्राय सुधारवाद से नहीं था बल्कि मध्ययुगीन संस्कृति द्वारा व्यक्ति पर लगाये गये निषेधों और प्रतिबन्धों से था। 'मधुशाला' इन्हीं से व्यक्ति को मुक्त करती प्रतीत होती है।

उनके ऐसा कहने के बावजूद यह व्याख्या मुझे संगत नहीं जान पड़ती, क्योंकि तथाकथित मध्ययुगीन संस्कारों से मेरा मन किसी क़दर अछूता रहा है, फिर भी मैंने 'मधुशाला' का आनन्द उठाया है। ऊँच-नीच, छुआ-छूत, जात-पाँत, ग़रीब-अमीर, या इसी तरह के अन्य विचार मेरे लिए अपरिचित ही रहे हैं, और निश्चय ही, 'मधुशाला' को मैंने उस कारण कभी नहीं पसन्द किया कि वह इन पर प्रहार करती है।

अपना यह विचार जब मैंने बच्चनजी के सम्मुख रखा तो उन्होंने कहा कि स्वयं उनके दिमाग़ में भी इन बातों का कभी, कोई मूल्य नहीं रहा; लेकिन अपने इर्द-गिर्द के जीवन और समाज में इस तरह की चीज़ें देखकर सदा से उनका मन विद्रोह करता रहा है।

1. बच्चनजी की टिप्पणी : ''काश कि यह सच होता!''

29 नवम्बर 1961

आज, जब मैं उनसे छुट्टी लेकर अपने एक निजी काम से गया हुआ था, तभी दफ्तर का कुछ ज़रूरी काम आ पड़ा, जिसे करने के लिए उन्होंने मुझे भेजना चाहा। पर मैं तो वहाँ था नहीं और वे अब तक यह भूल चुके थे कि मैं उनसे पूछकर बाहर गया हूँ। बस, उनके दिमाग़ का पारा चढ़ गया और मेरी अनुपस्थिति में मेरे सहयोगियों के सामने मुझे बुरा-भला कहकर वे खुद ही उस काम के लिए गये। जब मैंने लौटने पर यह बात जानी तो स्थिति को स्पष्ट करने के लिए उनके वापस आने की प्रतीक्षा में दफ़्तर बन्द हो जाने के बाद भी रुका रहा। काम पूरा होने पर जब वे लौटे, तब भी उनका गुस्सा शान्त नहीं हुआ था। वे इतनी ज़ोर-ज़ोर से बोलने और बकने लगे कि आसपास के कमरों तक सनसनी फैल गयी। बहरहाल, नाराज़-ही-नाराज़ वे अपने घर चले गये।[1]

आज की इस घटना से मेरा मन बहुत खिन्न हुआ। मैंने महसूस किया कि उनकी सरलता-सौजन्यता के पीछे उनका क्रोधाभिमुख स्वरूप आज भी झलक दिखाने का मौक़ा मिलने पर पीछे नहीं रहता। फिर वे अपने ऊपर से नियन्त्रण खो बैठते हैं। समय और उम्र के साथ, यह स्वाभाविक ही है कि उनका उग्र स्वभाव मृदु हुआ हो और धर्म और प्रभु की ओर उन्मुख हो जाने के नाते वे सिद्धान्ततः भावातिरेकों से बचने और उन पर नियन्त्रण रखने का यत्न करने लगे हों, पर शायद, अन्तिम विश्लेषण में, बात यही सच है कि व्यक्ति का मूलभूत स्वभाव सदा एक-सा ही रहता है: संस्कार के द्वारा उसमें यत्किंचित् ही परिवर्तन लाया जा सकता है। यही वजह है कि सिद्धान्ततः वे हर अच्छाई-बुराई और सफलता-असफलता का श्रेय प्रभु को देते हैं और उससे विचलित न होने का उपदेश देते हैं, पर वास्तविकता यह है कि इस प्रकार वे किसी हद तक दूसरों को और बहुत हद तक खुद अपने को झुठलाते हैं। और अकेले वे ही क्यों, इस तरह का 'प्रवचन' 'झूठ' या 'पोज़' अपने ऊपर लादनेवाले सभी लोगों की यही दशा होती है।[2]

---

1. बच्चनजी की टिप्पणी : "I think episodes connected with office work should not be brought in—think of the propriety of it." लेखक की टिप्पणी : "सम्भवतः कविवर ने यह सोचकर ऐसा लिखा कि ये अंकन प्रकाशनार्थ दर्ज किए गये हैं जबकि उनका प्रयोजन भिन्न था।"
—अ. कु.
2. बच्चनजी की टिप्पणी : "बच्चा, तुम छुट्टी लेकर नहीं गये थे, या तुमने बात-बात में छुट्टी वाली बात ऐसे मुझसे कह दी हो कि मेरा ध्यान भी इस पर नहीं गया और तुम खिसक गये। तभी तो डाँट पड़ी। अफ़सर का एक काम दफ़्तर में अनुशासन और व्यवस्था रखना है। उसमें ढील पड़े तो यह अफ़सर की अक्षमता है जिसका पूरा फ़ायदा सब मातहत उठाना चाहते हैं।"

क्रोधित होने पर, वे सारा विवेक किस तरह भुला बैठते हैं, इसका भी एक उदाहरण मुझे याद है। लगभग दो वर्ष पहले, एक रोज़ बस में मुझे एक बाजीगर मिला, जिसने कुछ काम दिलाने का अनुरोध किया और मैंने सोचा कि टेलिविज़न में शायद इसका कोई उपयोग हो सके। इस ख़याल से मैं उसे परिचयपत्र देने के लिए अपने साथ दफ़्तर लिवा लाया और दफ़्तरवालों के कहने से बाजीगर ने हमारे कमरे में ही कोई तमाशा दिखाना भी शुरू कर दिया। इत्तफ़ाक की बात कि सुरेन्द्र (चतुर्वेदी) और रमानाथ (अवस्थी) बच्चनजी से मिलने के लिए उसी वक़्त आ पहुँचे और सुरेन्द्र ने जाकर उनसे बात-बात में कह दिया कि अजित अपने साथ एक बाजीगर लाये हैं जो कमरे में तमाशा दिखा रहा है। इतना सुनना था कि वे तमतमा गये और उसी वक़्त फ़ोन उठाकर उन्होंने मुझे फ़ोन पर ही बुरी तरह डाँटना शुरू किया। ग़लती बेशक मेरी थी और मुझे बहुत अफ़सोस भी हुआ कि मैंने दफ़्तर के अनुशासन का पूरा ध्यान क्यों नहीं रखा। लेकिन मुझे यह बुरा भी लगा कि उन्होंने मेरे दो साहित्यिक मित्रों के सामने मुझे इतनी बुरी तरह अपमानित किया। इसके लिए मैं उन्हें उस समय तक क्षमा नहीं कर सका, जब तक कि मुझे मन-ही-मन इसका विश्वास नहीं हो गया कि उस क्षण उनके भीतर ग़ुस्से का उबाल इतनी ज़ोरों से आया होगा कि वे शायद चाहते भी तो अपने को रोक न पाते। मैं तो ख़ैर उनका एक अदना-सा मातहत था, मेरी हस्ती ही उनके सामने क्या थी—शायद उस क्षण वे अपने किसी समादृत प्रियजन को भी बुरा-भला कहने से न चूकते।

उनके स्वभाव के इस पहलू के लिए अंग्रेज़ी में एक शब्द है—'टैम्पर'। हिन्दी में कदाचित् इसे 'ग़ुस्सेबाज़ी' कह सकते हैं, यों एक लोक-प्रचलित शब्द 'तेहा' भी इसके नजदीक पड़ता है। इसे मैं उनकी 'एसर्टिव' अर्थात दबंगपने की मनोवृत्तियों का ही एक लक्षण और अनुषंग मानता हूँ। फिर भी, इस सबके बावज़ूद मुझे बारम्बार यह स्वीकार करना होगा कि सामान्यतः वे अपने आप को बहुत अधिक सन्तुलित रखते हैं और यही उनका बड़प्पन है।

26 दिसम्बर 1961

'कुछ वर्ष'[1] के अधिकांश अंशों की टाइप-प्रति पढ़कर ओंकार[2] ने जो राय ज़ाहिर की, वह कुछ-कुछ यह थी कि (1) अनेक स्थलों पर अपने प्रति निरीहता

1. प्रथमतः 'बच्चन के साथ क्षणभर' के वज़न पर इस पांडुलिपि का शीर्षक 'बच्चन के साथ कुछ वर्ष' सोचा था—उसी का संक्षिप्त रूप है— 'कुछ वर्ष'। —अ. कु.
2. ओंकारनाथ श्रीवास्तव, लेखक के बहनोई।

और दीनता के जो भाव तुमने प्रकट किये हैं, वे अनावश्क हैं और यदि इन्हें ऐसे ही रहने दोगे, तो बहुत सम्भव है कि कुछ समय बाद ये खुद तुमको ही बुरे मालूम होने लगें। तुम्हारी और बच्चनजी की स्थितियों में फ़र्क हो सकता है, पर एक तरह की समानता—बौद्धिक समानता—का बोध भी तुममें होगा ही। (2) बच्चनजी के प्रति पूजा-भाव कुछ अधिक मालूम होता है। मैं यदि इस तरह की किताब लिखता तो शायद ठीक भी था क्योंकि मेरे मन में उनके प्रति शुरू से ही इस प्रकार का भाव था, पर तुम उस समय उनकी काफ़ी आलोचना करते थे। लगता है कि इस तरह की भावना तुममें इधर हाल में विकसित हुई है। (3) बच्चनजी के अन्तर्विरोधों की ओर तुमने थोड़ा-सा संकेत ज़रूर किया है, लेकिन उनकी इस प्रवृत्ति के बारे में नहीं लिखा कि उनसे बिलकुल व्यक्तिगत रूप में सम्बद्ध जो भी चीज़ें हैं, उन्हें वे हमेशा ही बहुत ठीक मानते और बताते रहे हैं। सम्भव है कि उनके सिद्धान्त-आदर्श कुछ दूसरे हों, लेकिन इसके बावजूद वे अपने रहन-सहन को, विदेश से ली गयी अपनी डिग्री को और ऐसी ही अन्य व्यक्तिगत बातों को बिलकुल ठीक कहते हैं। यही नहीं, उन्हें 'ग्लोरीफ़ाई' (महिमायुक्त) भी करते हैं। —जैसा कि अपने जीवन-संघर्ष को। तुमने लिखा है कि उन्होंने 32 रुपये पर मास्टरी शुरू की थी लेकिन एक तो उस समय मास्टरों को इससे अधिक तनख़्वाह मिलती नहीं थी और दूसरे 32 रुपये कुछ कम भी न थे। तुम्हें चाहिए कि फुटनोट देकर इस तरह की चीज़ें स्पष्ट कर दो ताकि ये बातें किसी 'परिप्रेक्ष्य' में देखी जा सकें।

मैंने बताया कि अभय और अमरेन्द्र[1] ने पांडुलिपि पढ़कर यह टिप्पणी की थी कि इन अंकनों में कोई एकसूत्रता नहीं दिखाई देती और उनमें बच्चन के व्यक्ति रूप की चर्चा ही अधिक है, कवि-रूप की नहीं।

ओंकार ने इन दोनों आलोचनाओं को असंगत ठहराया। पुस्तक जिस रूप में लिखी गयी है, उसमें एकसूत्रता का होना न तो सम्भव था और न वांछित ही। तब तो उसकी स्वाभाविकता जाती रहेगी। और जहाँ तक बच्चनजी के कवि-रूप का सम्बन्ध है, इतना प्रकट है कि पुस्तक लिखी ही इसलिए गयी है कि वे कवि हैं, और इसी नाते उनके व्यक्तित्व के प्रस्तुत विवेचन का अपना स्वतन्त्र मूल्य भी है।

मैंने ओंकार से यह सलाह भी चाही कि प्रकाशन से पूर्व किसी समय इस पांडुलिपि को बच्चनजी को दिखा देना उचित होगा कि नहीं। ओंकार ने कहा कि सौजन्य के नाते भले ही दिखा दो, पर वे इसमें कोई काट-छाँट करें या तुम्हें कोई दिशा-निर्देश दें—तो वह ठीक न होगा। साथ ही ओंकार ने मेरे इस विचार का भी समर्थन किया कि पुस्तक के पहले संस्करण में वे नाम और प्रसंग न छापे

1. लेखक के दोनों भाई।

जाएँ, जिनके उल्लेख के कारण किसी तरह की नाज़ुक परिस्थिति पैदा हो सकती हो। इन नामों और प्रसंगों की ख़ाली जगह में 'डॉट्स' (बिन्दु) डाल दिये जाएँ, ताकि पाठकों को यह ज्ञात हो सके कि प्रस्तुत संस्करण में केवल सम्पादित पाठ है और मूल पाठ को किसी आगामी संस्करण में छापा जाएगा।

ओंकार ने कहा कि पुस्तक जिस रूप में है, उसमें आज भी छप सकती है और इसके लिए अधिक प्रतीक्षा करने की आवश्यकता नहीं है। उन्होंने यह भी सलाह दी कि पुस्तक के प्रारम्भ में मैं एक लम्बी भूमिका लिखूँ।

कुल मिलाकर, ओंकार का ख़याल था कि यह हिन्दी में अपने ढंग की अकेली पुस्तक होगी। कहने लगे कि 'बॉसवेल' की किताब तो मैंने पढ़ी नहीं, लेकिन वह इससे अच्छी कदापि नहीं हो सकती। इसके छपने पर कितने ही लेखकों को बच्चनजी से ईर्ष्या होगी। और कौन जाने इससे प्रेरित होकर शान्ता जी पन्तजी के विषय में या शिवसागर दिनकरजी के विषय में इस तरह की कोई किताब लिखना चाहें।

ओंकार ने तो यह भी कहा कि बच्चनजी अगर यह पांडुलिपि देख लें तो खुद 'आत्मकथा' लिखने का विचार छोड़ देंगे।

8 जनवरी 1962

महीने-सवा महीने की छुट्टी के बाद आज मैं दफ़्तर आया तो वे प्रसन्न और काम में व्यस्त दिखे। मेरे सहयोगियों ने मुझसे कहा कि आज डेढ़ महीने के बाद वे 'सेक्शन' के भीतर हँसते हुए दाखिल हुए हैं।

फिर, बहुत देर तक उनके साथ बैठकर बातचीत होती रही। बारी-बारी से और बार-बार उन्होंने हर एक के बारे में पूछा। ओंकार, कीर्ति, तिम्मी, स्नेह, बेटुल, अम्मा[1] के कुशल-मंगल का हाल जाना और फिर संक्षेप में इतने दिनों का अपना सारा कार्यक्रम वे सुना गये।

इस बीच, उन्होंने बताया कि, वे उज्जैन और मुज़फ़्फ़रपुर के कवि-सम्मेलनों में हो आये। इनमें वे सुमनजी[2] और देवेन्द्रनाथ शर्मा[3] के अनुरोधों की रक्षार्थ गये थे और संयोगवश जिन दिनों वे इन यात्राओं पर निकले उन्हीं दिनों उत्तर भारत में शीत लहर का प्रकोप हुआ था।

---

1. लेखक के परिवार के विभिन्न सदस्य।
2. शिवमंगल सिंह सुमन, हिन्दी कवि।
3. हिन्दी के प्रोफ़ेसर, इंग्लैंड में बच्चनजी से परिचय का सूत्रपात।

बाद में दफ़्तरवालों ने मुझे यह भी बताया कि कोहरे-पाले के कारण गाड़ियाँ और हवाईजहाज़ इस क़दर लेट हो गये थे कि बच्चनजी को अपनी गाड़ियों के 'कनेक्शन' ही न मिले और नतीजा यह हुआ कि उन्हें मालगाड़ी और ट्रक आदि का सहारा लेकर अपने कार्यक्रम पूरे करने पड़े।

बहरहाल, मुख्य बात उन्होंने यह बतायी कि मुज़फ़्फ़रपुर से लौटते समय वे बाबाजी के दर्शनार्थ कुछ देर के लिए गोरखपुर भी गये थे। वहाँ बाबाजी ने उनके ठहरने, सफ़र करने के बारे में पूछा और अपने दो-दो कम्बल इन्हें दे दिये। बाबा का प्रसाद था, कैसे न लेते! निदान, अब उनमें से एक कम्बल पूजा की आसनी के रूप में बिछा दिया गया है—उस पर बैठकर तेजी भाभी पूजा करती हैं और दूसरा बच्चनजी ने अपनी स्टडी में, कुरसी पर डाल रखा है।

यह भी मालूम हुआ कि इस बीच दिल्ली के धुरन्धर साहित्यकारों ने मिलकर 11 फरवरी को सुबह राष्ट्रपति भवन में और शाम को सप्रू हाउस में लगभग 5,000 रुपये ख़र्च करके 'निराला जयन्ती' मनाने की योजना बनायी है। इस योजना[1] के कर्ता-धर्ताओं में भी, उनकी बातचीत से लगा कि वे भी एक हैं। समारोह की जो रूपरेखा उन्होंने बतायी, उसमें मुझे ठोस तत्त्व तो कम ही दिखा; हाँ, ढोल बजाने की उसमें पूरी व्यवस्था थी। दिनकर, नगेन्द्र, बाँके बिहारी, श्रीमन्नारायण, कमला रत्नम, यशपाल जैन, विष्णु प्रभाकर, वग़ैरा के नाम थे और बाहर से महादेवी, सुमन, जानकी वल्लभ, नन्ददुलारे वाजपेयी, हज़ारीप्रसाद को बुलाने का विचार किया गया था कि निराला पर भाषण देंगे अथवा कविता-पाठ करेंगे।

जब मैंने कहा कि इस आयोजन में धूमधाम तो ज़रूर होगी, लेकिन कुछ गम्भीरता नहीं जान पड़ती और अधिक अच्छा होगा कि निराला-साहित्य के विभिन्न पक्षों पर कम-से-कम तीन-चार घंटे का एक सेमिनार भी इस अवसर पर किया जाए, तो वे इससे कतराते दिखे। बोले, "इसके बारे में लोगों की राय नहीं पड़ी। उनका ख़याल था कि ऐसे कार्यक्रम में आम जनता की रुचि न होगी।"

इससे असहमत होते हुए भी मैंने अधिक कुछ न कहा, क्योंकि मैंने यह महसूस किया कि एक-से-एक सूझवाले महारथियों ने जिस कार्यक्रम पर अपनी सही कर दी है, उसमें मेरे कहने से परिवर्तन नहीं होगा।

दो-एक दिन बाद मुझे यह भी पता लगा कि जिस 'चित्र कला संगम' के कोष में से पैसा इस समारोह के लिए दिया जाना निश्चित हुआ है, उसका सेठों और मारवाड़ियों से ख़ासा सम्बन्ध है। श्रीमन्नारायण जी उसके सभापति हैं और संस्था के एक कार्यकर्ता जब बच्चनजी के पास आये तो उत्सव के लिए बिड़ला और विष्णुहरि डालमिया आदि से चन्दा लेने की भी चर्चा चली। यह सुनकर

1. इस पर बच्चनजी की टिप्पणी : "I gave a wrong impression or you formed a wrong one."

तो मुझे पक्का विश्वास हो गया कि राष्ट्रपति भवन वाला छूँछा कार्यक्रम ही इन लोगों की दृष्टि में प्रमुख है और उसी को केन्द्र बनाकर यह सारा सिलसिला शुरू हुआ है।

9 जनवरी 1962

प्रयाग विश्वविद्यालय के पूर्व छात्र और सम्प्रति जबलपुर में निवास करनेवाले श्री कृष्णकिशोर श्रीवास्तव ने आज बताया कि उनके पास बच्चनजी के लगभग 200 पत्र हैं और अब वे उनका प्रकाशन पुस्तक-रूप में करने की सोच रहे हैं। यह बात आज जब उन्होंने बच्चनजी को बतायी तो वे चौंक उठे और उन्होंने कहा, "मेरी अनुमति लिये बग़ैर उन्हें मत छपाना।" उस पर कृष्णकिशोर ने कहा कि जैसी अनुमति आपने पन्तजी से ली होगी, वैसी ही मैं भी आप से ले लूँगा।

पत्रों के सम्बन्ध में कृष्णकिशोर ने बताया कि वे बड़े ही आत्मीयतापूर्ण हैं। पिछले लगभग चौदह वर्षों से उनका पत्र-व्यवहार बच्चनजी के साथ रहा है और इस माने में वे अपने आप को सत्येन्द्र अथवा बच्चनजी के अन्य किसी भी निकटस्थ सुहृद से अधिक सौभाग्यशाली समझते हैं कि उन्हें दूर रहने के कारण बच्चनजी के पत्र पाने का अवसर मिलता रहा है और इस प्रकार वे बच्चनजी के अधिक आत्मीय विचारों से अवगत हो सके हैं।

बच्चनजी की जिन विशेषताओं का कृष्णकिशोर ने बार-बार उल्लेख किया, वे थीं—पत्रोत्तर देने में तत्परता और मानवीयता। दूसरों की समस्याओं को लेकर बच्चनजी चिन्तित रहते हैं और उन्हें सुलझाने के लिए जो भी सम्भव होता है, करते हैं—यह कृष्णकिशोर के विचार से एक बड़ी बात थी। उनके पत्रों से भी उनके व्यक्तित्व की ये विशेताएँ झलकती हैं। कृष्णकिशोर के पास औपचारिक पत्रों के अतिरिक्त बहुत-से पत्र ऐसे भी हैं जिनमें बच्चनजी ने किन्हीं समस्याओं पर अपने गम्भीर विचार व्यक्त किये हैं। विवाहित जीवन और प्रेम-विवाह के सम्बन्ध में दोनों जनों के बीच काफ़ी पत्राचार हुआ था और कृष्णकिशोर ने कहा कि उन्होंने बच्चनजी को यह मनवाकर छोड़ा कि प्रेम-विवाह प्रायः असफल रहते हैं। फिर भी, बच्चनजी ने उन्हें लिखा था कि जहाँ तक पूर्ण सन्तोष का प्रश्न है, भगवान राम भी सीता जी से पूर्णतया सन्तुष्ट न रहे होंगे। कृष्णकिशोर के विवाह के अवसर पर बच्चनजी ने कैम्ब्रिज से उन्हें एक बहुत लम्बा और अच्छा पत्र लिखा था, जिसे कृष्णकिशोर ने अपने अनेक मित्रों को पढ़कर सुनाया भी।

कुछ समय पहले कृष्णकिशोर ने एक पत्र में लिखा था कि इस बीच

प्रकाशित, लोक-धुनों के आधार पर लिखे गये गीत उन्हें पसन्द नहीं आ रहे हैं। इसका उत्तर बच्चनजी ने यह दिया कि चलो, कोई हर्ज़ नहीं। मेरे लिए यही क्या कम खुशी की बात है कि खुद मुझको तुम पसन्द करते हो।

कृष्णकिशोर ने कहा कि यह पत्र पाकर मैं तो पानी-पानी हो गया।

इतनी बातचीत के बाद मैंने कृष्णकिशोर से पूछा कि जब बच्चनजी को इतनी अच्छी तरह जानते हो, तो उन पर कोई पुस्तक क्यों नहीं लिखते? उन्होंने जवाब दिया—चाहता तो हूँ, पिछले साल भी मैंने भैया (बच्चनजी) को लिखा था, पर वे अनुमति ही नहीं देते। यों जबलपुर में मैंने एक संस्था बनायी थी, जिसकी ओर से हर साल 27 नवम्बर को उनका जन्म-दिवस मनाया जाता है। इस साल मैं भी जबलपुर में था, इसलिए और भी धूमधाम से उनकी जयन्ती मनायी गयी। मैंने भैया से भी इस अवसर पर जबलपुर पधारने का अनुरोध किया था, पर उन्होंने लिखा था कि किसी अन्य अवसर पर बुलाओगे तो ज़रूर आऊँगा। अपनी ही जन्मतिथि के आयोजन में आने पर तो मुझे ऐसा लगेगा मानो अपने श्राद्ध में स्वयं ही भोजन करने पहुँच गया होऊँ।

बहरहाल, कृष्णकिशोर ने बताया कि अब वे बच्चनजी पर लेख तथा पुस्तक तो लिखेंगे ही, उनकी 55वीं अथवा 60वीं वर्षगाँठ के अवसर पर एक बड़े ग्रन्थ के प्रकाशन का आयोजन भी करेंगे।

17 जनवरी 1962

आज सुबह हमारे दफ़्तर के एक सहयोगी (श्री बलदेव डाबर) की तबीयत अचानक खराब हो गयी थी और वे घबराकर हम सभी के नाम एक करुण और नाटकीय पत्र लिखकर दफ़्तर में छोड़ गये थे। स्वाभाविक था कि हम सभी उसे पढ़कर चिन्तित हो गये और मेरा तो बड़ी देर तक किसी भी काम में मन नहीं लगा। पर जब बच्चनजी आये और उन्हें यह समाचार मालूम हुआ तो उन्होंने कुछ विशेष व्यग्रता प्रकट नहीं की। सिर्फ़ यह कहा कि इनके घरवालों को ख़बर कर दो और यह पूछो कि उनकी अर्जी दफ़्तर में आयी है या नहीं।

बहरहाल, कुछ देर बाद वे सज्जन अस्पताल से हम लोगों को ख़बर देने के लिए लौट आये और उन्होंने बताया कि सुबह उन्हें ख़ून की उल्टी हुई थी और चूँकि पहले इसी तरह की तकलीफ़ की वजह से उन्हें बहुत समय तक अस्पताल में रहना पड़ा था, इसलिए इस बार फिर चिन्तित हो गये।

यह सुनकर बच्चनजी ने उन्हें भी वही उपदेश दिया, जिसका उल्लेख वे

पहले कई बार मेरे सामने कर चुके थे। उन्होंने कहा कि आदमी को बहुत-कुछ भगवान, या अगर कोई भगवान को न माने तो प्रकृति के सहारे छोड़ देना चाहिए। उसकी विराट् व्यवस्था में हमारा अस्तित्व तिनके से भी अधिक लघु है। हम न तो उस अवस्था में कोई टक्कर ले सकते हैं और न उसमें कोई परिवर्तन ला सकते हैं। इसलिए अपने आपको उसी के भरोसे छोड़ देना उचित है। हमें उस सत्ता के सामने 'यील्ड' (समर्पण) करना सीखना चाहिए और ऐसा करते हुए कोई भी चिन्ता और घबराहट अपने मन में न आने देनी चाहिए।

बच्चनजी ने कहा कि, "मेरी विचारधारा आस्तिक है, इसलिए मैं तो यही समझता हूँ कि भगवान जो भी करता है, भले के लिए ही करता है। कभी-कभी हम उसके भलेपन को नहीं समझ पाते, लेकिन मूलतः और अन्ततः भगवान का प्रत्येक कार्य हमारे लिए शुभ ही होता है।"

"और यदि आप इस अपर शक्ति को प्रकृति का नाम दें तो वही सही। कुछ दिनों पहले मैंने अख़बार में ख़बर पढ़ी थी कि किसी जगह साँप इतने बढ़ गये कि उन्हें सरकारी सहायता लेकर सामूहिक रूप से मरवा डाला गया। इसका नतीजा यह हुआ कि उस जगह उस साल सारी फसल को चूहे खा गये, कीड़े लग गये, क्योंकि आमतौर से तो साँप इन कीड़ों-मकोड़ों और चूहों को मार डालते थे, पर इस बार साँपों के न होने के कारण पौधों के इन दुश्मनों ने सारी फसल ही ख़त्म कर दी।"

"असल में प्रकृति चारों तरफ़ इतने बड़े पैमाने पर प्रयोग करती रहती है और उसकी प्रक्रिया इतनी जटिल होती है कि हम चीज़ों के असली स्वरूप को समझ नहीं पाते हैं। अगर हम इन गहरे रहस्यों को प्रकृति का प्रयोग और एक तरह की अनिवार्यता मान सकें तो हमारी बहुत-सी व्यक्तिगत चिन्ताएँ दूर हो जाएँ।"

बच्चनजी ने कहा, "आपको जो तकलीफ़ हुई है, ठीक यही मुझको भी आज से कुछ समय पहले[1] हुई थी। सुबह हाथ-मुँह धोते समय अचानक मेरे मुँह से खून आ गिरा। लेकिन मैंने इस बात को सिर्फ़ चौधरी साहब (अजितकुमार) से बताया। अपनी पत्नी से भी नहीं कहा, क्योंकि वे बहुत घबरा जाती हैं। आज आप तीसरे व्यक्ति हैं, जिन्हें यह बात मालूम हो रही है। जब यह घटना हुई तो मैंने अपनेआप को संयत किया और दफ़्तर आया। यहाँ काम किया और तब से आज तक काम कर ही रहा हूँ। इसलिए कोई भी स्थिति हो, घबराना और परेशान होना ठीक नहीं। अपने काम में लगे रहिए और इलाज भी कराते रहिए। मैं तो भगवान के प्रति आभारी हूँ कि उसने मेरी पैर की हड्डी ही बढ़ायी। कम-

1. वस्तुतः एक वर्ष पूर्व। देखिए 10 जनवरी 1967 का अंकन।

से कम कोई देखता तो नहीं। अगर कहीं नाक की हड्डी बढ़ गयी होती तो हज़ार लोग देखते और उँगली से इशारा करते।''

अन्त में, एक बार फिर, बच्चनजी ने कहा कि वे तो प्रत्येक परिस्थिति को प्रभु का वरदान मानते हैं और इसीलिए उनका विश्वास है कि भगवान जो भी करते हैं, उसमें हमारे लिए कुछ-न-कुछ अच्छाई ज़रूर रहती है।

निश्चय ही मेरे इन सहयोगी के लिए, मेरी ही भाँति, इन बातों पर विश्वास कर पाना कठिन था, लेकिन उन्होंने भी, मेरी ही भाँति, मन्द-मन्द मुस्कराकर ही अपने मनोभाव को प्रकट करना अधिक उचित समझा। यों, उन सहयोगी की तो नहीं जानता, पर मुझे आज का यह 'लेक्चर' पसन्द नहीं आया।

17 जनवरी 1962

कल सुबह हवाईजहाज़ से वे कवि-सम्मेलन में भाग लेने बम्बई जानेवाले थे, इसलिए आज शाम मैं बम्बई[1] के लिए कुछ सामान लेकर उनके घर पहुँचा। वे निश्चिन्त भाव से अपनी पुस्तकों-पत्रिकाओं में रमे हुए थे और उनका सूटकेस तैयार रखा था। उनके कमरे में ही नहीं, घर के कोने-कोने में हर चीज़ व्यवस्थित थी और सब लोग अपने-अपने काम में लगे थे।

यों सर्दी थी और गपशप करने का यह कोई ख़ास मौक़ा भी न था, लेकिन मैं थोड़ी देर के लिए रुक गया और जैसा कि उनका स्वभाव है—उन्होंने एक नयी चर्चा छेड़ दी। बोले, '' 'ज्योत्स्ना' में उग्रजी[2] का पत्र छपा है। इन दिनों वे राजस्थान में हैं, दिन में एक बार माँग-जाँचकर खाना खाते हैं, इलाज कराने के लिए पैसे नहीं हैं। सोचता हूँ कि एक पत्र उन्हें लिखूँ कि मुझे यदि किसी योग्य आप समझें तो आपकी कुछ सहायता करना चाहता हूँ। पर वह आदमी बेढब है, कहीं बिगड़ न जाए कि आप कौन होते हैं, सहायता करनेवाले। इस ख़याल से, बहुत विनम्र पत्र लिखूँगा।''

पूँजी और राजनीति के दो पाटों में पिसकर आज प्रत्येक स्वतन्त्रचेता व्यक्ति अथवा साहित्यिक कितना अधिक असहाय हो गया है, इसे लेकर जब मैं दुख प्रकट करने लगा तो थोड़ी देर वे सुनते रहे, फिर बोले, ''तुम्हारी बात ठीक हो सकती है, लेकिन मैं फिर तुमसे यह कहना चाहता हूँ कि यदि कवि को अपनी

1. ''जहाँ उन दिनों मेरी बहन और बहनोई थे।'' —अ. कु.
2. पांडेय बेचन शर्मा 'उग्र'।

जनता पर और जनता को कवि पर विश्वास हो तो तमाम सरकारें और पूँजीपति मिलकर भी उसपर नियन्त्रण नहीं रख सकते। यह मेरी पक्की धारणा है और इसमें परिवर्तन नहीं हो सकता।''

26 जनवरी 1962

अभी 23 जनवरी को लाल क़िले में जो वार्षिक कवि-सम्मेलन हुआ था, उसका हाल मेरे सहयोगियों ने मुझे बताया। बच्चनजी ने 'ध्वस्त पोत' नामक कविता सुनायी थी और बुरी तरह 'हूट' किये (उखाड़े) गये थे। कारण स्पष्ट था। उन्होंने यह कविता इसलिए सुनायी होगी कि वे जन-रुचि का संस्कार करना चाहते रहे हैं। फलतः उन्होंने गणराज्य दिवस को ध्यान में रखकर विशेष रूप से लिखी गयी, मुक्तछन्द की लम्बी कविता पढ़ी होगी। दूसरे, उन्हें यह आत्म-विश्वास भी होगा कि वे इतने जमे हुए कवि हैं, जो भी सुनाएँगे, उसे जनता सुनेगी और पसन्द करेगी। तीसरे, वे अपने इस विश्वास को भी सच सिद्ध करना चाहते होंगे कि जनता अच्छी रचनाओं को पसन्द करती और करना चाहती है; आवश्यकता केवल यह है कि सुरुचिपूर्ण कवि जनता पर विश्वास करें और उसके सामने अच्छी चीजें रखें।

उधर, जहाँ तक जनता का सम्बन्ध है, वह उतने जाड़े-पाले में, टिकट खरीदकर, हज़ारों की तादाद में, मज़ा लेने और वाह-वाह करने के लिए आयी थी, न कि उपदेश सुनने। इसके अतिरिक्त वह जनता बच्चन से 'मधुशाला' सुनना चाहती थी न कि एक रूखी और लम्बी कविता। निदान, बच्चनजी का 'ध्वस्त पोत' सुनाना और जनता का 'हूटिंग' करना—दोनों ही अपनी-अपनी जगह उचित और समझ में आनेवाली क्रियाएँ जान पड़ीं मुझे।

मेरे सहयोगियों ने यह भी बताया कि हठपूर्वक उक्त कविता सुनाने के बाद, बच्चनजी ने 'मधुशाला' भी सुनायी और जनता का मन रक्खा। ज़ाहिर है कि पहली कविता पर भयंकर शोर मचानेवाली जनता ने 'मधुशाला' को अत्यन्त तन्मय होकर सुना।

24 तारीख को दफ़्तर में वे कुछ देर से आये। मैंने सोचा कि पिछली रात के कवि-सम्मेलन की थकान रही होगी, पर मालूम हुआ कि नहीं, वे असल में पन्तजी को लेने के लिए स्टेशन गये थे। रात के कवि-सम्मेलन की थोड़ी ही चर्चा उनसे हुई। जब मैंने कहा कि दो घंटे तक तो मैं भी सुनता रहा था और कवि-सम्मेलन की दृष्टि से गोकि वह काफ़ी सफल जान पड़ा मुझे, पर अच्छे

स्तर की एक भी कविता नहीं मिली मुझे, तो वे चुप ही रहे। मैंने समझा कि कविताओं की बुराई शायद उन्हें पसन्द नहीं आ रही है, इसलिए मैंने जान-बूझकर यह चर्चा आगे नहीं बढ़ायी और अपनी ओर से बच्चनजी ने यह बताया ज़रूर कि उन्होंने 'ध्वस्त पोत' पढ़ी थी, पर यह नहीं कहा कि जनता ने उसे पसन्द नहीं किया।

उलटे आज शाम, जब मैं उनके घर पन्तजी से मिलने गया तो वे अपनी इधर की कविताएँ पन्तजी को सुना रहे थे। ये सबकी-सब मुक्तछन्द में थीं और इनमें से अधिकांश तो मैंने भी नहीं सुनी थीं। 'ध्वस्त पोत' सुनाने के बाद जब उन्होंने पन्तजी को बताया कि यही कविता कल रात उन्होंने लाल क़िले में पढ़ी थी तो पन्तजी ने अचानक पूछ लिया, ''पसन्द किया इसे लोगों ने?''

बच्चनजी ने बड़े आत्मविश्वास के साथ कहा, ''हाँ, पसन्द किया।'' और अगली कविता सुनाने लगे।

बहरहाल, थोड़ी ही देर में शान्ताजी[1] आ गयीं और फिर भगवती बाबू[2] भी पधारे। आज बच्चनजी के विवाह की बीसवीं वर्षगाँठ थी और इसके उपलक्ष्य में, उपस्थित लोग आज उन्हीं के यहाँ भोजन करने को थे। भोजन से कुछ पहले, तेजी भाभी ने भगवती बाबू से लाल क़िले के कवि-सम्मेलन की निन्दा शुरू की। बोलीं कि वह निहायत घटिया, हुल्लड़भरा और 'चीप फ़ंक्शन' था। उसे क्या कवि-सम्मेलन कहा जा सकता है! भगवती बाबू ने इसके जवाब में राय ज़ाहिर की कि वह एक तरह का मेला-तमाशा था और इस रूप में काफ़ी सफल भी था। लेकिन तेजी भाभी को इस उत्सव में कोई भी अच्छी बात नहीं दिखाई दी और जब वे पूरे विश्वास के साथ अपनी बात कह रही थीं और बच्चनजी चुप थे तो मैं समझ गया कि वे बच्चनजी की ही राय को दोहरा रही हैं। बल्कि वे तो शायद लाल क़िले का कवि-सम्मेलन सुनने भी न गयी होंगी। उनकी राय मुझको वास्तव में, कवि-सम्मेलन और उसमें आनेवाले कवियों तथा श्रोताओं के प्रति बच्चनजी की ही आफ़िशियल (आधिकारिक) राय जान पड़ी।

और तब मुझे ख़याल आया कि अभी कुछ ही दिन पहले, 18 तारीख़ के बम्बई के कवि-सम्मेलन से लौटने के बाद, उन्होंने एक बड़े रोचक सिद्धान्त का निरूपण किया था।

उन्होंने कहा था कि, ''ये जितने भी लोग निराशा, पीड़ा और फ्रस्ट्रेशन की कविता लिखते हैं और 'मेंव-मेंव' करके कविता पढ़ते हैं, वे सब-के-सब एक भयंकर 'कांस्पिरेसी' (षड्यन्त्र) के शिकार हैं। यह षड्यन्त्र कुछ पैसेवालों और

1. शान्ता जोशी, श्री सुमित्रानन्दन पन्त की बहन।

2. भगवती चरण वर्मा, लेखक।

पूँजीपतियों ने किया है। वे चाहते हैं कि साहित्यकारों में आत्मबल न आए अन्यथा वे सबसे पहले इन्हीं पैसेवालों के हितों पर प्रहार करेंगे। इसी कारण उन्होंने कवियों में हीनता और निरीहता की भावना भर दी है। अब वे ऐसे ही कवियों की रचनाएँ छापते और पुस्तकें प्रकाशित करते हैं। फलस्वरूप इन कवियों की संख्या बढ़ रही है। वे सब केवल फ्रस्ट्रेशन की कविता लिखते हैं और 'अकेले कंठ की पुकार' सुनाते हैं।''

यह सुनकर मैंने कहा कि यह कोई अकेली हिन्दी की प्रवृत्ति नहीं है। तमाम अन्य भारतीय और विदेशी भाषाओं में इन दिनों इसी प्रकार की कविता लिखी जा रही है।

वे बोले, ''यह 'कांस्पिरेसी' हिन्दी तक सीमित थोड़े ही है। यह तो बहुत व्यापक है और इसका प्रभाव दुनिया भर में है। पर यह कवियों को नपुंसक बनाती है और वे 'मेंव-मेंव' करके कविता पढ़ने और जनता से डरने लगते हैं।''

मैंने हँसकर कहा, ''लेकिन आपके जो कवि बड़े भीषण गायक हैं या जो बहुत गरजकर कविता सुनाते हैं और मंच को हिला डालते हैं, उन्होंने साहित्य को क्या योग दिया है, ज़रा यह तो बताइए। कविता उनका पेशा है और वे अपने पेशे को भली भाँति करते हैं, यह ठीक है। जनता का मनोरंजन करते हैं, इसमें भी कोई सन्देह नहीं। इस दृष्टि से वे सफल होंगे, पर जिस दिन साहित्य का इतिहास लिखा जाएगा या सचमुच महत्त्वपूर्ण और जीवन्त काव्य का मूल्यांकन होगा, उस दिन इन तमाम कवियों की उपलब्धि क्या समझी जाएगी, यह तो शायद आपको भी पता होगा।''

बच्चनजी ने ज़रा तेजी से पूछा, ''तो आप ही लोगों ने कविता के क्षेत्र में ऐसा क्या तीर मारा है? कम-से-कम मैं तो नहीं जानता।''

मैंने जवाब दिया, ''क्यों नहीं! नये ढंग की कविता लिखनेवालों के बारे में कुछ बातें निर्विवाद हैं। एक तो उनका प्रयोजन विशुद्ध साहित्यिक है, व्यावसायिक नहीं। दूसरे उनका प्रयत्न गम्भीर और सुचिन्तित है। उसके पीछे अध्ययन, मनन और परम्परा का आधार है। यही नहीं, उन्होंने अपने ढंग से कुछ-न-कुछ उपलब्ध भी किया है और काव्य के माध्यम का सार्थक उपयोग किया है।''

बच्चनजी ने कहा, ''मुझे तो ऐसा कोई कवि नहीं नज़र आता।''

मैंने उत्तर दिया, ''आठ-दस नाम तो मैं अभी भी गिना सकता हूँ—अज्ञेय, भारती, सर्वेश्वर, रघुवीर सहाय, कीर्ति, कुँवर नारायण, श्रीकान्त, केदारनाथ सिंह, वीरेन्द्रकुमार जैन, भवानी प्रसाद मिश्र...।''

वे बोल उठे, ''भवानी और वीरेन्द्र को मैं कवियों में नहीं मानता। ये कोई अज्ञेय के चेले थोड़े ही हैं!''

मैंने कहा, ''चेले तो इनमें से और भी कितने ही लोग नहीं हैं। चेला होना

मुख्य बात नहीं है। असली बात तो यह है कि भवानी और नागार्जुन जैसे कवियों ने भी कविता के नये माध्यम को अपनाया है और समकालीन जीवन-परिस्थितियों को समझने का यत्न किया है।''

बहरहाल, बच्चनजी ने बातचीत को और न बढ़ाकर सिर्फ़ यही कहा, ''नहीं, नहीं, यह अज्ञेय और पूँजीपतियों की एक बड़ी 'कांस्पिरेसी' है। तुम अभी इसको समझते नहीं हो। इसका उद्देश्य यही है कि कवियों को उनकी निष्फलता का बोध कराके व्यर्थ बना दिया जाए। धीरे-धीरे नयी पीढ़ी इस जाल में फँसती जा रही है।...''

इस तरह, उस रोज़ नये कवियों के बारे में, और बाद में 25 तारीख़ को, सम्मेलनी कवियों के बारे में उनकी राय जानकर मुझे आश्चर्य हुआ था कि वे इनमें से किसी का भी अनुमोदन नहीं करते। पर बातों-बातों में कवि-सम्मेलनों के विकृत स्वरूप का उल्लेख आ जाने पर एक बार उन्होंने कहा था कि समस्या का हल यही नहीं है कि कवि-सम्मेलन बन्द कर दिये जाएँ। जनसम्पर्क के उस सशक्त स्वरूप का परित्याग हमें नहीं करना चाहिए। (इस पर मैंने कहा था कि यदि हम चाहें तो भी अब दशा यह हो गयी है कि कुछ कर नहीं सकते, क्योंकि एक ओर तो उत्साही संयोजक , दूसरी ओर उपयुक्त कवि तथा तीसरी ओर तदनुरूप रसग्राही श्रोता—सभी की संख्या आश्चर्यजनक रूप से बढ़ गयी है। अब कवि-सम्मेलन की 'ऐक्टिविटी' (क्रिया-कलाप) पर कोई प्रतिबन्ध नहीं रखा जा सकता)। किन्तु, बच्चनजी ने कहा कि, ''यदि कोई ऐसा समर्थ कवि आए, जिसकी निगाह तो आसमान में हो और पैर ज़मीन में, तो वह अब भी कवि-सम्मेलनों को उपयोगी बना सकता है।''

सम्भवतः, पूर्वोक्त दोनों कोटियों के कवियों को अस्वीकार करने के बाद, उनकी आशा अब ऐसे ही किसी 'समर्थ' कवि पर टिकी होगी। लेकिन मैंने पहले निवेदन किया था कि जब उनके जैसे कवि-पुंगव इस काम को पूरा नहीं कर सके तो अब यह किसी कवि के बस की बात नहीं रही।

27 जनवरी 1962

आज भोजन के समय मैंने उनके एक प्रेमी (वीरेन्द्रकुमार जैन[1]) के पत्र का हाल बताया। उन सज्जन ने मुझे लिखा था कि बच्चनजी एक दुर्लभ व्यक्ति हैं

1. हिन्दी कवि और कथाकार।

और निकट भविष्य में ही उनके व्यक्तित्व के महापुरुषत्व का कोई विशेष स्वरूप प्रकट होगा।

बच्चनजी सुनकर बोले, ''प्रेमी जीव हैं बेचारे! भावुक हैं। छायावाद के मारे हुए लोगों में से एक ये भी हैं।''

फिर कहने लगे, ''छायावाद ने कितने ही लोगों का जीवन नष्ट कर दिया। उन्हें भावना-लोक का प्राणी बनाकर संसार के लिए बिलकुल ही अव्यावहारिक कर दिया।''

मैंने कहा, ''असल में इस तरह के लोगों की कठिनाई यह होती है कि वे बहुत अधिक 'एक्सपेक्ट' (प्रत्याशा) करते हैं।''

वे बोले, ''तुम ठीक कहते हो। और उतनी ही मात्रा में वे जीवन-व्यवहार के अयोग्य हो जाते हैं। उनमें भावना प्रधान रहती है पर वे उस पर बुद्धि का अंकुश लगाना भूल जाते हैं। इसमें सन्देह नहीं कि वास्तविक चीज़ हृदय ही है, वही मूल शक्ति है; कह सकते हैं कि वही घोड़ा है, लेकिन उसको लगाम की ज़रूरत तो है ही।

''शुरू-शुरू में मुझ पर भी छायावाद का बड़ा प्रभाव था और मैं बहुत भावुक था। लेकिन उसके सबसे जबर्दस्त शिकार थे एक अन्य सज्जन (सत्यप्रकाश मिलिन्द)। जितनी देर वे मेरे पास बैठकर रोते थे, उतनी ही देर में, अगर मैं कभी इकट्ठा करता तो उनके आँसुओं से प्रतिदिन एक गिलास भर जाता।'' उनकी आँखों से झरझर आँसू झरते थे और वे प्रतिदिन कम-से-कम एक लोटा भरकर रोते थे।[1]

मैंने पूछा, ''आखिर वे आपके पास आकर क्यों रोते थे?''

बच्चनजी ने कहा, ''मेरे प्रेमी थे। बेचारे मेरी कविताओं के मारे हुए थे। उन्हें पढ़कर अपने घर में रोते थे और सुनकर मेरे घर में।''

यह प्रसंग सुनकर मुझे याद आया कि अपने एक अन्य परिचित, किन्हीं श्री चतुर्वेदी का ज़िक्र उन्होंने पहले कभी किया था। ये महाशय भी बड़े भावुक थे और उनके आँसू भी रोके न रुकते थे। कविता ही उनके जीवन का ओढ़ना-बिछौना थी उन दिनों। पर आज वे पुलिस के कोई बड़े अफ़सर हैं और कविता का नाम भी नहीं लेते।

बहरहाल, बच्चनजी ने कहा कि, ''एक ज़माने में जो आदमी कविता लिखता था, वह अपने को कोई और ही चीज़ समझने लगता था। और जैसा कि तुमने अभी कहा, वह दुनिया से बहुत-कुछ उम्मीद करता था। कीट्स की मृत्यु सिर्फ़ यह सोच-सोचकर हो गयी कि मैं तो इतना महान कवि हूँ और एक मामूली-सी लड़की, फ़ैनी ब्रान, मेरे प्रेम की रत्ती भर भी परवाह नहीं करती। रोमांटिक

1. मूलपाठ में लोटेवाला वाक्य पहले और गिलासवाला बाद में था, सम्भवतः इस कारण बच्चनजी ने मार्जिन पर दर्ज किया: anti-climax। तो भी सम्भव है, वे कुछ भिन्न व्यंजित करना चाहते होंगे।

कवियों का दुनिया भर में यही हाल है। हमारे यहाँ लोगों ने निरालाजी की भी यही दशा बना दी थी। वे यह समझते थे कि जब तक राष्ट्रपति और प्रधानमन्त्री उनसे मिलने उनके पास न आएँ, उनके कवि और कविता का पूरा सम्मान नहीं होगा।''

31 जनवरी 1962

बातों-बातों में बौद्ध धर्म का ज़िक्र आ गया तो मैंने कहा कि यों तो आपने और पन्तजी ने बौद्ध धर्म की निन्दा अपनी कविताओं में की है, पर मेरा विचार है कि वह उतना अस्वस्थ और प्रतिगामी जीवन दर्शन नहीं था, जैसा कि आप लोग उसे बताते हैं।

यह ज़िक्र इस तरह आया कि बच्चनजी ने कहा कि हमारे सत्, चित्, आनन्द का खंडन बौद्ध धर्म में 'सब्बा दुःखा', 'सब्बा अनत्ता', 'सब्बा अनिक्का'[1] कहकर किया गया है अर्थात् सब कुछ अनित्य और दुःखमय, खंड-खंड बताया गया है।

मेरी बात सुनकर बच्चनजी ने कहा कि नहीं, बौद्ध धर्म हमारे देश के लिए बड़ा ख़तरनाक था और यह अच्छा ही हुआ कि वह यहाँ टिक नहीं सका। उसमें केवल एक ही अच्छी चीज़ थी—करुणा, किन्तु उसका 'क्षणवाद' निश्चित रूप से हमारी स्वाभाविक प्रवृत्ति के प्रतिकूल पड़ता था।

मैंने उनसे कहना चाहा कि भले ही वह हमारे देश में पनप नहीं सका, पर एशिया के अनेकानेक देशों में आज भी वह एक सक्रिय धर्म और जीवन-दर्शन के रूप में मान्य है और वहाँ कहीं भी ऐसा नहीं जान पड़ता कि उन देशों के लोगों का जीवनक्रम—उनके बौद्धधर्मावलम्बी होने के कारण—विकृत, दुखदायक अथवा कुंठित हो गया हो। उलटे, शायद वे हम हिन्दू धर्मावलम्बियों की बनिस्बत बेहतर इन्सान हों।

बच्चनजी ने कहा कि यह तो इस पर निर्भर करता है कि किसी देश ने किसी धर्म-विशेष को किस रूप में अंगीकार किया है। तमाम ईसाई-जगत को देखो। एक ओर तो उनके जीवन में यान्त्रिकता और भौतिकता का प्रभुत्व है तथा दूसरी ओर ईसाई धर्म, जिसमें बताया गया है कि कोई तुमसे एक चीज़ माँगे तो तुम चार दे दो, कोई तुम्हें एक चाँटा मारे तो अपना दूसरा गाल भी उसके सामने कर दो।

---

1. बच्चनजी की टिपण्णी है : ''अनिक्का का अर्थ बौद्ध शब्दावली में शायद है—अननोएबुल—अपोज़िट ऑफ़ नो।''

इसी प्रकार, बौद्ध धर्म में मूल रूप में भले ही कोई ख़राबी न रही हो, बल्कि उसे तो शायद धर्म कह भी नहीं सकते, वह तो जीवन के प्रति एक दृष्टिकोण है—पर आगे चलकर उसमें विकृतियाँ आती गयीं। यों भी हमारे देश में उसे राजा-महाराजाओं का ही समर्थन मिलता रहा और उनमें भी सबसे पहला नरेश था—एक विदेशी, शक, सिथियन—कनिष्क!

मैंने कहा, ''इस दृष्टि से देखिएगा तो हिन्दू धर्म में भी[1] संकीर्णता, कर्मकांड और इसी तरह की कितनी ही अन्य सीमाएँ दिखाई देंगी और सच पूछा जाए तो औसत हिन्दू का नियतिवाद, सन्तोषवाद और त्यागवृत्ति आदि गुण प्रच्छन्न रूप से उसे किसी भी औसत बौद्ध से बहुत भिन्न नहीं सिद्ध करते।''

बच्चनजी बोले, ''वास्तव में हिन्दू धर्म का तत्त्व है उपनिषद् और वही हिन्दू धर्म की असली कसौटी भी है। ईशावास्योपनिषद् में कहा गया है 'तेनत्यक्तेन भुंजीथाः मा गृधः कस्यचिद् धनम्'[2] और यही सच्ची भारतीय दृष्टि है।''

1 फरवरी 1962

अभी हाल ही में दिवंगत श्री रामनरेश त्रिपाठी के जीवन और काव्य पर वे एक निबन्ध 'साप्ताहिक हिन्दुस्तान' के लिए लिखना चाहते थे। उसी के लिए दो-एक दिन से सुधीन्द्रजी की पुस्तक 'हिन्दी कविता में युगान्तर' पढ़ रहे थे। मुझसे बोले कि त्रिपाठी जी की कुछ पुस्तकें खोजकर लाओ कहीं से, तो लेख लिख डालूँ।

और फिर, उन्होंने बताया कि, ''त्रिपाठी जी कर्मठ साहित्यकार थे, कम पढ़े थे लेकिन मेहनत करते थे, गाँव-गाँव घूमकर लोकगीत इकट्ठे किये थे, उनके 'पथिक' और 'मिलन' की लाख-लाख प्रतियाँ बिकी थीं, नब्बे हज़ार की कोठी सुलतानपुर में खड़ी की थी और अपनी मेहनत की कमाई पर शान से रहते थे।

''लेकिन ऐसे लोगों की हमारे देश में कद्र नहीं होती। हमारे देश में तो वह आदमी पूजा जाता है, जो कष्टों में रहे, और नंगा-भूखा दिखे। गाँधी इस देश की प्रवृत्ति को पहचानते थे, इसीलिए उन्होंने एक ख़ास तरह का बाना बनाया था। ऐसा ही विनोबा ने किया और हिन्दी में निराला ने भी। यही वजह है कि लोगों ने उन्हें हाथोंहाथ ले लिया और जय-जयकार मचायी। आज 'हाय निराला',

1. बच्चनजी की टिप्पणी : ''इसमें कितना बौद्ध प्रभाव है, इसका विश्लेषण होना चाहिए।''
2. ईशावास्योपनिषद् का ठीक उद्धरण बच्चनजी के अनुसार यह है : ''तेन त्यक्तेन भुंजीथाः मा गृधः कस्यचिद् धनम्।''

'हाय निराला' का शोर चारों तरफ़ सुनाई देता है, लेकिन 'हाय रामनरेश' कोई नहीं कहता। किसी पत्रिका ने उनके लिए विशेषांक नहीं निकाला, कहीं कोई अच्छे लेख मुझे नहीं दिखाई दिये, जबकि काम इस आदमी ने भी कुछ कम नहीं किया था। कविता-संकलन आज भी निकलते ही रहते हैं, लेकिन 'कविता कौमुदी' का जो आयोजन इस व्यक्ति ने किया था, वैसा आज तक दूसरा नहीं हुआ। 'कविता कौमुदी' के आठों भाग हिन्दी साहित्य में, अपने आप में बेजोड़ हैं।

"पर उनके जीवन-काल में भी लोग उन्हें भूले रहे और मृत्यु के बाद तो जैसे पूरी तरह से उन्हें भुला दिया गया है। इसका कारण यही है कि उन्होंने सम्मानपूर्वक अपना जीवन बिताया और एक भले आदमी की तरह परिश्रमपूर्वक अपना साहित्यिक कार्य करके 'रिटायर' हो गये। कर्मठ व्यक्ति थे और पौरुषवान भी थे। साठ साल की उम्र में उन्होंने सन्तानोत्पत्ति भी की। ऐसे आदमी के लिए मेरे मन में इज्ज़त है और इस बात को मैं अपने लेख में लिखना चाहता हूँ।"

उनके ये विचार मुझे इसलिए भी रोचक और कौतुकपूर्ण जान पड़े, क्योंकि एक ओर तो उनका अपना जीवन-क्रम भी कर्मठ, सम्पन्न और सम्भ्रान्त साहित्यकार का रहा है और इस नाते वे त्रिपाठी जी की पूर्वोक्त प्रशस्ति के ब्याज से मानो स्वयं अपने जीवन-क्रम को न्यायसंगत ठहरा रहे थे। और दूसरी ओर, साधुओं-बाबाओं आदि के प्रति अब उनके मन में भी श्रद्धाभाव जाग उठा है, वह मानो इसका संकेत करता है कि भारतीय समाज की जिस कमज़ोरी की ओर वे कटुता के साथ संकेत कर रहे थे, उसका अपवाद वे खुद भी नहीं हैं।[1]

बहरहाल, उनके मन्तव्य में मुझे असंगति यह जान पड़ी कि वे इसका संकेत-सा कर रहे थे कि गाँधी, विनोबा या निराला का फ़कीरी ठाठ कोई ऊपर से ओढ़ा या बनाया हुआ ढंग था।[2] मेरा मन इसे स्वीकार नहीं करता। मैं तो समझता हूँ कि उक्त जीवन-क्रम इन विभूतियों की अपनी नितान्त अनिवार्य प्रेरणाओं का ही प्रतिफलन था, न कि कोई लबादा या ढोंग। उसे उनके व्यक्तित्व से हटाकर देखा ही नहीं जा सकता और उन्होंने यह बाना किसी को आकर्षित अथवा विकर्षित करने के लिए तो कदापि नहीं धारण किया था। वे उन साधुओं की कोटि में आते हैं जिनकी ओर सब लोग, सब समय के लिए अनुरक्त रहते हैं और जिनकी निष्ठा और सच्चाई में लोगों को सन्देह नहीं होता, उनसे मतभेद चाहे कितना ही हो।

---

1. बच्चनजी की टिप्पणी : "How does it prove that my respect is born of pity?"
2. बच्चनजी की टिप्पणी : "I have my suspicions about all those who are out for leadership. They have to keep their one eye on the people whose leadership they crave for. Even so my blow was aimed more on gen. (general?) people than on these leaders. You have reversed the position."

15 फरवरी 1962

आज बम्बई से पुष्पा जी (कुमारी पुष्पलता शर्मा[1]) का अत्यन्त स्नेह एवं आदरपूर्ण पत्र बच्चनजी के पास आया था, जिसमें उन्होंने और बातों के साथ-साथ एक विशेष कारणवश, कदाचित् 'निशा निमन्त्रण' और 'आकुल अन्तर' की प्रतियाँ उनसे माँगी थीं। बच्चनजी ने मेज़ पर पड़े हुए पुस्तकों के पैकेट की ओर संकेत करते हुए मुझे बताया, ''तीन पुस्तकें भेज रहा हूँ उनके पास। 'निशा निमन्त्रण', 'एकान्त संगीत' और 'आकुल अन्तर'। इनमें से 'निशा निमन्त्रण' पुष्पाजी के लिए है, 'एकान्त संगीत' भारती के लिए और 'आकुल अन्तर' उनकी माता जी के लिए।''

थोड़ी देर ठहरकर उन्होंने कहा, ''भारती तो होशियार आदमी है, वह मेरा मतलब ज़रूर समझ जाएगा।''

इस छोटी-सी घटना से आज फिर मेरे सम्मुख यह तथ्य प्रकट हुआ कि वे अपने हर कार्य को काफ़ी सोच-विचार के साथ करते हैं और सचमुच ही पक्के 'कायस्थ' हैं।

15 फरवरी 1962

पिछले कई दिनों से वे काफ़ी व्यस्त थे। पहले तो कलकत्ता गये कवि-सम्मेलन के सिलसिले में, फिर दिल्ली में 'निराला-जयन्ती' का कार्यक्रम रहा। इसके बावजूद उन्होंने अपना दैनन्दिन क्रम इस तरह का बना रखा है कि कोई हड़बड़ी या उद्विग्नता उन्हें कार्य-भार के कारण नहीं होती। उनका जीवन-क्रम व्यस्तताओं के बावजूद, हमेशा की तरह, व्यवस्थित रहा।

उन्हीं दिनों ओंकार भी (बम्बई से)आ गये थे। उनके साथ लोगों से मिलते-जुलते रहने के कारण, मैं बच्चनजी के पास तो अधिक समय नहीं बैठ सका, पर और-और लोगों से बच्चनजी की चर्चा होती रही।

इसी बीच एक रोज़ (10 फरवरी) हम दोनों श्री नरेन्द्र शर्मा के घर भी गये। वे बच्चनजी के पुराने अन्तरंग मित्रों में हैं। उन्होंने बताया कि 'मुक्त' जी बच्चनजी के घनिष्ठ मित्रों में अन्यतम रहे हैं। उन्होंने यह भी बताया कि बच्चन को बच्चन बनाने में उनकी प्रथम पत्नी श्यामाजी का बड़ा हाथ रहा। बच्चन के प्रति श्यामाजी का एकान्त और सम्पूर्ण अनुराग बच्चन की कविता के लिए बड़ा

1 अनन्तर श्रीमती पुष्पा भारती

श्रेयस्कर सिद्ध हुआ। उन्होंने बच्चनजी के जीवन को बहुत सँवारा। नरेन्द्रजी ने यह भी कहा कि वे तो एक पुस्तक लिखना चाहते हैं, जिसका नाम होगा—'श्यामा और गौरा।' 'गौरा' का अभिप्राय हम लोग तुरन्त समझ नहीं सके तो उन्होंने बताया कि उनका संकेत तेजी जी की ओर है। तेजी भाभी के आभिजात्य और सुरुचि-सौजन्य के प्रति भी नरेन्द्रजी ने अपना प्रशंसा-भाव व्यक्त किया।

इसी प्रसंग में ओंकार ने पूछा कि बच्चनजी जैसे साहबी ढंग और टीमटाम से अब रहते हैं, वैसे ही पहले भी थे, या यह परिवर्तन बाद में हुआ है?

नरेन्द्रजी ने कहा कि जहाँ तक रचना का सम्बन्ध है, बच्चनजी ने कभी कोई अनुशासन नहीं माना, लिखने के मामले में वे हमेशा फक्कड़ रहे और मनमौजी ढंग से, जब जो समझ में आया, लिखते रहे। यही उनके साहित्य की सप्राणता का मूल कारण है। परन्तु रहन-सहन के मामले में वे उस समय भी काफ़ी व्यवस्थित थे। उनसे भी अधिक कुशल थीं श्यामाजी। वे घर को और बच्चन को भी बड़े कायदे से रखती थीं।

इसके बाद चर्चा बच्चनजी के साहित्य की ओर मुड़ गयी और नरेन्द्रजी ने कहा कि बच्चन की कविता में अभी एक बार और नवोन्मेष आएगा। उनकी बातचीत से मुझे ज्ञात हुआ कि वे भी बच्चनजी की इधर हाल की कविताओं को अधिक पसन्द नहीं करते। पर सामान्यत: उनके मन में बच्चनजी की कविता के प्रति प्रशंसा की भावना ही थी और उनको वे युग का एक सशक्त साहित्यिक व्यक्ति बताते रहे।

बच्चनजी के सम्बन्ध में ये दोनों ही मन्तव्य मुझे अक्सर सुन पड़ते रहे हैं। एक आम धारणा यह जान पड़ती है कि साहित्यकार के रूप में बच्चनजी का प्रभाव और दर्जा तो बहुत ऊँचा उठा है, पर उनकी कविता में अब पहले-जैसा प्रभाव नहीं रहा। अभी कुछ ही दिन हुए, (9 फरवरी की शाम को) हम और ओंकार भारतजी (श्री भारत भूषण अग्रवाल) के यहाँ गये थे। वहाँ साहित्य अकादमी के पुरस्कारों की चर्चा चल पड़ी और भारतजी ने कहा कि अकादमी का पुरस्कार बच्चनजी को देने के लिए सभी लोग उधार खाये बैठे हैं, पर बच्चनजी ऐसा कुछ लिखते ही नहीं कि उस पर पुरस्कार दिया जा सके। 'आरती और अंगारे' अच्छी पुस्तक थी, पर वह 'कला और बूढ़ा चाँद' से टकरा गयी और 'त्रिभंगिमा' में कोई दम नहीं है। 'उर्वशी' उससे बाज़ी मार ले गयी।

इस पर ओंकार ने कहा कि 'त्रिभंगिमा' के लोकधुनों पर आधारित गीत तो बहुत अच्छे हैं, किन्तु भारतजी इस राय से सहमत न हो सके, उन्होंने बताया कि बच्चनजी की कमज़ोरी यह है कि उन्होंने लोकगीतों की धुन ही नहीं, उनकी कथावस्तु और वातावरण को भी ले लिया है। परिणाम यह हुआ है कि उनके

ये गीत लोकगीतों के क्षेपक होकर रह गये हैं। उधर रवीन्द्रनाथ ने भी बंगाल की सारी धुनें अपनायी थीं, पर उनकी विषय-वस्तु युगानुरूप, आधुनिक तथा अपनी रखी। फलतः उनके नाम से एक गायन की शैली ही चल पड़ी। इसी कारण एक ओर तो रवीन्द्रनाथ के गीतों में श्रेष्ठ साहित्यिक तत्त्व हैं और दूसरी ओर वे बंगाल के घर-घर में प्रचलित हैं। वहाँ के भिखारी तक रवीन्द्रनाथ के गीतों को गाते हैं।

भारतजी की बात सुनकर मेरे मन में यह विचार आया कि बच्चनजी के गीतों की जो एक बड़ी विशेषता है—उनकी एकसूत्रता, अर्थात् उनकी आदि, मध्य, अन्त-परकता, वही सम्भवतः उनकी एक बड़ी कमज़ोरी भी बन जाती है। इस योजना की अतिशयता हो जाने के कारण बच्चनजी के गीत फार्मूलाबद्ध और 'पैटर्नाइज़्ड' (एक ही नमूने पर) मालूम होने लगते हैं। 'कम्पोज़ीशन' (संरचना) के प्रति बच्चनजी की मूलभूत धारणा अब उनके गीतों और मुक्त छन्दों को भी रूढ़ आकार में बाँधे दे रही है।

बच्चनजी की कविता के एक अन्य दुर्गुण की ओर दो-तीन सप्ताह हुए (28 जनवरी को) मेरे एक और मित्र (डॉ. देवीशंकर अवस्थी) ने संकेत किया। मेरी इधर की कविताएँ सुनते-सुनते अचानक वे बोल पड़े—''तुम्हें बच्चनजी के प्रभाव से बचना चाहिए। तुम्हारी इधर की कविताओं पर बच्चनजी का बहुत असर दिखाई देता है।''

यह असर, उनके विचार से, था—शब्द-बहुलता, अनावश्यक विस्तार और विशेषणप्रियता। ख़ैर, मैं उनसे क्या कहता! पर न जाने क्यों मुझे ऐसा लगा कि वे केवल अपना नहीं, और भी कई लोगों का मन्तव्य बता रहे थे और इसी प्रसंग में मुझे कुछ रोज़ पहले (24 जनवरी) की वह शाम याद आयी, जब पन्तजी 'सर्वभाषा कविसभा' के सिलसिले में दिल्ली आये थे और बच्चनजी ने उन्हें अपनी इधर की लिखी तमाम कविताएँ सुनायी थीं। बहुत अच्छा लग रहा था उस रोज़! बाहर कड़ाके की सर्दी थी। भीतर कमरे में, अँगीठी की आग के पास आरामदेह कुर्सियों पर पन्तजी, बच्चनजी, भाभीजी और मैं—चार जने—बैठे हुए थे। बच्चनजी कविता सुनाते ही जा रहे थे और समय जैसे ठहर गया था। इलाहाबाद की काव्यचर्चाएँ और 'निशान्त' की गोष्ठियाँ मानो फिर से साकार हो गयी थीं। दिल्ली जैसे नगर में, जहाँ सभी कुछ मुझे एक तरह की हड़बड़ी और फ़िलहालपन से जुड़ा हुआ मालूम होता रहा है और जहाँ पिछले छः सालों से निरन्तर यही विचार मन पर छाया रहा है कि 'वेटिंग रूम' में बैठे हुए हैं और अभी ट्रेन आएगी और हम अपने घर की ओर चल पड़ेंगे—ऐसी इस दिल्ली में, वह ठहरी-ठहरी-सी 24 जनवरी की निश्चिन्त शाम मेरे जीवन के उन पुराने आलोकों की व्याकुल स्मृति

जगा गयी, जिनके लिए आज अधिक-से-अधिक इतना कह पाता हूँ कि—

"दिल ढूँढ़ता है फिर वही फ़ुरसत के रातो-दिन
बैठे रहें तसव्वुरे-जानाँ किये हुए।"

बहरहाल, उस रोज़ मुक्तछन्द की बहुत-सी कविताएँ सुन चुकने के बाद, पन्तजी ने बच्चनजी से कहा था कि कोई गीत लिखा हो तो उसे सुनाएँ। उस पर बच्चनजी ने उत्तर दिया, "इधर गीत एक भी नहीं लिखा। अजित मुझसे कहते हैं कि गीत-वीत छोड़िए, नयी कविता लिखिए। अब इनकी बात तो माननी ही पड़ती है। मुक्तछन्द के मेरे गुरु यही हैं।"

उनकी बातें सुनकर हम सभी मुस्कराने लगे। और तभी शान्ताजी आ गयीं और थोड़ी देर बाद भगवती बाबू। अन्तरंग गोष्ठी ने एक छोटी-मोटी सभा का रूप ले लिया और बातचीत विभिन्न दिशाओं की ओर मुड़ पड़ी।

इन दोनों घटनाओं के बारे में मैं जितना ही सोचता हूँ, यही अनुभव होता है कि बच्चनजी ने तो ख़ैर हँसी में कहा था वह सब, परन्तु प्रभाव मैं भी उनसे कोई नहीं ले सका हूँ। उनके व्यक्तित्व और कवित्व में बहुत-कुछ ऐसा है, जो किसी के भी लिए अनुकरणीय हो सकता है, पर मैं नहीं जानता कि वह हठ है या असमर्थता, आत्माभिमान है या अपनी विपन्नता का बोध कि मैं उनके निकट, उनसे कुछ पाने के विचार से नहीं जा सका हूँ।

पर शायद यह मेरी विवशता थी कि अपने को हर ओर से बाँधे रहा हूँ, जबकि गुरुदेव स्वभाव से मुक्त, खुले और मुखर रहे हैं। अधिक-से-अधिक मैं उनके सम्मुख एक श्रोता बनकर गया हूँ, यद्यपि वे मुझे अपने प्रिय शिष्य, भाई, पुत्र, सहयोगी, सहायक, मातहत और सलाहकार की भाँति मानते रहे हैं।

ख़ैर, चर्चा तो हो रही थी पिछले कुछ दिनों की घटनाओं की। इनमें से प्रमुख थी—निराला जयन्ती। इस आयोजन से बच्चनजी घनिष्ठ रूप में सम्बन्धित थे और कितने ही लोगों को निमन्त्रण पत्र उन्हीं के नाम से भेजे गये थे। पर जिस रोज़ उत्सव हुआ, उस रोज़ वे किसी कदर पृष्ठभूमि में पड़ गये। आचार्य द्विवेदी की अनुपस्थिति में सभापति दिनकरजी बने और सुबह-शाम दोनों वक़्तों को मिलाकर बच्चनजी को केवल निरालाजी की दो कविताएँ सुनाने का मौक़ा मिला। शाम के उत्सव में तो उन्हें बोलने के लिए बुलाया भी नहीं गया। और जब यह बात ओंकार ने उनके सामने उठायी तो वे बोले, "असल में लोगों के मन में सही-या-ग़लत यह धारणा बन गयी है कि मैं निराला-विरोधी हूँ।"

मेरा विचार है कि निरालाजी पर उनके लेख और सोवियत राजदूतावास के निराला-उत्सव में उनके भाषण आदि से लोगों के मन में ऐसी धारणा का बनना कुछ अस्वाभाविक भी नहीं था। मैंने पहले ही उनसे कहा था कि पाठकों को इस तरह का भ्रम हो जाएगा। पर शायद उसे पूर्णतया भ्रम नहीं कहा जा सकता।

किसी सीमा तक वे निराला-विरोधी[1] हैं भी। इसका एक कारण उनका पन्त-प्रेम भी है। और हम नयी पीढ़ी के लोग—भले ही पन्त-निराला विवाद को एक मनगढ़न्त चीज़ समझकर उड़ा देते हों, ऐसा जान पड़ता है कि एक समय में यह सचमुच ही एक कटु वास्तविकता थी। नरेन्द्रजी और भारतजी—दोनों ही ने पिछले दिनों, बातचीत के सिलसिले में हमें अपनी यह राय बतायी कि निरालाजी की एकमात्र कुंठा पन्तजी थे और इस बात को ध्यान में रखकर ही हम निराला के कृतित्व और व्यक्तित्व को समझ सकते हैं! हाल में ही एक रोज़ बच्चनजी कह रहे थे कि वे एक लेख लिखना चाहते हैं, जिसका शीर्षक होगा—"निरालाजी की कुंठाएँ।"[2] उन्होंने कहा था कि लोग जब उन्हें निराला-विरोधी समझते ही हैं तो क्यों न वे निराला के प्रति अपनी धारणा को स्पष्ट रूप में सबके सामने रखें।

सम्भवतः इसी का एक प्रयत्न उन्होंने 'राष्ट्रपति भवन' में किया था, निरालाजी की कविताएँ सुनाते समय। 'स्नेह-निर्झर बह गया है' पढ़ते हुए उन्होंने 'पंक्ति मैं हूँ वह लिखी, नहीं जिसका अर्थ' को कई बार, काफ़ी ज़ोर देकर दुहराया।[3] यहाँ तक कि लोगों का ध्यान इस बात की तरफ़ गया और उत्सव समाप्त होने पर कई निराला-प्रेमी (जैसे प्रभाकर माचवे) इसकी ओर संकेत करते पाये गये। कुछ लोगों (जैसे देवीशंकर अवस्थी) ने यह भी कहा कि निरालाजी पर लेख लिखते समय बच्चनजी व्यर्थ ही पन्तजी को बीच में घसीट लाये हैं। बहरहाल, इन पिछले कई दिनों में अनेकानेक लोगों से बातचीत के सिलसिले में बच्चनजी का जो ज़िक्र आया, उससे इतना तो ज्ञात हुआ ही कि लोग उनके बारे में बेख़बर नहीं हैं और न उनको पुराना समझ, उठाकर ताख में ही रख दिया है।

15 फरवरी 1962

मालूम हुआ कि पिछली रात बच्चनजी को एक बड़ी भद्दी स्थिति का सामना करना पड़ा। बम्बई से महाराजकुमार मोरवी आये थे और उन्होंने बच्चनजी को सपरिवार 'इम्पीरियल टैवर्न' में 'डिनर' (रात्रिभोजन) पर निमन्त्रित किया था, परन्तु अमितजी की परीक्षा निकट होने के कारण उन्हें ले जाना बच्चनजी ने उचित नहीं समझा। अतः महाराजकुमार ने, कदाचित बच्चनजी की सलाह से, दिनकरजी और नरेन्द्रजी को निमन्त्रित करने का विचार बनाया। नरेन्द्रजी से तो वे पूर्व परिचित

1. इस टिप्पणी के आगे बच्चनजी ने दो प्रश्नचिह्न लगाये : ??
2. इस पर बच्चनजी की टिप्पणी थी : "क्या निराला सम्बन्धियों की कोई श्रेणियाँ नहीं हैं—1. निराला पूजक, 2. निराला-विरोधी।"
3. इस निरीक्षण को बच्चनजी ने क्रास करते हुए यह टिप्पणी लिखी—"इस तरह की कोई बात मेरे मन में न थी।"

थे और दिनकरजी से फ़ोन करके उन्होंने मिलने के लिए समय माँगा। फ़ोन पर शायद महाराजकुमार ने अपनेआप को बच्चनजी का भतीजा बताया और रात के भोजन का ज़िक्र किया तो दिनकरजी ने कहा कि महाराजकुमार को घर आने की कोई आवश्यकता नहीं, बच्चन आ रहे हैं तो वे भी आ जाएँगे।

फलतः रात में इन तीनों कवियों, भाभीजी और महाराजकुमार ने टैवर्न में 'डिनर' लिया। महाराजकुमार वास्तव में बच्चनजी से 'निशा निमन्त्रण' के समस्त गीत सुनना चाहते थे। भोजन समाप्त होने के बाद यह कार्यक्रम था। बहरहाल, भोजन कुछ अधिक समय तक खिंच गया। बारह-साढ़े बारह बजे के लगभग महाराजकुमार ने अपने कमरे में चलकर कॉफ़ी पीने का प्रस्ताव रखा और तभी महाराजकुमार के मुँह से यह निकला कि उन्हें दो बजे सुबह जयपुर जाना है। इस पर दिनकरजी ने टिप्पणी की, "तो यह कहिए कि आपने हम लोगों को अपने मनोरंजन के लिए बुलाया है।" यह सुनते ही महाराजकुमार का मुख क्रोध से तमतमा उठा और मेज़ पर का वातावरण अप्रिय हो उठा। महाराजकुमार ने कहा, "मैंने तो आप लोगों के प्रति अपने आदर और प्रेम के कारण निमन्त्रित किया है, और आप इस तरह की बात कहते हैं।"

परिस्थिति इस प्रकार की आ पड़ी कि बच्चनजी की 'साँप-छछूँदर की गति' हो गयी। उन्हीं के कारण महाराजकुमार ने दिनकर को बुलाया था और उन्हीं के कारण दिनकर वहाँ आये थे। ख़ैर, उन्होंने और भाभीजी ने मिलकर किसी तरह साँव-पटाँव किया। दिनकर ने भी महाराजकुमार से कहा कि, "आप मेरी बातचीत के ढंग से परिचित नहीं हैं, इसी कारण आपको ग़लतफ़हमी हुई। मेरा अभिप्राय आपका अपमान करना नहीं था।"

बच्चनजी ने बताया कि बाद में घर पहुँचकर उन्होंने महाराजकुमार को फ़ोन किया और कहा कि "आशा है, अब तक आप उस घटना को भूल गये होंगे।" महाराजकुमार ने उत्तर में बताया कि दिनकरजी से उन्हें ऐसे व्यवहार की उम्मीद न थी। इस पर बच्चनजी ने कहा कि, "ठीक है, दिनकरजी ने कुछ अशोभनीय बात ज़रूर कह दी थी, पर आप तो 'होस्ट' (मेज़बान) थे, आपको ऐसी परिस्थिति में अवश्य संयत रहना चाहिए था। लेकिन आप भी अपने ऊपर वश नहीं रख सके।"

ख़ैर, जो होना था, हो गया पर बच्चनजी ने बताया कि इस प्रसंग के कारण वे बड़े धर्मसंकट में पड़ गये कि किससे क्या कहें, क्या नहीं।

और जहाँ तक मेरा सम्बन्ध है, इस घटना के बारे में जानकर, पिछले कुछ दिनों की, पन्त-निराला विवाद की चर्चाओं की ओर मेरा ध्यान फिर चला गया।[1]

---

1. इस पर बच्चनजी ने टिप्पणी की : "इसके बाद जो लिखा गया है, उसकी संगति उपर्युक्त घटना से नहीं बैठती।"

इस सिलसिले में ओंकार ने एक रोज़ कहा था कि शायद इसी तरह की बातों को ध्यान में रखकर दिल्ली के बड़े-बड़े साहित्यकारों ने मिलकर 'दिल्ली संघ' बना लिया है। वे परस्पर एक-दूसरे की प्रशंसा करते हैं और एक-दूसरे को ऊपर चढ़ाने की कोशिश करते रहते हैं। यद्यपि यह उनके पारस्परिक विद्वेष का ही एक प्रतिफलन है,फिर भी उनके दृष्टिकोण से यह अच्छी नीति है।

बच्चन और दिनकर के मामले में भी 'दिल्ली संघ' वाली यह बात पूरी तरह से सही उतरती है। अपने सार्वजनिक वक्तव्यों में अथवा मिलने-भेंटने पर ये दोनों कवि एक-दूसरे के प्रति अत्यन्त सौहार्द और प्रेम प्रकट करते हैं तथा एक-दूसरे की प्रशंसा करते हैं। लेकिन इसमें कोई सन्देह नहीं कि पन्त-निराला विवाद के बाद हिन्दी में यदि कोई वैसा ही रोचक और उत्तेजक विवाद है अथवा होगा तो वह बच्चन और दिनकर के ही सम्बन्ध में। एक विशेष रूप में ये दोनों कवि हमें एक बार फिर पन्त और निराला के व्यक्तित्वों की याद दिलाते हैं। बच्चन में पन्त जी के समान संस्कार, कोमलता, आभिजात्य, सर्वप्रियता, सुरुचि आदि के दर्शन होते हैं और दिनकर में निरालाजी की तरह अक्खड़पन ओजस्विता, मध्यवर्गीयता, अहम्मन्यता और अशोभनता के। इम्पीरियल टैवर्न के रात्रिभोज के समय जो छोटी-सी घटना हुई, वह दोनों कवियों के व्यक्तित्व की इसी विभिन्नता की ओर संकेत करती है। मोरवी के महाराजकुमार अभी तीन-चार महीने ही हुए, बच्चनजी से पहली बार मिले थे और दो-तीन घंटों में ही उन्होंने कविवर से इतनी आत्मीयता और पारिवारिकता अनुभव की कि अपने को उनका भतीजा समझने लगे। दूसरी ओर दिनकरजी के प्रति उनके मन में कोई प्रेम नहीं उत्पन्न हुआ। मैं समझता हूँ कि इन दोनों कवियों से परिचित अनेक लोगों का अनुभव यही होगा कि सौजन्य की दृष्टि से बच्चन यदि एक छोर पर हैं तो दिनकर दूसरे पर। मेरी दिनकरजी से कोई घनिष्ठता तो नहीं है, हाँ, मुझे वे शक्ल से ज़रूर पहचानते हैं। इसके बावजूद, पिछले तीन-चार महीनों में कम-से-कम तीन-चार मौक़े ऐसे ज़रूर आये हैं, जब कहीं आते-जाते मैं उनके निकट से गुज़रा हूँ और मैंने उन्हें आदर-भाव से प्रणाम किया है, पर उन्होंने मेरे प्रणाम का उत्तर नहीं दिया है। यदा-कदा यह भी सुनने में आया है कि दिनकर 'बुली' (धौंस-जमाऊ) हैं। दूसरी ओर मैं समझता हूँ कि बच्चनजी से, कम-से-कम इस सम्बन्ध में शायद ही किसी को शिकायत होगी।

इसमें सन्देह नहीं कि इन कवियों के व्यक्तित्व के उपर्युक्त पक्षों को लेकर उनके साहित्य के विषय में कोई निर्णय देना अनुचित होगा, पर दोनों के परस्पर सौहार्द के स्व उच्चरित उद्घोषों के बावजूद, यह बात सच है कि बच्चन और दिनकर के व्यक्तित्व तथा कृतित्व में काफ़ी अन्तर है और भले ही ये दोनों कवि तथाकथित 'दिल्ली संघ' के निष्ठावान सदस्य बने रहें, हिन्दी में बच्चन और

दिनकर की पारस्परिक श्रेष्ठता को लेकर विवाद है और होगा।

16 फरवरी 1962

लंच की छुट्टी में घर से आया स्वादिष्ट भोजन करने के बाद सोफ़ा पर आराम से बैठते हुए उन्होंने मुझे आज फिर बताया कि उनका सारा जीवन ही प्रतिकूल परिस्थितियों से संघर्ष करते हुए बीता है और यह संघर्षशीलता उन्हें अपनी वंश-परम्परा से दाय के रूप में मिली है। जब उनके बाबा की मृत्यु हुई तो घर में ग़रीबी थी, उनका क्रियाकर्म ठीक से करने के लिए भी पैसे न थे। यह देख लोगों ने उनकी दादी को सलाह दी कि घर बेच दें, पर दादी इस पर अड़ गयीं कि क्रियाकर्म हो या न हो, घर नहीं बिकेगा। कहने लगीं, आज हमारा अपना घर है, जिसमें हम भूखे हों तब भी कम-से-कम बैठकर रो तो सकते हैं और अगर यह न रहा तो हम किसका घर-दुवार झाँकेंगे और कहाँ जाकर मुँह छिपाएँगे।

बच्चनजी ने बताया कि जिस घर में इतनी अधिक विपन्नता थी, उसमें उनका जन्म हुआ। बड़े होने पर भी उनके आगे कोई रास्ता नहीं खुला। बी.ए. फर्स्ट डिवीज़न में करने के बावजूद उन्हें अग्रवाल विद्यालय में 35 रुपये की नौकरी मिली। 'कम्पीटीशन' में पिताजी ने बैठने नहीं दिया। कहते थे कि सरकारी नौकरी में आकर अपने ही देशवासियों पर डंडे चलाओगे? यह कैसे हो सकता है!

फिर तो, बच्चनजी पर भी कुछ ऐसा रंग चढ़ा कि उन्होंने असहयोग आन्दोलन में यूनिवर्सिटी छोड़ दी।

जब वे दुबारा पढ़ने आये तो झा साहब की ओर से आश्वासन मिला कि अच्छा डिवीजन लाने पर यूनिवर्सिटी में 'लेक्चरर' हो जाएँगे। पर वहाँ जगह न मिलने पर उन्होंने (शायद झा साहब की सलाह से ही) ट्रेनिंग करने का निश्चय किया। सोचते थे कि अगर यूनिवर्सिटी में काम न मिलेगा तो कोई स्कूल ढूँढ़ना पड़ेगा और उन दिनों स्कूल की नौकरी के लिए 'ट्रेंड' होना ज़रूरी समझा जाता था।

ये सारी कठिनाइयाँ पार करके जब वे यूनिवर्सिटी में पहुँचे, तब तनख़्वाहें बहुत कम थीं। बाद में तनख़्वाहों में कुछ सुधार हुआ लेकिन अध्यापकों को जैसी आशा थी कि आज़ादी मिलने पर उनकी स्थिति में क्रान्तिकारी परिवर्तन आ जाएगा, वैसा कुछ भी न हुआ। जल्दी ही यूनिवर्सिटी के अध्यापकों का स्वप्न भंग होने लगा और उन्होंने महसूस किया कि हालत अच्छी होने के बजाय ख़राब ही हो

रही है। लड़कों से भी दस की जगह बारह महीनों की फ़ीस ली जाने लगी। उस समय जो लोग होशियार थे, वे तो यूनिवर्सिटी छोड़कर सरकारी नौकरी में आ गये और आज ऊँची-ऊँची जगहों पर जमे हुए हैं। लेकिन बहुत-से लोगों को तब भी यह विश्वास था कि अध्यापकों की दशा में सुधार होगा।

बहरहाल, यूनिवर्सिटी में कई साल काम कर चुकने के बाद जब बच्चनजी का वेतन 'सीलिंग' (वेतनक्रम की समाप्ति) पर पहुँच गया तो उन्होंने महसूस किया कि आगे का मार्ग अवरुद्ध है। 'लेक्चरर' से 'रीडर' होने की कोई आशा न थी। एक तो कोई 'पोस्ट' न थी और दूसरे वे 'जूनियर' भी थे। यह देखकर उन्होंने अपनी रिसर्च पूरी करने का विचार बनाया। इस विचार के पीछे दो कारण थे। एक तो उन्होंने कई साल पहले रिसर्च का कुछ काम करके उसे अधूरा छोड़ दिया था और अधूरेपन की एक तरह की तकलीफ़ उनके मन में थी। और दूसरे, 'डॉक्टरेट' के बगैर प्रगति का कोई दूसरा उपाय भी न था।

लेकिन जब वे विलायत से 'डॉक्टरेट' लेकर लौटे तो लगभग एक वर्ष उन्होंने बड़ा मानसिक कष्ट सहा। जैसा वे पहले भी बता चुके थे, उनके वेतन में केवल 5 रुपये की वृद्धि हुई और जब उन्होंने 'रीडरशिप' की माँग की तो विभाग के अध्यक्ष देब साहब ने अपनी असमर्थता प्रकट की।

फलतः, जिस दिन उन्हें रेडियो से 750 रुपये का 'प्रोड्यूसरी' का 'ऑफ़र' मिला, उस दिन उन्होंने अपने मन में किसी भी तरह का आगा-पीछा नहीं किया। प्रो. देब से उन्होंने कहा, "देखिए, यहीं इसी शहर में मुझे 250 रुपये अधिक का काम मिल रहा है; यों मैं व्यक्तिगत रूप से यूनिवर्सिटी में रहना चाहता हूँ, पर वह तभी सम्भव है, जब आप विभाग में मुझको 'रीडर' का उच्चतम वेतन दे दीजिए।" प्रो. देब ने उन्हें रोका नहीं। बोले, "तुम्हारे चले जाने से अंग्रेज़ी विभाग की हानि होगी, पर जो तुम चाहते हो, वह सम्भव नहीं है।"

उस समय बच्चनजी पंडितजी से भी मिले थे। विदेश मन्त्रालय में उनके आने की बातचीत पहले से ही चल रही थी, पर रेडियो का ऑफ़र बीच में आ जाने के कारण उन्होंने इस मामले में पंडितजी की सलाह लेना उचित समझा। पंडितजी ने सुझाया कि रेडियो में अगर अधिक तनख़्वाह मिल रही है तो फ़िलहाल वे वहाँ चले जाएँ। इस तरह विदेश मन्त्रालय में उनको अधिक वेतन पर बुलाना कुछ सुविधाजनक हो सकेगा।

बच्चनजी ने अपनी कठिनाइयों के सूत्रात्मक संकेतों को यहाँ तक लाकर छोड़ दिया; इससे मैं समझ गया कि दिल्ली के अपने जीवन को लेकर उन्हें कोई विशेष असन्तोष नहीं है और सम्भवतः उनका दिल्ली-आगमन उनके संघर्षों की समाप्ति का सूचक रहा है।

लेकिन कहाँ! मुझे याद आता है कि एक रोज़ वे स्वयं ही बता रहे थे कि

दुनिया में उन्हें सभी-कुछ बहुत देर से मिला। नतीजा यह हुआ कि जब कुछ मिला भी तो उस समय तक उसका सारा आकर्षण समाप्त हो चुका था। अजीब दार्शनिकों जैसे अन्दाज़ से उन्होंने कहा था, "हम लोग जीवन भर संघर्ष करते रहकर जब कुछ सुविधाएँ और साधन जुटा पाते हैं तो देखते क्या हैं कि मन तथा इन्द्रियाँ शिथिल हो गयी हैं और दुनिया से कूच करने का समय आ पहुँचा है।"

उस रोज़ मैंने उनके कथन की गम्भीरता पर ध्यान नहीं दिया था, लेकिन आज वह बात याद आने पर मन दुखी हो गया। पिछले चार-पाँच महीनों से मैं निरन्तर देखता आ रहा हूँ कि जब भी कोई नया आदमी उनसे मिलता है, यही कहता है, "अरे, बच्चनजी! क्या बात है? आप बहुत दुबले हो गये हैं।" और यह सुनकर वे फीकी हँसी-हँसते हुए अप्रतिभ-से हो उठते हैं।

कितने ही लोग मुझसे पूछते रहे हैं, "बच्चनजी को क्या हो गया है? उनके चेहरे का तो जैसे सारा तेज चला गया।" मैं बताने का यत्न करता हूँ कि उन्होंने 'डायटिंग' (भोजन की कमी) करके स्वयं अपना वज़न घटाया है, लेकिन इस वज़न घटाने के कारण पर न तो मुझे कभी विश्वास हो सका और न सुननेवालों को ही हो पाता है।

शायद मेरा सन्देह कुछ-कुछ ठीक भी साबित हुआ है। दो-चार रोज़ पहले, बच्चनजी कह रहे थे कि, "हड्डी विशेषज्ञ ने कहा था कि वज़न घटने से पैर पर कम भार पड़ेगा और एड़ी का दर्द जाता रहेगा। कुछ दिन तो सचमुच ही मुझे भी ऐसा लगा कि एड़ी का दर्द ठीक हो गया है, लेकिन अब उसने फिर तकलीफ़ देना शुरू कर दिया है। अब फिर चलने में कभी-कभी कष्ट होता है और एड़ी का काँटा चुभने लगा है।"

उन्हें और उनके हितैषियों को उद्विग्न बनाने के लिए यही क्या कम था कि 'हर्निया' की शिकायत भी आ पड़ी। उसी के ऑपरेशन के सिलसिले में वे पहली मार्च से महीने भर की छुट्टी पर जा रहे हैं और निस्सन्देह स्वस्थ होकर, दुगुने उत्साह और आग्रह के साथ वे अपने काम में लगेंगे। निश्चय ही वे अभी कितने ही वर्षों तक हिन्दी की झोली भरते रहेंगे, पर इस बात से इनकार कैसे किया जा सकता है कि व्याधि-रूपी संघर्षों ने उन्हें बुरे वक़्त आ पकड़ा है और भले ही अपने मनोबल से वे सदा की तरह इस बार भी उन पर वश पा लें, लेकिन इस बात से कैसे इनकार किया जाए कि संघर्ष आज भी उन्हें घेरे हुए है और ब्राउनिंग की तरह, उन्हें मन-ही-मन कहना पड़ रहा है—"आई वाज़ एवर ए फ़ाइटर, सो वन फ़ाइट मोर।" (मैं सदा से ही संघर्ष करता आया हूँ। चलो, एक लड़ाई और सही)।

19 फरवरी 1962

ओंकार उनकी इधर की कुछ पुस्तकों के बारे में कुछ कह रहे थे। तभी, सहसा, उन्होंने ओंकार को बताया, "अपनी जीवनी लिख रहा हूँ। होगा तो सब झूठ, पर लिखूँगा इस तरह कि सब सच जान पड़े।"

हम यह सुनकर हँसने लगे क्योंकि हम दोनों ही बच्चनजी की परिहास-वृत्ति से भली-भाँति परिचित रहे हैं।

जीवनी की बात चल पड़ी तो उन्होंने बताया कि वे पन्तजी के 'आफ़िशल बायोग्राफ़र' (आधिकारिक जीवनीकार) के रूप में उनका जीवन-चरित्र लिखना चाहते हैं। जब 'अडेल्फ़ी' (इलाहाबाद) में पन्तजी उनके साथ रहते थे, तब बच्चनजी इस विचार से कुछ 'नोट्स' लेते भी रहे थे, पर बाद में वह क्रम छूट गया। उस समय के वे 'नोट्स' आज भी काग़ज़ों में कहीं पड़े होंगे। पन्तजी के जीवन के बहुत-से प्रसंग ऐसे हैं, जो अभी प्रकाश में नहीं आये हैं। बच्चनजी का विचार है कि पन्तजी उन्हें 'ऑफ़िशल बायोग्राफ़र' बनाने पर सहमत हो जाएँगे।

निरालाजी का जीवन-चरित्र लिखे जाने की आवश्यकता पर भी उन्होंने ज़ोर दिया। उनके आसपास जो लोग रहे हों, उनमें कोई समझदार व्यक्ति यह कार्य कर सकता था, पर दुर्भाग्यवश, उनके अन्तिम वर्षों में उनके चारों ओर कल्पनारहित लोग ही लगे रहे। फिर भी, बच्चनजी का ख़याल था कि निरालाजी के कलकत्ता-प्रवास के संस्मरण श्री इलाचन्द्र जोशी बहुत अच्छे लिख सकते हैं। ओंकार के ज़ोर देने पर उन्होंने यह भी कहा कि वे इस सम्बन्ध में जोशीजी को पत्र लिखेंगे।

23 फरवरी 1962

परसों या नरसों उनके प्रकाशक (विश्वनाथजी) उनसे मिलने आये थे और कह रहे थे कि 'त्रिभंगिमा' को निकले दो साल हो गये हैं और पाठक उनके संग्रह के बारे में पूछताछ करने लगे हैं। यह सुनकर मैंने बच्चनजी को सलाह दी कि मुक्तछन्द की कविताओं का संग्रह प्रकाशित कर दें, क्योंकि उनकी संख्या अब काफ़ी हो गयी होगी।

इस पर वे बोले, "तुम इसी तरह की सलाह देते हो मुझे! अरे भाई, मुक्तछन्द कोई पढ़ता भी है! किताब बिकेगी ही नहीं।"

मैंने कहा, "बिकता तो आपका नाम है और आपके नाम से मुक्तछन्द की किताब ख़रीदकर लोग पढ़ेंगे तो धीरे-धीरे मुक्तछन्द की भी 'मार्केट' बन जाएगी।"

वे बोले, "नहीं जी! मुक्तछन्द को एक बार पढ़ने के बाद दुबारा कौन छूता है! 'त्रिभंगिमा' तो इसलिए बिक गयी क्योंकि उसमें गीत भी थे। उन्हींको पढ़ने के लिए लोग किताब ख़रीदते हैं।"

मैंने पूछा, "क्यों? 'बुद्ध और नाचघर' की कविताएँ मुक्तछन्द में होने के बावजूद लोगों ने काफ़ी पसन्द कीं।"

वे बोले, "वह ठीक है, लेकिन उसका 'एडीशन' (संस्करण) अभी तक नहीं बिका, जबकि 'आरती और अंगारे और 'त्रिभंगिमा' के दूसरे 'एडीशन' होने जा रहे हैं।"

यह सुनकर मैं चुप हो गया। तब उन्होंने बताया कि अगले महीने (मार्च में) हर्निया का ऑपरेशन होने के बाद वे अपने दिमाग़ को कविता की ओर मोड़ देंगे। बिस्तर पर लेटे-लेटे सोचने-विचारने का मौक़ा भी काफ़ी मिलेगा और स्वस्थ होते ही वे कविताएँ लिखना शुरू कर देंगे। फिर सारी कविताओं को मिलाकर 'त्रिभंगिमा भाग दो' के रूप में प्रकाशित करेंगे।

मेरे मुख पर शायद अननुमोदन की मुद्रा देखकर उन्होंने कहा, "एक किताब बना देनी है। और क्या! अब कोई नयी शैली तो मैं अपनाने से रहा। प्रयोग करने की उम्र भी नहीं है मेरी। वही पुरानी शैलियों में लिखी कविताओं को एक संग्रह में इकट्ठा कर दूँगा।"

"लेकिन 'त्रिभंगिमा' में तो आपने लोकधुनों पर आधारित गीतों की नयी शैली चलायी है। ऐसा ही कोई नया मोड़ और भी आ सकता है आपकी कविता में।" मैंने कहा।

वे बोले, "अब नया मोड़ क्या आएगा! गोकि लोग मुझे चिट्ठियों में लिखते हैं कि आपकी कविता में एक नया मोड़ दिखाई दे रहा है। अभी शम्भूनाथ आये थे। 'तीसरा हाथ' का उल्लेख करके वे भी यही कह रहे थे। पर मुझे तो कहीं कोई मोड़ अपनी कविता में नहीं दिखाई देता। असल में यह मुहावरा बन गया है, जिसकी मदद से हिन्दी में लोग दूसरों को चढ़ाते हैं।"

जो भी हो, उनकी बात से ऐसा लगा कि 'नये-पुराने झरोखे' के बाद अब वे 'त्रिभंगिमा' जैसा एक कविता-संग्रह प्रकाशित करना चाहते हैं, गोकि अभी तक वे मुझसे यही कह रहे थे कि ऑपरेशन हो जाने के बाद 'जीवनी' लिखने में हाथ लगाएँगे। सम्भवत: विश्वनाथ जी के आने के बाद से उनका विचार बदला है और वे 'जीवनी' से पहले, इस वर्ष एक कविता-संग्रह प्रेस में भेजेंगे। जीवनी पूरी करने की तिथि तो 27 नवम्बर 1962 है और स्वाभाविक है कि वह 1963 में ही प्रकाशित हो सकेगी। उनके जैसे व्यावहारिक व्यक्ति के लिए यह सोचना उचित ही है कि तब तक, अगले 8-10 महीने के भीतर, एक कविता-संग्रह बाज़ार में आ जाना चाहिए।

28 फरवरी 1962

आज से वे महीने भर की छुट्टी पर जा रहे थे। उनका इरादा 6 तारीख़ के ऑपरेशन के बाद अपने मन को कविता की ओर मोड़ने और यथाशीघ्र एक नये कविता-संग्रह की प्रेस-कापी तैयार करने का था। यह बात वे मुझे पहले भी बता चुके थे, अतः उसी सूत्र को पकड़कर मैंने उनसे कहा कि एक ही संग्रह में तीन-तीन तरह की कविताएँ देने का विचार मेरे कुछ साहित्यिक मित्रों को पसन्द नहीं आया है और वे समझते हैं कि इस तरह 'त्रिभंगिमा' कविता-संग्रह न होकर कविता-संकलन बन गयी है।

इस पर बच्चनजी बोले, ''यह तो होना ही है। पिछले डेढ़-दो वर्षों में जो भी लिखा है मैंने, वह सभी इस संग्रह में दूँगा।''

ख़ैर, यह मैं जानता था कि उनकी प्रायः सभी पुस्तकें रचना-क्रम के अनुसार छपी हैं और उनमें संग्रहीत रचनाओं के लिखे जाने की कालावधि का संकेत पुस्तक में दिया गया है। इसलिए मैंने महसूस किया कि इस दृष्टिकोण से उनकी इधर की सभी रचनाओं का एक संग्रह में आना ऐसा कुछ अनुचित भी न होगा।

पर वे कहते ही जा रहे थे, ''शुरू-शुरू में मुझे यह सोचकर बड़ी खुशी होती थी कि मेरी पुस्तकों में भावना की बड़ी एकसूत्रता है और प्रत्येक संग्रह का अपना एक विशिष्ट व्यक्तित्व है। लेकिन वह मेरी 'ग्रोथ' (विकास) का समय था। उस समय यह सम्भव हो सकता था। आज मेरी कविता में विकास की गुंजाइश या ज़रूरत नहीं रही। कोई आख़िर कब तक और कहाँ तक विकास करता रह सकता है। विकास एक ख़ास उम्र तक ही सम्भव है। अब मेरी कविता का प्रधान गुण 'स्टेबिलिटी' (स्थिरता अथवा स्थायित्व) और 'मैच्योरिटी' (परिपक्वता) है। अब मेरी कविता का प्रधान स्रोत हैं वे प्रतिक्रियाएँ जोकि परिस्थितियों के कारण मेरे मन में जागती हैं। अतः मेरी कविता अब 'ग्रोथ' (विकास) की न होकर 'रिऐक्शन' (क्रिया-प्रतिक्रिया) की है। इस बात की ओर मैंने 'आधुनिक कवि' की भूमिका में संकेत किया है।''

उनके इन विचारों की पृष्ठभूमि में, मैं समझता हूँ, यह ठीक ही है कि उनकी मिली-जुली कविताएँ एक संग्रह में जाएँ। वास्तव में, अधिकांश कवियों के कविता-संग्रहों में 'एकसूत्रता' अथवा 'विशिष्ट व्यक्तित्व' जैसी कोई चीज़ नहीं होती, पर चूँकि बच्चन इसका अपवाद रहे हैं, और 'एकान्त संगीत', 'निशा निमन्त्रण', 'मिलनयामिनी' आदि संग्रहों के व्यक्तित्व की स्पष्ट छाप उनके पाठकों के मन पर रही है, शायद इसीलिए आज के उनके 'धार के इधर-उधर' और 'त्रिभंगिमा' जैसे 'पँचमेल' संग्रह पाठकों को कुछ अटपटे जान पड़ते हैं। बच्चनजी

की कविता के लिए सामान्य रूप से कहा जाता था कि वह उनके जीवन की अनुवर्ती रही है और उनके जीवन के साथ-साथ विकसित होती गयी है। इस दृष्टि से भी यह कहना शायद ठीक होगा कि आज जब उनके जीवन में किंचित स्थायित्व आया है, तो उसकी अच्छी-या-बुरी झलक उनकी कविता में भी दिखाई देती है।

प्रस्तावित कविता-संग्रह की चर्चा के बीच ही मानो उन्हें अपनी 'जीवनी' की भी याद आ गयी। बोले, "अभी कुछ निश्चय नहीं कर पाया हूँ कि उसका 'पैटर्न' क्या हो। समय तथा सुविधाओं का अभाव है और चूँकि मुझे अपनी सीमाओं के भीतर रहकर ही काम करना है, इसलिए अब सोचता हूँ, जैसे-जैसे जो बातें याद आती जाएँ, स्फुट रूप से उन्हें लिखता जाऊँ और बाद में इन संस्मरणों को ही एक व्यवस्थित रूप दे दूँ।"

इस पर मैंने कहा कि तब तो वह आपके संस्मरणों का संग्रह हो जाएगा; जीवनीवाला स्वरूप न रहेगा।

वे बोले, "फिर किया क्या जाए? यदि मेरे पास लिखना ही एक काम होता और सुबह-से-शाम तक मैं केवल उसी में रमा रह सकता, तभी विस्तृत जीवनी लिखना सम्भव था। लेकिन उतना समय तो 'रिटायर' होने पर ही मिल सकता है और कठिनाई यह है कि अभी मैं 'रिटायर' होने की स्थिति में नहीं हूँ।"

अभी थोड़ी देर पहले ही वे अपने कुछ समवयस्क लेखकों की मोटी-मोटी रॉयल्टियों का हाल मुझे बता चुके थे, इसलिए मेरे लिए स्वाभाविक था कि पुस्तकों से उनकी आय को भी काफ़ी अधिक समझूँ। यह सोचकर मैंने कहा, "मेरे लिए तो यही अच्छा है कि आप 'रिटायर' न होइए। लेकिन यदि आप चाहते ही हों तो मुझे रास्ते में कोई विशेष बाधा नहीं जान पड़ती। अमितजी पढ़ाई पूरी करने के बाद किसी धन्धे में लगना चाहते ही हैं और आपकी रॉयल्टी कम-से-कम हज़ार रुपये तो होगी। उतने से आपका ख़र्च क्या न चलेगा?"

वे थोड़ा मुस्कराकर बोले, "हज़ार रुपये रॉयल्टी होती तो ज़रूर काम चल जाता। लेकिन मुझे किताबों से कुल मिलाकर लगभग पाँच सौ रुपये ही मिलते हैं। पिछले साल प्रकाशक ने पाँच हजार रुपये दिये थे, इस साल ज़रूर दस हज़ार रुपये का हिसाब भेजा है, लेकिन इस बार कुछ ज़्यादा किताबें भी छपी थीं। अगले साल वही पाँच हज़ार हो जाएँगे।"

और फिर, कुछ उदास होकर उन्होंने कहा, "अब काम करने को जी नहीं चाहता। तबीयत भी ठीक नहीं रहती। पैर में कष्ट था ही, अब 'हर्निया' की तकलीफ़ भी हो गयी। चार-छः दिन में ऑपरेशन होने को है। कहते तो हैं मामूली-

सा ऑपरेशन है, लेकिन कौन जाने क्या हो जाए!''

मैंने उनकी ओर देखा और अस्फुट शब्दों में उन्हें आश्वस्त करना चाहा। दिन भर की व्यस्तता के बाद वे थके-थके से नज़र आ रहे थे। पिछले कुछ महीनों में ही कनपटी पर के उनके बाल कुछ और सफ़ेद जान पड़ने लगे थे और मुख का तेज मद्धिम हो गया था।

किन्तु अभी-अभी फ़ोन पर भारतजी (श्री भारत भूषण अग्रवाल) उनसे कह रहे थे कि, ''जनता की दृष्टि में दो व्यक्ति चिर-युवा हैं। एक जवाहरलाल नेहरू और दूसरे, बच्चन। उनकी उम्र कितनी ही क्यों न हो जाए, जनता उन्हें युवक ही समझती है।...

इसी सबको सोचते हुए मैंने फिर उनकी ओर देखा। अब तक वे, नित्य के नियम के अनुसार, अपने नाम आये पत्रों का उत्तर देने में व्यस्त हो गये थे। छुट्टी पर जाने से पहले, अभी तक का सारा काम निबटा देने की आतुरता उनकी मुद्रा में स्पष्ट थी। मुझे उनकी आँखों में एक तरह की चमक दिखाई दी और हाथों में तीव्र गति। फिर भी, वे सहज थे, प्रकृतस्थ और सन्तुष्ट।

14 मार्च 1962

अभी 6 तारीख को बच्चनजी का 'हर्निया' का ऑपरेशन हुआ और इस सिलसिले में, मुझे सुबह-शाम, उनके तथा उनके निकटस्थ लोगों के पास कुछ समय बिताने का मौक़ा मिला तो इन थोड़े ही दिनों में कुछ ऐसी बातों की तरफ़ निगाह गयी, जिन पर मैंने पहले अधिक ध्यान नहीं दिया था और इनमें सबसे अधिक विशिष्ट थी, तेजी भाभी की दृढ़ता और कार्यकुशलता। उनकी हिम्मत और प्रबन्ध-पटुता देखकर कई बार तो ऐसा लगा कि शायद वे भीतर-ही-भीतर बच्चनजी से भी ज़्यादा मज़बूत हैं।

शुरू के दो-तीन दिनों में बच्चनजी की हालत काफ़ी ख़राब रही और वे बहुत असहाय-से लगे। उनका मुँह पीला पड़ गया था, आवाज कमज़ोर हो गयी थी, और उन्हें देखकर करुणा जागती थी। ऑपरेशन के बाद जब उनकी बेहोशी उतरना शुरू हुई, तो उन्होंने अमितजी को इतना अधिक (और इतनी कातरता के साथ) याद किया कि उनकी समस्त उद्घोषित निर्ममता और बहादुरी बहुत-कुछ एक ऊपरी आवरण भर जान पड़ी। दो-तीन दिन बाद तक वे काफ़ी निरीह-से रहे; लेकिन शायद हम स्वस्थ लोग उस समय के उनके कष्ट को भलीभाँति न जान सके हों और उन्होंने जितना प्रकट किया, उससे कहीं अधिक तकलीफ़ उनको

हो रही हो।

बहरहाल, जैसे ही उनकी तबीयत जरा सँभली, उनका आत्मविश्वास और सहज प्रफुल्ल स्वभाव फिर लौट आया। आवाज क्षीण रही पर आशा और जीवनेच्छा की गूँज उसमें सुनाई देने लगी। बोलने में उन्हें कष्ट होता था, लेकिन जो भी उनसे मिलने आता था, उसके हाथ को अपने हाथों में लेकर वे एक तरह की कृतज्ञता और हार्दिकता व्यक्त करते थे; साथ ही मानो उस व्यक्ति की शुभ-कामनाओं और स्वस्थता का कुछ अंश आत्मसात भी करते थे। उनका यह 'जेस्चर' (मुद्रा) मुझे बहुत भाया, क्योंकि दूसरे का हाथ अपने हाथ में लेकर वे इतना-कुछ देते और पाते-सा थे, जोकि कृतज्ञताज्ञापन अथवा हित-चिन्ता-सूचक शत-शत शब्दों द्वारा भी सम्भव न होता।

9 अप्रैल 1962

शम्भूनाथ जी (डॉ. शम्भूनाथ सिंह) ने 'त्रिभंगिमा' पर एक लेख लिखकर प्रति उनके पास भी भेजी थी। वह मुझे दी उन्होंने पढ़ने के लिए और पूछा कि इसके बारे में क्या राय है? उलट-पलटकर उसे देखने पर मैंने जब कहा कि अच्छा तो जान पड़ता है तब उन्होंने बताया कि उन्हें लेख पसन्द नहीं आया। कहने लगे कि आलोचना का मुख्य रहस्य यह है कि पहले तो आपको कोई कृति पसन्द आए और फिर आप इसका विश्लेषण कीजिए कि उक्त कृति आपको क्यों पसन्द आयी है। बहुत बार तो समालोचक को स्वयं ही पता नहीं चल पाता कि किसी रचना को वह क्यों पसन्द कर रहा है। इसीलिए समालोचना करना एक कठिन कार्य भी है।

कुछ देर ठहरकर बोले, "मेरे जीवनकाल में मेरी कविता का सही मूल्यांकन हो ही नहीं सकता।" इसका एक कारण उन्होंने यह बताया कि उनके प्रशंसकों की संख्या बहुत अधिक है। ये प्रशंसक और प्रेमी उनकी कविता के प्रवाह में इतना अधिक बह जाते हैं कि तटस्थ होकर उसके बारे में कुछ भी सोच-समझ नहीं पाते। यह स्थिति समालोचना का कार्य दुरूह बना देती है। दूसरी कोटि के पाठक वे हैं, जो उनकी कविता में तनिक भी रस नहीं पाते और उससे आनन्दित होना पूर्णतः अस्वीकार करते हैं। यह पाठक-वर्ग भी उनकी कविता की सही आलोचना करने में असमर्थ हैं, क्योंकि उसकी दृष्टि में इस कविता का कोई मूल्य ही नहीं है। उन्होंने कहा कि कविता का समुचित मूल्यांकन तो वही व्यक्ति कर सकता है, जो उस कविता की अपनी भूमि पर उसका रसास्वादन करे।

इस पर मैंने सुझाया कि प्रायः यह बात भी देखी गयी है कि किन्हीं आलोचकों ने अपनी कसौटी पहले से बना ली है या किन्हीं सार्वभौमिक सिद्धान्तों को अपना लिया है और उसके बाद उनके आधार पर साहित्यिक कृतियों की चर्चा की है अथवा उन्हें परखा है।

किन्तु इस बात से बच्चनजी सहमत नहीं हुए। उन्होंने अत्यन्त विश्वास के साथ कहा कि, ''श्रेष्ठ कृतियाँ अपना मानदंड स्वयं बनाती हैं, उनके लिए किसी बाहरी अथवा पूर्व-निर्धारित कसौटी की आवश्यकता नहीं होती।''

8 मई 1962

बातों-बातों में सर जे.पी. श्रीवास्तव का जिक्र आ गया। बच्चनजी ने बताया कि सर जे. पी. जब 'पायोनियर' के मालिक हो गये थे, तब उस अख़बार में नौकरी पाने के उद्देश्य से एक बार बच्चनजी उनके पास 'इंटरव्यू' देने गये थे।

'इंटरव्यू' के दौरान जब बच्चनजी ने यह बात बतायी कि उनके पिताजी तीस वर्षों तक 'पायोनियर' में काम कर चुके थे तो सर जे.पी. ने उनसे कहा कि तुम्हारे पिता ने इतने साल इस अख़बार का नमक खाया है, इसलिए तुमको तो यहाँ दो-एक साल मुफ़्त काम करना चाहिए।

उत्तर में बच्चनजी ने कहा, ''मेरे पिता ने यहाँ का जितना नमक खाया है, उससे कहीं अधिक काम किया है।''

और अंग्रेज़ी में हुए इस वार्तालाप को सुनाने के बाद, बोले, ''मैं उन दिनों 'मधुशाला' लिख रहा था। किसी को कुछ समझता थोड़े था। और न किसी की बात ही सह सकता था।''

मैंने पूछा, ''फिर उन्होंने आपको नौकरी दी या नहीं?''

''दी तो, लेकिन महीने-दो महीने में ही हटा दिया था।'' उन्होंने बताया, ''मेरे पिताजी की पेंशन भी बन्द हो गयी थी।''

''अच्छा!'' मैंने आश्चर्य से कहा।

वे बोले, 'नये-पुराने झरोखे' में मैंने लिखा है कि 'पायोनियर' जब देसी साहबों के हाथ में आया तो उन्होंने मेरे पिताजी की पेंशन ही बन्द कर दी। आप लोग कभी मेरी किताबें ध्यान से पढ़ते भी हैं! उनमें मैं सारी बातें सूत्र रूप में लिख देता हूँ।''

11 मई 1962

उनके नये कविता-संग्रह 'चार खेमे चौंसठ खूँटे' का क्रम बिठाते समय आज काफी दिलचस्प बातचीत हुई। उन्होंने पूछा कि इन कविताओं में कोई आन्तरिक क्रम मुझे दिखाई दिया कि नहीं तो मैंने उत्तर दिया कि हाँ, सारी कविताओं में एक तरह की रचनात्मक मनोदशा दिखाई देती है। वर्तमान की अनेक परिस्थितियों के प्रति आपके मन में असन्तोष जान पड़ता है, पर उसके कारण कहीं रुककर बैठ जाने या कुंठित होने की भावना नहीं, बल्कि उसके बावजूद आगे बढ़ने और सतत चलते ही रहने की वृत्ति है। बिगड़े हुए को सँवारने की प्रेरणा भी इन कविताओं से मिलती है, लेकिन 'हानि-लाभ, जीवन-मरण' के लिए कोई निजी लगाव न होकर उच्चतर सत्ता के प्रति एक तरह के समर्पण का भाव दिखाई देता है। सब कुछ उसे सौंपकर मानो आप के लिए केवल इतना ही शेष बचा है कि निरन्तर प्रगति-पथ पर बढ़ते जाएँ।

बच्चनजी मेरा कथन सुनते रहे, फिर बोले, "मेरे मन में यह बात थी कि एक ओर तो मेरी निजी 'क्वेश्चनिंग्स' (प्रश्न) हैं, जो मेरा ध्यान आकर्षित करती हैं और दूसरी ओर बाहरी दुनिया की अनेक सम-विषम परिस्थितियाँ, जिनको लेकर मेरे मन में प्रतिक्रिया होती है। इनके अतिरिक्त जीवन के सामान्य सुख-दुख हैं, जो सहज रूप से सभी को व्यापते हैं। ग़रीब आदमी भी, चाहे थोड़ी देर के लिए ही सही, सुखी हो सकते हैं—'घन बरसे, भीग धरा गमके', इसी तरह की कविताओं में से है। जीवन के इन सभी प्रसंगों में कहीं भी मेरा दृष्टिकोण नकारात्मक नहीं रहा। समाज की बहुत-सी परिस्थितियों को लेकर मुझे असन्तोष होता है, लेकिन उनके प्रति आक्रोश व्यक्त करने की जगह, मैं उनका समाधान खोजने की कोशिश करता हूँ।"

कुछ देर ठहरकर उन्होंने कहा, "स्फुट कविताएँ हैं। जो समझ में आता है, लिख देता हूँ। तुम्हारी माँ की शब्दावली में, भले ही ये 'क्रान्तिकारी' और 'विस्फोटक' हों, लेकिन मैं खूब जानता हूँ कि इनसे ऐसा कुछ नहीं होना है। और, मैंने कोई युग बदलने का ठेका भी नहीं ले रखा है। भाई, कलम का मज़दूर हूँ। कविता लिखता हूँ कि किताब छप जाए और कुछ पैसे मिलें और बाल-बच्चों का पेट भरे।"

उनकी यह बात सुनकर मुझे ख़याल आया कि अभी दो-तीन रोज़ पहले ही 'लहर' नामक पत्रिका का नया अंक उनके पास आया था। उसे मैं उलट-पलटकर देखने लगा तो उन्होंने बताया कि सम्पादकजी ने कविता माँगी है। लिखा था कि 'लहर' में आपका सहयोग चाहते हैं। 'लहर' पारिश्रमिक देने की स्थिति

में नहीं है, पर आप इतने समर्थ कवि हैं, आपको पारिश्रमिक की ऐसी आवश्यकता भी क्या होगी।

जिस समय बच्चनजी ने यह बात बतायी, उस समय संयोगवश मेज पर उनकी ताज़ी लिखी कविता की एक प्रति भी रखी हुई थी। (नये कविता-संग्रह के लिए वे लगभग पिछले पखवारे में ही प्रायः प्रतिदिन एक कविता लिख रहे थे।) उस कविता की ओर संकेत करके मैंने पूछा, "तो इसे भेज रहे हैं 'लहर' में?"

वे बोले, "राम भजो! 'लहर' वालों की बात दूर, अगर मेरे वालिद माजिद मरहूम मुंशी प्रतापनारायण भी पत्रिका निकालें तो बगैर पारिश्रमिक लिये कविता न दूँगा।[1] असल में, इन लोगों की चिट्ठियों पर चिट्ठियाँ आ रही थीं, कि 'लहर' को मेरे सहयोग की जरूरत है। मैंने उनसे कहा कि 'कविता' तो पारिश्रमिक के बग़ैर दूँगा नहीं, हाँ,सहयोग चाहते ही हैं तो मुझे ग्राहक बना लीजिए।"

मैंने पूछा, "फिर?"

उन्होंने बताया, "फिर क्या! उन्होंने वी.पी. भेज दी और मैं पत्रिका का ग्राहक बन गया। यह बात मेरी समझ में आती है, लेकिन यह नहीं कि 'साहित्य-सेवा' के नाम पर लेखक ही पिसता रहे। मैं ऐसी साहित्य-सेवा में विश्वास नहीं करता। पूछिए, जब प्रेसवाला साहित्य-सेवा नहीं करता, तो बेचारे लेखक से ही यह आशा क्यों की जाती है कि वह खाली पेट विशुद्ध साहित्य-सेवा करता जाए? या तो यह होता कि काग़ज़ वाला मुफ़्त काग़ज़ दे देता, प्रेसवाला मुफ़्त छाप देता और सम्पादकजी मुफ़्त प्रतियाँ वितरित करते। होता क्या है कि ये सब तो पैसे वसूल करते हैं और लेखक महाशय साहित्य-सेवा करते हैं!"

बच्चनजी ने बताया कि इस बात को उन्होंने बहुत पहले समझ लिया था और शुरू-शुरू में भी वे पत्रिकाओं को कविता भेजते समय जो पत्र लिखते थे, वह इस प्रकार होता था—"आदरणीय सम्पादकजी, आपकी सेवा में अपनी एक कविता भेज रहा हूँ। यदि उचित समझें तो अपनी पत्रिका के लिए उसका उपयोग करें और समुचित पारिश्रमिक भी दें। कविता प्रकाशन-योग्य तभी समझी जाए, जब वह पारिश्रमिक-योग्य भी हो।"

बच्चनजी ने बताया कि उस समय भी बहुत-से लोग पारिश्रमिक की माँग से चौंकते थे, क्योंकि हिन्दी-सेवा के नारे के साथ यह बात कुछ मेल नहीं खाती थी। कई एक तो 'पैट्रोनाइज़' (संरक्षण) करने के 'मूड' में रहते थे। लिखते थे कि अभी तो हम आपको आगे बढ़ा रहे हैं, प्रोत्साहन दे रहे हैं, अभी पारिश्रमिक

1. यद्यपि यहाँ भी बच्चनजी ने टिप्पणी लिखी कि, "यह प्रसंग भी कहीं आया है।" किन्तु कुछ प्रसंगों के एकाधिक बार आने में कोई हर्ज इस कारण नहीं कि वे आग्रह विशेष को रेखांकित करते हैं।
—अ.कु.

का प्रश्न नहीं उठता। इसका जवाब बच्चनजी यह देते थे कि उन्हें प्रोत्साहन नहीं, पैसा चाहिए। पत्रिका वाले पारिश्रमिक न दे सकते हों तो कविता छापने का कष्ट न करें।

बच्चनजी ने कहा, ''इसके बावजूद पैसे ने मेरे लेखन को कभी प्रभावित नहीं किया। उस समय भी, यदि कोई सेठ या पूँजीपति मेरे पास आकर कहता कि लड़के के 'नकछेदन' पर कविता लिख दीजिए, एक लाख रुपये दूँगा, तो मैं उसे यही जवाब देता कि मेहरबानी करके चले जाइए। मैं आपके लिए कविता नहीं लिख सकता।''

''लेकिन यदि उन्हीं सेठ के अखबार में मेरी कविता छपती तो मैं उनसे कहता कि पारिश्रमिक के पन्द्रह रुपये पहले रख दीजिए, दूसरी कोई बात बाद में कीजिएगा।''

फिर उन्होंने मुझे भी सलाह दी कि पारिश्रमिक लिये बग़ैर पत्रिकाओं को रचनाएँ न दिया करूँ।

खैर, यह तो बात-की-बात हुई।

मुख्य विषय था—उनका नया कविता-संग्रह और उसका क्रम। वे कह रहे थे कि उन्हें पता है, इस कविता-संग्रह से कोई क्रान्ति नहीं होनी है और उन्होंने क्रान्ति करने का कोई ठेका भी नहीं लिया है। एक जमाने में जब उनका 'निशा निमन्त्रण' निकल चुका था और वे दिल्ली में अपने मित्र श्री जग ज्योति स्वरूप माथुर के यहाँ आये थे, तब उन्हें श्री बनारसीदास चतुर्वेदी का एक पत्र मिला, जिसमें चतुर्वेदी जी ने 'निशा निमन्त्रण' के सन्दर्भ में पूछा था कि क्या जीवन में केवल निराशा-ही-निराशा है?

इसका उत्तर बच्चनजी ने यह दिया था कि 'आखिर मुझसे ही आप यह माँग क्यों करते हैं कि मैं सम्पूर्ण और समस्त जीवन को अभिव्यक्त करूँ। आप आशा और विश्वास का स्वर चाहते हैं तो किसी दूसरे कवि में उसे प्रेरित और जागृत कर सकते हैं। जीवन के जिस स्वरूप को मैंने अनुभव किया है, उसे वाणी देने की छूट मुझको होनी चाहिए। और फिर मैं हूँ ही कौन कि मुझसे इतनी सारी बातों की प्रत्याशा की जाए!'

चतुर्वेदी जी के नाम लिखे गये उस पत्र का हवाला देने के बाद बच्चनजी ने कहा कि, ''यही बात मेरे इस नये कविता-संग्रह पर भी लागू होती है। पिछले डेढ़-दो वर्षों के बीच स्फुट रूप से जो भी मैं लिखता हूँ, वही यहाँ संकलित है। मेरे पाठकों और प्रेमियों का एक 'सर्किल' (समुदाय) है, जो मेरी गतिविधि से परिचित रहना चाहता है। उस 'सर्किल' में कुछ लोग ऐसे हैं, जो मुक्तछन्द के प्रेमी हैं, और कुछ लोकधुनों पर आधारित गीतों के। बहुतों को मेरी पुरानी,

परिचित शैली के गीत अच्छे लगते हैं। उन सभी को अपने-अपने मतलब की चीज़ इस पुस्तक में मिल जाएगी। 27 नवम्बर को, मेरे जन्मदिन पर, मेरा प्रकाशक इस कविता-संग्रह की प्रतियाँ देश भर में पहुँचा देना चाहता है और उस रोज़ मेरे प्रेमी-जन मेरी नवीनतम रचना देख-पढ़ सकें, यह मेरे लिए कम सन्तोष की बात नहीं है।''

इसके बाद बच्चनजी ने जो कहा, उसका अभिप्राय यह था कि फ़िलहाल उनकी दृष्टि में इतना ही यथेष्ट है। फिर आलोचक चाहे इसे 'चूँ-चूँ का मुरब्बा' बताएँ, चाहे तारतम्यहीन! वे इसकी कितनी अवहेलना करते हैं और खुद बच्चनजी इसे कितना महान समझते हैं[1], ये दोनों ही बातें अप्रासंगिक हैं। मुस्कराकर, उन्होंने एक रीतिकालीन कवि की यह पंक्ति उद्धृत की—'आगे के सुकवि रीझिहैं, जु तौ कविताई, न तो राधिका-कन्हाई सुमिरन को बहानो है।'

बातों का सिलसिला थोड़ी देर बन्द रहा, फिर उन्होंने बताया कि इस संग्रह में अनेक कविताएँ ऐसी हैं, जो उनके मन में पिछले साल-डेढ़ साल से थीं, लेकिन उन्हें लिखने का अवसर अब मिला। बहुत-सी बातें वे अपने मन में डाल देते हैं; वे धीरे-धीरे पकती रहती हैं और समय आने पर कविता का रूप ग्रहण कर लेती हैं। अपने बावनवें जन्मदिन पर वे एक कविता लिखना चाहते थे। उस समय तो वह लिखी नहीं जा सकी लेकिन जब कभी पूरी होगी, उसका शीर्षक रहेगा—''अपने बावनवें जन्मदिन पर'' क्योंकि उसी समय इस कविता का मूल विचार उनके मन में आया था।[2]

मैंने कहा, ''इन दिनों आप कविता लिखने के मूड में हैं; उसे पूरी कर डालिए और मेरी राय तो यह है कि जब आपकी 'आत्मकथा' छपे तो उसकी भूमिका के रूप में अथवा परिशिष्ट में वह कविता भी दे दीजिए।''

यह सुझाव उन्हें कुछ पसन्द नहीं आया। बोले, ''नहीं, वह पन्तजी की 'आत्मिका' की तरह कोई आत्मकथात्मक अथवा विवरणात्मक कविता तो होगी नहीं, उसमें तो बावनवें जन्मदिन पर मेरे मन में उठी प्रतिक्रियाओं का उल्लेख होगा। इस संग्रह में तो वह शायद जा नहीं सकती, क्योंकि इसकी चौंसठ कविताएँ पूरी हो गयी हैं। कोई हर्ज़ नहीं, फिर कभी सही।''

'फिर कभी' का जिक्र उनके मुँह से सुनकर मैं पुलकित हुआ। अभी पिछले दिनों में, वे कई बार मुझसे कह चुके थे कि 'चार खेमे, चौंसठ, खूँटे', उनका अन्तिम कविता-संग्रह होगा और 'आत्मकथा' पूरी करने के बाद, वे क़लम रख देंगे। इस सम्बन्ध में उन्होंने मेरी राय भी माँगी थी और उत्तर में केवल धीरे से

1. यहाँ बच्चनजी ने पूछा है : 'मतलब ?'
2. यहाँ भी बच्चनजी की टिप्पणी है : 'पहले भी आ चुका है।'

मुस्कराकर मैंने समझ लिया था कि वे मेरी राय जान गये हैं।

उन्होंने कहा था कि अपनी पिछली बीमारी ('हर्निया' के ऑपरेशन) में उन्होंने मृत्यु को इतने निकट से देखा कि वह अनुभव उनकी इधर की लगभग सभी कविताओं में व्यक्त हुआ है। ये कविताएँ मानो उन्होंने मृत्यु की छाया में लिखी हैं। शायद इसी पृष्ठभूमि को सोचकर उन्होंने यह चाहा कि इस संग्रह की अन्तिम कविता हो— 'मरणकाले'—जो उन्होंने, अभी चार-छः दिन पहले, 'निरालाजी के मृत शरीर का चित्र देखकर' लिखी थी और जिसकी अन्तिम पंक्ति थी—'मरण में मैं मत लगूँ असमर्थ।'

संग्रह की कविताओं का क्रम लगाने का काम मुझे सौंपते हुए उन्होंने कहा कि यों तो इन कविताओं के सम्भावित क्रमों की संख्या इतनी बड़ी हो सकती है कि शायद उसे काग़ज़ पर आसानी से लिखा भी न जा सके, पर "आप वह क्रम बिठाइए जो उनमें सबसे अच्छा हो। इस विषय में सबसे बढ़िया उदाहरण अंग्रेज़ी में पाल्ग्रेव की 'गोल्डन ट्रेज़री' का है। यों तो अंग्रेज़ी में सैकड़ों काव्य-संकलन हैं, लेकिन 'गोल्डेन ट्रेज़री' की विशेषता यह है कि उसकी हज़ार[1] कविताएँ ऐसी लड़ी में गुँथी हुई हैं कि महज़ एक लम्बी कविता का आभास देती हैं। पाल्ग्रेव ने ऐसा नहीं किया कि शेली की सारी कविताएँ एक जगह रखे और वर्ड्सवर्थ की एक जगह। उसने सारी कविताओं को एक विशेष क्रम में नियोजित किया। निदान, 'गोल्डेन ट्रेज़री' अनेकानेक गीतों के एक गीत जैसी मालूम होती है और आज भी अंग्रेज़ी साहित्य में उसका स्थान अक्षुण्ण है।"

कविवर ने बताया कि 'निशा निमन्त्रण' के गीत जिस क्रम में लिखे गये थे और जिस क्रम में प्रकाशित हुए, उनमें ज़मीन-आसमान का अन्तर है। आज कोई इन दोनों क्रमों की तुलना करे तो उसे उनकी विभिन्नता पर हैरत होगी। जब वे पुस्तक के लिए गीतों का क्रम तैयार कर रहे थे तो उन्होंने कमरे भर में सारे गीत फैला दिये थे, पंखा बन्द कर दिया था ताकि पन्ने इधर-उधर उड़ न सकें और पसीने से तर-बतर होकर सारे सौ-के-सौ गीतों पर एक साथ निगाह रखते हुए, "निशा निमन्त्रण" का वर्तमान क्रम निर्धारित किया था।

ख़ैर, जहाँ तक मेरा और प्रस्तुत कविता-संग्रह का सम्बन्ध था, उसका क्रम बिठाते समय वैसा कुछ भी नहीं हुआ। 'कूलर' झरझर ठंडी हवा फेंकता रहा, ऊपर पंखा चलता रहा और मैंने छोटी-सी मेज पर कविताओं की दो-तीन गड्डियाँ बनाकर उन्हें जैसा ठीक समझा, वैसे क्रम में रख दिया। मोटे तौर पर पहले छन्दबद्ध, फिर लोकधुन की, फिर मंचगान वाली और अन्त में मुक्तछन्द की कविताएँ रखीं। 'खेमे राम' और 'खूँटे चन्द' नामक कविताएँ अन्त में दीं और 'बंजारे का गीत'

1. इस पर बच्चनजी की टिप्पणी है : "सारी की सारी, शायद संख्या हज़ार नहीं है।"

शुरू में। 'भारत के यौवन का गीत' और 'कुकड़ूँ कूँ' शीर्षक कविताएँ मुझे कुछ मौज़ूँ नहीं जान पड़ीं। इनमें से 'कुकड़ूँ कूँ' को हटाना बच्चनजी ने स्वीकार कर लिया।

उन्होंने सुझाया कि चारों विधाओं की कविताएँ बिलकुल अलग-अलग रहें, यह कोई ज़रूरी नहीं है। खेमों के पल्ले उलट-पलटकर एक-दूसरे पर भी जा सकते हैं। यह विचार मुझे तो कुछ जँचा नहीं। ऐसा लगा कि यह व्यर्थ की गड़बड़-घुसेड़ होगी। इसलिए मैंने कहा कि वे स्वयं देख लें, और जो परिर्वतन उचित समझें, कर दें।

(बाद में, तीन-चार दिन बाद ज्ञात हुआ कि अन्त की दोनों कविताएँ उन्होंने प्रारम्भ में रख दीं, ऋतु-सम्बन्धी एक छन्दबद्ध गीत लोकधुनों वाले एक गीत के साथ कर दिया, और एक-आध जगह अन्यत्र भी ऐसा ही हेर-फेर किया।)

'चार खेमे, चौंसठ खूँटे' की 'प्रेसकॉपी' अब लगभग तैयार थी। भूमिका और प्रारम्भिक पृष्ठ भी टाइप हो चुके थे। बच्चनजी कहने लगे कि, "क्रम निश्चित हो जाने के बाद इसे बन्द करके रख दूँगा और महीने-डेढ़ महीने के लिए इसे बिलकुल भूल जाऊँगा। उसके बाद, जुलाई के पहले हफ्ते में इसको फिर उठाऊँगा और उस समय यदि कोई नयी बात सूझी तो उसका समावेश करके प्रकाशक के पास भेज दूँगा। चार महीने में छप-छपाकर किताब 27 नवम्बर को निकल जाएगी। इस बीच में 'आत्मकथा' के काम में लग जाऊँगा। साल खत्म होते-होते उसे भी पूरा करने का इरादा है।"

मुझे ख़याल आया कि अभी कुछ ही दिन पहले मेरे मित्र, देवीशंकर अवस्थी, उनसे मिलने आये थे और जब उन्होंने बच्चनजी से पूछा था कि इन दिनों क्या लिख रहे हैं, तो कविवर ने उत्तर दिया था, "कुछ-न-कुछ करता ही रहता हूँ। दीमक की तरह लग जाता हूँ किसी-न-किसी चीज़ में। धीरे-धीरे, कुछ काम हो ही जाता है।"

उस रोज़ वे भूमिका लिख रहे थे, आज संग्रह प्रेस के लिए तैयार हो गया और कल से—या कविता लिखने का वर्तमान 'मूड' तनिक बदलते ही—वे 'आत्मकथा' लिखने में लग जाएँगे—बिना किसी प्रमाद अथवा शिथिलता के—दीमक की तरह—एक लक्ष्य बनाकर, पूर्ति के लिए सतत सचेष्ट और कार्यरत!

12 मई 1962

कविताओं का क्रम लगाने के ख़याल से जब मैं उनके नये कविता-संग्रह की 'प्रेस-कापी' एक बार देख चुका था तो उन्होंने पूछा, "क्या राय है तुम्हारी

इन कविताओं के बारे में?''

मैंने बताया कि मुझे मुक्तछन्द की कविताएँ ज्यादा पसन्द आयीं, तो उन्होंने कहा, ''मेरा भी यह ख़याल है। मैंने जो कुछ भी गम्भीर कहना चाहा है, मुक्तछन्द में ही कहा है। जीवन भर छन्दबद्ध कविता लिखने के बावजूद मैं समझता हूँ कि आज की कविता का यदि कोई 'ईडियम' (मुहावरा) है, तो वह मुक्तछन्द है। उसी में इतना सामर्थ्य है कि वह आज के जीवन और उसकी परिस्थियितों को वाणी दे सके। फिर भी, मैं यह नहीं मानता कि मुक्त छन्द सदा-सर्वदा के लिए कविता का माध्यम बन गया। इसमें भी परिवर्तन आएगा।''

मैंने कहा, ''परिवर्तन तो, ऐसा लगता है कि आ भी गया। हिन्दी के बहुत-से नये कवि मुक्तछन्द के छन्द और लयवाले पहलू को भी एक तरह की सीमा और बन्धन मानने लगे हैं। वे छन्द को अस्वीकार करके कविता लिखते हैं।''

बच्चनजी बोले, ''ख़ैर, वह तो गद्य हुआ। उसे कविता कहना कठिन है। मेरे लिए भविष्यवाणी करना तो सम्भव नहीं है, फिर भी हो सकता है कि मुक्तछन्द के बाद कविता लोकधुनों की ओर जाए।''

उनका आशय था कि आगे चलकर, जब मुक्तछन्द की सम्भावनाएँ समाप्त हो जाएँगी, तब शायद हिन्दी में लोकधुनों पर आधारित उस तरह के गीत लिखे जाने लगेंगे, जैसे कि पिछले दो-तीन वर्षों में बच्चनजी ने लिखे हैं और जो 'त्रिभंगिमा' तथा उनके आगामी कविता-संग्रह 'चार खेमे, चौंसठ खूँटे' में संकलित हैं।

17 मई 1962

भोजन के समय उन्होंने कहा, ''बड़ी बुरी खबर सुनने को मिली है। मेरे दोस्त महेश प्रसाद की पत्नी का देहान्त हो गया। 'मेननजाइटिस' हो गया था उन्हें। दो दिन में चल बसीं।''

मैंने दुख प्रकट करते हुए पूछा, ''ये वही महेश बाबू हैं न, जो आपके मुट्ठीगंज (इलाहाबाद) वाले घर की देखभाल करते हैं।''

उन्होंने हामी भरते हुए कहा, ''भले आदमी हैं बेचारे। उनकी पत्नी की अभी ऐसी कोई ख़ास उमर भी न थी। लेकिन मुझे डर तो यह लगता है कि कहीं मेरी बीवी को कुछ न हो जाए।''

उनकी इस आकस्मिक आशंका का कारण मैं समझ नहीं सका तो उन्होंने बताया कि महेश बाबू की पहली बीवी की मौत टी.बी. से हुई थी। उसके बाद ही बच्चनजी की पहली पत्नी को टी.बी. हो गया और वे नहीं रहीं।

महेश बाबू ने जब दूसरी शादी की, लगभग तभी बच्चनजी ने भी दूसरी शादी की थी। इन मामलों में दोनों व्यक्तियों के जीवन की परिस्थितियाँ इतनी समानान्तर रहीं कि आज महेश बाबू की दूसरी पत्नी का देहान्त होने पर, बच्चनजी के मन में स्वभावतः यह डर समा गया है कि कहीं इस तरह की कोई दुर्घटना उनके अपने घर में भी न हो जाए।

मेरे ख़याल से उनका यह भय इतना बेबुनियाद था कि मैं उनसे सिर्फ इतना ही कह सका, ''आप भी कमाल करते हैं।''

17 मई 1962

पन्तजी अपने किन्हीं साहित्यिक मित्र (श्री गंगाप्रसाद पांडेय) के साथ कुछ समय के लिए भ्रमणार्थ जानेवाले थे। यह भ्रमण तो बच्चनजी की समझ में आ गया लेकिन वे यह न समझ सके कि पन्तजी इस तरह के आदमियों से क्यों इतना अधिक मेलजोल बढ़ाते हैं, जिनका उद्देश्य केवल अपना मतलब साधना होता है और जो इस यात्रा का उपयोग केवल पन्तजी पर कोई रद्दी-सद्दी किताब लिखने में ही करेंगे।

इस पर मैंने कहा, ''आपके मुँह से यह बात कुछ अटपटी मालूम देती है क्योंकि जैसे-जैसे जन्तु आपने पाल रखे हैं, वैसों की तो पन्तजी कल्पना भी नहीं कर सकते।''

बच्चनजी बोले, ''ऐसी बात नहीं है। मुझमें और पन्तजी में यह अन्तर है कि सौजन्य के नाते भले ही मैं सबसे 'मिलूँ-जुलूँ' और पत्र-व्यवहार करूँ, लेकिन मैं आदमी के 'मेंटल कैलिबर' (बौद्धिक क्षमता) को भी देखता हूँ। दूसरी ओर पन्तजी अनेक साधारण लोगों पर भी पूरा विश्वास कर लेते हैं।''

बहरहाल, धीरे-धीरे बातचीत का रुख इस तरफ़ मुड़ गया कि घटिया साहित्य रचनेवाले लोगों के प्रति उचित रवैया क्या है?

मेरा विचार था कि इनके प्रति एक रवैया यह हो सकता है कि सत्साहित्य पढ़नेवाले और लिखनेवाले सभी लोग एक तरह की 'स्नॉबरी' (ठसका) अपना लें और उन्हें यह अनुभव कराएँ कि उनका दर्जा कितने नीचे है।

मेरे इस समाधान से कविवर तनिक भी सहमत न हो सके। उन्होंने कहा कि यह दृष्टिकोण बहुत संकुचित और अनुचित है। 'स्नॉबरी' से नहीं, इन्हें परिश्रम द्वारा सुशिक्षित करने से काम चलेगा। उन्होंने कहा, ''अपनी ओर से तो मैं यह यत्न कर ही रहा हूँ; आप लोगों की बात नहीं जानता। हाँ, यह ज़रूर कह सकता हूँ कि आप लोग जनता से जितना दूर भागते जाएँगे, उतना ही जनरुचि को सुसंस्कृत

बनाने का कार्य दुरूह होता जाएगा। उपेक्षा या वितृष्णा का भाव रखने पर तो आप खुद ही उस मूलधारा से विच्छिन्न हो जाएँगे, जिसे कि गँदला होने से आप लोग बचाना चाहते हैं।''

18 मई 1962

पिछले कुछ दिनों से कविवर ने दफ़्तर में रबड़ का एक छोटा-सा 'लाइफ़ बेल्ट'-नुमा ट्यूब लाकर रखा था। उसके बारे में जिज्ञासा प्रकट करने पर उन्होंने बताया कि कुरसी पर बैठे-बैठे जब तकलीफ़ होने लगे तो इसे नीचे रखने से आराम मिलता है। मुँह से हवा भरकर उन्होंने ट्यूब को फुलाया और मुझे दिया, ''लो, इसपर बैठकर जरा देखो तो।''

मैंने कहा, ''हाँ, कुछ फ़र्क़ तो जरूर पड़ता है।''

इसपर वे बोले, ''बैठने के लिए मैंने जीवन में इतने अधिक जतन और प्रयोग किये हैं कि हिसाब नहीं। तब जाकर कुछ काम कर सका हूँ।''

उनके इन यत्नों और प्रयोगों में से कुछ की बात तो मुझे भी ज्ञात रही है। इलाहाबाद में, क्लाइव रोड के उनके घर की स्टडी—'दश-द्वार'—में, उनकी लिखने की मेज़ और टेबिल लैम्प, स्टील की रैकें, खिड़कियों-दरवाज़ों के परदे और फ़र्श का कालीन आदि सामग्री तो बहुत अच्छी थी, पर बैठने के लिए महज़ सादा-सा स्टूल था। बच्चनजी ने उन्हीं दिनों, बातचीत के दौरान, मुझे और ओंकार को बताया था कि स्टूल पर बैठने से नींद नहीं आती, क्योंकि कमर सीधी रखनी पड़ती है और पीठ टेकने का साधन न होने के कारण आराम का 'मूड' नहीं बन पाता। उन्होंने कहा था कि जहाँ भी आदमी ज़रा आराम से बैठा, उसकी तबीयत लेटने की और फिर सोने की होने लगती है।

ज़मीन पर आसन लगाकर बैठने और छोटी मुंशी-डेस्क पर काम करने का ढंग उन्होंने बचपन से ही सीखा था और आज भी वे उसे उपयोगी पाते हैं। पिछले साल माइकेल ब्रीचर की पुस्तक का अधिकांश अनुवाद-कार्य उन्होंने, सम्भवतः, आसनी और मुंशी डेस्क पर बैठकर ही किया था।

हाँ, 'फ़ाउलर बेड'[1] पर काम करने का ढंग उन्होंने शायद विलायत में या उसके बाद भारत लौटने पर सीखा। पिछले साल अपने निजी उपयोग के लिए फ़ाउलर बेड ख़रीदने से पहले उन्होंने कई बार मुझे बताया था कि वे किस प्रकार फ़ाउलर बेड पर बैठकर काम करेंगे। कागज़ पर नक्शा खींचकर भी समझाया था

1. प्रायः अस्पतालों में प्रयुक्त लोहे की, स्प्रिंगदार चारपाई, जो सिरहाने और पैताने पर ऊपर उठायी जा सकती है।

कि किस तरह फ़ाउलर बेड को कमर से ऊपर के हिस्से और टाँगों पर भी ऊपर उठाया जा सकता है। वह नक्शा कुछ-कुछ इस तरह का था :

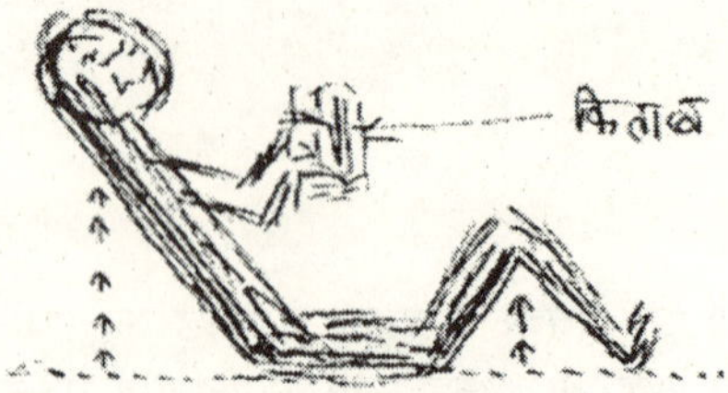

निश्चय ही, अपने 40-50 वर्षों के विद्यार्थी और लेखक-जीवन में उन्होंने पढ़ने-लिखने के मामले में इस तरह के और भी कई प्रयोग किये होंगे। पर इसमें सन्देह नहीं कि बैठकर काम करना उन्हें शायद हमेशा ही अधिक सुविधाजनक लगता रहा है। साल-डेढ़ साल पहले 'वर्टिगो' (Vertigo) की शिकायत होने के कारण उन्हें कभी-कभी चक्कर आ जाता था और आँखों के सामने धुन्ध छा जाती थी। उस समय उन्होंने घर और दफ्तर में अपनी मेज़ों पर रखने के लिए दो मुंशी-डेस्कें बनवायी थीं और खड़े होकर इन डेस्कों पर काम किया करते थे। एक धुँधली-सी याद मुझे है कि शायद उन्हीं दिनों कविवर ने मज़ाक-मज़ाक में कहा था कि, "पन्तजी लेटे-लेटे कविता लिखते हैं, इसलिए उनकी कविता भी लेटी हुई है। मैं बैठकर कविता लिखता रहा हूँ, इसलिए मेरी कविता अभी तक तो बैठी हुई थी, पर अब मेरे साथ-ही-साथ वह भी तनकर खड़ी हो गयी है।"

यदि मैं न जानता होता कि यह उनके विनोद का एक उदाहरण है तो शायद मुझे एक योग्य शिष्य की भाँति उनसे कहना चाहिए था, "हे गुरुदेव! अब सिर्फ़ एक सीढ़ी की कमी रह गयी है। उसे लगाकर आप रोशनदान में पहुँच जाया कीजिए। वहाँ जाकर लिखने से आपकी कविता और ऊपर उठ जाएगी।"[1]

---

1. इस पर बच्चनजी ने टिप्पणी की : "तुम्हारे सुझाव में कुछ सत्य अवश्य है। मुझे याद है कि मैं फ्लोरेंस में दांते का घर देखने गया तो मुझे उसके घर का टॉवर भी दिखाया गया और गाइड ने बताया कि दांते टॉवर की सबसे ऊँची मंजिल पर बैठकर लिखता था। येट्स ने तो एक घर ही ऐसा खरीदा था जिसमें टॉवर था और वह भी टॉवर की ऊँची मंज़िल पर बैठकर लिखता था। उसपर चढ़ने-उतरने का ज़िक्र येट्स के पत्रों में कई बार आया है। ऊँची इमारत हो, सबसे ऊपर कमरा हो, उसकी खिड़की से दूर-दूर का लैंडस्केप दिखाई पड़ता हो, और कोई कवि वहीं बैठकर कविता लिखे तो अवश्य उसमें व्यापक दृष्टि आएगी। मैं कभी ऐसी इमारतों पर गया हूँ तो एक बार अवश्य यह विचार मेरे दिमाग़ में झलक मार गया है कि काश, यहाँ बैठकर मैं कुछ लिखता।"

1 जून 1962

मैं पिछले कुछ दिनों से छुट्टी पर था और आज थोड़ी देर के लिए दफ़्तर जाने पर बच्चनजी से मालूम हुआ कि अमितजी बी.एस-सी. में सिर्फ चार नम्बरों से फ़ेल हो गये। यह समाचार इसलिए और भी दुखदायी जान पड़ा, क्योंकि अमित को पास होने की पूरी उम्मीद थी और इसके अलावा उन्होंने पास होते ही किसी-न-किसी फ़र्म में नौकरी करने का भी मन बनाया था।

ख़ैर, दुखी तो बच्चनजी भी बहुत होंगे, लेकिन उन्होंने कहा यह कि, "अगर चार नम्बर आ भी जाते और अमितजी थर्ड डिवीज़न में पास हो जाते तो मुझे कोई खुशी न होती। थर्ड डिवीज़न भी कोई पास होना है। जिन्दगी भर के लिए एक भद्दा ठप्पा लग जाता है आदमी के ऊपर। अरे, आना तो चाहिए फर्स्ट डिवीज़न, लेकिन चलो ख़ैर सेकेंड तक हो जाये तो कोई ऐसा हर्ज़ नहीं है।"

उन्होंने कहा, "जिन्दगी के बारे में यह काम-चलाऊ रवैया मुझे बिलकुल पसन्द नहीं। मैं एक दूसरे ही 'डिसिप्लिन' (अनुशासन) में पला हूँ। उसके अनुसार अपना आदर्श रखना चाहिए सितारों पर। तब जाकर आप, कहीं पहाड़ तक, और नहीं तो खजूर तक पहुँच पाएँगे। लेकिन अगर शुरू से ही कोई सोच ले कि लस्टम-पस्टम किसी तरह पास होना है, तब तो विशुद्ध भाग्य की बात है। उसने साथ दिया तो दो नम्बर से पास हो गये वरना चार नम्बर से फ़ेल।

"कोई लक्ष्य निर्धारित करके, उसे पूरा करने का मतलब और कुछ हो चाहे न हो, वह आदमी के अपने आत्मविश्वास के लिए भी बहुत उपयोगी है। इस तरह अपनी शक्ति में आदमी का विश्वास बढ़ता है। मैं डॉक्टरेट के लिए जब कैम्ब्रिज गया तो मैंने यह निश्चय कर लिया था कि काम दो वर्ष में पूरा होना ही है, उससे अधिक न तो समय था, न सुविधा ही। इसलिए मैं पूरा कार्यक्रम बनाकर काम में जुट गया और साथ ही अपना लक्ष्य मैंने ऊँचा रखा। अगर कहीं मेरी थीसिस संशोधन के लिए लौटा दी जाती या नामंज़ूर हो जाती तो शायद मैं उसे वहीं छोड़कर लौट आता। इसलिए मैंने किसी तरह की कोई गुंजाइश अपनी तरफ़ से छोड़ी ही नहीं।"

"थीसिस लिखने में आपको कितना समय लगा था?" मैंने पूछा। "छः महीने।" उन्होंने बताया, "मेरा पहला पेंसिल ड्राफ्ट तो छः महीने में ही तैयार हो गया था। उसे मैंने क़लम से लिखा और फिर टाइप कराकर अपने 'गाइड' (निर्देशक) को दिया। गाइड ने जो बातें सुझायीं, उनको सम्मिलित करने के बाद मैंने थीसिस की चार प्रतियाँ टाइप करायीं और इन्हें मार्जरी बोल्टन और लन्दन तथा कैम्ब्रिज के अपने एक-एक मित्र के पास टिप्पणी के लिए भेजा। इन लोगों

ने जो सुझाव दिये, उनका मैंने फिर समावेश किया और तब जाकर थीसिस नये सिरे से टाइप कराके 'सबमिट' (जमा)की। थीसिस के वे सातों ड्राफ्ट मैं अपने साथ लेता आया था कि मेरे लड़के उन्हें देखकर महसूस करें कि उनके बाप ने 48 साल की उम्र में भी कितने सुव्यवस्थित ढंग से और कितनी मेहनत के साथ काम किया। लेकिन मेरे लड़कों पर कोई असर न पड़ा।''

''आजकल के लड़कों में हमारे ज़माने की बनिस्बत बहुत परिवर्तन आ गया है। अब उनका ध्यान सिनेमा, सैर, दोस्त-अहबाब, म्यूज़िक वगैरा में ज़्यादा लगने लगा है, पढ़ने में कम। इतना ही नहीं, आजकल माँ-बाप को भी उनका ख़्याल रखना पड़ता है कि लड़के को कुछ कहो मत, कहीं रूठकर घर से भाग न जाए। हमारे ज़माने में ऐसा होता तो बाबा नतीजा सुनिके दुइ लात जमाते 'धर के चूतर पे'[1] और कहते, 'सरऊ ऊ बखत तो पढ़ेओ नाहीं और अब ई बिरिया टेसुआ बहावत हौ।''

और अपने ज़माने का यह कल्पित प्रसंग सुनाकर वे मेरे साथ-साथ खिलखिलाकर हँसने लगे।

कुछ देर ठहरकर थोड़े खिन्न और थके हुए से स्वर में वे बोले, ''मैंने अपनी ज़िन्दगी काफ़ी देर से शुरू की, इसलिए मैं चाहता था कि अमितजी किसी काम-धन्धे में लग जाते तो मैं उनकी ओर से निश्चिन्त हो जाता। मुझसे अब किसी की ख़ुशामद नहीं हो पाती और सरकारी नौकरी में अगर रहा भी तो कितना! अधिक-से-अधिक तीन साल। उसके बाद दिल्ली में बसना तो मुमकिन नहीं है। इस शहर में किसी की जड़ नहीं होती, सब अपने-अपने धन्धे में लगे रहते हैं। जहाँ उससे कटे, वहाँ यह शहर आपको उखाड़ फेंकता है।''

उन्होंने कहा कि यों भी, अब वे आराम करना चाहते हैं। पश्चिमी जीवन के इस सिद्धान्त में उनका विश्वास नहीं कि अस्सी साल की उम्र हो गयी है, खोपड़ी हिलने लगी है, आँखों से सूझता नहीं, फिर भी काम में जुटे हुए हैं। जिसे वे लोग 'डाइंग इन हार्नेस' (काम करते-करते मरना) कहते हैं, वह तो दैत्यों की चीज़ है। राजनीतिज्ञों के लिए वह किसी कदर ठीक हो सकती है, कलाकार को तो 'रेस्ट' (विश्राम) की ज़रूरत होती है। उसके ऊपर काम करते रहने का कोई बन्धन न होना चाहिए। यों उसके खुद के आत्म-विश्वास के लिए शायद अपनेआप को किसी काम में लगा देना और उसको पूरा करना सहायक होता हो; लेकिन ऐसी कोई मजबूरी उसके लिए ठीक नहीं होती।

उन्होंने बताया कि रिटायर होने के बाद वे मेरठ या देहरादून जैसी किसी छोटी, किन्तु सुविधापूर्ण जगह में रहना चाहते हैं। इस उम्र में घर बनवाना तो

---

1. बच्चनजी ने इस अन्त को निकाल देने योग्य समझा पर व्यंजकता के नाते इसे यथावत् रखा जा रहा है। —अ. कु.

उनके लिए सम्भव नहीं है, क्योंकि सीमेंट और सरिया के परमिट के लिए दर-दर भटकना उनसे नहीं हो सकता; हाँ, कोई अच्छा-सा घर किराये पर लेकर वे रहेंगे। और अगर इलाहाबाद में रहने का निर्णय किया तो क्लाइव रोड या वहीं कहीं किराये का घर लेंगे, क्योंकि मुट्ठीगंज वाले घर में उन्हें तकलीफ़ होगी। मानसिक दृष्टि से वे वहाँ के लोगों से अब बहुत दूर जा चुके हैं और वहाँ रहने का मतलब यह होगा कि वे उस समाज से बिलकुल अलग हो जाएँ। इसके अलावा, वहाँ किसी तरह का आराम भी न मिलेगा, क्योंकि जिन लोगों से वे न मिलना चाहते होंगे, वे भी चचा-भतीजे का रिश्ता लगाकर उनके एकान्त में विघ्न डालते रहेंगे।

ख़ैर, मैं भलीभाँति जानता था कि कविवर बेकार बैठकर, बाग़बानी में वक्त ग़ुजारनेवालों में से नहीं हैं, फिर भी, उन्होंने कहा, ''चौवन साल की उम्र हो गयी। बहुत काम कर लिया। अब तो आराम करने का जी होता है।''

13 जून 1962

इधर पन्द्रह-बीस दिनों से पन्तजी दिल्ली में बच्चनजी के साथ ही ठहरे हुए थे। मेरा ख़्याल था कि दिल्ली में रुककर वे कुछ लिख-पढ़ रहे होंगे, लेकिन बच्चनजी ने बताया कि ''नहीं, ऐसी बात नहीं, यहाँ आकर तो बस वे फँस ही गये हैं। हम लोग उन्हें जाने नहीं देते और इधर दिल्ली में इतनी भयंकर गर्मी पड़ रही है कि उनसे यहाँ रुका भी नहीं जाता।''

कविवर ने कहा कि दिन भर तो पन्तजी सोते हैं और शाम को साहित्य-चर्चा नहीं, ज्ञान-चर्चा होती है। पन्तजी की कविताओं के बारे में उन्हें जो भी जिज्ञासाएँ रही हैं, उनका समाधान इन चर्चाओं में होता है। 'कला और बूढ़ा चाँद' की प्रसिद्ध कविता 'धेनुएँ' के उत्तरार्द्ध में पन्तजी ने लिखा है कि धेनुएँ जिस वत्स के लिए व्याकुल हैं, वह उनसे आग्रह करता है कि वे उसे अपना धारोष्ण प्रकाश-अनामय अमृत पिलाएँ, क्योंकि उस वत्स को ही उस पार खड़ी मानवता के लिए सत्य का वोहित्थ खेना है।

बच्चनजी ने कहा कि ''अभी तो बछड़े का जन्म हुआ और अभी वह मानवता का रथ खींचने के लिए तैयार हो गया। यह बात कुछ जँच नहीं रही है।''

उत्तर में पन्तजी बोले, ''लो, तुम इतनी भी बात नहीं समझे! अरे, जब उसने अमृत पी लिया तो फिर क्या छोटा बछड़ा ही बना रहेगा!''

इस प्रसंग को सुनाने के बाद, बच्चनजी ने कहा कि "और चीजों को छोड़ दिया जाये, तो भी सिर्फ़ 'कम्पोज़ीशन' (रचना) के ख्याल से कुछ बातें संगत नहीं मालूम होतीं। लेकिन, पन्तजी का अपना एक ढंग बन गया है और उसके ज़रिये वे अपनी बात दूसरों को समझा भी सकते हैं। अपनी ओर से सब उनके मन में बहुत स्पष्ट है, लेकिन कोई व्यक्ति यदि उसे समझे ही नहीं या 'कनविंस' (आश्वस्त)न हो, तो बात दूसरी है।"

संयोगवश, आज ही, मुझे 'कला और बूढ़ा चाँद' की बच्चनजी वाली प्रति देखने को मिल गयी। उसके पृष्ठ 20 पर मैंने 'धेनुएँ' कविता खोली तो इन चार पंक्तियों पर निगाह पड़ी—

"मुझे उस पार खड़ी
मानवता के लिए
सत्य का वोहित्थ
खेना है।"

बच्चनजी ने इन पंक्तियों पर 'टिक' चिह्न लगाकर कोने में लिखा था— "मिशन। देखो, आत्मिका-वाणी।" अन्त में, 'खेना' शब्द को रेखांकित करके लिखा था—'वत्स' कैसे खेवेगा?

इस तरह की टिप्पणियों और रेखांकनों से बच्चनजी के निजी पुस्तकालय की प्राय: सभी पुस्तकें भरी पड़ी हैं और पन्तजी की रचनाओं का कविवर ने चूँकि विशेष अध्ययन किया है, अत: उनमें टिप्पणियों की संख्या और भी बढ़ गयी है। मैंने अनुभव किया कि बच्चनजी जिस 'ज्ञान-चर्चा' का उल्लेख कर रहे थे, वह इस विशेष सन्दर्भ में और भी रोचक हो गयी होगी। किन्तु, दुर्भाग्यवश, मैं इन चर्चाओं में से किसी में भी शामिल न हो सका, जिसका पछतावा मन में बना ही रहेगा।

23 जुलाई 1962

बच्चनजी के 'सोपान' नामक प्रतिनिधि काव्य-संकलन के दूसरे संस्करण की भूमिका पिछले महीने पन्तजी ने लिखकर भेज दी थी, पर उसे देखने का अवसर मुझे आज मिला, जबकि उसकी एक टाइप्ड प्रति संशोधित करने का काम बच्चनजी ने मुझको सौंपा। इस भूमिका का शीर्षक पन्तजी ने रखा है 'सोपान पर से' और उनकी सहज अलंकृत भाषा की छटाएँ तथा छवियाँ देखकर मेरा मन मुग्ध रह गया। पन्तजी की लेखनी अनायास ही कैसे-कैसे चित्र सजाती चलती है और

उनकी शब्द-सिद्धि कितनी पूर्ण तथा समर्थ है, इसका एक और निदर्शन इस भूमिका से मिला।

भूमिका में पन्तजी ने बच्चनजी के सभी कविता-संग्रहों पर विचार करते हुए छायावादोत्तर काल में उनकी विशेष स्थिति का सम्यक परिचय दिया है। बच्चनजी के विषाद, संघर्ष और आत्मविश्वास के विभिन्न दौरों का उन्होंने उल्लेख किया है और आरम्भ के दो चरणों को 'मधु-काव्य' तथा 'वेदना-काव्य' की संज्ञा भी दी है। इसके बाद के 'सतरंगिनी' प्रभृति संग्रहों को लेकर उन्होंने कोई विशेष नाम नहीं दिया है और उनकी व्याख्या में भी वह अन्तर्दृष्टि नहीं दिखाई है, जोकि प्रथम दो सोपानों की चर्चा में दृष्टिगोचर होती है। मुझे ऐसा लगा कि निबन्ध की शुरूआत में तो पन्तजी ने बच्चनजी की कविता का एक सांग अध्ययन प्रस्तुत करने के विचार से चिन्तन-मनन किया था, पर उनका वह 'मूड' निबन्ध के उत्तरार्द्ध में बना न रह सका।

बहरहाल, बच्चनजी ने भूमिका का पाठ शुद्ध हो जाने पर बताया कि आज दूसरी बार मेरे साथ उसे पढ़ने पर उनको निबन्ध में कुछ और त्रुटियाँ भी नज़र आयी हैं। पहले-पहल उन्होंने पन्तजी को इसके विषय में चार बातें लिखी थीं— (1) 'हलाहल' के साथ पन्तजी ने न्याय नहीं किया है; (2) भूमिका में एक स्थान पर अंचल और नरेन्द्र की चर्चा इन कवियों को बुरी लग सकती है; (3) शब्द-चयन अथवा शिल्प को लेकर पन्तजी ने एक-आध स्थलों पर जो लिखा है, वह इतना कम है कि या तो उसे बिलकुल ही हटा देना चाहिए या इस सम्बन्ध में कुछ और लिखा जाना चाहिए; तथा (4) भूमिका की समाप्ति पर पन्तजी ने बच्चनजी के साथ व्यक्तिगत सम्बन्धों के आधर पर जो विनोदात्मक बातें लिखी हैं, उनके कारण निबन्ध की गम्भीरता में बाधा पड़ती है और उसका स्तर कुछ हलका हो जाता है। वह एक तरह का 'ऐंटी-क्लाईमैक्स' (रस-विरोध) जान पड़ता है। ऐसी बातों की जगह भूमिका के प्रारम्भ में हो सकती थी, अन्त में वे अच्छी नहीं जान पड़तीं।

बच्चनजी ने कहा कि अपनी यह प्रतिक्रिया उन्होंने पन्तजी को लिख अवश्य दी थी, लेकिन मालूम नहीं कि वे उसे ध्यान में रखकर कुछ संशोधन करना चाहेंगे या नहीं। यों जब पन्तजी दिल्ली में थे तो बच्चनजी ने उनसे कहा था कि 'सोपान' के दूसरे संस्करण की जगह अब वे पन्तजी के सुझाव के अनुसार ही 'सिन्धुजा' नाम से, अपनी सारी कविताओं का एक अन्य प्रतिनिधि चयन निकालना चाहते हैं और पन्तजी अपनी 'सोपान' की भूमिका में कुछ और अंश जोड़कर—'चार खेमे, चौंसठ खूँटे' का भी समावेश करके इस नये संकलन की भूमिका तैयार कर दें। पन्तजी ने यह सुझाव स्वीकार भी कर लिया था।

लेकिन आज, बच्चनजी ने उक्त निबन्ध दूसरी बार पढ़ने के बाद मुझसे

कहा कि उन्हें इस निबन्ध को जाँचने के लिए कहा जाए तो वे उसे ज्यादा नम्बर न देंगे क्योंकि रचना की दृष्टि से उसमें कई दोष हैं। वह एक 'ऑरगैनिक' (सांगिक) लेख नहीं जान पड़ता। कोई 'थीसिस' उसमें निर्मित नहीं की गयी है। यदि पन्तजी को उनकी बाद की कविताओं में कोई आध्यात्मिक स्वर दिखाई दिया है तो उसकी खोज उन्हें प्रारम्भिक रचनाओं और 'मधुशाला' में भी करनी चाहिए थी। यही सम्यक दृष्टि का काम है। आगे बच्चनजी ने कहा, "इसी तरह, यदि मेरी तुलना छायावादोत्तर काल के किसी कवि से करनी ही थी तो दिनकर से हो सकती थी, क्योंकि वह इस काल के सबसे बड़े कवि हैं।"

निबन्ध का अन्त भी, इसी भाँति, बच्चनजी को बहुत पसन्द न आया था। उन्होंने कहा कि व्यक्तिगत सम्बन्धों के आधार पर पन्तजी ने उनके रामायण-पाठ, पिताजी, तेजी आदि के विषय में जो विनोदपूर्ण बातें लिखी हैं, उनके कारण लेख की गम्भीरता बहुत कम हो जाती है।

आख़िरकार बच्चनजी बोले, "तुमसे कहता हूँ कि अच्छा निबन्ध लिखना बड़ा कठिन काम है। अब 'कवियों में सौम्य सन्त' के मेरे निबन्धों को देखो। जो संस्मरणात्मक हैं, उनमें कहीं भी मैंने साहित्यिक विचार-विमर्श नहीं छेड़ा, और जो समीक्षात्मक हैं, उनमें किसी तरह की व्यक्तिगत बातें नहीं आने दीं। 'कला और बूढ़ा चाँद' या 'पन्त की कविता का पिछला दशक' में विशुद्ध विश्लेषण मिलेगा। व्यक्तिगत अथवा संस्मरणात्मक बातें मैंने उनमें नहीं आने दी हैं।"

कहने लगे, "पन्तजी कोई 'स्कॉलर' (विद्वान) थोड़े ही हैं। दूसरों की कविता के विषय में उनका मूल्यांकन गहरा नहीं होता गोकि स्वयं अपनी कविता के वे बड़े अच्छे व्याख्याता हैं। अपनी कविता का जितना मार्मिक विश्लेषण वे कर सकते हैं, उतना शायद और कोई भी नहीं कर सकता।"

मेरा ख़याल था कि पन्तजी ने छायावाद तथा अपनी कविता को छोड़कर अन्य समकालीन कवियों पर कभी कुछ लिखा भी नहीं है और शायद बच्चनजी ऐसे पहले कवि होंगे, जिनके विषय में पन्तजी ने कुछ विस्तार से अपनी राय जाहिर की है।

बच्चनजी ने बताया कि मेरा ख़याल ठीक है, क्योंकि पन्तजी ने रवीन्द्रनाथ को छोड़ अन्य कवियों पर नहीं लिखा है।

बहरहाल, मैंने उनसे कहा कि भूमिका के सम्बन्ध में दो मत नहीं हो सकते। पन्तजी के सुचिन्तित विचारों की दृष्टि से तो, ख़ैर, यह मूल्यवान है ही, समर्थ और भावपूर्ण गद्य-खंड की दृष्टि से भी लाजवाब है। लेकिन, मेरी सलाह थी कि 'सोपान' का नया संस्करण प्रकाशित हो और उसकी भूमिका-रूप में यह लेख दिया जाए क्योंकि इसका शीर्षक है—'सोपान पर से' और इसमें पन्तजी ने प्रारम्भ

से अन्त तक 'सोपान' अर्थात् सीढ़ियों का रूपक भी बाँधा है। वह रूपक 'सिन्धुजा' की भूमिका में मेल नहीं खाएगा या फिर उसमें आमूल परिवर्तन करने की ज़रूरत पड़ेगी, इसलिए बेहतर होगा कि 'सिन्धुजा' की भूमिका बच्चनजी खुद लिखें, और इस लेख को 'सोपान' के नये संस्करण में जाने दें।

बच्चनजी ने महसूस किया कि मेरी इस सलाह में कुछ सार है। अपनी समग्र कविता के विषय में विस्तार के साथ स्वयं कुछ लिखने की आवश्यकता भी उन्होंने अनुभव की, लेकिन बोले कि पन्तजी से कह दिया है, अब दुबारा उसमें परिवर्तन करना अच्छा नहीं लगता। वे समर्थ पुरुष हैं, अपनी भूमिका को 'सिन्धुजा' के अनुरूप बना ही देंगे।

मैंने कहा, "उनके समर्थ होने में क्या शक़ है। एक ओर तो इतने गम्भीर तथा विद्वान और दूसरी ओर हास्यप्रिय तथा विनोदी!"

बच्चनजी बोले, "हाँ, देखो न! मुझे हनुमान ही बना दिया है।"

मुझे हँसी आ गयी—यह याद करके कि भूमिका में सबकुछ लिख चुकने के बाद, अन्त में, पन्तजी ने 'पुनश्च' के अन्तर्गत एक छोटी-सी टिप्पणी जोड़ दी है और भले ही वह 'प्रकाशित होने के लिए नहीं' है, पर चूँकि इन दोनों धुरन्धर कवियों के मधुर स्नेह-सौहार्द का पूरा परिचय देती है, अतः उसे अंकित करने का लोभ मैं संवरण नहीं कर पा रहा हूँ, ख़ासकर इसलिए भी कि अन्यथा तो सम्भवतः इस रोचक सम्मति से इन दोनों कवियों के प्रेमियों को वंचित ही रह जाना पड़ेगा। पन्तजी लिखते हैं : "अपने श्रद्धा, आस्था, पौरुष, दृढ़ संकल्प तथा लड़कपन के कारण बच्चन का व्यक्तित्व मुझे प्रायः हनुमान का पुच्छवर्गीय आधुनिक संक्षिप्त संस्करण प्रतीत होता रहता है।"

26 जुलाई 1962

बातचीत आकर ठहर गयी उस खाई पर, जो हमारे देश के सिद्धान्त और व्यवहार के बीच दिनों-दिन बढ़ती जा रही है। बच्चनजी कहने लगे कि यह एक इतनी बड़ी समस्या है कि इसके सही-सही स्वरूप और उपचार को ढूँढ़ने का काम कोई महापुरुष ही कर सकता है। जब तक कोई समर्थ व्यक्ति इसकी गहराई में पैठकर पता न लगाएगा कि आख़िर वह क्या चीज़ है, जो एक ओर तो हमें जप-तप, पूजा-पाठ में प्रवृत्त करती है और दूसरी ओर छल-कपट, झूठ और बेईमानी में। कहाँ तो भारत 'जगद्गुरु' होने का दावा करता है और कहाँ हमारी हर चीज़ 'सब-स्टैंडर्ड' (घटिया) पाई जाती है। यही हाल हमारी आध्यात्मिकता

का है। त्याग और अपरिग्रह का सिर्फ नाम रह गया है, असली चिन्ता तो लोगों को अपना घर भरने की होती है।

एक परिचित धन-कुबेर का ज़िक्र करते हुए, बच्चनजी ने बताया कि वे चालीस-पचास हज़ार रुपये प्रति वर्ष धार्मिक आयोजन पर खर्च करते हैं, लेकिन इसका कोई भी अंश अपने मिल-मज़दूरों के कल्याण के लिए देने को तैयार न होंगे, गोकि उनकी मिलों में असन्तोष बना ही रहता है और आये दिन कोई-न-कोई झगड़ा उठा करता है।

बच्चनजी ने कहा, ''मैं समझ नहीं पाता कि लोगों के कर्म और विचार में इतना अधिक अन्तर क्यों होता है!''

मैंने सुझाया कि शायद लोग भाव-जगत और व्यवहार-जगत को बिलकुल अलग मानते हों और एक की छाया दूसरे पर न पड़ने देते हों या यह कि शायद पूजा-पाठ अब केवल एक सामान्य दैनिक कर्म मात्र रह गया है और आन्तरिक संस्कारों से उसके सारे सूत्र विच्छिन्न हो गये हैं।[1] लेकिन बच्चनजी का ख़याल था कि ऐसी बात नहीं है। छली और प्रपंची व्यक्ति पूजा-पाठ की मात्रा और भी बढ़ा देते हैं क्योंकि वे समझते हैं कि इस प्रकार उनके सारे पाप धुल जाएँगे और उनकी भौतिक समृद्धि भी होगी। दैवी शक्ति में लोगों का विश्वास आज भी कम नहीं हुआ है और वे अपनी निजी स्वार्थ-सिद्धि में भगवान की सहायता चाहने में संकोच नहीं करते। इसके बावजूद भ्रष्टाचार के जितने बड़े अखाड़े हैं—मन्दिर, मठ और तीर्थ—उतने और कहीं न होंगे। ऐसा कौन पाप है, जो इन स्थानों में नहीं होता। भोजन, वस्त्र, धन, सम्पत्ति, सेवक, भक्त, औरत—सभी कुछ पंडों-पुजारियों को सरलता से मिल जाता है।

किंचित् क्षुब्ध होकर उन्होंने कहा, ''धर्म के नाम पर निष्क्रिय जीवन बिताने और समाज का रक्त चूसनेवालों से मैं पूछता हूँ कि जब तुमने समाज को त्यागकर गेरुआ वस्त्र धारण कर लिया तो जाओ, समाज से दूर रहो। नहीं तो समाज को कुछ देने का यत्न करो। यह क्या कि समाज के प्रति तुम अपनी कोई ज़िम्मेदारी भी नहीं महसूस करते और ऊपर से भार बनकर भी बैठे हो।''

मैंने टोका, ''लेकिन कुछ-न-कुछ तो साधुओं-बाबाओं ने जनता को दिया ही है।''

''वह क्या?'' गुस्से से उन्होंने पूछा।

''भाँग का गोला।'' मैंने उत्तर दिया, और वे हँस पड़े।

---

1. इस धारणा पर बच्चनजी ने क्रास का चिह्न लगाया।

27 जुलाई 1962

दोपहर का भोजन करते समय रुपये-पैसे की चर्चा छिड़ गयी। अपने एक कवि मित्र (नर्मदा प्रसाद खरे) का हाल सुनाया बच्चनजी ने। कुछ वर्षों पहले तक चप्पलें सटकाते और खीस निपोरते घूमते थे वे। अब एक ब्यूक है उनके पास। प्रेस खरीद लिया है और प्रतिष्ठित लेखकों तथा सार्वजनिक कार्यकर्ताओं को अपने यहाँ नौकर रखा है। साल में दो बार कश्मीर जाते हैं और भौतिक सुख-सुविधा के समस्त साधन उनको उपलब्ध हैं। बच्चनजी ने बताया कि, ''इस वैभव के मूल में थीं—पाठ्य-पुस्तकें, जो उन कवि मित्र ने किसी उपाय से अपने प्रान्त में लगवा ली थीं। बस, देखते-ही-देखते लखपती हो गये। लक्ष्मी का यही तो रवैया है।''

और इतना कहने के बाद अचानक वे मुझसे पूछ बैठे, ''लक्ष्मी के बारे में मैंने जो बताया था, वह याद है?''

मुझे याद करने में कुछ देर लगी कि किस विशेष बात से उनका अभिप्राय है तो वे बोले, ''जब तुम मेरे किस्सों को भूल ही जाते हो, तो अब मैं तुम्हें कोई भी बात न बताऊँगा।''

मैंने कहा, ''भूलता नहीं हूँ। यह अन्दाज़ा लगाने की कोशिश कर रहा था कि लक्ष्मी के बारे में आपने जो बहुतेरी बातें सुनायी हैं, उनमें से किसकी ओर आप इस समय संकेत कर रहे हैं।''

वे बोले, ''अरे भाई, बताया था कि लक्ष्मी उद्यम से नहीं, भाग्य से आती है और इसी तरह संयोगवश ही जाती भी है।''

तुरन्त ही मुझे याद आया कि महीने-डेढ़ महीने पहले, उन्होंने अपने एक व्यापारी मित्र (गजानन्द सरावगी) का उल्लेख किया था, जो एक प्रसिद्ध उद्योगपति के निकट सम्बन्धी हैं। इन व्यापारी सज्जन ने कई काम शुरू किये, लेकिन उनको किसी में भी सफलता न मिली। सारी जमा-जथा फूँकने के बाद वे अपने उद्योगपति सम्बन्धी की शरण में गये। उद्योगपति ने उनकी कुछ सहायता कर तो दी, पर कहा भी कि 'भाग्य-लक्ष्मी तुमसे रूठी हुई हैं, और जब तक वे प्रसन्न नहीं होतीं, तुम सोने पर भी हाथ रखोगे तो वह मिट्टी हो जाएगा। मेरी ओर देखो। धन मेरे पास बग़ैर किसी उद्यम के चला आता है। अगर तुम यह समझते हो कि पैसा कमाने के लिए मैं हर समय चिन्तित रहता हूँ और अपने धन्धे में पिला रहता हूँ, तो तुम्हारा ख़याल गलत है। असल बात यह है कि मैं अपनी ओर से लगभग कुछ भी नहीं करता, फिर भी लक्ष्मी मुझ पर कृपालु हैं।'

बच्चनजी ने बताया था कि उन उद्योगपति ने अपने व्यापारी सम्बन्धी को

काम धन्धे में जरूर लगा दिया लेकिन ये उसे चला न सके। नतीजा यह हुआ कि आज भी एक ओर उद्योगपति के घर में चारों तरफ से रुपया बरस रहा है और दूसरी ओर उनके ही ये निकट सम्बन्धी सिर्फ अपने गुजारे भर के लिए कमाई कर पाते हैं।

उस दिन बच्चनजी ने एक कहानी भी सुनायी थी। किसी गाँव में रहनेवाले एक साहूकार के पास जब अनन्त स्वर्ण धन संचित हो गया तो उसने सोचा कि चोरों-डाकुओं से इसे बचाने के लिए कोई उपाय करना जरूरी है। निदान, उसने अपने घर में लगी धन्नियों और शहतीरों को पोला करवा कर उसके भीतर वह सारी सम्पत्ति भरवा दी। संयोगवश, कुछ ही दिनों बाद, गाँव के निकट बहनेवाली नदी में भयंकर बाढ़ आ गयी और साहूकार का घर ही बहा ले गयी। साहूकार ने भागकर अपनी जान किसी तरह बचा ली, लेकिन धन्नियाँ न मिलीं।

नदी में बहती-बहती ये शहतीरें बहुत दूर के एक अन्य गाँव पर आ लगीं। वहाँ के एक मछुवे ने उन धन्नियों को उठाकर अपनी झोंपड़ी के आगे डाल लिया और सोचा कि कभी घर बनाने का योग जुड़ेगा तो ये काम आ जाएँगी।

इत्तिफाक से गाँव के ज़मींदार एक रोज उधर से निकले तो उन्हें ये शहतीरें दिख गयीं। अपने नये मकान के लिए उन्हें शहतीरों की जरूरत थी भी। मछुवे के सामने उन्होंने जब शहतीरें खरीदने का प्रस्ताव रखा तो वह जमींदार की कृपा को अपना धन्य भाग मानकर थोड़े-से रुपये लेकर खुद ही सारी शहतीरें ज़मींदार के दरवाजे रख आया।

उधर, ज़मींदार ने जब एक शहतीर चिरवायी तो उसके भीतर से खनखनाती हुई अशर्फियों और रुपयों की बारिश होने लगी। यह देख, ज़मींदार ने दो-चार अशर्फियाँ देकर बढ़ई को तो बिदा किया और शहतीरें उठाकर घर के भीतर बनी बखारियों में भर दी कि इत्मीनान से उन्हें चीरकर धन-सम्पत्ति से अपनी तिजोरियाँ भरेगा।

कथा सुनाने के बाद बच्चनजी ने जोड़ा था, ''इसे कहते हैं भाग्य का खेल! उद्यम से कोई अपनी रोज़ी भले कमा ले, लक्ष्मी तो तकदीर से ही आती है।''

1 अगस्त 1962

ओंकार के साथ हम सभी को बच्चनजी ने आज अपने घर चाय पीने के लिए बुलाया था। नरेन्द्रजी और भारतजी भी थे।

बाद में, कविता-पाठ का भी उपक्रम हुआ। बच्चनजी ने अपने आगामी संग्रह की कुछ मुक्तछन्द की कविताएँ सुनायीं, जो बहुत पसन्द की गयीं। इस

पर उन्होंने कहा कि, "हाँ, कुछ अच्छी कविताएँ हैं तो कुछ घटिया भी हैं। सबको मिला-जुलाकर संग्रह बना दिया है।"

इस विषय में पहले भी एक बार वे मुझसे बात कर चुके थे, उसे किंचित विस्तार के साथ आज फिर उन्होंने कहा कि बौद्धिक स्तर पर लिखी गयी कविताओं में भले ही कोई गुणात्मक एकरूपता सम्भव हो, अनुभूति-जन्य कविताओं में ऐसा हो पाना सम्भव नहीं, क्योंकि अनुभूति सदा एक ही स्तर की नहीं होती। उसके ताप और गहनता में विभिन्नता रहती है।

बच्चनजी ने बताया कि इतने वर्षों के काव्याभ्यास के कारण यह अवश्य सम्भव है कि उनकी कोई रचना एक न्यूनतम स्तर से नीचे न गिरती हो, लेकिन चूँकि वे अनुभूति-प्रधान कवि हैं, इसलिए अनुभूति के गुण और मात्रा के अनुसार उनकी कविता में भी अन्तर आ जाना स्वाभाविक है।

काफी देर तक बच्चनजी इस विषय पर अपने विचार बतलाते रहे, यहाँ तक कि कमरे का वातावरण कुछ 'एकेडेमिक' (शिक्षण-सम्बन्धी) हो चला और डर लगा कि कहीं और गम्भीर न हो जाए, लेकिन तभी ओंकार ने टिप्पणी जोड़ी कि बच्चनजी जो कह रहे हैं, वह ठीक हो सकता है, लेकिन उसमें चिन्ता की कोई बात नहीं है, क्योंकि जो लोग कविताओं को पढ़ते हैं, उनके, यानी पाठकों के स्तर में भी तो बड़ा फ़र्क़ होता है।

इस टिप्पणी का फल यह हुआ कि काव्य-पाठ फिर चल पड़ा और उखड़ती हुई गोष्ठी काफी देर तक के लिए फिर जम गयी।

2 अगस्त 1962

अपने संक्षिप्त दिल्ली-प्रवास में ओंकार जिन कुछ लोगों से इस बार अवश्य मिलना चाहते थे, उनमें से प्रमुख डॉ. बाबूराम जी के दर्शन आज सुबह हुए।[1]

बातों-बातों में हिन्दी-उर्दू विवाद का प्रसंग छिड़ गया। मैंने डॉक्टर साहब से कहा कि वे तो शिक्षा मन्त्रालय के उच्चाधिकार-प्राप्त भाषा आयोग के सदस्य हैं; उनका आयोग भारत सरकार की हिन्दी-सम्बन्धी नीति का उचित पथ-निर्देश क्यों नहीं करता? इस पर उन्होंने कहा कि कोई किसी की सुनता थोड़े है, वह अपने मन की करते हैं। और इसी सिलसिले में उन्होंने बताया कि हाल में ही,

1. इस टीप पर बच्चनजी ने टिप्पणी की : "ऐसे प्रसंगों को मैं इस संकलन में न रखता—यानी जिनमें सम्बद्ध व्यक्ति स्वयं नहीं आता।" किन्तु मेरा विचार है कि सम्बद्ध व्यक्ति से चर्चा का जुड़ाव यहाँ बिलकुल स्पष्ट है। —अ. कु.

किसी विशेषज्ञ समिति में बच्चनजी का नाम रखे जाने का प्रस्ताव जब एक केन्द्रीय मन्त्री के सम्मुख आया तो मन्त्री महोदय बोले, "बच्चन! कौन बच्चन? मैं किसी बच्चन को नहीं जानता।"

इस पर मैं और ओंकार दोनों ही कह उठे कि उक्त मन्त्री महोदय तो बच्चनजी के घर भी आ चुके हैं और उनसे भलीभाँति परिचित हैं।

डॉक्टर साहब ने कहा, "तभी तो मुझे यह बात सुनकर आश्चर्य हुआ था। बच्चन तो मीठा आदमी है। सबसे मिलकर रहता है। कोई 'स्ट्रांग व्यूज़'[1] (सुदृढ़ विचार) भी नहीं हैं। मैं समझ नहीं पाता कि उससे कोई अप्रसन्न कैसे हो सकता है।"

बच्चनजी के व्यक्तित्व का यह मूल्यांकन मुझे और ओंकार दोनों को ही कुछ अटपटा लगा, क्योंकि हम लोग उन्हें मज़बूत और पायेदार लोगों की कोटि में रखते हैं। बाद में, जब ओंकार ने डॉक्टर साहब का उक्त कथन नरेन्द्रजी को सुनाया, तो वे बोले, "नहीं, बच्चन इधर कुछ 'मेलो' (नरम) भले हो गया हो, शुरू में बहुत जोरदार और क्रान्तिकारी आदमी रहा है।"

14 अगस्त 1962

पिछले दिनों अस्वस्थ रहने के कारण, इस बीच बच्चनजी सभा-सोसाइटियों में कुछ कम ही शामिल हुए। राजकमल प्रकाशन की ओर से परसों, 12 तारीख को आयोजित गोष्ठी में भी वे नहीं आये तो कई लोगों ने मुझसे उनके बारे में पूछताछ की। एक-आध लोग, जिन्होंने कविवर के दर्शन पहले कभी नहीं किये थे, जानना चाहते थे कि कहीं वे आगे की ओर बैठे हुए तो नहीं हैं। इसपर एक सज्जन ने कहा, "नहीं साहब! वे आये होते तो आपको ज़रूर दिखाई देते और आप उनसे मिलते तो पहले वे ही बोलते—"मेरा नाम : बच्चन! कविता करता हूँ। और आपका परिचय?"

लोगबाग यह 'डायलॉग' सुनकर मुदित हुए और मेरी स्मृति में कविवर की यह मुद्रा झलक गयी कि सभा-भवन में प्रवेश करते समय, हाथ जोड़कर सबको नमस्कार करते हुए, किसी अपरिचित व्यक्ति की ओर उन्मुख हो, कह रहे हैं—'मेरा नाम बच्चन...'

एक साधारण से, घरेलू नाम को उन्होंने अपनी साधना द्वारा कितना गौरवान्वित

1. इस धारणा के आगे 'क्रास' लगाते हुए बच्चनजी ने टिप्पणी की, "...का अर्थ, यह मेरी समझ में एकांगी है।"

किया है, इसकी बात सोचते हुए मुझे उनकी किशोरावस्था का एक प्रसंग याद आया, जो उन्होंने एक बार मुझे बताया था—

अपने क्रान्तिकारी विचारों के कारण वे मोहल्ले के एक ऐसे नवयुवक कायस्थ की शादी में शामिल हो गये थे, जिसने किसी अन्य जाति में विवाह किया था। इसके कुछ ही दिनों बाद उनके घर के एक 'भोज' में बीस-पच्चीस रिश्तेदार आने को थे, लेकिन ऐन मौके पर कोई भी न आया।[1] पता लगा कि चूँकि 'बाबूजी' (बाबू प्रतापनारायण, बच्चनजी के पिता) का बड़ा लड़का एक अवांछित शादी में शामिल हुआ था, इसलिए उनके घर बिरादरी का कोई भी आदमी खाने के लिए न आएगा।

यह जानकर पिताजी बहुत नाराज़ हुए अपने लड़के पर। बोले कि तुम्हारे कारण हम लोगों को नीचा देखना पड़ा। तब बच्चनजी ने उनसे कहा था, "यदि मेरे कारण आपके कुल को कलंक लगा है तो मैं आज प्रतिज्ञा करता हूँ कि किसी दिन कुछ ऐसा भी कर दिखाऊँगा जिसके कारण आपका कुछ सम्मान भी होगा।"

कौन जाने, उस समय मुंशी प्रतापनारायण ने इस कथन को अपने पुत्र का क्षणिक भावावेश ही समझा हो, पर आज हिन्दी से नाममात्र का परिचय रखनेवाले व्यक्ति के लिए भी 'बच्चन' के नाम का जो आत्मीय और प्रेमपूर्ण अर्थ है, वह कविवर की रसमयता का परिचायक तो है ही, उनकी इच्छा-शक्ति और कर्मठता की ओर भी संकेत करता है। हिन्दी के अन्यान्य गीतकारों की भाँति, बच्चन की प्रतिष्ठा का क्षेत्र केवल जनसाधारण तक सीमित नहीं रहा है; उन्हें साहित्य में भी मान्यता मिली है और सर्वजन तथा बुधजन के बीच समान रूप से आदृत होकर ही वे उस बड़प्पन के अधिकारी बने हैं, जिसकी प्रतिज्ञा उन्होंने एक ज़माने में की थी।

इस प्रसंग[2] में मुझे एक छोटी-सी घटना और याद आती है। सन् सत्तावन के जून मास की बात है। बच्चनजी उन दिनों साउथ एवेन्यू में रहते थे लेकिन संसद-सदस्यों के लिए फ्लैट खाली कराने की योजना के अन्तर्गत सरकार ने उन्हें भी घर छोड़ने की नोटिस दे दी थी। घर छोड़ने की यह बात बच्चनजी को तनिक भी पसन्द न आयी थी और एक रोज़ सुबह जब मैं उनके पास दफ्तर के किसी काम से गया था तो उन्होंने मुझसे कहा था, "देखा! अभी 'ओथेलो' का अनुवाद शुरू किया था, और अभी 'व्याघात' आ पड़ा। इसीलिए मैंने लिखा है—"जिस जगह यज्ञ होता है, राक्षस आ ही जाते हैं।" येट्स की भी यही थ्योरी थी कि जहाँ भी कोई 'हारमनी' (तादात्म्य, संगति) स्थापित होने लगता है, वहीं 'इविल

1. यहाँ भी बच्चनजी ने संकेत किया है कि, 'यह प्रसंग पहले भी आया है।'
2. यहाँ बच्चनजी ने टिप्पणी की : "इस प्रसंग के साथ यह नहीं जाता, इसे कहीं और रक्खो।"

फोर्सेज़' (आसुरी शक्तियाँ, विसंगतियाँ) अपनी पूरी सामर्थ्य से उस 'हारमनी' को नष्ट कर देने को कोशिश में लग जाते हैं। यज्ञ का धुआँ उठा नहीं कि राक्षसगण बेचैन हो उठते हैं। लेकिन आपकी खूबी और सफलता इसमें है कि जो यज्ञ आपने शुरू किया है, उसे विध्वंस न होने दें।''

उस रोज़, यह बात चल ही रही थी कि बच्चनजी के एक पड़ोसी आकर पूछने लगे, ''क्या आप लोग भी यहाँ से 'शिफ़्ट' कर रहे हैं?''

बच्चनजी ने उत्तर दिया, ''हम लोगों को तो निकाल दिया गया है, 'शिफ़्ट' क्या कोई खुशी से कर रहे हैं!''

वे महाशय बोले, ''मुझे तो जब 'नोटिस' मिला, मैंने सोचा था कि यहाँ से हिलूँगा ही नहीं, पर जब मालूम हुआ कि 'बच्चन्स' को भी जाना पड़ रहा है, तो मैंने भी सोचा कि चला जाए।''

बच्चनजी चुप रहे।

महाशयजी कहते गये, ''मैंने सोचा कि 'बच्चन्स' का तो इतना बड़ा 'इन्फ्लुएंस' (प्रभाव) है, जब वे जा रहे हैं तो मुझे भी घर छोड़ देना चाहिए।''

बच्चनजी इस पर भी चुप रहे। फिर वे महाशय कुछ चापलूसी और कुछ खिसियाहट भरे अन्दाज़ से मुस्कराते हुए अपने 'फ़्लैट' की तरफ़ चले गये।

तेजी भाभी निकट ही बैठी थीं। उन महाशय के जाने पर बोलीं, '' 'बच्चन्स' 'बच्चन्स' कैसा कह रहा था।''

उत्तर में, बच्चनजी ने केवल एक शब्द द्वारा अपना मन्तव्य प्रकट किया था और वह शब्द था—''फ़ूल्स (मूर्ख)। उनके स्वर में उपेक्षा और तिरस्कार का भी कुछ भाव होगा, लेकिन मैंने महसूस किया कि कहीं गहराई में एक प्रकार की आत्मतुष्टि की भावना भी छिपी हुई थी। अपने नाम की गरिमा से स्वयं परिचित होने के इस क्षण में, उन्हें शायद अपनी पूर्व प्रतिज्ञा याद आयी हो और शायद उस एक शब्द—'फ़ूल्स'—के उच्चारण द्वारा वे उन सभी लोगों से बदला-सा ले रहे थे, जिन्होंने पिछले ज़माने में उनका तिरस्कार किया होगा।

और सच तो यह है कि उनका तिरस्कार तथा अपमान करनेवालों की संख्या कम नहीं रही है। बार-बार वे मुझे बताते रहे कि जीवन में उन्हें बहुत अधिक अपमान सहना पड़ा है और यह भी कि अपने अपमान के प्रसंगों को वे कभी भूल नहीं सकते।

उस अपमान के निवारण में उनकी कविता और व्यक्तित्व का निश्चय ही प्रमुख हाथ रहा है, लेकिन साथ ही उनके नाम की विचित्रता अथवा विशिष्टता ने भी, इसमें काफी योग दिया है। उनके 'टिपिकल' (ख़ास) हस्ताक्षर 'बच्चन' भी उनकी लोकप्रियता बढ़ाने में बहुत सहायक हुए हैं। कितने ही लोगों को उनके हस्ताक्षर का सफल अथवा असफल अनुकरण करते हुए मैंने स्वयं देखा है और

मैं निस्संकोच कह सकता हूँ कि बच्चन की कविता की ही तरह 'बच्चन' नाम का जादू भी लोगों के सिर पर चढ़कर बोला है।

इसीलिए, सन् सत्तावन के उसी जून मास में, जिसकी चर्चा मैं अभी कर रहा था, जब मुझे ज्ञात हुआ कि उन्होंने अमितजी के कॉलेज, शेरवुड (नैनीताल) को एक 'कप' प्रदान किया है, जो हिन्दी नाटक के सर्वोत्तम अभिनेता को दिया जाएगा, और यह कि उस 'कप' का नाम है—'बच्चन पात्र' तो मैंने सोचा था कि अपनी पूर्व-प्रतिज्ञा के प्रति अब भी वे कितने अधिक सजग और निष्ठावान हैं।

यह कहना पड़ेगा कि इन चार-पाँच वर्षों में ऐसा एक भी अवसर नहीं आया कि जब मुझे उक्त धारणा में कोई परिवर्तन करने की आवश्यकता अनुभव हुई हो।

16 अगस्त 1962

दोपहर का भोजन करते समय, उन्होंने बगैर कोई भूमिका बाँधे कहना शुरू किया, ''एक ख़ास तरह के लोग हैं, जिनसे मुझे बड़ी चिढ़ है। वे दूसरे की सुविधा-असुविधा का कोई ख़्याल नहीं करते, अपना स्वार्थ और अपना हित ही उन्हें हर जगह सूझता है।''

इस बात का सिरा और सिलसिला मैं नहीं समझ सका तो अपने एक सुहृद (गोपीकृष्ण गोपेश) का नाम लेते हुए वे बोले, ''उन्होंने दिल्ली की किसी नौकरी का विज्ञापन पढ़ा और लिख दी चिट्ठी मुझे कि ऐप्लीकेशन फ़ार्म लेकर भेज दूँ उनके पास, जैसे कि मुझे इसके अलावा कोई और काम ही नहीं है। अरे, अखबार में विज्ञापन निकला है, एक रुपये का मनीआर्डर भेज दो, फ़ार्म तुम्हारे घर पहुँच जाएगा। लेकिन ऐसा करने की उन्हें न अक़्ल है, न तमीज़, गोकि चक्कर लगा आये हैं सारे यूरोप का।''

वे कहते गये, ''जो काम वे अपने घर में बैठे-बैठे कर सकते थे, उसके लिए चाहते हैं कि मैं मोटर लेकर दिल्ली के धुर कोने तक जाऊँ, वहाँ एक रुपया देकर फ़ार्म खरीदूँ और उसे उनके पास रजिस्ट्री से भेजूँ। ऐसी भी बात नहीं कि अर्ज़ी भेजने की तारीख निकली जा रही है या इसके लिए उन्हें खुद दिल्ली आना पड़ता। ऐसी सूरत में बेशक वे मुझे लिख सकते थे।''

कुछ ठहरकर बोले, ''इसीलिए मैं कहता हूँ कि आप कितना ही इंग्लैंड क्यों न रह आइए, हिन्दुस्तानियत जरा मुश्किल से जाती है।''

बात का सिरा जोड़ते हुए उन्होंने बताया कि कुछ रोज़ पहले, यही सज्जन

नौकरी की तलाश में दिल्ली आये थे। फ़ोन पर उन्होंने बच्चनजी से कहा था, ''यहाँ जिससे बात करता हूँ, यही सुनता हूँ कि बच्चनजी के कहने भर की देर है, मुझे तुरन्त नौकरी मिल जाएगी।''

बच्चनजी ने जवाब दिया था, ''जो लोग यह कहते हैं, वे बेवकूफ़ हैं और आप उनसे भी बड़े बेवकूफ़ हैं कि इन बातों पर यक़ीन करते हैं।''

उक्त टेलीफ़ोन-वार्ता मेरे सामने ही हुई थी और उसके बाद मुझसे कविवर ने कहा था, ''देखो तो! मेरी चापलूसी करते हैं। यह नहीं जानते कि श्रीयुत बच्चनजी इन बातों से प्रभावित नहीं होते।''

मैंने उन महाशय का पक्ष लेते हुए कहा था, ''असल में आपके बारे में लोगों का सचमुच ही यह ख़याल है कि आप जो चाहें, करा सकते हैं।''

उन्होंने उत्तर दिया था, ''हाँ। लेकिन यह ग़लत ख़्याल है। लोग मुझे चिट्ठियाँ लिखते हैं कि, 'आपका तो इतना प्रभाव है। मुझे क्या एक छोटी-सी नौकरी भी नहीं दिला सकते।' इन लोगों से मैं क्या कहूँ। वे समझते हैं कि दिल्ली में एक तो जवाहरलाल नेहरू का राज है और दूसरे बच्चनजी का। उनका ख़याल है कि मैं पंडितजी का ख़ास आदमी हूँ और मुझसे सलाह लिये बगैर वे कोई काम नहीं करते। लोगों ने हवा बाँध रखी है कि बच्चनजी को नेहरूजी ने अपने पड़ोस में मकान दे दिया है और दोनों के बड़े अच्छे ताल्लुक़ात हैं। कभी ये उनके यहाँ चले जाते हैं, कभी वे इनके यहाँ आ जाते हैं।''

हँसकर उन्होंने अपनी बात ख़त्म की थी, ''अब उन लोगों को कौन यह जाकर बताए कि कहीं चार-छ महीने में एक बार मेरी और पंडितजी की मुलाकात होती है; वह कभी जब कोई ख़ास मौक़ा हो। वरना वे मालिक हैं और मैं नौकर। मेरा-उनका क्या सम्बन्ध!''

ख़ैर, यह तो हुई उस रोज़ की बात। आज के अपने शिकायती मूड में उन्होंने उन लेखकों पर भी छींटाकशी की जो अपनी पुस्तक की कई-कई प्रतियाँ बच्चनजी के पास भेजकर उनके वितरण का भार भी उन्हीं पर छोड़ देते हैं।

कविवर ने कहा, ''लोग यह आशा करते हैं कि मैं उनकी किताब लेकर शहर भर में दौड़ता फिरूँ और सबके घर उसे पहुँचाऊँ। भई, आठ आने में रजिस्ट्री होती है, बुकपोस्ट से भेजने में और भी कम पैसे लगते हैं। लेकिन, नहीं, जब तक श्रीयुत बच्चनजी जाकर मैथिलीशरण जी, दिनकरजी और सेठजी आदि के हाथों में किताब रखकर न कहें कि 'लीजिए, अमुक का यह महान ग्रन्थ आपकी सेवा में प्रस्तुत है, तब तक उनको सन्तोष न होगा।'

''ऐसे लोग यह नहीं सोचते कि दिल्ली बड़ा शहर है और लोग एक-दूसरे से कम ही मिलते हैं। छठे-छमाहे ही मैं किसी के घर जा पाता हूँ, लेकिन

किताबें रोज़ आ जाती हैं पहुँचाने के लिए। अक्सर तो लोग रेलवे पार्सल भेज देते हैं। अब जाओ दस मील स्टेशन, वहाँ पार्सल छुड़ाओ, लादकर घर लाओ और उसके बाद किताबें बाँटते फिरो।

''लेकिन लेखकगण इतने से ही सन्तुष्ट नहीं होते। मान लीजिए कि मैंने किताब सबके पास पहुँचा दी और लेखक महोदय को पत्र द्वारा इस बात की सूचना दे दी तो वे मुझे लिखेंगे कि 'किताब तो, ख़ैर, पहुँच गयी, लेकिन उसके विषय में 'अमुक-अमुक' की प्रतिक्रिया नहीं ज्ञात हो सकी है।' इसका मतलब यह हुआ कि अब मैं फिर उन दिग्गजों के पास जाऊँ और उनकी सम्मति लेखक महोदय के पास पहुँचाऊँ।

''इसके कुछ दिन बाद ही ऐसे लेखकों का पत्र मुझे फिर मिलता है। इस बार ये लिखते हैं कि उनकी साहित्य-साधना और तपस्या का हिन्दी ने कभी कोई मूल्य नहीं आँका। यह नवीन कृति उन्होंने अपनी आत्मा का रक्त निचोड़कर लिखी है। इसे लिखने में वे बिलकुल टूट गये हैं। पर इस पर अकादमी का कोई पुरस्कार दिलाने में बच्चनजी क्या उनकी कोई सहायता कर सकते हैं? हिन्दी की जो सेवा उन्होंने की है, उसका कुछ फल तो मिलना ही चाहिए।''

इस रोचक पत्र-व्यवहार का ब्यौरा सुनाकर बच्चनजी ने कहा, ''इन बातों का भला कोई जवाब है? आखिर, किसने कहा था आपसे कि हिन्दी की सेवा कीजिए? और यदि आप सेवा करने आ ही गये थे तो आज उसका मुआविज़ा क्यों चाहते हैं?''

मेरा ख़याल था कि मुआविज़ा चाहना तो कुछ इतना बुरा नहीं है, ख़ास तौर से इस माहौल में, जबकि देश में हर आदमी का प्रयत्न पिछले वर्षों यही रहा है कि अगर उसने किसी भी क्षेत्र में, कोई भी काम पहले किया हो, तो उसका फ़ायदा अब उसे किसी-न-किसी रूप में मिल जाए। अपने पिछले सात्त्विक कार्यों के 'चेक' को जब लोग ज़्यादा-से-ज़्यादा दाम में भुना रहे हैं, तब कोई बिरला व्यक्ति यदि उसका सिर्फ़ थोड़ा-बहुत मुआविज़ा चाहे तो कहना पड़ेगा कि औरों से कुछ बेहतर ही है।

बहरहाल, ज़िक्र तो हो रहा था, बच्चनजी को चिट्ठी-पत्री लिखकर तरह-तरह की फ़रमाइशें करनेवालों का; और इस सिलसिले में मैंने हमेशा यह 'नोट' किया है कि मन में या बाहर-बाहर भले ही बच्चनजी को ये फ़रमाइशें नागवार महसूस होती हों, लेकिन इस तरह के किसी काम के लिए साफ़ 'नहीं' करते हुए मैंने उन्हें कभी नहीं देखा। यों कहने के लिए उन्होंने कुछ भी कहा हो, लेकिन जहाँ तक उक्त दो प्रसंगों का सम्बन्ध है, मैं भली प्रकार जानता हूँ कि उन्होंने एक सज्जन के लिए प्रार्थनापत्र का फ़ार्म मँगवाकर भेजा और दूसरे के द्वारा भेजी

गयी पुस्तकें साहित्यकारों के पास पहुँचायीं। यही नहीं, मुझे पूरा विश्वास है कि एक को वे नौकरी दिलाने का भरसक प्रयत्न करेंगे और दूसरे को पुरस्कार दिलाने का।[1]

17 अगस्त 1962

आज घर से जो भोजन आया, उसे खोलने पर मालूम हुआ कि टिफ़िन कैरियर में दही का डिब्बा उलट जाने के कारण रोटी, दाल, सब्ज़ी, सब में दही-दही हो गया है। यह दृश्य देखकर बच्चनजी के दिमाग़ का पारा चढ़ गया। पहले तो उन्होंने अपने नौकर को दोषी ठहराया और इसके बाद अपने प्रिय विषय—भाभीजी के गुणगान—पर उतर आये। कहने लगे, ''मेरी बीवी को खाना बनाने से क्या मतलब? सोचा था कि बरशेन की 'गैस' आने पर वह कुछ राँधेगी-पकाएगी, लेकिन कहाँ! वह तो रसोईघर में झाँकने भी नहीं जाती। सिर्फ़ नौकर को 'इन्सट्रक्शन' (आदेश) देती है। और इसीलिए, खाना अच्छा बना है या ख़राब, इसकी वह ज़्यादा परवाह भी नहीं करती। खाना उसे पसन्द न आए तो वह फल खाकर अपना पेट भर लेती हैं। और मान लो, कभी मैं कहूँ— 'आज दाल बिलकुल रद्दी है, इसमें कोई स्वाद नहीं है', तो वह तुरन्त जवाब देगी, 'वाह। आज ही तो दाल अच्छी बनी है। छौंक कितनी उम्दा लगी है!' और इस तरह, वह मेरा मुँह बन्द कर देगी।''

कुछ ठहरकर बच्चनजी ने कहा, ''असल में मेरी बीवी है रईस। खर्च करने के लिए पैसा दे दीजिए और काम करने के लिए नौकर। फिर देखिए, कितना बढ़िया इन्तज़ाम करती है वह। ग़रीबी में वह नहीं रह सकती गोकि कहती हमेशा यही है कि परिस्थितियाँ यदि कभी ख़राब भी होंगी, तो वह उन्हें झेल लेगी। लेकिन मैं जानता हूँ कि ग़रीबी और अभाव में वह टूट जाएगी।''

अचानक उन्हें एक बात याद आ गयी—''हालत यह है कि मेरे लिए आठ-दस मोज़े वह एक साथ लाती है; अगर किसी मोज़े में ज़रा-सा छेद हो गया और मैंने उससे कहा कि इसे रफ़ू कर दो तो वह मुझे एक नया मोज़ा देकर पुराना मोज़ा कहीं छिपाकर रख देती है। फिर वह मोज़ा दुबारा मुझे नहीं मिलता, क्योंकि वह उसे किसी नौकर-चाकर को दे देती है या फेंक देती है। और यदि कभी मैंने मोज़े के बारे में ज़्यादा पूछताछ की तो वह उसे हारे दर्जे टाँक-टूँक कर दे देती है। रफ़ू करने के लिए जिस 'पेशेन्स' (धैर्य) की ज़रूरत है, वह उसमें

1. यहाँ बच्चनजी ने दर्ज किया : ''कर भी रहा हूँ, बच्चा!''

है ही नहीं। उसका मन इस तरह के कामों में नहीं लगता। हाँ, मोटर चलानी हो तो वह बिना थके, लगातार सैकड़ों मील मोटर दौड़ा सकती है।''

इसपर मैंने कहा कि पढ़ने में तो भाभीजी का मन बहुत लगता है।

उत्तर में बच्चनजी बोले, ''बेशक! 'लग्जरी' (सुख-सुविधा) के जो भी विषय हैं, उनमें वह खूब रस लेती है। पढ़ना भी एक तरह की 'लग्ज़री' ही है, जब तक कि कोई व्यक्ति उससे कोई लाभ न उठाए। उद्देश्यहीन पढ़ाई तो सिर्फ़ समय काटने का साधन है और उसमें वही लोग रम सकते हैं, जिनके पास कोई और काम नहीं होता।''

24 अगस्त 1962

इधर दो-तीन दिनों के लिए मैं दफ्तर से छुट्टी लेकर लखनऊ गया था। आज लौटने पर मालूम हुआ कि बच्चनजी की जयपुर-यात्रा अच्छी रही, गोकि वे 19 की रात को ही वहाँ से चल पड़े थे। रेडियो के जिस कवि-सम्मेलन में हिस्सा लेने के लिए वे जयपुर गये थे, उसके सम्बन्ध में उन्होंने विस्तार से कुछ नहीं बताया।

मालूम हुआ कि पिछली रात वे अपने कुछ मित्रों-परिचितों (श्रॉफ और डालमिया (विष्णुहरि)) के घर जन्माष्टमी की झाँकी देखने गये थे और वहाँ से लौटकर रात दो बजे सोये।

कविवर ने बताया कि जब भगवान का जन्म हो गया तो उन्हें एक पालने में रख दिया गया और बारी-बारी से सभी लोगों ने उन्हें झूला झुलाया। जब कविवर का नम्बर आया तो वे बोले, ''भगवान! तुमने जीवन भर मुझे बहुत झुलाया है, लाओ, आज मैं भी तुम्हें थोड़ा झुला दूँ।''

यह सुनकर सभी उपस्थित लोग हँस पड़े और आनन्दित हुए।

26 अगस्त 1962

जयपुर रेडियो के जिस कवि-सम्मेलन में भाग लेने के लिए कविवर पिछले दिनों गये थे, वह आज रात आकाशवाणी के विभिन्न केन्द्रों से प्रसारित हुआ। इसका सभापतित्व कविवर ने ही किया और 'बीकानेर की मालिन', 'मधुशाला' तथा 'पुकार लो' का पाठ किया। उड़ती हुई एक ख़बर मुझे मिली थी कि उनकी

कविताएँ जयपुर के श्रोताओं को पसन्द नहीं आयी थीं और उन्होंने अच्छी तरह बच्चनजी को उखाड़ा था। लेकिन कार्यक्रम की जो रेडियो रिपोर्ट आज प्रसारित हुई, उसमें कविवर के कविता-पाठ के समय किसी शोरगुल का आभास नहीं मिला तो मैंने समझा कि यह किन्हीं दुष्टबुद्धिजनों की काल्पनिक गाथा होगी।

इसके बावजूद-कविवर के संयत, संक्षिप्त भाषण और सधे हुए कंठ-स्वर के बावजूद—मैं अपनेआप को यह अनुभव करने से रोक न सका कि सचमुच ही उनकी वाणी में अब पहले जैसा जादू नहीं रहा। स्वयं बच्चनजी ने भी 'मालिन' वाले गीत के बाद, 'मधुशाला' सुनाते समय कहा, ''सत्ताईस वर्ष पहले लिखी गयी थी यह।'' और फिर 'कितनी आयी और गयी पी' वाली रुबाई में जब 'वृद्धों से' पूछनेवाली पंक्ति पढ़ने लगे तो रुककर बोले, ''इसे सुनाते-सुनाते मैं खुद भी वृद्ध हो गया हूँ।''

यह सुनकर श्रोतागण तो ख़ैर हँसे, लेकिन शाश्वत जवानी का गीत गानेवाले कवि के मुख से यह उद्‌गार सुनकर मेरा मन भारी-सा हो गया। बार-बार मेरा ध्यान उस करुण और विवश गूँज की ओर जाता रहा, जो उनके कविता-पाठ में अन्तर्निहित-सी जान पड़ती थी।

किन्तु यह सोचकर मुझे थोड़ा सन्तोष भी हुआ कि वृद्धावस्था के साथ उनके मन में पराजय और थकान की भावना आने के बजाय एक तरह की दृढ़ता ही आयी है। शारीरिक कष्टों ने उन्हें पीड़ित भले ही किया है, लेकिन हिम्मत पस्त नहीं की। अभी परसों ही, वे कह रहे थे कि कुरसी-मेज पर बैठकर सारे जीवन काम किया है, लेकिन अब देर तक बैठने से कमर में दर्द होने लगता है, इसलिए चारपाई पर लेटकर लिखना-पढ़ना शुरू करेंगे।

उन्होंने कहा था, ''बीच में 'वर्टिगो' की शिकायत होने पर मैंने खड़े होकर काम शुरू किया था, लेकिन उसमें भी अब तकलीफ़ होती है। ख़ैर, लेटकर सही। जैसे भी हो, काम तो करना ही है।''

उम्र, तन्दुरुस्ती और लेखन की बात चल पड़ी तो मैंने महसूस किया कि शायद ऐसा सोचने और कहने की प्रेरणा कविवर को डब्ल्यू. बी. येट्स से मिली होगी। इसके विषय में एक बार कविवर ने बताया था कि येट्स सदा एक ही तरह की नोटबुकों में अपनी रचनाएँ लिखता था, लेकिन जैसे-जैसे वह वृद्ध और अस्वस्थ होता गया, उसकी नोटबुकों का आकार-प्रकार भी छोटा और लघु होता गया। जीवन के अन्तिम वर्षों में, येट्स की कविताएँ ऐसी नोटबुकों में मिलती हैं, जिनकी लम्बाई, चौड़ाई बहुत कम है। नोटबुक के पेजों की चौड़ाई कम होने के कारण येट्स की अन्तिम कविताओं की पंक्तियाँ भी छोटी हो गयी हैं।

यह स्वाभाविक ही है कि येट्स से किसी अंश में प्रेरणाप्राप्त करनेवाले कविवर ने लेखन-पद्धति के मामले में भी उस धुरन्धर आयरी का सतत गतिशील

और तरल दृष्टिकोण अपनाया हो। फिर भी इस प्रक्रिया में कविवर ने अपनेपन और निजत्व को बनाये रखने का भी पूरा-पूरा ध्यान रखा है।

14 सितम्बर 1962

पारिवारिक व्यस्तताओं के कारण पिछले कई दिनों से मैं दफ़्तर नहीं जा पा रहा था। आज किरोड़ीमल कॉलेज में अपनी नियुक्ति का समाचार पाकर थोड़ी देर के लिए पहुँचा तो कविवर ने बताया कि एक रोज आकाशवाणी के एक उच्च अधिकारी ने उन्हें रेडियो की भाषा-नीति के बारे में बातचीत करने के लिए बुलाया था। उन अधिकारी महोदय ने कहा कि, ''यदि आप और पन्तजी भाषा के सरल बनाये जाने के पक्ष में हैं, तो आप लोग कोई 'स्टेटमेंट' (वक्तव्य) क्यों नहीं देते!''

कविवर ने उत्तर दिया, ''स्टेटमेंट तो मैं दे नहीं सकता, क्योंकि मैं ठहरा सरकारी नौकर। मेरा काम सरकार की नीतियों को अमल में लाना है, न कि उन पर किसी क़िस्म की टीका-टिप्पणी करना। वही दशा पन्तजी की भी है।''

अधिकारी बोले, ''फिर भी, साहित्य में आपकी अपनी एक अलग स्थिति तो है।''

कविवर ने कहा, ''उससे क्या हुआ! उस स्थिति को सरकार कब मानती है! और-तो-और, आप खुद मुझे उससे ज्यादा कहाँ मानते हैं! मुझे रेडियो पर बुलाते हैं तो सरकारी कर्मचारी होने के नाते फीस का एक-तिहाई काट लेते हैं। उस वक़्त तो आप लोग मेरी उस स्थिति की बात नहीं सोचते, जिसका कि इस वक़्त ज़िक्र कर रहे हैं?''

''इसलिए'', कविवर ने कहा, ''अपनी उस स्थिति का उपयोग मैं इस रूप में नहीं कर सकता, जिसमें आप चाहते हैं। हाँ, जब तक मैं सरकारी नौकरी में हूँ, आप हमेशा मेरी सेवाएँ सरकारी तौर पर ले सकते हैं। मैं आपको सलाह-राय भी दे सकता हूँ, लेकिन वह होगी 'इम्पर्सनल' (निर्वैयक्तिक) ही, जैसीकि किसी सरकारी आदमी की होती है। पहले भी रेडियो इस तरह का सलाह-मशविरा मुझसे करता रहा है और आज भी मुझे उसको सहयोग देने में खुशी होगी।''

इसके बाद बच्चनजी ने भाषा के सम्बन्ध में जो बातें उन अधिकारी महोदय से कही थीं, वे मुझे भी बतायीं। उनके और पन्तजी के बात करने के ढंग में मैंने एक समानता देखी है कि ये दोनों महानुभाव जब किसी व्यक्ति से अपनी बातचीत का हाल सुनाते हैं तो बड़े प्यारे ढंग से, हर वाक्य के पहले 'मैंने कहा' को इस तरह जोड़ देते हैं कि आपको यही जान पड़ता है कि आपके साथ बातचीत के

दौरान, वैसे ही अन्य व्यक्तियों के साथ अन्य सभी बातचीतों के दौरान भी, सारे समय, ये दोनों महानुभाव ही अपनी बात कहते रहते हैं, दूसरे लोग सिर्फ़ सुनते हैं। आज भी मुझे यही अनुभूति हुई, क्योंकि कविवर ने बताया—

"मैंने कहा, भाषा के साथ आप खिलवाड़ नहीं कर सकते। आपकी एक रीति और प्रकृति होती है, जिसमें बाधा डालना न तो ठीक है, न सम्भव ही।

"मैंने कहा, आपने एक क़दम उठाया है और उसका असर यह हुआ कि सारा हिन्दीभाषी प्रदेश बर्रों का एक छत्ता हो गया है, जिसे कि आप छेड़ रहे हैं। ज़ाहिर है कि इस छत्ते को आप उखाड़कर नहीं फेंक सकते।

"मैंने कहा, यह धारणा मन से हटा देनी चाहिए कि हिन्दी और उर्दू एक ही भाषा है। ये दो भाषाएँ हैं। संविधान में आपने इन्हें अलग-अलग मान्यता दी है, इसलिए दोनों भाषाओं का एक आम 'बुलेटिन' प्रसारित करने का विचार ग़लत है। हिन्दी का बुलेटिन अलग हो और उर्दू का अलग। वरना, दोनों को एक बनाने की कोशिश में आप जो भाषा लिखेंगे, उसका नमूना है—'फ़ौजी अधिकारी', जोकि अपने आप में एक भद्दा और 'हाइब्रिड' (वर्णसंकर) शब्द है। इसे या तो होना चाहिए—'फ़ौजी अफ़सर' या 'सैनिक अधिकारी'।

"मैंने कहा, भाषा कोई चूँ-चूँ का मुरब्बा नहीं है। और यदि आप उसे वैसा बनाना चाहेंगे, तो विरोध होना स्वाभाविक है। इतना ही नहीं, आपने अपने निर्णय की घोषणा भी इतनी ज़ोर से कर दी है कि तमाम हिन्दीभाषी जनता को यही लग रहा है कि सरकार उसकी भाषा का गला घोंटे दे रही है।

"मैंने कहा, व्यक्तिगत रूप से, लेखक की हैसियत से, मैं अपने को स्वतन्त्र अनुभव करता हूँ कि अपनी रचनाओं में अपने मन के अनुरूप भाषा लिखूँ। मेरी कविताओं में, अनुवादों में और गद्य-रचनाओं में भी आपको न जाने कितने उर्दू के शब्द मिल जाएँगे। 'ओथेलो' में तो इतनी अधिक उर्दू-फ़ारसी है कि आपके बुलेटिनों में क्या होगी! यही नहीं, मेरी उस भाषा को बहुत-से लोग पसन्द भी करते हैं। लेकिन इसके साथ ही मैं यह बात नहीं भूलता कि लेखक-विशेष की भाषा उसकी अपनी रचनात्मकता का एक अनिवार्य पहलू होती है। कोई ज़रूरी नहीं कि उसे सार्वजनिक आदर्श भी माना जाए।

"मैंने कहा, सार्वजनिक और सामूहिक रूप से आप ऑल इंडिया रेडियो की ओर से इस समय जो वक्तव्य दे रहे हैं, उससे तमाम हिन्दीभाषी शंकित हो गये हैं। सामान्यतः जिन उर्दू शब्दों की ओर लोगों का ध्यान भी न जाता, उन्हीं के लिए अब आपकी निन्दा भी की जा रही है। मुश्किल, हालत, वजह जैसे आसान उर्दू शब्दों का प्रयोग भी आज लोगों को अखरने लगा है और वे इनकी जगह हिन्दी के शब्द सुझाने लगे हैं। कारण यह है कि आपकी घोषणा की प्रतिक्रिया

लोगों पर इस रूप में हुई है कि वे उसे हिन्दी के ख़िलाफ़ एक गहरा षड्यन्त्र समझने लगे हैं।''

आकाशवाणी के उन अधिकारी के साथ अपनी बातचीत का यह हाल सुनाने के बाद कविवर ने बताया कि इस सम्बन्ध में सूचना एवं प्रसारण मन्त्री महोदय भी उनसे मिलना चाहते हैं। रेडियो के अधिकारियों का शायद यह ख़याल था कि बच्चनजी चूँकि पंडितजी के मन्त्रालय में हैं, इसलिए उनके द्वारा अनुमोदित विषय को पंडितजी का भी स्वाभाविक अनुमोदन प्राप्त हो सकेगा। इस पर बच्चनजी ने कहा कि यह कोई ज़रूरी नहीं है कि पंडितजी की भी राय वही हो जोकि उनकी है।

बहरहाल, बच्चनजी ने मुझसे कहा कि मन्त्री महोदय से जब वे मिलेंगे तो यही सलाह देंगे कि इस समय सरकार रेडियो की हिन्दी के विषय में अपने आग्रह को छोड़कर पहलेवाला दृष्टिकोण फिर से अपना ले और तत्पश्चात् साल भर के दौरान धीरे-धीरे ख़बरों की हिन्दी सरल की जाए। सरल करने का अर्थ यह है कि हिन्दी अनुवाद का स्तर सुधारा जाए और वाक्य-रचना को आसान बनाया जाए। संज्ञा और विशेषण पदों के लिए उर्दू शब्दों का प्रयोग करने की जगह क्रियापदों के साथ उनका प्रयोग करना ज्यादा ठीक रहेगा। लेकिन भाषा के सरलीकरण की यह प्रक्रिया धीमी हो और इसकी घोषणा न की जाए।[1] वर्तमान परिस्थिति के हल का यही एकमात्र उपाय है।

उनके साथ आज की इस बातचीत से एक बार फिर यह ज़ाहिर हुआ कि समसामयिक विवादों और समस्याओं के बारे में वे सोचते-विचारते रहते हैं और अपने ढंग से इन समस्याओं का हल भी खोजते हैं।

18 सितम्बर 1962

एक स्थानीय कॉलेज में प्राध्यापक के रूप में अपनी नियुक्ति का समाचार मुझे पहले-पहल बच्चनजी के ज़रिये ही मिला। जब ये ख़बर मैंने अपने मित्रों-सहयोगियों को सुनायी तो मेरे एक शुभचिन्तक ने कहा, "इस समय तुम्हें दो-ढाई हज़ार रुपये मिल सकते हैं, लेकिन उसके लिए ज़रूरी यह है कि बच्चनजी एक ख़ास ढंग से कार्रवाई करें।"

वह कार्रवाई एक तो मेरे निजी हित में थी और दूसरे बेढंगी थी, इसलिए

---

1. यहाँ बच्चनजी ने दो प्रश्नचिह्न लगाये और पूछा : "क्या मतलब?" जिसका उत्तर मेरे विचार से यही होगा कि वे इस मामले में हड़बड़ी के पक्ष में नहीं थे, न शोरगुल के। —अ. कु.

मैं मन-ही-मन जान गया कि बच्चनजी उसे करने के लिए राज़ी न होंगे। बहरहाल, शुभचिन्तक मित्र नहीं माने और मुझे उनके पास घसीट ले गये। लेकिन हुआ वही, जो मैंने समझा था। बात सुनकर बच्चनजी ने कहा, "ना भई। मुझसे कोई टेढ़ा काम न करवाओ। यह मेरी प्रवृत्ति के अनुकूल नहीं है। बल्कि मैं तो तुम्हें भी यही सलाह दूँगा कि जीवन में हमेशा सीधी राह पकड़नी चाहिए। हाथों में सत्य की मशाल लेकर उसी राह पर चलते चलो। इससे तुम्हारा लाभ होगा। कभी-कभी ऐसा ज़रूर लगेगा कि भौतिक दृष्टि से हानि हो रही है, लेकिन उसके बारे में यह समझना चाहिए कि जिसे तुमने शुभ और उचित समझा है, उसके लिए इतना त्याग और बलिदान भी ज़रूरी था।"

गुरुदेव ने कहा, "हम जो भी करते हैं, उससे हमारा व्यक्तित्व अछूता नहीं रह पाता। यदि हम कभी कोई ग़लत और अनुचित काम करेंगे तो उतनी ही मात्रा में वह झूठ हमारे भीतर समा जाएगा और धीरे-धीरे हमें धूर्त और 'क्रैफ्टी' (काँइयाँ) बना देगा। लेकिन यदि हम सत्य को अपनाते हैं, तो उसका प्रकाश हमारी आत्मा को भी उज्ज्वल करेगा और भौतिक दृष्टि से हानि उठाने के बावजूद, आध्यात्मिक दृष्टि से हम अपने को अधिक सम्पन्न पाएँगे।"

गुरुदेव कहते गये, "इतना ही नहीं, सच बोलना मुझे सुविधाजनक भी मालूम होता है। कम-से-कम उसमें यह मानसिक बोझ तो नहीं उठाना पड़ता कि एक झूठ को छिपाने के लिए दूसरा झूठ और दूसरे झूठ को छिपाने के लिए तीसरा झूठ बोलूँ। किससे कौन-सा झूठ कहा है, यह हिसाब भी नहीं रखना पड़ता। अभी हाल की ही एक घटना है। अमितजी बी.एस-सी. में फ़ेल हो गये तो तेजी ने मुझसे कहा कि फ़ेल होने की बात किसी को भी नहीं बताना। कोई पूछे तो कोई बहाना बना देना। तेजी ने सोचा था कि यह बड़ी बदनामी की बात है। लोग कहेंगे—कहाँ बच्चनजी इतने मेधावी और मनस्वी! कहाँ उनका लड़का, जो एक इम्तिहान भी नहीं पास कर सका! लेकिन मुझसे यह झूठ नहीं बोला जा सका। अपनी तरफ़ से ज़रूर मैंने सबसे जा-जाकर यह नहीं कहा कि, "सुनो, मेरा लड़का फ़ेल हो गया।" लेकिन अगर किसी ने मुझसे इस सम्बन्ध में पूछा तो मैं कोई बात बनाकर न कह सका। मध्यप्रदेश के एक परिचित सज्जन ने अपने पत्र में अमित का नतीजा पूछा था, उन्हें भी मैंने लिख दिया कि, "भई, वह तो पास नहीं हो सका।" संयोगवश, वे सज्जन इलाहाबाद गये और वहाँ मेरे मामा से मिले। बातचीत के सिलसिले में उन्होंने यह ज़िक्र भी कर दिया। वे सब जगह इसे ब्रॉडकास्ट करते फिरे और मुझे भी पत्र लिखा कि, "तुम्हारे लड़के के फ़ेल होने की ख़बर सुनकर बड़ा अफ़सोस हुआ।" अब तेजी मुझ पर नाराज़ होने लगीं। वे चाहती थीं कि बात हमारे शहर—इलाहाबाद—तक न पहुँचे और वहीं इसकी

चर्चा सबसे ज्यादा हो गयी। लेकिन मैं क्या करूँ? मुझसे झूठ बोला ही नहीं जाता।''

इस व्यक्तिगत प्रसंग को सुनाने के बाद कविवर ने आज फिर अपना प्रिय विचार दोहराया कि जीवन में जहाँ बड़ा घाटा और नुकसान है, वहीं 'कम्पेन्सेशंस' (मुआविज़े) भी बहुत-से हैं। उन्हीं के बल पर मानव-जीवन चलता है। जब कभी हम समझते हैं कि हमारा सब कुछ छिन गया है, तभी हम यह भी देखते हैं कि नहीं, हमें बहुत-कुछ मिला भी है।

गुरुदेव ने कहा, ''इसीलिए पाने या न पाने का लेखाजोखा बाहरी चीज़ों को सामने रखकर नहीं लगाना चाहिए। कौन जाने कि इधर आपको ये ढाई हज़ार रुपये मिल जाएँ और उधर नुक़सान इतना अधिक हो जाए कि उसका मूल्य दस हज़ार से भी ज़्यादा हो। इसलिए मेरी बात मानिए और समझिए कि जिस तरह यज्ञ में हवि दी जाती है, उसी तरह आपने एक शुभ कार्य प्रारम्भ करने से पहले, एक छोटा-सा त्याग करके, अपना आगे का पथ प्रशस्त किया है।''

अन्त में वे बोले, ''लेकिन अगर आप यह महसूस करते हों कि मेरी एक सनक या ज़िद के कारण आपका नुक़सान हो रहा है, और जो रक़म आपको मिलनी चाहिए थी वह नहीं मिल पा रही है, तो ये रुपये आप मुझसे ले लीजिए। मैं अभी आपके नाम चेक लिखे देता हूँ।''

मेज़ का ड्राअर खोलकर चेक-बुक निकालने का उपक्रम[1] करते हुए कविवर को देखकर मुझे हँसी आ गयी। मैंने कहा, ''रहने दीजिए। वह बात तो ख़त्म हो गयी। और जहाँ तक आपका सम्बन्ध है, लेना ही होगा तो आपसे और मूल्यवान वस्तु लूँगा। दो-ढाई हज़ार देकर आप क्यों छूटना चाहते हैं!''

10 अक्टूबर 1962

थोड़ी देर के लिए दफ़्तर जाने पर जब मैंने कविवर को बताया कि पिछले दिनों अपने पिता और पुत्र दोनों की अस्वस्थता के कारण मुझे कितना परेशान रहना पड़ा और अब भी परेशानी दूर नहीं हुई है, बल्कि जान ऐसा पड़ता है कि उसकी चरम परिणति मेरी नयी नियुक्ति में होनी है, तो शायद मेरे अन्तर्मन में ऐसी कोई भावना भी थी कि वे मुझसे अपने पास ही बने रहने को कहेंगे, और मैं उनकी सलाह को मानकर रुक जाऊँगा। लेकिन यदि मैंने ऐसा सोचा था तो शायद कवि को समझने में एक बार फिर भूल की थी। स्वाधीन प्रकृतिवाले इन संघर्षजीवी इच्छा-पुरुष के

1. इस पर बच्चनजी की टिप्पणी है : "I was serious."

मुँह से यह बात भला क्योंकर निकल सकती थी कि—''कहाँ मुसीबत में फँसते हो। छोड़ो कॉलेज की नौकरी को!'' उलझनों और परेशानियों से जूझकर ही जिस व्यक्ति में इस्पात जैसी मजबूती आयी हो, वह मुझे सुरक्षा, सुविधा और आत्मरक्षा का उपदेश कैसे देता!

और इसीलिए, एक ओर जहाँ मेरा मन कविवर से यह सुनकर टूटा कि, ''तुम्हारा पत्ता अब यहाँ से कट गया है,'' वहीं इस बात की खुशी भी हुई कि उन्होंने निर्णय लेने की स्वतन्त्रता से मुझे वंचित नहीं किया। सच है कि मैं उनके मुँह से सुनना चाहता था कि, ''मेरी नौकरी अब साल-दो-साल की और है। तब तक यहीं रहो। उसके बाद जहाँ मन हो, चले जाना।'' पर उतना ही सच यह भी है कि आठ-दस रोज़ हुए, जब उन्होंने मुझसे कहा था कि—''तुम्हारे जाने से मुझे अफ़सोस होगा, लेकिन मेरी उम्र अब उस जगह पहुँच चुकी है, जहाँ किसी भी व्यक्ति के जाने-न जाने से कोई फ़र्क़ नहीं पड़ता।'' तो मेरे मन में उनके प्रति ममता और स्नेह की भावना ही उमड़ी थी और पिछले तमाम वर्षों में उनके समर्थ व्यक्तित्व का जो रूप मेरे मन में जुड़ता आया था, वह थोड़ा और पुष्ट हुआ था।

मैंने अनुभव किया था कि भावना-लोक और वस्तुलोक के बीच पूरी संगति बिठा सकनेवाले इस जीवन के कलाकार का यह दृष्टिकोण असल में उतना निर्मम नहीं है जितना कि मैं पहले कभी समझता था। अब मुझे यह दृष्टिकोण उस मानव का अनिवार्य स्वभाव जान पड़ता है जो जीवन की चरम कातरता और निरीहता में से गुज़र चुकने के बाद मानवेतर बनने की कोशिश करना ही निष्कृति का एकमात्र साधन समझने लगता है।

'निशा निमन्त्रण' की पंक्ति है—''एक मुर्दा गा रहा था, बैठकर जलती चिता पर।'' जीवन अथवा मृत्यु की वह ट्रेजेडी भुगतनेवाले किसी जीवित मृतक का गान क्या रहा होगा, इसकी तो मैं केवल कल्पना ही कर सकता हूँ। हाँ, आज उसकी एक हलकी-सी वेदना भरी तान ज़रूर सुनाई दी मुझे, जबकि कविवर ने मेरे द्वारा अस्पताल और बीमारी का ज़िक्र किये जाने पर अपनी दिवंगता पत्नी श्यामादेवी के इलाज के दिनों का एक संस्मरण सुनाया। श्यामाजी को लेकर वे पटना गये थे और वहाँ उन्हें अस्पताल के जनरल वार्ड में दाखिल कराया था। तीस रुपये तनख़्वाह पानेवाला व्यक्ति इससे अधिक कर भी क्या सकता था! जनरल वार्ड में भीड़ इतनी थी कि बहुत-से 'बेड' बरामदे में लगा दिये गये थे। ऐसे ही एक बरामदे में श्यामाजी को जगह मिली थी। वहाँ बिजली का पंखा तो था नहीं, लेकिन गर्मी खूब पड़ती थी, इसलिए हाथ में पंखा लेकर बच्चनजी अपनी पत्नी को झला करते थे। तभी वहाँ, बरामदे के खंभे पर उन्होंने पढ़ा था : कोई

व्यक्ति लिख गया था—"प्रिये, घबराना नहीं। मैं छुट्टी मिलते ही वापस आऊँगा। सब दुःख कटें धीरे-धीरे।"

कविववर ने कहा, "क्या जाने कौन था वह आदमी! पत्नी को अस्पताल में दाख़िल करके उसे तुरन्त ही नौकरी पर लौटना होगा, इसलिए पत्नी को धीरज बँधाए रखने के लिए वह 'बेड' के सामने वाले खंभे पर यह इबारत लिख गया होगा।"

कविवर बोले, "उन दिनों मैं बड़ा 'सेन्सिटिव' (भावुक) था। इन दो-तीन वाक्यों ने उस समय मुझे बहुत विचलित किया था।"

यह कहकर वे थोड़ी देर के लिए चुप हो गये और मौन के इस सेतु के पार जो दृश्य मेरी आँखों के सम्मुख झलका, वह था—रुग्णा स्त्री के सिरहाने बैठे, पंखा झलते हुए एक व्यक्ति का, जो होठ भींचकर मन-ही-मन दुहरा रहा है—'सब दुःख कटें धीरे-धीरे', लेकिन जीवन हर एक मोड़ पर प्रतिपल यही सीख उसको देता है कि दुःख न तो घटते हैं, न कम होते हैं, उल्टे बढ़ते ही जाते हैं। फिर भी, इसके बावजूद, काम तो करना ही है, वह कैसे रुक सकता है!

15 अक्टूबर 1962

मेरे अस्वस्थ बच्चे को देखने के लिए आज वे और भाभीजी अस्पताल आये थे। कुछ देर बैठे भी रहे। इस बीच भाभीजी ने बताया कि बंटी[1] को भी तीन-साढ़े तीन साल की उम्र में 'टायफ़ाइड' हुआ था और जब उसका बुखार उतरा तो वह कमज़ोरी की हालत में भी उतनी उछल-कूद करता था कि 'रिलैप्स' बचाने के लिए उसके पास हर समय भाभीजी या बच्चनजी को लेटे ही रहना पड़ता था। तभी वह लेटता था, वरना उठकर खेलने-कूदने लगता था। बीमारी के दौरान बंटी को दवा पिलाना या इंजेक्शन लगाना भी एक तरह से असम्भव ही था। बुखार देखते समय न जाने कितने तो थर्मामीटर टूटे होंगे। लेकिन अमित ने इस मामले में तंग नहीं किया, सिवाय इसके कि अमितजी बचपन में 'कनवल्सिव' थे: ज़रा-सा बुखार तेज़ होते ही उनकी आँखें चढ़ जातीं और हाथ-पैर ऐंठने लगते थे। आदि-आदि।...

जब वे लोग वापस जाने लगे तो उन्हें बाहर तक पहुँचाने के लिए मैं भी साथ-साथ चला गया। रास्ते में बच्चनजी ने कहा, "देखा ज़िन्दगी के दाँव को! कैसे चक्कर में तुमको डाल दिया। प्रेम-व्रेम सब एक कोने में धरा रह गया। अब

---

1. अजिताभ बच्चन, कविवर के छोटे पुत्र।

घर और अस्पताल एक करना पड़ रहा है। इसीलिए तो भगवान बुद्ध कह गये हैं—सब्बा अनत्ता, सब्बा दुःखा, सब्बा अनिक्का। जीवन का एक सत्य यह भी है, नहीं तो अपने देश में इतने समय तक यह दर्शन कैसे चलता रहता।''

कुछ देर, हिन्दू और बौद्ध दर्शनों के तत्सम्बन्धी अन्तर के बारे में वे अपने विचार बताते रहे। फिर बोले, ''ख़ैर, यह फिर भी ग़नीमत है। दूसरे के बारे में चिन्तित होना, और दूसरे की सुख-सुविधा का विचार करना, कम-से-कम उस 'वैकेंटनेस' (खालीपन) से तो अच्छा ही है, जिसमें पड़कर आदमी सिर्फ अपने ही बारे में सोचता रह जाता है, उससे बाहर नहीं निकल पाता।''

कविवर ने कहा, ''मैं इन सब स्थितियों से गुज़र चुका हूँ और 'आकुल अन्तर' में मैंने इसपर भी लिखा है—पंक्तियाँ हैं—

'मैं पुलक उठता न सुख से,
दुःख से तो क्षुब्ध होता।
इस तरह निर्लिप्त होना लक्ष्य तो मेरा नहीं था!'

बाद में, जब मैं लौटकर अस्पताल आया तो स्नेह[1] बोलीं, ''तुम कहते हो कि बच्चनजी बड़े कठोर और पाषाण-हृदय हैं, लेकिन आज मैंने 'नोट' किया कि आसपास के मरीज़ों की हालत देखकर वे बहुत गम्भीर हो गये थे। तेजी भाभी ज़रूर बात कर रही थीं, लेकिन बच्चनजी ज्यादातर चुप ही रहे। बस, मरीज़ों की हालत देख-देख कर दुखी होते रहे।''

16 अक्टूबर 1962

दफ़्तर से छुट्टी पर होने के बावजूद, आज मैं थोड़ी, देर के लिए, एक निजी काम से दफ्तर गया था। वहाँ, गलियारे में अचानक बच्चनजी से मुलाकात हो गयी। मुझे देखकर बोले, ''आज भी तुम आ गये।''

हँसते हुए उन्होंने उस कैदी की कहानी सुनायी जो दस साल तक जेल में रखे जाने के बाद जब छोड़ दिया गया तो बाहर उसका जी लगता ही न था। रोज़ वह जेल के फाटक पर आ खड़ा होता और चौकीदार से गिड़गिड़ा कर कहता कि थोड़ी देर के लिए वह उसे जेल के भीतर चला जाने दे।

बच्चनजी ने बिना झिझक कहा, ''वही हालत तुम्हारी है।'' और फिर, मेरे पास खड़े एक सहयोगी ने जाकर मेरे अन्य सहयोगियों को यह किस्सा सुनाया और उन सबने इसका मज़ा लिया।

बाद में, काफी देर तक बच्चनजी घर-बार की बातें कहते-पूछते रहे लेकिन

1. स्नेहमयी चौधरी, लेखक की पत्नी।

मैं सारे समय अपने बन्दी या बन्धन-मुक्त मन से यही कहता—पूछता रहा, "वही हालत तुम्हारी है! वही हालत तुम्हारी है?" और प्रश्नों की बौछार से भीगे हुए, विगलित और कम्पित मन ने जो उत्तर दिया, वह था, "हाँ! मेरो मन अनत कहाँ सुख पावै!"

22 अक्टूबर 1962

रेडियो द्वारा प्रसारित हिन्दी समाचारों के बारे में सलाह देने के लिए श्री श्रीप्रकाश जी की अध्यक्षता में जो समिति सरकार ने हाल में ही नियुक्त की थी, उसके सामने रखने के लिए जो विचार-सूत्र बच्चनजी ने जोड़े थे, उन्हें संक्षेप में आज मुझे भी समझाया।

गुरुवर ने कहा कि इस समिति का प्रमुख कार्य तो हिन्दी समाचार की भाषा को सरल बनाना है; इसलिए यदि वह भाषा कठिन है तो उसे सरल बनाने की विधि सोचनी चाहिए, और यदि कुछ लोग पहले से ही सरल मानते हों तो अब थोड़ा और सरल बनाने का यत्न करना चाहिए।

गुरुदेव ने कहा कि भाषा के कठिन होने की समस्या, इस विशेष प्रसंग में, अनुवाद की समस्या है। अनुवाद जितना ही अच्छा होगा, उतना ही भाषा का रूप भी निखरेगा।

अंग्रेज़ी से हिन्दी में अनुवाद करते समय यह बड़ी दिक्कत सामने आती है कि अंग्रेज़ी है एक संश्लिष्ट भाषा, और इसलिए, अंग्रेज़ी में जो बात कही जाती है उसे हिन्दी में पूरा-पूरा कहने के लिए कहीं अधिक स्थान और समय की आवश्यकता पड़ती है। रेडियो एक ऐसा माध्यम है कि उसमें हिन्दी के लिए अंग्रेज़ी की अपेक्षा अधिक समय देना सम्भव नहीं हो पाता और थोड़े ही समय में बहुत कुछ कहने की अनिवार्यता होने के कारण भाषा विकृत और क्लिष्ट हो जाती है।

इसका उपाय यह है कि अंग्रेज़ी की बात को हिन्दी की ध्वनि-धारा के अनुरूप बनाया जाए और उसे समझाकर कहने की पद्धति अपनायी जाए। ऐसा करने से अनूदित सामग्री के आकार में जो वृद्धि होगी, उसका हल यह हो सकता है कि हिन्दी के बुलेटिनों में कुछ कम समाचार दिये जाएँ।

मैंने गुरुदेव से पूछा कि उनके विचारों के बारे में समिति के अन्य सदस्यों की राय क्या थी? गुरुवर ने बताया कि उनकी बातें सभी ने पसन्द कीं। बोले, "श्रीयुत बच्चनजी जिस बात को कहते हैं उसे लोग सुनते और मानते हैं। श्रीप्रकाशजी ने तो यहाँ तक कहा कि—वे मेरी सभी बातों से सहमत हैं और सचमुच रेडियो से प्रसारित हिन्दी की समस्या अनुवाद की ही समस्या है।"

24 अक्टूबर 1962

विदेश मन्त्रालय में साढ़े छः साल तक अनुवाद करते रहने के बाद, आज मैंने फिर से अपना पुराना और प्रिय धन्धा शुरू किया था; लेकिन वहाँ भी अब मुझे अधिकतर उच्च कक्षाओं के विद्यार्थियों को अनुवाद-कला सिखाने का काम ही सौंपा गया तो कुछ हँसी आयी और कुछ खुशी भी हुई। अनुवाद के साथ अपने सम्बन्ध की यह निरन्तरता देखकर मन में एक तरह का धीरज भी बँधा कि अतीत हमसे पूरी तरह छूटता नहीं, किसी-न-किसी रूप में साथ जुड़ा चला आता है। शायद यह एक उपकरण था, जिसके सहारे टिककर मैंने अपने नीचे से खिसकती हुई पिछली सारी भावना-भूमि पर फिर से अपनी पकड़ मज़बूत कर ली। मुझे लगा कि कविवर ठीक ही कहा करते थे कि सभी जगहें, सभी काम और सभी लोग-असल में एक-से ही हैं; और इनके होने-न होने से कोई फ़र्क नहीं पड़ता, बशर्ते कि आपके पास कोई अपनापन है और कोई अपना काम भी। मैंने महसूस किया कि कविवर का साथ छूट जाने का एक मतलब शायद यह भी है कि अब मैं उनके और निकट हो गया हूँ। एक पहलू से जो टूटा हुआ दिखता है, वही दूसरे पहलू से देखने पर कितना पक्का, मज़बूत, और जुड़ा हुआ मालूम देता है।

और इसीलिए, जब मैंने यह निश्चय किया कि, 'बच्चन के साथ कुछ वर्ष'[1] की पांडुलिपि बच्चनजी को सौंपने का समय आ गया है, तो मेरे भीतर कहीं भी यह भाव नहीं उठा कि आज से एक नाता खत्म हो गया। उलटे यही लगा कि आज एक नयी शुरुआत हुई है, जिसने कि समूचे अतीत को एक नये अर्थ से अलंकृत कर दिया है। फिर भी, शाम को जब मैं उनसे मिलने उनके घर गया और पहले की ही तरह सहज भाव से, उन्होंने मुझे खाने की मेज़ पर साथ बिठा लिया और स्नेहपूर्वक बातचीत करने लगे तो मन एक अनजानी व्यथा से भर आया। मैंने सोचा कि जिस व्यक्ति से भीतर-ही-भीतर ग़ुस्सा होकर मैंने यह समझा था कि जो मेरे स्नेह और आदर का मूल्य नहीं मानता, वह शायद मेरे चले जाने पर मेरी क़ीमत जानेगा—उसकी दृष्टि में तो निकट या दूर का भी कोई मूल्य नहीं है। मेरा मान, अभिमान या गुमान उसके लिए बिलकुल बेमानी है। मेरा कातर मन उसके लेखे छूँछी भावुकता या दुर्बलता से अधिक और क्या है! शायद यही उसका बड़ापन है, और उसके प्रति मेरे जैसे अनेकानेक लोगों की ममता का आधार भी।

भोजन के समय इसी तरह की तमाम बातें मेरे मन में घुमड़ती रहीं और उसके बाद, जब मैंने गुरुवर के हाथों में पांडुलिपि सौंपी, तब भी मन निर्विकार

1. तब यही नाम सोचा था, आज सन्दर्भ बदलने पर 'कविवर बच्चन के साथ' किया है— अ. कु.

नहीं हो पाया था।

पहले पहल तो बच्चनजी जान ही न सके कि यह मामला क्या है, लेकिन उनकी कुशाग्रबुद्धि को इस पोथे का रहस्य समझने में अधिक देर नहीं लगी। दो-चार पृष्ठ उलट-पुलट कर ही वे भाँप गये कि पिछले वर्षों में वे जो भी 'कैजुअल' (सामान्य, फुटकर) बातचीत मुझसे करते रहे थे, उसे मैंने लिपिबद्ध कर दिया है। वे तो कल्पना भी न कर सकते थे कि ऐसी कोई बात सम्भव हो सकती है। बोले, "मैं बेहद ताज्जुब में पड़ गया हूँ, इसलिए अभी कुछ कह नहीं सकता। फिर भी, पढ़कर अपनी राय तुम्हें बताऊँगा।"

मैंने कहा, "मैं खुद भी ठीक-ठीक नहीं जानता; लेकिन आपको मालूम ही है कि डायरी-शैली में 'नोट्स' अंकित करना मेरे लिखने की एक शैली रही है। उसी लहजे में ये कुछ पन्ने मैंने पिछले तीन सालों में रँगे थे, और चूँकि इनके लिखे जाने का बहुत कुछ कारण मेरा-आपका दस-से-पाँच बजे तक का साथ रहा है, इसलिए आज वह साथ—कुछ समय के लिए—समाप्त होने पर मैंने उचित समझा कि आपकी यह चीज़ लाकर आपको सौंप दूँ।"

अपने शुरू-शुरू के अचरज से वे अब तक उबर चुके थे। बोले, "हाँ, तुम्हारे अंकनों की मुझे याद है। 'अंकित होने दो' पर टिप्पणी लिखते समय मैंने उनके बारे में भी लिखा था। मुझे यह अच्छा लगा था कि जहाँ कोई बात न हो, वहाँ भी तुम बात पैदा कर सकते हो। 'यू कैन क्रिएट समथिंग आउट आफ नथिंग'। बादशाह और विद्वानों वाला जो किस्सा मैंने तुमको सुनाया था, उसको तुमने अपनी किताब में बड़े अच्छे ढंग से लिखा है। इस दृष्टि से देखता हूँ तो जान पड़ता है कि हम लोग जो फुटकर वार्तालाप करते रहे हैं, उसका इस तरह का कोई उपयोग शायद हो सके। यह ज़रूरी नहीं है कि जो भी बातचीत हुई हो, वह सब-की-सब लिखी जाए, लेकिन उसको कुछ अर्थ और रूप दिया जा सकता है।"

मैंने उत्तर में कहा, "इसी ख़याल से सारी सामग्री को मैंने पहले आप के सामने रखा है और अभी यह 'गोपनीय' भी है। आपकी राय जानने के बाद ही इसे प्रकाशित करने-न करने के बारे में कुछ सोचा जा सकता है।"

कविवर ने बताया कि पहली नवम्बर तक तो वे नये कविता-संग्रह के प्रूफ़ में व्यस्त रहेंगे। उसके बाद मेरी पांडुलिपि देखेंगे। लेकिन, जब मैंने, उनसे विदा लेते समय उन्हीं की एक पंक्ति—"माफ़ आज की हो बरजोरी[1] दोहरायी, तब उन्होंने एक बार फिर कहा, "तुम मुझको इतने आश्चर्य में डाल दोगे, इसकी मैंने

---

1. 'प्रणय पत्रिका' की एक कविता 'सो न सकूँगा और न तुझको सोने दूँगा हे मन बीने।' में यह पंक्ति आती है। इस कविता की एक हस्तलिखित प्रति कवि ने लेखक को, दो दिन पूर्व, विदा-उपहार के रूप में दी थी। —अ. कु.

कल्पना भी न की थी। आमतौर से तुम्हारी बात और व्यवहार को मैं अप्रत्याशित नहीं समझता था। लेकिन तुम तो बड़े ख़तरनाक आदमी निकले।''

25 अक्तूबर 1962

आज मेरे पुराने सहयोगियों ने मुझे विदा देने के लिए सूक्ष्म जलपान का आयोजन किया था। उसकी समाप्ति पर कविवर ने मुझे अपने कमरे में बुला लिया और कल शाम वाला सूत्र जोड़ते हुए मुस्कराकर बोले, ''तुम तो बड़े ख़तरनाक आदमी निकले।''

मैंने उत्तर दिया, ''जो भी हूँ, गुरुदेव! आपका ही बनाया हुआ हूँ।''

''सब बातें लिख दी हैं तुमने!'' वे बोले।

''सब कहाँ! सौवाँ हिस्सा भी नहीं लिख सका। 'दीर्घसूत्री' होने का जो प्रमाणपत्र आपने मुझे दिया था, वह इन अंकनों के लिखने के मामले में बिलकुल सही साबित हुआ है।''

कविवर ने कहा, ''मेरे मामा जी के बारे में भी इसमें लिखा होगा और शम्भू चाचा का भी हाल होगा।''

''नहीं! इन लोगों का जिक्र नहीं आ सका। आपसे बताया न कि सौ में से सिर्फ एक बात लिख सका हूँ। बाकी सारी छूट गयी हैं,'' मैंने उत्तर दिया और बच्चनजी ने अपने इन आश्चर्यजनक सम्बन्धियों का दिलचस्प किस्सा फिर छेड़ दिया। मामा ने मामी के मरने के बाद से आज तक कभी अपना कमरा साफ़ नहीं कराया। वही पुराना बिस्तर, वही मैली चीकट चादर, दीवारों पर मकड़ी के जाले, फर्श पर धूल के अम्बार! लेकिन वे किसी को भी कमरे की कोई चीज़ छूने या हटाने की इजाज़त नहीं देते।

''शम्भू चाचा तो और भी बड़े 'करेक्टर' हैं। इलाहाबाद में वकालत करते थे। वकालत का तो ख़ैर बहाना था; उनका असली काम था कीमियागिरी। सोना बनाने की कोशिश में उन्होंने अपनी सारी ज़िन्दगी लगा दी। तिमंज़िले की एक कोठरी में उनकी 'लेबोरेटरी' थी। वहाँ भट्ठी, कढ़ाई, ताँबा, जस्ता, लोहा और तरह-तरह के रासायनिक पदार्थ जुटाकर शम्भू चाचा 'एक्सपेरीमेंट' किया करते थे। सोना बनाने की तरकीब बताने वाली कितनी ही पोथियाँ उनके पास थीं। किसी को भी वे अपनी कोठरी में आने नहीं देते थे। कचहरी से आते ही अपनी 'लेबोरेटरी' में चले जाते और देर तक प्रयोग किया करते। कभी कोई नतीजे के बारे में पूछता तो कहते, ''थोड़ी ही कसर रह गयी है। इस बार ज़रा 'ऐसिड' ज़्यादा हो गयी थी।''

बच्चनजी ने बताया कि शम्भू चाचा इन दिनों जयपुर में हैं; पचहत्तर साल की उम्र होगी उनकी। यह दूसरी बात है कि वे अभी तक सोना नहीं बना पाये, लेकिन आज भी उनकी 'लेबोरेटरी' मौजूद है और उन्हें विश्वास है कि किसी-न-किसी दिन ज़रूर वे अपने उद्देश्य में सफल होंगे।

संक्षेप में, ये कथाएँ सुनाकर गुरुवर ने कहा, "ऐसे-ऐसे विलक्षण लोग हुए हैं मेरे ख़ानदान में!"

26 अक्टूबर, 1962

नौकरी-सम्बन्धी कुछ अन्तिम औपचारिकताएँ पूरी करने के लिए मैं आज फिर दफ़्तर गया था। वहाँ कविवर के सत्संग का भी अवसर मिला। पता लगा कि मेरे दो-चार-दस अंकनों को उलट-पलटकर उन्होंने देखा है और उनका ख़याल है कि अभी उस सामग्री पर काफ़ी काम करने की ज़रूरत है।

मैंने बताया कि खुद मेरा भी यही ख़याल है, लेकिन इस दिशा में कुछ कार्य करने से पहले मैं पांडुलिपि पर उनकी विस्तृत टिप्पणियाँ पाना चाहता हूँ। मैंने बताया कि अभी तो वह सारी सामग्री मेरी डायरी के रूप में ही है; पुस्तक-रूप में लाने के लिए कई तरह से सजाने-सँवारने की ज़रूरत पड़ेगी। अनेक स्थलों पर व्याख्यात्मक पाद-टिप्पणियाँ देनी होंगी और उन अंशों को भी हटाना पड़ेगा, जिनमें एक ही बात दो-दो बार लिख दी गयी है।

बच्चनजी ने सुझाया कि इस सामग्री का प्रकाशन उनके न रहने पर हो तो ज्यादा अच्छा रहेगा, क्योंकि उस समय ऐसे लोगों का नाम भी दिया जा सकेगा, जिनका उल्लेख इस समय शोभन नहीं जान पड़ता। वे बोले, "थोड़े ही समय की बात और है। मैं अब ज़्यादा दिनों ज़िन्दा नहीं रहूँगा।"

मैंने उत्तर में कहा, "उससे पहले मैं ही चला जाऊँगा। आपका जो रेकार्ड है, किस-किसको खत्म करके बैठे हुए हैं, वह अधूरा थोड़े रहेगा।"

हँसने लगे बच्चनजी, लेकिन मैंने अचानक महसूस किया कि शायद मेरे मुँह से एक भद्दी बात निकल गयी है और इसीलिए उनकी हँसी में वास्तविकता की नहीं, बल्कि एक तरह के ख़ालीपन की गूँज आ मिली है। माता-पिता, भाई-बहन, पत्नी, सुहृद-स्वजन—सभी को अपनी आँखों के सामने, एक-एक कर विदा होते देखना क्या कम अभिशाप रहा होगा कि उन्हें अपने पुत्रवत् शिष्यों को भी जाते हुए देखने का कष्ट भोगना पड़े। लेकिन खैर, बात कही जा चुकी थी, इसलिए उन्हें हँसता देख मैं भी हँसी में शामिल हो गया।

पांडुलिपि के बारे में अपनी सामान्य प्रतिक्रिया बतलाते हुए बच्चनजी ने कहा कि आपसी बातचीत के दौरान, यदि किसी व्यक्ति के प्रति वे 'अनचैरिटेबिल' (अनुदार) हो गये हों तो मुझे उसका उल्लेख न करना चाहिए क्योंकि इससे बच्चनजी और सम्बन्धित व्यक्ति—दोनों की ही स्थिति ख़राब होती है। उन्होंने कहा कि अपनी आत्म-कथा लिखने का काम वे इसीलिए निरन्तर टालते रहे हैं, क्योंकि कितने ही लोग उनके जीवन में इतना अधिक 'इनवाल्व्ड' (गुँथे हुए) रहे हैं कि उन्हें लाये बिना 'आत्मकथा' अधूरी रह जाएगी। लेकिन उन्हें लाने का मतलब होगा—उनको और अपने आपको एक विचित्र परिस्थिति में डाल देना।

कविवर की बात ठीक ही थी और मैं उससे पूरी तरह सहमत हुआ। तब उन्होंने कहा कि यदि यह पुस्तक बाद में छपे तो ऐसे व्यक्तियों का नाम भी दिया जा सकेगा। लेकिन एक दूसरी सूरत और भी हो सकती है कि यह पुस्तक एक विस्तृत भूमिका के साथ प्रकाशित हो, जिसमें लिखा जाए कि बच्चनजी जिस बातचीत को 'स्केंडल' कहते थे, और जिसका क्षेत्र नितान्त निजी प्रसंगों से लेकर व्यापक विषयों की चर्चा तक विस्तृत रहता था—उसका संकलन यहाँ पर दिया गया है।

बहरहाल, यह तय हुआ कि वे पहले सारी सामग्री को पढ़ तो लें और अन्त में, उन्होंने मुझसे कहा कि सबसे मुख्य बात यह है कि मनुष्य की दुर्बलताओं का उपहास करनेवाली कला हमेशा नीची कला होती है। कला ऊपर तभी उठती है, जबकि संवेदना के द्वारा कलाकार मनुष्य की दुर्बलताओं को भी मानवीय धरातल पर लाकर देखता है। किसी की ऊँची, सफेद गाँधी टोपी को हास्य का लक्ष्य बनाकर मखौल उड़ा देने से ही कला का कार्य सिद्ध नहीं होता। कला का प्रयोजन तब सिद्ध होगा, जब कलाकार यह अनुभव करे कि वह सफेद टोपी उसके अपने सर पर भी लगी है या लग सकती है।

❑❑❑

णाणं पयासयं

वीर नि. 2470

ई.सन 1944

भारतीय ज्ञानपीठ